复旦卓越·经济学系列

（第三版）
现代流通经济学教程

吴宪和 主编

复旦大学出版社

内容提要

《现代流通经济学（第三版）》注重构建"面+线"的内在架构。它的"面"是涉及现代商品流通的方方面面，如流通机制、流通过程、流通盈利模式、流通方式、流通组织、流通战略等，本教材力求贴近实践总结规律，把握趋势。它的"线"是贯穿全教材的一条主线，即各类产品如何更有效率地通过流通领域，打通堵点、补齐短板，贯通社会再生产各环节。

第三版前言

《现代流通经济学教程》第二版出版至今已有多年。在这期间,商品流通实践和学术领域均出现了引人注目的变化。尤其在近些年,经济全球化遭遇逆风和回头浪,新冠肺炎疫情大流行,全球治理体系和经贸规则变动等因素,使我国商品流通受到严峻冲击。2020 年 12 月 11 日,中共中央政治局召开会议,提出加快构建以国内大循环为主体、国内国际双循环相互促进的新发展格局。会议要求,要扭住供给侧结构性改革,同时注重需求侧改革,打通堵点,补齐短板,贯通生产、分配、流通、消费各环节,形成需求牵引供给、供给创造需求的更高水平动态平衡,提升国民经济体系整体效能。这样复杂多变的外部环境,迫切要求商品流通实业界和理论研究工作者做出应有的贡献。

《现代流通经济学教程》第三版有以下特点:

第一,注重了内容更新。第三版增写了第九章(商品流通中的促销流运动)、第十一章(商品流通盈利模式机制)、第二章第二节(商品流通数字化转型),力求使教材更贴近实践,同时又注重对商品流通实践进行科学的总结,研究规律,把握趋势。

第二,注重跟踪本学科发展的新动向。改革开放以来,在互联网技术带动下,商品流通领域几乎每十年就有一次里程碑式的变革。同时,商品流通理论也在随之不断进步,并力争超前。本教材在继承传统的商品流通理论和客观反映权威理论外,还大胆引进作者一系列课题报告和科研成果,不仅充实了理论体系,而且多视角、全方位地研究商品流通问题,构筑了新的理论架构和体系。

第三,注重多维性的研究方法。与一般的教材不同,我们特别强调方法论的教育,要求学生掌握一定的科学研究方法。为此,本教材除了采取科学的归纳法、逻辑推理法等研究方法外,还使用了必要条件和充分条件分析法、实证分析法等方法。

第四,注重面和线的结合。作为教材,必须有一个合理的"面+线"内在框架结构。它的"面"是涉及现代商品流通的方方面面,如流通机制、流通过程、流通盈利模式、流通方式、流通组织、流通战略等;它的"线"是贯穿全教材的一条主线,即各类产品如何更有效率地通过流通领域。

第三版教材的编写是上海财经大学部分教师和研究生们共同努力的结果。改版教材由吴宪和主编。具体分工如下：吴宪和撰写第一章、第二章、第三章、第九章、第十一章、第十三章第一节、第十五章；黄丽丹撰写第四章第一节，第十四章第四、五、六节；洪涓撰写第四章第二节；刁雯琚撰写第四章第三节；晁钢令撰写第五章；陈顺霞撰写第六和第七章；刘塑撰写第八章；王志刚撰写第十章第一节；江大维撰写第十章第二、三、四节，第十三章第三节；李光集撰写第十二章；江辛撰写第十三章第二节，第十四章第一节；路庆海撰写第十四章第二、三、七、八节；赵洪斌撰写第十六章；李素荣撰写第十七章。

在教材改版过程中，我们还听取了一些专家的意见，并将其中一些宝贵意见融入改版教材之中，在此一并表示诚挚的谢意。

吴宪和
2021年1月

目 录

第一编 流 通 概 述

第一章 商品流通一般 ··· 3
   第一节 商品流通的产生和发展 ··· 3
   第二节 商品流通地位 ·· 6

第二章 现代商品流通 ··· 11
   第一节 现代商品流通的形成背景 ·· 11
   第二节 商品流通数字化转型 ·· 15
   第三节 现代流通职能 ·· 19

第二编 流 通 机 制

第三章 商品流通机制一般 ··· 25
   第一节 商品流通机制的含义 ·· 25
   第二节 市场自我调节机制 ··· 31
   第三节 市场动力机制 ·· 32
   第四节 供求机制 ··· 34
   第五节 文化机制 ··· 41

第四章 现代商品流通机制 ··· 56
   第一节 合作机制 ··· 56
   第二节 创新机制 ··· 64
   第三节 集约机制 ··· 71

第三编　流 通 过 程

第五章　商品流通中的商流运动 …… 83
　第一节　我国商流的类型和存在的问题 …… 83
　第二节　商流合理化 …… 88

第六章　商品流通中的物流运动 …… 92
　第一节　物流及过程 …… 92
　第二节　商品配送和配送中心 …… 100
　第三节　配送共同化 …… 109

第七章　商品流通中的信息流运动 …… 115
　第一节　商品流通信息与现代化 …… 115
　第二节　商品流通信息内容 …… 126
　第三节　商品流通信息的运行 …… 129
　第四节　商品流通信息系统 …… 134

第八章　商品流通中的资金流运动 …… 141
　第一节　流通一般条件下的资金流运动 …… 141
　第二节　现代商品流通条件下的资金流运动 …… 149
　第三节　提高商品流通资金的利用效率 …… 154

第九章　商品流通中的促销流运动 …… 159
　第一节　商品流通中促销方式演变 …… 159
　第二节　提高商品流通促销活动效果 …… 161

第四编　流通盈利模式

第十章　现代商品流通盈利模式 …… 167
　第一节　盈利模式概述 …… 167

第二节	现代流通盈利模式理论研究………………………	172
第三节	传统流通盈利模式分析……………………………	178
第四节	现代流通盈利模式分析……………………………	183

第十一章　商品流通盈利模式机制　190

第一节	商品流通盈利机制的内容…………………………	190
第二节	商品流通利润屏障…………………………………	194
第三节	商品流通业价值转移………………………………	199

第五编　流通方式

第十二章　商品交易方式　205

第一节	商品交易方式概述…………………………………	205
第二节	商品交易方式举要…………………………………	208
第三节	商品交易方式选择…………………………………	221

第十三章　商品流通经营方式　225

第一节	批发业………………………………………………	225
第二节	零售业………………………………………………	240
第三节	连锁经营……………………………………………	247

第十四章　零售商的主要类型　256

第一节	百货商场……………………………………………	256
第二节	超级市场……………………………………………	266
第三节	便利店………………………………………………	272
第四节	折扣店………………………………………………	275
第五节	专业店和专卖店……………………………………	277
第六节	购物中心……………………………………………	282
第七节	商业街………………………………………………	285
第八节	无店铺销售方式……………………………………	290

第六编 流通组织

第十五章 商品流通组织和管理体制 ·············· 299
第一节 商品流通经营组织 ·············· 299
第二节 现代流通管理体制 ·············· 314

第七编 流通战略

第十六章 商品流通规模战略 ·············· 321
第一节 商品流通规模的含义 ·············· 321
第二节 影响商品流通规模的因素分析 ·············· 328
第三节 衡量商品流通规模的指标体系 ·············· 332

第十七章 商品流通结构战略 ·············· 339
第一节 商品流通结构的含义 ·············· 339
第二节 商品流通结构现状 ·············· 342
第三节 商品流通结构的协调和优化 ·············· 346

参考文献 ·············· 351

第一编　流通概述

商品流通是商品交换的发达形式,是社会再生产的重要组成部分。对商品流通在社会经济发展中地位的认识,是商品流通理论的基石。正是从这一认识出发,才引出商品流通系列理论体系。本编在研究流通一般的理论(商品流通的产生、发展、地位)基础上,着重分析了现代商品流通的形成背景、转型、特征和职能。

第一章 商品流通一般

学习目的与要求

1. 掌握商品流通产生、发展的条件和演变过程;
2. 掌握商品流通在社会再生产中的地位。

商品流通是以货币为媒介的商品交换,是社会再生产过程的一个重要阶段。正确认识商品流通在社会经济发展中的地位,是商品流通理论的基础,也是把握商品流通发展方向的关键。

第一节 商品流通的产生和发展

流通是一个与商品经济相联系的运动,它不是一切社会经济形态所共有的经济现象,其产生和发展是有一定的前提条件的(见图1-1)。

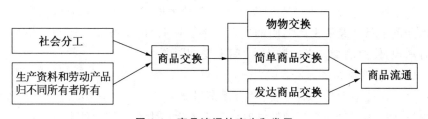

图1-1 商品流通的产生和发展

一、商品交换产生的社会条件

商品交换是在原始社会中后期出现的。马克思、恩格斯在对商品经济发展历史进行详细考察后指出,商品交换的产生必须同时具备两个基本条件:一是社会分工,即不同的生产者分别从事不同产品的生产;二是生产资料和劳动产品归不同所有者所有。由于生产的社会分工,使任何生产者都不可能只依靠自己的劳动来满足自己的全部需要,他们必须取得别人生产的产品。同时,生产资料和劳动产品归不同所有者所有,谁也不能随便占有别人的生产资料和劳动产品。因而,彼此之间的需要只能通过交换来满足,于是商品交换成了沟通不同生产者之间的经济联系的唯一形式。

二、商品流通是商品交换的发达形式

商品交换出现以后,交换的形式随着生产力的发展而不断发展和完善,从偶然的交换到经常的交换,从简单的商品交换再到复杂的商品交换,经历了漫长的历史发展过程。这一过程可分为三个阶段。

(一)物物交换阶段(W—W)

在原始社会的蒙昧时代,由于社会生产力水平极其低下,人类只能靠共同劳动、平均分配来维持最低生活水平,没有剩余产品,也没有任何交换。当人类社会进入野蛮时代,生产力有所发展,尤其是冶炼等加工业的发明,大大提高了人们征服自然的能力,这样就形成了人类社会的第一次社会大分工——畜牧业与种植业的分工。第一次社会大分工之后,"游牧部落生产的生活资料,不仅比其余的野蛮人多,而且也不相同。同其余野蛮人比较,他们不仅有数量多得多的牛乳、乳制品和肉类,而且有兽皮、绵羊毛、山羊毛和随着原料增多而日益增加的纺织物"[①]。而同时另一些野蛮人群有较多的剩余农产品,于是交换便出现了。

物物交换是不以货币为媒介、为换取对方使用价值而进行的交换。物物交换虽然平淡无奇,但却是人类文明史上一项伟大的发明和创造,它以商品形式永恒地开创了不同经济主体之间的经济联系。同时,由于商品生产和交换都由生产者承担,使商品交换在时间上、空间上受到限制。

(二)简单商品流通阶段(W—G—W)

第一次社会大分工后,人类社会逐渐进入野蛮时代的高级阶段。这个时代被恩格斯称作"英雄时代"、"铁剑时代",表明生产力有了较大的发展。恩格斯指出:"其生产的进步要比过去一切阶段的总和还要丰富。"[②]这一阶段手工业逐步脱离农牧业生产而成为独立的专门行业,出现了人类社会第二次大分工。为克服物物交换的迂回和困难,经过长期的演进而作为一般等价物的货币产生了。此时,以货币为媒介的为买而卖的简单商品流通形式,即"商品—货币—商品"便出现了。

---

① 《马克思恩格斯全集》第4卷,人民出版社1972年版,第156页。
② 同上书,第22页。

简单商品交换中由于货币的介入,将交换过程分裂成卖和买两个阶段,突破了物物交换的局限,发展了人类的交换活动。简单商品交换包含着商品的两次形态变化。但是,组成一个商品循环的两次形态变化,必须以其他两个商品的相反的局部形态变化为条件,即甲的买或卖是和乙的卖或买联系在一起的,没有乙的卖或买,甲的买或卖就不可能完成。"可见,每个商品的形态变化系列所形成的循环,同其他商品的循环不可分割地交错在一起。这全部过程就表现为商品流通。"[1]商品流通就成了商品生产者的全部相互关系的总和。

同时,由于货币充当了流通手段和支付手段,从一开始就种下了发生销售困难和商品供求不平衡的因。因为它把物物交换场合的那种出让自己劳动产品和换取对方劳动产品这两者之间的直接同一性,分离为卖和买这两者之间的对立,只要其中某一环节发生阻滞,就会引起连锁反应。一个人只卖不买,就会使别人商品卖不出去;一个人的商品卖不出去,他便无法向别人购买。交换成了人们所不能控制的因素,因而成为支配人的盲目力量。

(三)发达商品流通阶段(G—W—G′)

从原始社会末期到奴隶社会初期,随着商品经济的发展,商品生产和出售的时间、空间矛盾越来越突出,商品生产者既要生产商品又要出售商品,正如马克思所指出的:"买卖所费的时间,就是他们劳动时间的一种扣除。"[2]因此,商品生产客观上要求有人专门承担商品销售的职能,同时,有一部分富裕生产者积累了一部分货币,专门购进商品并销售,社会上出现了一种专门从事商品交换的经济事业——商业,这就是人类社会第三次大分工。马克思指出:"分工进一步扩大表现为商业和生产的分离,表现为特殊的商人阶级的形成。"[3]

发达商品流通公式是以买(G—W)开始,以卖(W—G′)告终,是为了卖而买。在这种流通形式中,起点和终点都是同质的货币,这个同质货币只具有量上的差别(终点的货币必须大于起点的货币),商品流通才有实际意义。这就是说,"这一循环的动机和决定目的是交换价值本身"[4]。货币的投出是为了收回更多的货币,这里的货币已不再是一般的货币,而是作为资本的货币,即能够增值的充当资本职能的货币。

---

[1]《马克思恩格斯全集》第23卷,人民出版社1980年版,第131页。
[2]《资本论》第二卷,人民出版社1975年版,第147页。
[3]《马克思恩格斯全集》第3卷,人民出版社1960年版,第59页。
[4]《马克思恩格斯全集》第23卷,人民出版社1980年版,第171页。

三、商业的产生是人类历史的进步

发达商品流通是在简单商品流通基础上发展起来的,是商品流通的高级形式,是人类社会的重大进步,也是流通过程的一次革命。马克思说:"一个商人(在这里只是看作商品的形式转化的当事人,只是看作是买者和卖者)可以通过他的活动,为许多生产者缩短买卖时间。因此,他可以被看作是一种机器,它能减少力的无益损耗,或有助于腾出生产时间"。① "由于分工,专门用于买卖的资本……小于产业资本家在必须亲自从事他的企业的全部商业活动时所需要的这种资本。"② "商人资本既不创造价值,也不创造剩余价值,就是说,它不直接创造它们。但既然它有助于流通时间的缩短,它就能间接地有助于产业资本家所生产的剩余价值的增加。既然它有助于市场的扩大,并对资本之间的分工起中介作用,因而使资本能够按更大的规模来经营,它的职能就会提高产业资本的生产效率和促进产业的积累。既然它能缩短流通时间,它就会提高剩余价值和预付资本的比率,也就是提高利润。既然它会把资本的一个较小部分作为货币资本束缚在流通领域中,它就会扩大直接用于生产的那部分资本。"③

第二节 商品流通地位

流通作为经济过程和产业,居于社会再生产过程中的交换范畴,它在国民经济中的地位是由交换在社会再生产中的地位决定的。

社会再生产是由生产、交换、分配、消费四个环节构成的,四者关系如图1-2所示。

图1-2 社会再生产四环节

图1-2表明了三对关系:生产与交换、消费与交换、交换与分配。其中,生产和消费作用于交换,同时交换又反作用于生产、消费;交换与分配则相互影响、相互制约。

---

① 《资本论》第二卷,人民出版社1975年版,第148页。
② 《资本论》第三卷,人民出版社1975年版,第307页。
③ 《马克思恩格斯全集》第25卷,人民出版社1980年版,第146页。

一、生产与交换

（一）生产对交换的作用

生产对交换的作用主要表现在以下三方面。

1. 生产的社会分工是商品交换产生和发展的前提条件

由于社会分工，生产者生产的单一性和需求的多样性之间构成了矛盾，这样，就有必要在各个生产者之间相互交换产品。马克思说："如果没有分工，不论这种分工是自然发生的或者本身已经是历史的结果，也就没有交换。"生产的发展产生了分工，分工的结果又产生了交换，生产是交换的必要条件。生产越发展，社会分工越细，交换也就越频繁，流通规模也越大。没有生产的分工，也就没有交换的存在。

2. 生产性质决定了交换的性质

生产的性质是指生产方式或生产资料归谁所有。有什么样性质的生产方式，就有什么样性质的交换方式与之相适应，且生产形式的多样性决定了交换形式的多样性。生产性质不同，交换的性质也会有所不同。

3. 生产的规模和结构决定了交换的深度和广度

所谓交换的深度，是指人们对于交换的依赖程度。依赖程度越大，交换的深度就越大。一般来说，生产的规模越大，社会分工就越发达；而社会分工越发达，专业化程度就越高，社会经济关系也就越复杂，社会就越依赖于交换，从而交换的深度不断增加。所谓交换的广度，是指交换的范围，即有多少商品被卷入交换。生产规模越大，社会化、现代化程度越高，经济就越发达，交换的速度不断提高，越来越多的商品被卷入交换的行列中，从而交换的广度不断扩大。

（二）交换对生产的作用

"产品贸易一旦离开生产本身而独立起来，它就会循着本身的运动方向运行，这一运动总的来说是受生产运动支配的，但是在单个的情况下和在这总的隶属关系以内，它毕竟不是循着这个新因素的本性所固有的规律运行的，这个运动有自己的阶段，并且也反过来对生产运动起作用。"[1] 交换对生产的作用主要表现在以下四方面。

1. 交换的规模、速度直接影响着生产的规模和速度

交换作为社会再生产的一个重要因素，是生产发展的重要条件。社会产品

---

[1] 《马克思恩格斯全集》第37卷，人民出版社1980年版，第48页。

通过交换实现其价值和使用价值,同时也保证了生产部门获得再生产所需要的生产资料。因此,交换越发展,流通规模越大,就为顺利组织再生产、不断扩大生产规模创造了重要条件;商品交换的速度越快,商品流通的时间越少,从而生产时间就越多,生产过程不断加速。

2. 交换引导生产方向

这一引导包括市场信息、消费趋势、流通革命等。如果流通部门及时向生产部门传递信息、反映情况,这将有利于生产部门掌握市场需求状况,不断调整生产结构以适应市场需要。因此,交换对生产的引导功能发挥得越好,就越能促进生产的发展。

3. 交换对生产关系有着重大影响

一定的生产关系决定着一定的交换关系,而交换的发展又对整个社会的生产关系起着巩固或瓦解的作用。例如,在原始社会末期,交换的发展瓦解了原始经济关系,促进了私有制的形成。同样,在封建社会末期,交换的发展加速了封建经济关系的瓦解,促进了资本主义生产关系的形成和发展。

4. 在特定的时期和特定的地点,交换对生产起决定作用

商品生产的直接目的是为了交换,实现价值,满足消费需求。在商品经济条件下,若没有交换,所花费的劳动便成为无效劳动,价值无法实现,也就不能实现生产为消费的目的,生产失去了所有意义。所以,从实现商品生产的目的来说,交换对商品生产也起决定作用,没有商品交换就没有商品生产。

二、交换与消费

(一)消费决定交换

消费对交换的决定作用是很明显的,消费是交换存在的动力和目的,消费作为社会再生产过程的终点,是整个社会再生产的内在动力和根本目的,当然也是交换的动力和目的。消费为交换提供了现实的商品需求,没有消费也就不需要生产,当然也就不存在交换。

1. 消费的水平、结构制约了交换的规模和结构

消费的水平越高,对商品的需求量越大、交换规模越大;而消费增长速度越快,交换的发展速度也越快。同样,消费的结构决定着交换的结构和内容。交换的结构必须适应消费结构的变化,才能满足不同收入水平的人们的需要。

2. 消费的方式制约着交换方式

消费方式是指在社会形态下消费者所采取的消费方法和形式。消费方式的现状,要求交换方式与其相适应,否则就会妨碍消费水平及人们物质生活水平的

提高。

（二）交换对消费的反作用

交换对消费也有一定的反作用，这一反作用主要表现在以下三方面。

1. 交换是消费实现的条件

在商品货币关系条件下，商品性的消费不可能无偿占有，消费只有经过交换才能实现。没有交换，生产所提供的物质产品便不能成为消费的对象。

2. 交换的数量和结构影响着消费的数量和结构

交换的规模越大，能够提供给消费的商品就越多，消费的数量也就越大。交换的结构直接影响着消费需求的满足程度，并促使消费结构的变化和新的消费结构的形成。

3. 交换对消费具有指导作用

交换可以通过商品的比价及其变化调节购买力的方向，鼓励消费某些商品或抑制消费某些商品。

三、交换与分配

分配一般指国民收入的初次分配和再分配。初次分配是指以工资、税金、企业留置资金形式出现的分配。再分配则是政府的再支出，如用于公用事业等。交换与分配同处在社会再生产过程中的中介地位，都受到生产与消费的制约，同时又都反作用于生产与消费。但两者在社会再生产过程中又具有不同的职能，"分配决定产品归个人的比例；交换决定个人对于分配给自己的一份所要求的产品"[①]；"分配被规定为从社会出发的要素，交换被规定为从个人出发的要素"[②]。所以，交换与分配又互相制约、互相影响。

（一）分配对交换的作用

分配对交换的制约作用主要表现在以下两方面。

1. 社会产品的分配状况制约了交换的数量和结构

在生产一定的条件下，分配的商品率以及生产与消费的比例制约着交换的数量以及交换占产品总量的比重。

2. 国民收入的分配比例决定着交换的数量和结构

国民收入中积累基金和消费基金的分配比例，从总体上规定了生产资料和消费资料的需求量及其比例，从而制约了交换的规模及其结构。

---

① 《马克思恩格斯全集》第12卷，人民出版社1980年版，第739页。
② 《马克思恩格斯全集》第19卷，人民出版社1980年版，第23页。

(二)交换对分配的作用

交换对分配的制约作用主要表现在以下两方面。

1. 分配通过交换来实现

在存在商品货币关系条件下,分配只有经过商品交换才能实现,从而使积累基金转化为相应的生产资料,消费基金转化为相应的生活资料。

2. 交换的数量和结构决定分配的比例和结构

商品经济条件下,国民收入的形成及其分配,必须以顺利地组织商品交换和商品流通为前提。交换领域中的价格、税收等因素的变化制约着分配比例的变化。同时,交换的结构也制约着分配的结构。

本 章 小 结

商品流通理论根植于商品流通实践,同时又高于流通实践。整个商品流通理论以商品流通在社会经济中的地位为基础。

社会分工、生产资料和劳动产品归不同所有者所有是商品交换的社会条件,商品交换经历了物物交换、简单商品交换、发达商品交换三个阶段。随着商品经济的发展,商品流通向着"大流通、大商品、大市场"方向延伸。

商品流通作为经济过程和产业,属于社会再生产过程中的交换范畴,它在国民经济中的地位是由交换在社会再生产中的地位决定的,具体体现为交换与生产、交换与分配、交换与消费之间的关系。流通既受到其他经济活动的制约,又直接影响其他活动的正常开展。

思 考 题

1. 比较简单商品流通形式和发达商品流通方式。
2. 试论述流通和社会再生产各要素之间的关系。

第二章　现代商品流通

学习目的与要求

1. 了解"新经济"含义及对流通的影响；
2. 掌握商品流通数字化转型的含义；
3. 了解现代流通职能的内容；
4. 掌握必要条件和充分条件分析法。

著名经济学家孙冶方曾提出"流通一般"的概念："由不断进行着的亿万次交换所构成的流通，是社会生产的一个客观经济过程。有社会分工，社会就有交换；有社会化大生产，就会有流通过程。这是流通一般。"[①]

现代流通是流通一般的特殊形式，是商品流通发展到经济全球化、信息化、知识化阶段的产物。与传统流通相比，现代流通的基础和职能都有不同的内涵。

第一节　现代商品流通的形成背景

随着世界经济、贸易、技术的迅猛发展，整个国际经济出现了巨大变化，"新经济"逐步形成，在新经济框架下，现代流通产生并越来越凸显出其强大的生命力。

一、"新经济"的含义

20世纪中期以来，以电子计算机革命、网络革命和通信革命为主流的信息革命，把工业经济时代推向了一个崭新的时代——知识经济时代。在这一时代，电子计算机是其特有的劳动资料，光纤与通信卫星成了主要的通信手段，整个世界变得更加开放，人类社会的政治、经济、文化乃至思想观念都发生了前所未有的变化。在这一背景下，"新经济"应运而生。

目前，理论界对"新经济"的认识和称谓不尽相同，有人称其为网络经济、信

[①] 孙冶方：《流通概论》，载于《经济研究》1963年第5期。

息经济,也有人称其为数字经济、虚拟经济,还有人称其为非摩擦经济、零距离经济等。我们认为可以从以下四个方面认识新经济形态。

1. 新经济形态是信息经济

继农业经济、工业经济之后,信息经济已日益成为经济增长的一个阶段或整个经济的一个部分。相应地,信息经济这个概念也正被更多的人所认识、接受和熟悉。信息经济是在20世纪40年代开始并在70年代加速的信息革命的产物。与工业革命相比,信息革命来得更迅猛,影响更深远。信息经济确立了信息作为经济资源的地位,信息拥有与信息技术成为获取经营绩效的重要途径。

2. 新经济形态是网络经济

网络经济以现代电子、信息、通信技术为支撑,整合传统农业经济、工业经济乃至国家经济和世界经济,构建现代融合经济的基础性技术。由网络创造的新经济形态,有其自身的规律,有广泛沟通、全球开放、动态更新、整体关联等特征。

3. 新经济形态是知识经济

与人工商务劳动过程相对应,现代科学技术把人员流动、纸张流动、货币流动几乎全部变为电子流动,即电子咨询、电子单据、电子货币、电子银行等,而仅主要保留商品运输这类实物流动。这样不仅能大量减少人、财的流动,节省时间,增加效益,降低商务劳动成本,而且由于电子信息有不受时空限制的特点,可以方便地将商品信息及时传遍全球,从而大大减少因信息不灵通而造成的商品积压,提高商品的产销率。

4. 新经济形态是数字经济

新经济条件下的电子商务运用互联网联系生产和消费的各个环节,并以一连串的数字从事各种商务活动,就其技术实质来看就是在互联网上传输的各种数字。数字经济的特征正在于全部社会经济活动的主体(个人、企业、政府、其他团体等),其行为(交易、管理、经营等)和成果(商品、劳务、货币等)均以数字来表示,数字成为整个社会经济活动的全息代码。数字经济的优势在于它能够准确度量实物经济、货币经济的运行状况,从而保持经济的稳定。

二、新经济形态的特征

新经济形态的特征产生于同工业经济的比较研究与分析中,当然有些特征为两种经济形态所共有,但它们会随着经济的发展而不断强化,并在程度上显示出差别来。具体地说,新经济形态具有如下五个主要特征。

1. 知识性

新经济形态的发展主要靠智力,获取知识、应用知识成了经济活动的核心问题,财富再定义和权力再分配取决于拥有的信息、知识和智力。

2. 创新性

在新经济形态下,技术创新、制度创新、管理创新以及上述各种创新的相互结合,成了经济增长的引擎。在技术和产品生命周期日益缩短的情况下,唯有持续创新和全面创新,使技术与经济、教育、文化有机结合,综合协调并一体化发展,才能赢得和保持竞争的优势。

3. 整合性

新经济形态是在整合集成中发展的,整合本身就是突破,是生产力的大发展。多项功能的整合、多种产品的整合以及多个产业、部门或组织的整合,都会带来根本性的变化。

4. 互联性

新经济形态是建立在无处不在的公用信息基础设施之上的一种互联互动的经济。从世界互联网络和各种内部网络的发展可以看出,各部分经济及其发展的相互依存性,达到了空前紧密的地步。各类经济组织与企业、公司间以及它们内部的信息交流和业务联系,均不是单向的,而是双向和多向的。封闭和孤立已经被开放和互联所取代。

5. 虚拟性

经济活动的数字化和网络化,一方面使空间变小了,世界成了地球村;另一方面又使空间扩大了,除物理空间外又多了一个媒体空间。因此,经济活动不仅可以在物理世界中进行,还可以在媒体空间中进行。种种虚拟现象随处可见,如虚拟商店、虚拟市场、虚拟企业、虚拟的研究中心,以及远距离的多主体的虚拟合作等。

三、新经济形态下现代流通的形成

现代流通的形成是与经济全球化、知识经济、信息技术发展息息相关的。

(一) 经济全球化与现代流通

经济全球化一般指商品(包括服务)、信息和生产要素在国际流动,各国经济相互依存程度日益加深,世界经济越来越趋于一体化的过程和趋势。

经济全球化是社会大生产的必然趋势。不断发展的社会化大生产要求不断扩大市场,科技进步、科技革命与科学管理又为不断扩大市场提供新的可能性,最终导致20世纪80年代世界进入经济全球化时代。全球化可以使全球资源得以最有效、最合理的配置,这不仅能够产生新的巨大生产力,还将使全球经济可持续发展成为可能。经济全球化还是未来新社会的经济基础,其效益不可避免地为全球分享,各国企业、经济、人民融合在一起,一损俱损、一荣俱荣。

对于经济全球化这一全球经济发展的趋势,我们应该积极地面对。全球化过程实际上就是在全世界范围内进行产业结构调整的过程。流通作为一个产业,当然不能独善其身,独立于全球化以外。随着全球大众消费行为的趋同化、全球经济形态的趋同化,以及全球经济运行方式的趋同化等方面的不断积累,整个世界越来越近,全球大流通将逐步形成。任何一个国家或地区都不可能用个人意志或刚性的国界阻挡全球化。

经济全球化促进了流通全球化,促进了现代流通的产生。具体地说,经济全球化对流通业的影响表现在以下三个方面。

(1) 流通管理功能的全球化。新型的流通方式随着经济全球化通过学习、引进的方式在国际间传播,世界零售巨头的海外扩张客观上推动了世界各国流通业态的创新。

(2) 流通资本全球化。资本的天性就是哪里有利润就往哪里去,流通资本同样具有这种特征。在全球化的今天,只要市场有需求,资本就会迅速流向新兴的现代流通业的经营模式中。

(3) 商品经营全球化。现代流通一个鲜明的特征是一些世界零售巨头的跨国采购行为。以中国为例,麦德龙中国境内90%的商品来自中国,同时每年约190亿元人民币商品进入其全球销售网络,欧尚、沃尔玛在华采购数额更大。只要我们认识到在中国采购,实际上就是在世界商品制造中心采购,对于商品经营全球化就不难理解了。

(二) 知识经济与现代流通

随着现代科技的发展,人类社会已向知识经济时代迈进。知识经济是一种新的经济形态,将经历一个逐步发展、形成和完善的过程。

伴随着现代科技的发展和社会经济的突飞猛进,"知识就是力量"的论断已越来越为人们所接受。发达国家的经济发展越来越建立在知识和信息的基础之上,知识已成为提高生产率和实现经济增长的驱动力。"知识经济"正是发达国家充分认识到科技知识在社会经济发展中的重要作用而提出的,它直接依赖于科技知识的生产、传播和应用。

知识在经济发展中的重要地位改变了原有的经济理论和经济增长模式。传统西方经济学认为,生产要素局限于资本、劳动力、原材料等,知识只是起到外部作用。而知识经济理论认为,知识在社会再生产中以科学和技术的形式融入生产工具、管理方法等,极大地促进了生产方式、流通方式、服务方式的改善,从而对整个社会经济产生潜移默化的推动作用。以至到了知识经济时代,它作为独立的生产要素出现，并取代资本而成为最重要的生产要素，也因此成为推动企业和社会经济增长的"发动机"。在知识经济时代，知识作为衡量一个国家竞争实力的最重要的指标，对国家的长期发展起到决定性的作用。发展中国家落后的原因不仅是资金匮乏，更重要的是知识水平落后，发展潜力不足。发展中国家正从对资金的依赖转向对资金和知识的双重依赖，而对知识的依赖将是永恒的。知识经济的实质是以科学技术为中心的知识密集型产业在整个社会经济中占主导地位。在"知识爆炸"的时代，知识更新的速度越来越快，它与其他生产要素结合得愈发紧密，它直接影响了社会经济的各个方面。

知识经济时代的到来，将不可避免地对商品流通业产生深刻的影响。知识的发展为商品流通的现代化、科学化提供了条件，知识促进了商品流通企业布局的有序发展和商品流通企业内部管理的高效率，在知识经济的影响下，产品的主流已开始向知识密集型产品转变，商品流通行业也越来越趋向知识化和复杂化。

（三）信息技术与现代流通

信息是现代商品流通的生命，现代商品流通的发展以信息技术的广泛应用为主要特征。由多种信息技术集成的商品流通信息系统，是实现现代商品流通管理目标的重要保证。可以说，没有信息技术的发展，就没有现代商品流通的产生和发展。

第二节 商品流通数字化转型

中国共产党十九届五中全会指出："要坚定不移建设数字中国。"把推动数字化转型写入《"十四五"规划建议》指导思想，并对数字化发展作出部署。作为社会再生产重要环节的商品流通行业，也必须全方位投入这一革命性的变革之中。

一、含义

数字化转型这一概念诞生以来，各方面都给出不同的解释，至今还没有一个为大多数人公认的定义。埃森哲咨询公司认为，数字化转型最显著的特征就是通过数字化应用提升运营效率。麦肯锡全球研究院在2017年12月的报告中提出数字化的三方面内容：资产数字化、运营数字化、劳动力数字化。IBM认为数字化就是通过整合数字和物理要素，进行整体战略规划，实现业务模式转型。根据IBM研究分析，数字化转型的战略途径主要有三种：注重客户价值主张、注重运营模式转型、转型客户价值和组织交付运作方式。微软认为，数字化转型四大核心能力是：客户交互、赋能员工、优化业务流程、产品和服务转型。

我们认为,与其争论不休,不如勾画出这一概念的大致脉络。

(1)从形式看,是线上、线下的结合。线上零售商和线下零售商,过去是"有你没我"的状态,现在则感到有必要优势互补,共享零售蛋糕。

(2)从技术手段看,必须广泛应用高科技手段。数字化之所以"新",就在于大量运用大数据、移动互联网、人工智能等先进技术手段,自动和智能地对客户、供应商进行科学分析和管理,对业务流程和运营模式进行升级改造。

(3)从包含内容看,有效运行依赖于三方面的进程。一是为消费者画像,即通过对消费者职业、年龄、性别、个性、以往购物记录、消费痛点和兴奋点等数据的分析研究,确定消费者的消费偏好和特征。二是优化业务流程,根据确切的市场需求数据,构筑和优化不同的供应链和业务流程。三是从提供更优服务、更低运营成本、更好经营效率等出发,整合各类生产要素。

(4)从本质看,数字化使内外化结合,从成本、效率、体验入手,加速商品流转。商品流通的本质是更高效率、更低成本地把商品由生产领域推向消费领域,并使消费者获得更好的购物体验。正是围绕这一点,才有了一次次零售革命,即阻碍更高效、更低成本、更好购物体验的流通业态被淘汰,而新的业态成为革命性业态。

数字化不仅挖掘内部潜力,更注重外化融合,即生产与消费融合、线上线下融合、物流商流信息流融合,等等,使其真正回归商品流通的原点。

二、商品流通数字化转型的必要条件和充分条件分析

一个新生事物能够产生并且迅速发展起来,在其所处环境中必须有两类决定性因素同时存在并且发挥作用,即充分条件和必要条件。

(一)充分条件分析

充分条件指经济发生过程中,存在某些不协调、不均衡机制,迫切需要新生事物来保持协调和均衡。当充分条件越充分,越迫切呼唤新生事物来发挥作用。

1. 市场环境深刻复杂

当前,百年未有之大变局正向纵深发展:经济全球化遭遇逆风和回头浪,新冠肺炎疫情大流行,全球治理体系和经贸规则变动等因素,使商品流通受到外部环境深刻变化带来的严峻冲击。

2020年12月11日,中共中央政治局召开会议,提出加快构建以国内大循环为主体、国内国际双循环相互促进的新发展格局。会议要求,要扭住供给侧结构性改革,同时注重需求侧改革,打通堵点,补齐短板,贯通生产、分配、流通、消费各环节,形成需求牵引供给、供给创造需求的更高水平动态平衡,提升国民经

济体系整体效能。

面对这样复杂多变的外部环境和中央的战略部署,迫切要求商业充分发挥货畅其流、资源整合、供应链管理、先导生产和消费的职能,在"十四五"作出应有的贡献。

2. 传统商业面临巨大挑战,难担大任

传统商业在移动互联网时代"丢城失寨",疫情期间更是几乎停摆,一方面是缺乏互联网的基因,缺乏与数字技术的深度融合,更重要的另一方面是其本身存在的弊病与问题。

(1) 专业化"买手"职能丧失,沦为"二房东"。商业之所以存在,正因为它能够依靠遍布的销售网点与市场渗透力,实现整个流通过程的效率化。同时它所承担的基本职能也是"先买后卖""贱买贵卖",通过频繁的买与卖,商家培养起对市场的认知和甄别能力,形成专业化"买手"角色。

然而,越来越多商业企业却丧失了"买手"职能,成为依靠通道费、租赁费等牟利的"二房东"。例如,相当大比例的百货商场不经营商品,而是把柜台租赁出去,从中收取租赁费和联营扣点费。

这种"坐地起价""旱涝保收"式的经营模式将商企的风险全部转嫁出去了,自身没有了商品经营的风险,也就没有了改革转型的压力和动力。不仅如此,一些商企凭借自身的货架资源,向租赁者收取名目繁多的费用,或者扣押本应支付给租赁者的货款,激化了双方的矛盾,也阻碍了自身进一步发展。

(2) 传统商业生存空间越来越窄。随着一轮轮城市改造工作的进程,出于政府强化监管、或恢复原有建筑风貌、或改变脏乱差状况、或商业业态调整升级等原因,一批轻纺市场、花鸟市场、建材市场、菜场、二手货市场、粮油产品市场等被迫关闭或迁往郊区。出于同样的理由,一条又一条商业街被拆迁重建。为此,一大批实体店赖以生存的空间遭到了毁灭性的打击。

(3) 固守传统的运营模式。不少传统商企不熟悉线上交易的规则,无法有效利用新兴的技术。部分商企意识到数字化转型的重要性,但所谓转型往往浮于表面,想当然地认为只要开设线上平台就是实现了数字化转型,导致线上线下割裂。

以上三方面是传统商业在移动互联网时代比较突出的问题,正是这些经年累月的弊病使传统商企逐渐丧失了市场竞争力,甚至陷入了严重的经营困境。

三、商品流通数字化转型的必要条件

当经济环境中充分条件已经很充分了,现代商品流通行业数字化转型不一

定能顺利推进,在同一环境中还需要存在支撑转型的必要条件。从上海情况看,充分条件可以分为二部分:促进因素和阻碍因素。

(一)数字化转型的促进因素

(1)政府支持政策。近日,国家发改委、中央网信办、工信部等部门联合印发《关于支持新业态新模式健康发展,激活消费市场带动扩大就业的意见》,就从线上公共服务和消费模式、生产领域数字化转型、新型就业形态、共享经济新业态等4个方面,针对15种数字经济新业态新模式重点方向,提出了一系列的支持政策。商务部、国家发改委、国家卫健委也联名印发《关于支持商贸流通企业复工营业的通知》,支持中小商贸流通企业数字化转型,引导其上云和向线上拓展,通过互联网开展商品销售和服务提供,大力发展电子商务、无人零售、智能超市等。各地政府也都公布了一系列推动企业数字化转型的政策。

(2)具备数字化转型的基础。近几年,各级政府打造政务服务"一网通办"和城乡运行"一网统管",已经成为治理数字化的一张名片。随着"二张网"的不断发展壮大,使广大市民对数字化感知更为明显,也为城市数字化转型打下基础。

(3)系列商业数据化转型技术已上市。据了解,华为、腾讯、用友等多家公司已经推出相关管理软件以及类似服务。

(4)积累了一定数字化转型的经验和样本。从1981年开始,几乎每隔十年一个里程碑:1991年苏宁创立,中国零售进入连锁经营时代;1999年互联网时代来临,中国第一个电商网站8848.com成立,让网购迅速成为上亿消费者的新选择;2010年后智能手机出货量超过个人电脑,移动电商时代开始。淘宝、天猫和京东等有代表性的大企业,结合我国经济发展水平以及国内消费者的消费心理及偏好,创造性开发了适合中国市场的网络零售模式。同时,传统商企也在不断创新转型,如物美、永辉、大润发等把线上线下融合,打造全渠道的商业产品。

(二)阻碍因素

长期形成的经营方式、盈利模式、产业结构等,使商企管理者的经营理念、知识结构、经营技能等根深蒂固。另外,正如国家信息化和发展部在《中国产业数字化报告2020》中指出,当前企业数字化转型面临五大困境:自身转型能力不够导致"不会转";数字化改造成本高造成"不能转";数字化人才不足致使"不敢转";企业转型战略不清导致"不善转";企业多层组织模式不灵引致"不愿转"。

四、几点结论

(1)不管从上海发展面临的复杂多变的环境,还是中央的战略部署来看,都迫切需要商业数字化转型，即充分条件已十分充分。对于大部分商企来说，前几年数字化转型还只是选择题，经历了新冠肺炎疫情后，这已是生存的必答题了。

（2）由于数字化转型还存在阻碍因素，转型工作不可能一蹴而就，而应采取"分步推进，分类指导"的策略。

（3）数字化转型要有温度。这包括以下几方面内容：第一，数字化是一个好工具，但真正落实到商企日常运营中仍然存在一定的障碍，有关部门和企业在软件设计、程序安排、人员培训等方面做更多接地气的探索。第二，数字化转型不能简单围绕消费者，要通过数字化技术来认知、链接、服务消费者，围绕消费需求重构产业的研发、生产、分销和营销的组织逻辑，更好服务消费者，尤其是赋能给老年人。第三，要允许不同类型商企探索不同的新商业模式，线上电商、B2B、社区团购、短视频电商、直播电商等都可试行，"线上＋线下"全渠道模式、平台型资源整合模式、KA综合卖场逆向整合模式等可供选择。

（4）切实保护中小微商企利益。在数字化转型进程中，中小微商企由于存在自身抗风险能力偏低、融资困难、人才奇缺、内外部资源匮乏等痛点，要采取特殊政策扶持和指导，提高内生动力和能力，并构建开放型行业赋能平台，提供技术和政策服务。

第三节　现代流通职能

流通的社会职能，是指流通在社会经济生活中应该发挥的作用。长期以来，传统流通活动领域一直被严格限定在生产和消费的"中介"领域，其作用被动地定位于"桥梁"，而流通功能仅仅是"纽带"。受这一职能定位的影响，使流通业的路越走越窄，流通企业的处境越来越困难。

近年来，国内外一些优秀的流通企业在转变经营模式上作了许多有益的探索，本节借助科学抽象法从中提炼现代流通职能的内容和特征。

一、优秀流通企业经营模式

由于不同流通企业在现代经济生活中发挥作用的层次不同，我们把它们分为四个层次来分析，如图2-1所示。

（一）合理定位型

这类企业突破了传统流通不能很好服务生产和消费的弊端，能在各条商品流通渠道中摆正位置，主动帮

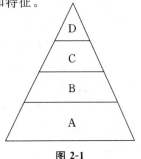

图2-1
现代流通职能的架构

助生产企业按照市场需要生产适销对路的产品和服务,并通过自身努力加快其流通。

我们知道,商业的生产是人类第三次社会大分工的产物,是人类社会进步的表现,其进步的意义体现在马克思所说的"(商人)作用宁可说是使社会的劳动力和劳动时间只有一部分被用在这种非生产职能上","一个商人可以通过他的活动,为许多生产者缩短时间。"①因而,从事流通活动时,流通企业能否发挥"(比生产者自销)费用更省,速度更快,服务更好"职能,成了流通业的生命所在。

大多数流通企业都能正确定位,他们在"为生产者缩短时间"过程中精耕细作,使自身获得快速发展。日本伊藤洋华堂近几年营业额和利润均处在日本零售业的前茅,其良好业绩在于和生产企业共同建立配送体系,双方互惠互利,共同发展。这样的互惠互利的合作机制,使一大批生产企业和伊藤洋华堂结成伙伴关系,把伊藤洋华堂看作自己唯一的或主要的分销通道。

(二)前后延伸型

这类企业有宜家、百安居、联华等,他们立足流通业领域,并且适时向前后延伸。向前延伸是直接介入生产领域,不仅和供应商保持亲密的合作关系,还拥有自己的产品开发设计系统,拥有大量的设计专利,拥有自营商品品牌,同时还拥有原材料和生产基地。向后延伸则不断开发新的消费市场,创造新的消费领域,创造自己的优质客户和独特的服务方式,形成强大的竞争能力。

总部设立在瑞典的著名企业"宜家家居",它的创始人英格瓦把母公司设立在自己家乡的一个农村小镇上,1943年以销售日用百货为主;1945年开始通过广告销售自己的产品;1963年开始组织家具设计;1965年在斯德哥尔摩开设了宜家商场,开创了仓库式展销厅和顾客自选售货方式。1997年以后,宜家开发出儿童系列家庭产品、回归自然系列产品、休闲系列产品等。一方面宜家通过自己的研发系统向原材料、精细加工等领域拓宽,与1 650家家具供应商合作,占领流通渠道的上端。另一方面,先后打开美国、中国、日本等共22个国家和地区的市场,创造了宜家的顾客和消费群。

(三)供应链管理型

这类企业以香港利丰集团为代表,它通过供应链管理使一个代理商提升为现代流通巨擘。

利丰集团在构筑每一条供应链时,把主要精力和资源用于产品设计、质量控制和供应链管理的核心业务上,而将非核心业务外包给全球最有可能的地区化

---

① 《资本论》第三卷,人民出版社1975年版,第148页。

企业。利丰通过业务流程重组,与生产商结成紧密合作关系,运用现代信息技术等措施,有效管理一条条高效率、低成本的供应链。

英国经济学家马丁·克里斯多夫曾指出:"真正的竞争不是企业与企业之间的竞争,而是供应链与供应链之间的竞争。"利丰在新的竞争中,通过经营模式的转变,从传统流通转变为公认的现代流通企业典范。

(四)引领经济型

这类企业的代表毫无争议地首推沃尔玛。20世纪80年代以来,沃尔玛凭借强大的信息技术和现代流通方式,悄然造就了流通业在全球广阔领域引领生产、调整结构、配置资源、促进消费的强大功能。其标志是80年代中期沃尔玛和宝洁公司结成以流通企业为主导的战略联盟。按照这种模式,沃尔玛通过全球采购,同大大小小的制造企业分别建立了广泛而密切的伙伴关系,并通过自身成功的运作降低交易成本,为生产商创造订单,寻找销路,减少库存和加快周转,沃尔玛这些功能的发挥和延伸,客观地推进了社会资源优化配置和产业结构调整,同时也通过"低价、优质"的经营特色满足了市场需要。

二、现代流通职能的层次性

综合分析以上四类现代流通企业的经营模式,我们可以把现代流通的职能抽象为四种,如图2-2所示。

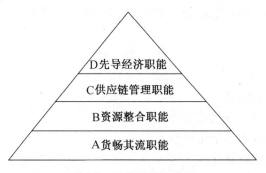

图2-2　现代流通的职能

应该说明的是:

(1)我们用正三角形分别表示A、B、C、D四类企业类型的四种流通职能,处在A层次并发挥"货畅其流"职能的企业是多数,而处在D层次并发挥"先导经济"职能的企业是少数。低层次企业向高层次发展的趋势,受企业规模、市场定位等因素的制约,正三角布局的基本形态不会改变。

(2)由于生产者和最终消费者的多样化和复杂性,客观上要求现代流通提供多样的服务。因而,四种类型的流通企业都有自己的活动空间,其所体现出来的职能也应该是多层次和多样化的,而不是单一的。

(3) 四类企业的边界是很难严格界定的,其边缘有时会融合和交叉。造成这种边缘模糊性的根本原因在于这四种职能存在一定的关联度。其共同的基础是"货畅其流"职能的发挥,不同的只是流通发挥作用的大小和发挥"货畅其流"职能的方式不同而已。

在我国,由于是"资源约束"和"需求约束"并存,客观要求提升流通地位,并希望流通在引领经济结构转变、加快经济节奏、提高资源使用效率、满足和创造市场需求等方面发挥更大作用。全社会要从重新认识现代流通核心职能开始,重新寻找国民经济发展的新思路。

本 章 小 结

现代流通是流通一般的特殊形式,是新经济的产物。

商品流通数字化转型的含义可以从形式、技术手段、支撑条件、本质等方面去理解。数字化转型能够产生并且迅速发展起来,其动能可分为两类,充分条件和必要条件。

现代流通的职能包括合理定位、前后延伸、供应链管理、引领经济四个层次,对国民经济起到了货畅其流、资源整合、供应链管理和先导经济的作用。

思 考 题

1. 如何认识新经济?
2. 试述新经济与现代流通的关系。
3. 试为商品流通数字化转型下定义。
4. 现代流通职能是什么?
5. 试用必要条件和充分条件分析法说明上海进博会顺利举办的原因。

第二编　流通机制

在市场经济条件下,商品流通是无数因素互相依赖、互相制约、取得相对平衡和协调的结果。而充当协调功能的因素及其作用机理,即为流通机制。市场自我调节机制、市场动力机制、供求机制和文化机制构成了调节流通过程的一般系统。在现代流通过程中,合作机制、创新机制和集约机制的作用凸显出来,研究这些现代流通机制具有更加现实的意义。

第三章 商品流通机制一般

学习目的与要求

1. 了解商品流通机制的含义；
2. 掌握市场流通机制与计划流通机制的区别；
3. 了解市场自我调节机制的功能和构成；
4. 了解市场动力机制的内容。

社会主义市场经济条件下的流通机制，是一个需要科学规范的概念，具有特定的内容。对流通机制的特征、功能、正常运行条件的研究，可以加深对其含义的理解和认识，有助于我们拓展思路，加速流通现代化的进程。

第一节 商品流通机制的含义

"机制"一词来源于拉丁文，原意是指机器的构造和作用原理。后来，医学和生物学借用这个词提出了病理机制、生物机制等概念。经济学借用这一词是指一定的经济运行过程中，各经济要素之间相互联系和作用的制约关系及其各要素组合形式的综合功能。

要准确把握商品流通机制的含义，首先要对流通机制与流通体制、市场流通机制与计划流通机制予以界定，然后再研究流通机制所包含的内容。

一、商品流通体制与商品流通机制

人们在理解流通机制时，往往把它与流通体制相混淆。流通体制是指社会经济关系在流通领域所采取的具体形式，或者说是社会经济制度在流通经济关系方面的具体化。它规范着政府、企业和个人之间的方方面面关系，如政府、企业、个人之间关系以什么原则确立，它们之间的矛盾按什么原则处理，等等。

流通机制则是指各流通要素相互作用的过程、方式和途径。政府、企业和个人都是社会成员，他们作为从事流通活动的当事人，在流通活动中必然相互作用。随着经济活动展开,一系列的价格、供求、利率等经济因素也会相互联系和相互作用,而实现上述既定经济关系的方式、途径的总和即为流通机制。

可见,流通机制和流通体制之间既有联系又有区别。流通的运行总是在一定的流通体制下进行的,流通体制决定了流通机制的基础、方式和条件。因此,一定的流通体制必定产生一定的流通机制,也就是说,流通机制赖以形成和发挥作用的条件是由流通体制决定的。同时,流通机制又是流通体制的重要组成部分,它的作用发挥的程度,对流通体制起着巩固、健全或削弱、破坏的作用。

由于流通机制是在流通运动中发挥作用的,因而又可以称之为流通运行机制;同时,流通机制本身就是一个协调系统,为此,它又可称为流通调节系统。

二、市场流通机制与计划流通机制

社会流通机制的整体运动中包含着它的各构成要素的局部运行,各构成要素都自成体系,各自均有特定的运行机制。市场流通机制和计划流通机制都是流通机制的组成部分。

市场流通机制和计划流通机制的运行各有其自身的规律性。为实现各自的目标,其构造(包括信号机制、决策机制、动力机制和实现机制等各个方面)均存在重大差别。为了说明这种差别,我们假设两种极端的运行机制模式,即对纯粹市场流通机制和纯粹计划流通机制进行比较。

(一)信号机制

信号机制是流通领域处理和传递信息的机制。不同的运行模式,其处理和传递信息的方式、功能和途径是不同的。

1. "市场—价格"是市场流通机制的唯一信号

从事流通的主体,需要大量的市场供求信息作为决策的依据。价格信号能及时、灵敏地反映当前市场供求状况以及未来一段时间内可能的变动趋势。当价格上升时,表明市场供给减少,需求增加,这会提醒市场主体增加要素投入,扩大生产经营规模;当价格下降时,表明市场供给增加,需求减少,这会提醒市场主体减少要素投入,缩小生产经营规模,减少商品或劳务供应量,或转产以调整供给结构。价格信号在各个市场主体之间的传递,引导他们做出生产什么、生产多少、怎样生产的决策。

2. 计划数量指标是计划流通机制的主体信号

与纯市场流通模式形成强烈反差和对比的是纯计划流通模式。其特点是把整个社会流通过程看成是一个大工厂,所有的经济决策权都集中在一个统一的中央计划机关,用自上而下的数量信号(包括实物指标、信贷指标以及行政命令等)来调节流通。这些数量信号与微观主体的横向市场活动没有内在的联系,主要以计划主体的宏观决策目标为依据。

数量信号对市场流通的调节一般以实物指标和行政命令为核心,并往往用平均分配、按比例分配或按优先顺序分配等方式进行数量分配。在这一体制下,对稀缺资源或短缺商品的优先顺序安排,往往服从于政治需要,或取决于计划制定官员的个人素质。

与市场价格信号和价格调节相比,数量信号和数量调节具有一些独特的优缺点。从优点看:一是具有事先性和便捷性。价格信号和价格调节往往是在供求关系发生变化后才作出反应,而且价格变化往往不灵活,供求状况持续偏离均衡位置后,在短时期很难迅速恢复供求平衡。计划数量信号及调节可能预先估计到供求失衡,并按照预先的分析制定出行动规划,生产者据此能避免供求严重失衡,并能通过一定调节手段达到供求平衡。二是数量信号和数量调节方式对于保持宏观平衡具有较明显的作用,尤其在重大比例失调的情况下,其作用更大。这是因为,价格信号可能隐含着个别利益和社会利益的不协调。一定的价格水平可能对单个企业的盈利是合理的,对社会利益却有可能产生损害,如公害等,这就需要使用必要的数量调节及相关的投资政策、产业政策等。

同时,数量信号和数量调节又有一些显著的缺陷:一是缺乏标准,各种数量信号的量值是不统一的,有的又是模糊不清的,很难加以比较汇总和精确计算。而价格信号的标准和精确度却可以使它们相互进行客观的比较,并用以判断市场供求状况的总体面貌。如同一产品的成本比较、某一类产品或要素的短缺和过剩,通过价格信息加以衡量便比较清晰。二是容易受到非经济因素和人为的操纵。行政命令操纵和人情操纵在一般情况下是无法避免的。市场竞争秩序越不健全,诸如此类的行为越会横行无忌。三是经济刺激性不明显和不直接。如果企业是硬预算约束,它就会对价格信号作出灵敏的反应,因为价格变动对企业的成本、销售收入和利润等财务指标的影响简单明了,而数量信号变动带来的经济损益就显得比较曲折和间接。

(二) 动力机制

我们将在本章第三节专门讨论市场动力机制,这里不再赘述。计划流通机制的动力源是对宏观发展目标的追求。计划流通机制是流通中各要素之间的自觉的经济联系,它包括流通计划的制定、调节、校正、实现之间的制约关系和作用,它是国民经济有计划、按比例发展规律的作用机制。

具体地说,宏观流通发展目标又可以体现在流通持续、稳定、协调发展,社会总供给与总需求相对平衡,物价总水平相对稳定在这三大目标上。

1. 流通的稳定、持续、协调发展

(1) 流通的稳定发展。流通的稳定发展,是指对流通的各项投入(如资金、劳动力、技术等)和流通结构(行业结构、规模结构、所有制结构)等,均要稳定发展,而不能大起大落。

我们知道,任何经济过程只有不断地投入才能有不断的产出,由于不同产品的投入和产出的周期是不同的,有的要长达几年,甚至十几年,因此只有均衡、适时的投入,才能保证生产正常发展并取得最佳效率。任何不适当的干扰(贸然改变生产方向或停止投入等)都会造成原有投入资金的沉淀,并使一大部分固定资产受到种种自然磨损和无形磨损。流通是国民经济各环节和各部门联系的传导和纽带,由于生产、交换、消费等环节的制约和协调,流通已经形成一整套被各方所能接受的联系形式、方法和规则,突然改变,是要付出一定代价的。

当然,当一种旧体制严重束缚了生产力发展,改革旧体制则是唯一选择——不管代价多大,否则流通无法获得新的活力。但在一种大致符合生产力要求的流通运行状态形成后,就应该尽量创造条件使之逐步完善。经济环境决不能时而无比宽松,瞬间又过分严紧,决不能今天一个猛拐弯,明天又一个急转轨。为此,在改革和发展的过程中,及时、经常的调整是必需的。尤其在今天,各种经济利益主体异常活跃,经济波动的后果不再和以往那样主要由国家负担,而是与各经济主体利益息息相关。流通和整个国民经济一样,稳定发展至关重要。

(2) 流通的持续发展。流通的持续发展,是指随着国民经济的发展,流通应有相当的发展速度,这包括开拓市场、扩大内需、大力发展流通基础设施建设和现代化流通体系等。为此,在一系列经济效益指标和社会效益指标上,计划主体均会确定一定的增长速度。

(3) 流通的协调发展。流通的协调发展,是指流通发展不仅是内部各种要素的协调发展,而且必须与整个国民经济发展相适应。这是由流通在国民经济中的地位所决定的。

社会经济事物之间存在着客观的联系及一定的比例关系。客观事物之间相互适应,是事物存在、发展的重要因素和条件。当这些关系遭到破坏或不适应时,就会影响其发展。流通是社会再生产的中间环节,是生产与消费的媒介。只有在生产稳定的前提下,合理组织流通,确立适当的规模和结构,才能协调生产与消费,保障国民经济良性循环。

在流通内部,在各种流通形式之间、流通各环节之间、流通量与仓储能力及运输力之间、农村流通力与城市流通力之间、商品流量与流通资金量之间、各类商品价格之间等均应相互协调。

2. 社会总供给与总需求的相对平衡

经济持续、稳定、协调发展,关键要看社会供给和社会需求之间是否均衡。在市场经济条件下,社会总供给和总需求的平衡具体表现为市场供给与市场需求的相对平衡。经济发展是各经济要素共同作用的结果,它要受到生产要素配置比例状况的严格约束。供求失衡,意味着生产要素在配置上的比例失衡,其最终结果必然会造成经济增长中的过高代价以及因调整资源配置方向、进行总量平衡而形成的经济增量的大起大落。

当然,适当的增长速度同时也为实现总量平衡创造了条件。经济增长速度过高,必然破坏总量平衡,造成浪费;速度过低,资源得不到充分利用,也会造成闲置性浪费。这都对实现市场供给和需求平衡不利。

3. 物价总水平的相对稳定

流通发展的持续和稳定,是通过物价总水平或通货的稳定来表现的。价格作为国民经济活动的综合反映,特别灵敏地反映了社会总需求和总供给的状况及其比例。

当然,物价总水平的稳定并不是指物价总水平保持不变,而只是指物价总水平避免持续的、剧烈的大起大落。避免通货膨胀并不是消除"高"的物价,而是消除持续和剧烈的上涨中的物价。因而,这是一个动态的宏观控制目标。

在市场经济国家中,一般均把物价总水平的相对稳定作为政府宏观调控的目标之一,只不过调控的方式方法不同而已。相对稳定的人民生活,经济相对稳定发展,对任何社会形态都是必需的。

经过上述分析,不难看出,这三个目标是相互关联和相互制约的,它们分别从经济运行的速度、协调和效率、稳定等几个方面体现了社会劳动时间的节约和劳动时间合理分配的内在要求,因而规定了流通宏观调节的方向和速度。计划主体一般从上述动机和目标出发,对流通进行调节和干预。

(三)决策机制和实现机制

总的来讲,决策机制和实现机制指的是资源配置的方式。在现实经济生活中,基本的资源配置方式包括由经济主体自由选择、横向转移型配置和自上而下的社会集中型配置两种。

1. 资源的横向转移

市场型配置资源机制,是由"看不见的手"通过商品在市场上进行交换,在不同的经济主体之间配置社会资源。它具体表现为市场活动主体之间的自主决策、横向的经济性协调和资源的自由流动。

2. 资源的纵向配置

计划型配置资源机制，是通过人们预先制定的计划在各经济行为主体之间配置社会资源。其表现为通过社会中心的计划决策和纵向的行政计划协调资源配置。

应该说，这两种资源配置方式不是区别社会制度性质的标志。计划经济不等于社会主义，资本主义也有计划；市场经济不等于资本主义，社会主义也有市场。在历史上，它们都有过成功和失败的经验教训。但是相比较而言，计划机制配置资源并不能达到最优数学规划所测算的那种最优状态，而市场机制的配置却不失为一种较为优化的选择。这是因为：

（1）市场机制配置能在利益动力约束下自动进行企业内外系统平衡，并且调节具有及时性、微调性。由于实行动态调节，反馈率高，最终会导致最优化的资源配置结构，并使企业追求经济效益的努力成为社会效益的一部分。

（2）从信息机制看，通过市场交易和价格信号，每个经济主体均能享受整个经济的信息，资源配置渠道可以全方位、多角度开放，资源配置有了巨大的回旋余地。同时，由于需求处于主动地位，使信息通道又被相应拓宽。

（3）市场机制配置用边际分析方式替代平均分配资源方式，打破了"大的一斤、小的八两"的配置思路。而且，它改用投入与产出关系，分析每个单位投入与产出的大小值的差别顺序，以最边缘产出为投入的极限点，利用这一方法进行资源配置，资源使用效率能达到最大化。

（4）市场调节力量来自竞争。竞争可以使最有能力的产品和劳务的提供者涌现出来，生产要素在国民经济运行中才能形成最佳投入。

应该指出，在现实经济生活中，由于种种因素的制约，纯粹的市场流通机制和纯粹的计划流通机制只是一种理论上的假设。事实上，在我们所知的流通模式中，计划和市场都有渗透和交叉，只不过在结合的程度、广度、方式上有所不同而已。

上述内容可用表 3-1 概括。

表 3-1 计划机制与市场机制比较

	信号机制	决策机制	动力机制	实现机制
计划机制	计划数量指标	政府的集中决策	政府宏观目标	资源的纵向配置
市场机制	市场价格	各经济主体的分散决策	各经济主体对自身利益的关注	资源的横向转移

第二节 市场自我调节机制

市场自我调节机制,是指市场体系的各有机组成部分在既定的外部条件下,自动保持对环境的灵敏反应以及保持市场运转的协调和平衡的体系。这一机制的内涵包括:(1)市场范畴的各种要素,如价格、利率、竞争、工资等机制的应变作用;(2)各要素在市场运行过程中互为因果、相互制约关系的构成、作用程度和联系。

一、价格机制

商品价格与市场关系最为密切。如果说市场体系运行是商品经济的灵魂,价格体系则是市场体系赖以形成和运行的核心。市场问题说到底是价格问题。

价格机制对市场商品供求有明显的调节作用。一般来讲,一定的价格水平对商品供给与商品需求产生调节作用的方向是相反的。当某种商品供不应求时,市场价格上涨到商品价值之上,这一方面会刺激生产者扩大生产,增加供给量,另一方面又会导致消费萎缩,其结果是商品逐步供过于求。当商品价格处于低波状态时,情况完全相反。商品生产者会因利润的约束而减少商品供给,而消费者则会形成购买冲动,又会造成商品需求的增加。这种调节作用广泛存在于商品供求关系的形成过程之中,尤其是在商品结构性供给与商品结构性需求关系的形成过程中,价格机制的这种调节作用表现得特别显著。

二、利率机制

利率本质上也是一种价格,即借贷资金的价格。在商品经济社会中,生产要素一般跟着货币走,货币资金是"第一推动力"。在一个完备的资金市场上,利率是浮动的,能反映资金的供求关系。因此,它对资金供求关系的调节是不言而喻的。当某种商品供不应求时,价格上涨,从而引起生产者对该产品的投资增加,而投资需求扩张会自动牵动利率上升,当利率上升到某一点时,生产的投资热情就会消失,生产规模也就下降,从而使资金供求达到平衡和协调。反之,当商品供过于求时,情况则相反。

三、工资机制

工资是劳动力价值的货币表现,即劳动力价格。在纯粹市场的条件下,工资反映的是联合劳动的企业提供活劳动的商品交换关系。劳动力价格随着劳动力供求关系的变化而浮动。当扩大产品规模时,造成就业机会增加,劳动力需求上升,从而引起劳动力价格即工资的上涨。当劳动力价格上升到某一点时,一方面造成产品成本过高,另一方面又导致劳动力需求下降,其结果是劳动力价格逐步下降,劳动力供求状况逐步走向平衡。当缩小产品规模时,情况相反。因此,工资机制起着自动调节劳动力供求关系的作用。

四、竞争机制

竞争是在商品经济条件下,市场主体为谋取经济利益最大化而进行的斗争。竞争在促进技术开发、改善经营管理及资源合理配置方面起着积极的作用。市场体系之所以能形成自我调节功能、市场竞争之所以能体现出优胜劣汰现象、价格机制作用之所以得以实现,原因皆出于此。

应该指出的是,市场体系范畴的各种因素均有自我调节能力。这是因为市场本身就是商品交换关系的总和,市场关系的范畴都是为了协调商品交换关系而产生的。从某种意义上讲,组成市场体系的各要素机制,如价格、利率、汇率等,都是为适应各经济主体的经济利益关系而产生、发展起来的,因此,都具有自我调节能力。

另外,价格、利率等要素机制并不是孤立的,而是相互联系、相互作用,共同发挥着调节功能。如价格上升引起投资需求扩张和利率上涨,对劳动力的需求也会增加。当劳动力供给为一定量时,工资就会自动上升。利率及工资分别上升到一定幅度时,企业出于投入产出比率关系的考虑,因而在投资热情消失的同时,也会自动停止对劳动力的招聘。

第三节 市场动力机制

动力机制是指各个经济主体在经济活动中追求其经济利益过程中所形成的相互联系。

一、对物质利益的追求是市场机制运行的原动力

在市场经济条件下,是什么促使人们去进行生产、分配和交换?什么是各经济主体联结成市场关系的动力源?答案只能是对经济利益的追求。

企业作为独立的商品生产者和经营者,它所考虑的是追求自身的物质利益,否则就没有存在的必要和可能。在市场关系中,各生产者互相交换各自的劳动产品,通过为别人生产使用价值而换取自己所需要的使用价值,使自己的具体劳动化为抽象劳动,使个别劳动转化为社会劳动。也就是说,他们必须通过商品货币关系即市场关系来实现自己的经济利益关系。从现代商品经济发展的历史来看,流通主体的营销观念,从传统的生产观念逐步向产品观念、推销观念、市场营销观念和社会营销观念转化;商品交易方式从原来的简单、单一方式向连锁、网络交易等多姿多彩的现代交易方式转变;流通经营规模在原有的小杂货店、小百货店的基础上,涌现出一大批连锁公司、跨国公司;流通经营竞争手段从单纯的价格竞争向灵活多变、层出不穷的非价格竞争转变;等等。所有这些变化都是企业出于环境条件的变动而作出的能动反应,其深层次的原因还是经济利益驱动。没有对物质利益的追求这一市场机制原动力的驱使,商品经济的发展只会停滞不前,现代流通也无从产生。

同时我们应该注意,在不同社会形态下,只能区别不同利益是否具有对抗性,而不能否认经济利益作为原动力的客观必然性。也就是说,无论在社会主义还是在资本主义中,其原动力都是物质利益。在社会主义条件下,精神文明的动力作用毋庸置疑是巨大的,但是精神文明的动力作用是在物质利益的基础上产生的,物质利益是前提、是基石。所以说,"利益把市民社会的成员彼此联结起来。"①

二、经济利益关系是经济规律作用的基石

各类经济规律之所以能够发挥作用,就是因为经济利益关系在发挥作用。舍此,经济规律无法理解。

价值规律的基本含义是商品的价值由生产这一商品所花费的社会平均必要劳动时间所决定,商品交换按照等价的原则进行。在经济利益的内发性驱动下,任何一个商品生产者都力图在高于自己商品价值的情况下销售自己的产品。在这里,交换中的经济利益导向能自动诱导生产者努力地降低产品成本,追求在成本价值以上出售产品。

商品供求规律是商品供给不断地适应需求变化以求得供求平衡的规律。供求关系的客观要求是供求趋于平衡,而这种客观要求也来源于各经济主体之间经济利益的内发性。从供给方面看,供给之所以能影响需求,制约、决定和创造需求,是因为消费者用其收入购买了其所需要的商品,并从中获取使用价值的满足。从需求方面看,需求之所以能制约和影响生产,是因为商品生产者只有适应需求,才能获取所期望的货币收入。可见,只有在对物质利益的追求下,供求规

---

① 《马克思恩格斯全集》第 2 卷,人民出版社 1980 年版,第 154 页。

律才能自发地起作用。

商品竞争是商品生产者以最小耗费取得最大经济利益而进行的经济形式的较量,如价格较量、品牌较量等。在市场经济条件下,商品经营者必然要受到竞争的制约,也必然要投入竞争。而这完全来源于对物质利益的追求。

总之,只有当物质利益关系作为第一环节进入经济规律的作用机制,这些规律的作用才能发挥,否则将失去经济规律作用的基础和动力。经济规律的运行过程,事实上就是物质利益不断调整的过程,并且在这过程中实现了市场的各种功能。利用经济规律来调整经济,实质上就是建立一个合理的物质利益调节体系,通过物质利益的调整来诱导企业的市场行为。

第四节 供 求 机 制

从宏观上看,流通的持续运动和有效完成,不论在总量上还是在结构上,都是以供给和需求的统一为前提的。任何供给与需求的背离,都会导致商品交换困难,使部分商品流通变得无始无终或有始无终。可见,供求是流通领域的一对主要矛盾。

商品供给与需求关系的变化,是无数因素相互作用的结果,而调节供求关系的系统和功能即为商品供求机制。

一、商品供给与需求的含义

(一) 商品需求

商品需求是指在一定时期内有支付能力的需求,也就是各类消费者受其购买力所制约的对市场商品的需要量。在这里,需求的主体不仅指最终消费者,也包括中间消费者;不仅指物质产品消费者,也包括精神产品消费者;不仅包括个人消费者,也包括集团消费者。需求的客体包括物质产品、劳务产品和精神产品。商品需求的条件是既有货币支付愿望,又有货币支付能力。

(二) 商品供给

商品供给是指一定时期内社会提供给市场用以满足消费需求的商品。供给的主体是生产者和经营者。客体与需求对应,它包括物质产品、劳务产品和精神产品。供给主体必须具备一定的生产和经营商品的能力,包括资金、技术和生产资料等。在理解供给时要从商品的两重性来认识,即商品必须有与市场需求相适应的使用价值和一定的市场价值,也就是该商品部门的社会平均价值必须符合社会需要。如果社会不需要或者不需要这么多数量,社会劳动就会白白耗费。

也就是说,商品供给有有效供给和无效供给之分。商品的质量、花色、品种、款式等不为社会需要,或者因价格原因生产者、经营者不愿供给或消费者不愿购买,以及那些长期沉睡在仓库里的产品等,不能归入可供商品之列。

二、商品供求关系

商品供给与商品需求是商品流通领域中极其重要的一对关系。

(一)商品供求关系是一对既统一又对立的矛盾

1. 商品供求关系是对立的

商品供求关系之所以是对立的,探其根源主要有以下两点。一是市场供给和需求是两种不同主体的经济行为,是相互独立的经济现象。商品供给通过使用价值,即实物形态表现出来,其主体是由生产者、经营者构成的卖方;商品需求通过货币形式表现出来,其主体是由各类消费者构成的买方。所以,无论是从主体要素,还是从客体要素来考虑,两者都是独立的经济现象。二是供给和需求有着不同的形成条件和制约因素。商品供给主要是在生产过程中形成的,与生产技术条件(如生产发展水平、规模、产业结构、商品率等)的联系非常紧密。商品需求是在分配过程中形成的,受社会经济条件、心理因素,尤其是消费因素制约很大。

2. 商品的供给与需求又是统一的

从本质上看,商品供给是社会的有效劳动创造的,有多大的社会劳动支出,相应地就有多大的商品供给;商品需求是由劳动支付能力决定的,劳动支付能力的大小决定着商品需求量的多少。两者统一于"劳动支付能力"这一标尺上。从现象看,商品供给与需求的实现过程是相互依存的,商品供给是由市场上具有使用价值的商品集聚构成的。在商品经济条件下,它必须通过货币的流通来退出流通领域,进入消费领域。商品需求则是由分配形成的一部分货币收入构成,它要通过货币与商品的交互运动,使货币转换为现实的消费对象。否则,进入市场的商品会因无人问津而滞销积压,现实的购买力也会因所需商品脱销断档不能实现,从而导致供给和需求的不适应。另外,潜在的商品供给和需求也须依靠对方才能转化为现实。无论在什么样的市场环境中,潜在的商品供给和需求总是存在的,潜在的商品供给通过商品需求吸纳可以转化为现实的商品供给。这是因为潜在形态的商品供给一般是通过生产能力的不完全利用或直接以库存产品的形态表现出来的。在需求疲软、价格跌至产品成本线或以下的情况下,企业因不能实现预期利润目标或出于限产保价的目的,致使一部分生产能力处于闲置状态,从而形成潜在的商品供给。相反,当市场有效需求增加时,价格上升,企业有利可图,就会提高开工率,积极销售产品,加速潜在的商品供给向现实的有效供给转化。

商品供求关系可概括为表 3-2。

表 3-2 商品供给与需求的关系

	商 品 供 给	商 品 需 求
表现形式	实 物	货 币
形成条件	在生产过程中形成	在分配和消费过程中形成
调控重点	通过产业政策来引导结构	通过分配政策控制总量

(二) 商品供求不平衡是绝对的,平衡则是相对的

马克思曾经指出:"供求实际上从来不会一致;如果它们达到一致,那也只是偶然现象,所以在科学上等于零,可以看作是没有发生过的事情。"[1]商品供求不平衡是绝对的,其理由主要是:

(1) 供求关系是生产和消费的关系在市场上的反映,产消之间在客观上就存在着矛盾。"如果从更广泛和更具体的意义上来理解需求和供给之间的关系,就要把生产和消费的关系包括在内。"[2]

(2) 供给和需求形成的条件不同。生产不等于供给,消费不等于需求,从生产到供给,从消费到需求,各自要受到一系列条件所制约。因此,即使产消之间是一致的,在其形成供求关系的过程中,由于双方制约因素不同以及双方制约作用的力量不同,也会发生供求不平衡。

(3) 即使形成的供求关系是一致的,但在其实现过程中,也会受市场上种种客观条件和环境的制约。由于条件和环境的不协调和经常变动,作用的方向和程度也不一致,在实现过程中平衡也会变为不平衡。

商品供求不平衡是绝对的、普遍的,但国民经济发展又要求商品供求相对平衡。这是因为:

(1) 供求关系相对平衡,商品价值才能实现。马克思说:"如果用来生产某种物品的社会劳动的数量和要满足的社会需要的规模相适应,从而产量也和需求不变时再生产的通常规模相适应,那么这种商品就会按照它的市场价值来出售。"[3]"要使一个商品按照它的市场价值来出售,也就是说,按照它包

---

[1] 《马克思恩格斯全集》第 25 卷,人民出版社 1980 年版,第 212 页。
[2] 《马克思恩格斯全集》第 26 卷,人民出版社 1980 年版,第 576 页。
[3] 《资本论》第三卷,人民出版社 1975 年版,第 209 页。

含的社会必要劳动来出售,耗费在这种商品总量上的社会劳动的总量,就必须同这种商品的社会需要的量相适应,即同有支付能力的社会需要的量相适应。"①

(2) 供求关系相对平衡,经济规律才能正常地发挥作用。在市场经济条件下,市场机制能合理地调节社会资源的配置,其作用是通过供求规律来体现的。如果供求比例失调,价格长期、大幅度地背离价值,价值规律作用的发挥就受到限制或扭曲。竞争规律也一样,如果供求比例失调、市场混乱,竞争就难以正常进行,或助长垄断而抑制竞争,或因投机猖獗而使竞争被扭曲。

(3) 供求关系相对平衡有利于物价稳定和货币流通的正常化。如果市场供求关系失调,有很大一部分商品的供应量或需求量不能实现,就会造成一股强大的压力,迫使物价总水平上涨或下跌,以达到供求平衡状态。同样,供求关系失调、市场物价波动,会造成货币流通的混乱,影响货币正常发行,影响货币购买力的稳定,影响银行信贷平衡和现金收入平衡。

上述种种理由表明,虽然商品供求不平衡是绝对的、无条件的,但保持市场供求关系相对平衡则是我们的任务。

(三) 供求关系的相对平衡是结构平衡和总量平衡的统一

马克思说过:"耗费在这种商品总量上的社会劳动总量,就必须同这种商品的社会需要量相适应,即同有货币支付能力的社会需要量相适应。"②也就是说,商品供求必须在总量上平衡。"用来生产某种物品的社会劳动的数量和要满足的社会需要的规模相适应。"③也就是说,供给的品种、规格必须与需求结构相适应。

商品供求总量平衡和结构平衡之间存在着一定的内在联系,即结构平衡是总量平衡的基础,总量平衡是结构平衡的保证。

1. 结构平衡是总量平衡的基础

如果出现结构不平衡而总量实现了平衡,其结果:一是价格混乱;二是一部分商品供过于求,另一部分商品供小于求。由于提供给市场的商品是由形态各异、具有不同使用价值的实物产品构成的,它们具有一定的不可替代性。当商品供给总量有一部分不符合社会需要,而消费者又力图实现现有的购买力时,就会导致总量的不平衡。

---

① 《资本论》第三卷,人民出版社1975年版,第215页。
② 《马克思恩格斯全集》第25卷,人民出版社1980年版,第215页。
③ 同上书,第209页。

2. 总量平衡是结构平衡的保证

当供求矛盾处于总量失衡时,由于体现商品需求的货币购买力是价值独立的存在形式,它可以与任何商品按一定的比例进行交换,加之商品具有不同的需求和价格弹性,当实际的需求量和相对价格水平发生变化时,需求总量就会按照各种不同的比例在各类商品之间重新分配,这就会造成商品供求的结构平衡矛盾。

(四) 商品供求运作是有一定规律的

商品供求运作是有一定规律的,那就是,商品供给一定要适应商品需求的规律。其内容包括质量、数量、时间、空间四个方面:质量是指供应的商品要在花色、品种、规格以及构成各个方面适合消费需求,并与消费水平相适应;数量是指商品供给与需求在实物总量和价值总量上保持一定的比例;时间是指商品供给一定要适应消费的时间,并适时变换;空间是指商品在空间上的转移应以需求为方向。

我们用上述内容来表述供求关系,是因为:

第一,虽然商品供给与需求是相互联系和相互作用的,但是,商品供给不断地适应商品需求是总的方向,商品为出售而生产,生产受销售制约。这一规律表明了生产、流通的方向和趋势。

第二,这一表述强调在追求社会资源效率化的基础上讲究供求平衡。

第三,生产目的就是为了满足需求,这与供求规律的方向是一致的。

三、供求机制的一般作用机理

在一般意义上,供求机制是借助于价格、利率和工资等一系列市场机制要素,通过竞争机制而发挥作用的机制。而这些作用的发挥在卖方市场、买方市场、相对均衡市场中又表现出不同的特征。

(一) 商品供给与需求的调节机制

1. 价格机制和利率机制

在商品流通过程中,供给和需求分别表现为市场供给和市场需求。如果需求超过供给,市场上便会出现货币过多、价格总水平上升、市场利率提高的状况。因此,价格总水平和利率水平可以说是供给与需求是否平衡的集中表现,也是我们观察和控制总需求的参照值。

价格水平和利率水平不仅被动地反映总供给与总需求的平衡状况,它们对商品供求总量的平衡还有自动的调节作用。在商品流通过程中,总需求与市场价格水平、利率水平之间有一种相互联系、相互作用的机制:总需求膨胀—货币供应过多—价格水平上涨—货币价值下降—市场利率提高。在高利率的刺激下,投资者减少投资,消费者增加储蓄,最终会把膨胀的总需求压下去,恢复供求总量平衡。相反,总需求不足—货币供给不足—价格总水平下降—货币价值上升—市场利率降低。在低利率的刺激下,投资者增加投资,消费者减少储蓄,增加消费,最终达到总供给与总需求平衡。

2. 工资机制

劳动力的合理流动,就业竞争的存在,使不同行业或企业的工资水平反映劳动力供求状况。由于劳动力按工资信号,在不同行业、不同企业之间流动,企业与企业、行业与行业之间的收入攀比会自动得到抑制。而且在市场竞争中,企业为求生存和发展,一般不会随意增加职工的收入,因为这样会提高产品销售价格,牺牲企业积累。因此,劳动力市场充分运作,是应对工资推进型通货膨胀、保持市场供求平衡的重要途径。

(二)供求机制的调节作用

1. 供求机制对生产的调节作用

供求机制既是调节企业行为的出发点,又是检验企业行为和社会效益的"测量器"。市场价格受供求所左右,供不应求的商品价格高,供过于求的商品价格低,供求和价格的变动影响企业的经济效益。所以,市场上供求状况如何,商品是积压、滞销还是短缺,是买方市场还是卖方市场,往往影响企业的生产经营决策,决定企业扩大或缩小生产要素的投入量。一般来说,某种商品供不应求就是投入的社会劳动少了;反之,商品供过于求,则是投入的社会劳动多了。企业据此调整自己的投入产出,扩大或缩小生产或经营规模,调整花色品种,使生产更能适应社会需求,获得更高收益。供求机制就是这样自动地调节生产、消费,调节着供求关系。

2. 供求机制对商品价格形成的影响

供求机制和竞争机制能把各个企业的同类商品数量及其个别价值量,放在该部门这一类商品的总需求与总供给的范围内来平衡。当该类商品的总需求和总供给无法平衡时,该商品的买、卖双方就产生竞争,使其市场价格同商品价值发生背离,这种背离通过市场价格涨跌的信号,把市场供求关系的信息反馈给企业,企业就会根据供求关系来调整自己的产量和价格,并在部门内发生资本转移,即从价低利小的企业转向价高利大的企业,从而使一个部门的同一类商品形成统一的中期均衡市场价格(价值)。

到了全社会这个宏观层次,由于各个部门的资本有机构成不同,各个部门不同类商品的价格高低有差别,即商品的比价不同,这样,有的部门获得利润多、发展快,而有的部门利润少、发展慢,从而造成各部门利润不均、发展不平衡。这时,供求规律和竞争机制就会通过价格和利润高低的信号,引导社会资本向价高利大的部门转移,使社会总资本在全社会范围内重新分配。这样反复转移的结果,就会使各个生产部门的利润趋于平均化。

3. 供求机制支配着商品的流量、构成、方向和速度

商品的流量和构成是商品流通的主要内容,是经济运动的主要方面。在市场上,商品流通的量和构成主要取决于市场商品供需的状况,取决于商品可供量和构成是否与商品购买力的量和构成相适应。两者处于相对平衡的状态,商品流通就能正常地进行。否则,商品流通量就会呈相对或绝对下降趋势,或使某些商品出现积压。

商品流通的方向和速度在很大程度上取决于不同地区市场供求状况。一般商品总是从供大于求的地区向供小于求的地区流动,或趋向相对平衡的地区市场。因为在供小于求的市场上,不仅商品价格更为有利,而且容易销售出去,有利于加快商品流转速度。

(三) 三种市场态势下的供求机制

1. 卖方市场态势

一般是指供不应求的市场。在这种市场态势下,商品的市场价值由劣等条件下生产的个别价值来决定。消费者处在受生产者控制的劣势地位,买方竞争比较激烈。当供给量一定时,强烈的购买需求会使劣等生产条件下的商品生产者大量涌入市场。因为在优等条件和中等条件下生产的商品无法平衡市场的供求,社会不得不花费更多的劳动来提供商品,而且此时价格即使由最坏条件下生产的商品价值来调节也不会降低。这样一来,生产者可以轻易获利而缺乏竞争压力,容易不思进取。买方的激烈竞争会引起搭卖、抢购商品等现象出现,市场需求很难得到满足,价格也居高不下。这不仅对消费者有害,对生产者也是不利的,因为每一个生产者同时又是生产资料的消费者。所以马克思认为,在最坏条件下生产的商品能够出售,并不证明这样的商品是满足需求所必需的。

2. 买方市场态势

买方市场即供过于求时的市场。在这种市场态势下,商品的市场价值由优等条件下生产的商品的个别价值来决定,卖方竞争激烈,市场的选择权偏向于买方一边。当需求量一定时,如果供给量极大超过需求水平,按中等条件下生产的商品的市场价值就无法平衡市场的供求,只能由最好条件下生产的商品来调节。这样,商品的价格可以降到市场价值以下,而中等条件下生产的商品可能仅仅不

亏本,最坏条件下生产的商品或许连成本价格也无法维持。过于饱和的市场会导致生产能力大量闲置、商品积压、资金周转困难,生产者为处理积压商品往往要承担经济损失。

3. 相对均衡的市场态势

一般是指供求基本平衡的市场。在这种市场态势下,中等条件下生产的商品调节着市场价值,市场价格围绕着这一市场价值波动,不会有太大偏差。市场供求关系的互相适应比较灵活,同时并存着买方竞争和卖方竞争,且这种双方面的竞争不仅比较适度,而且能够相互转化、相互促进,有利于抑制供求关系的剧烈波动。在相对均衡的市场上,当供给略大于需求时,卖方竞争会强化起来,引起价格有限度地下降,从而刺激需求,抑制过度供给;当需求略大于供给时,买方竞争会强化起来,引起价格适度上升,从而抑制需求,刺激供给增加。这样,双方面的竞争可以相互转化、促进,也比较适度,不会导致市场价格大幅度下降,又能较快地恢复市场供求的相对稳定。只有在这种市场态势下,竞争才会是全面的,市场机制的作用才是充分的,因而有利于加强企业经营活动,减少社会劳动浪费,改善资源配置的效率。

第五节 文 化 机 制

商品流通过程是贯穿和渗透了流通文化作用的过程。流通文化来自商品流通,又复归和作用于商品流通。因而,很有必要深入研究、认识、把握、构建与现代商品流通既适应又融会的商品流通文化机制。

一、商品流通中的文化内涵

(一)文化的含义

"文化"一词,在英语和法语中表述为"Culture",在德语中表述为"Kultur"在拉丁语中表述为"Cultura"。"文化"在西方有多层含义:一是为敬神而耕作;二是为生存而耕作;三指精神;四指练习、留心或注意。

"文化"一词在古代中国,常常指"人文化成"和"以文教化"。《易·贲卦》中《象传》中有"观乎人文,以化成天下"之说。西汉刘向的《说苑·指武》中说:"圣人之治天下也,先文德而后武力。凡武之兴,为不服也,文化不改,然后加诛。"这里的"文化"就是文治教化。

19世纪以后,"文化"被广泛关注,专家们先后为"文化"下过几百个定义,但较为权威的是中国《辞海》的定义。这一定义一直沿用着广义和狭义的两种解释:广义的文化是人类社会历史实践中所创造的物质财富和精神财富的总和;狭义的文化则指社会的意识形态以及与之相适应的制度和组织机构。为了便于论述,我们将文化分为物质文化、制度文化和精神文化:物质文化是指人类在社会实践中创造的物质财富;制度文化是指人类处理个体与他人、个人与群体之间关系的文化产物,包括社会的经济制度、法律制度、政治制度等;精神文化则是人类的文化心态及其在观念形态上的对象化,包括人们的文化心理和社会意识等各种形式。

(二) 文化的特征

文化的特征,可以概括为以下五点。

1. 民族性

人们在从事任何活动时,都不可避免地或多或少地带着本民族的文化特色。赵一凡在《美国文化批评集》中曾讲述了哈佛大学的一堂课:某教授放完几幅表现大象习性的幻灯片后,要求学生发挥及议论。好勇斗狠的英国公子以《如何猎象》讲演抢得头彩;生性活泼的法国女学生发挥浪漫情趣作成《象的恋爱》;勤勉严谨的德国秀才查阅了《象类百科》,才作了《象的构造》之发言;而俄国学生却抛出怀疑主义大作《论象之存在与否》。

由于不同民族所处的社会环境不同,以及长期的历史传统的熏陶,不同民族文化有较大差异性。在这样的背景下,不同民族的管理文化也带上了不同民族文化的烙印。如美国企业文化观念是"追求高经济效益与硬约束成本",而日本企业倡导"战略拓展与功利并重"。

为此,我国流通发展必须要从本民族文化中吸取营养,中华民族的心理性格、风俗习惯、宗教信仰、道德风尚、价值观念、行为方式、生活方式等,都是流通文化发育的营养基础。

2. 普遍性

从文化的定义可以看出,人类的历史就是文化的产生、发展和变迁的历史,凡是有人的地方就有文化的存在。在认识流通文化和流通企业文化时有一个误区,如只对成功的流通策划称之为"富有文化底蕴的创意",也只对成功的流通企业称为"注意文化建设的企业"。其实,不成功的流通活动和不成功的流通企业也有其文化背景。

显然,文化是无处不在,无时不有的。

3. 系统性

文化是一个由互相联系、互相依赖、互相作用的不同层次、不同部分结合而成的有机整体(见图3-1)。

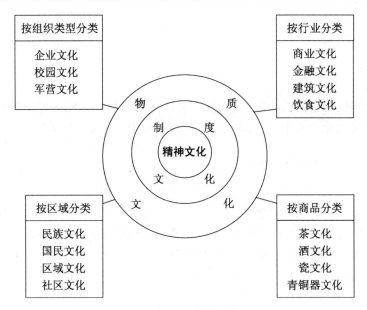

图 3-1　文化整体架构

文化的系统性特征表明：

(1) 文化整体架构的"树"状已被人们认可。不仅文化主干的内涵，而且各"分支文化"的作用也日渐被大家所重视。茶文化、酒文化；企业文化、校园文化、军营文化；商业文化、金融文化、建筑文化；民族文化、国民文化等名词越来越多地出现在大众传媒。

(2) 文化的各个层次以及各分支文化都由一系列要素构成，它们各有相对的独立性，同时又以一个严密有序的结合体出现。某个要素是否重要是相对的，"整体大于局部的总和"的原则完全适用于文化建设。流通文化也一样，流通文化建设原则并不是追求最优化，它寻求和体现的是一种总体优势，片面强调某一要素而忽视另一要素的作用，是流通文化建设之大忌。例如，我们再三强调精神文化的作用，但是，如果流通企业一再亏损甚至无法生存下来，那么，精神文化的建设又有什么意义呢？

(3) 流通文化建设要从全局性出发，结合流通的内外部环境条件，着眼于社会这个整体，追求一种和谐、协调的发展。

4. 连续性

文化是一个连续体，连绵不断，世代相传。只要有人类存在，文化就不会灭绝。后人在继承先辈遗留下来的文化遗产的基础上，加以弘扬和发展。一个民族的文化、一个企业的文化是长期沉淀和演变的结果，而绝不是一时之功。但是,这种沉淀绝不是一成不变的,随着时间和空间的改变,随着人类实践活动的深入和变化,文化的内容和形式处在不断的变迁、积累和吐故纳新过程之中。

5. 适应性

文化是人类创造出来的,反过来它又规范和制约着人们的思想和行为。生活在某一种文化背景中的人,必须去适应这种文化,否则将为文化所不容。

二、流通文化建设的迫切性

我们知道,自从人类社会有了商品流通活动,就有了流通文化的存在和作用,商品流通的历史,就是流通文化的历史。但是,直到我国处在大力发展商品经济、实现经济现代化的新时期,才提出流通文化建设的课题,这是因为人们越来越认识到,无论是加强国际交流、继承我国优秀文化传统,还是流通自身发展等,加强流通文化建设已经变得越来越紧迫。

(一)流通文化与经济全球化

"全球化"一词,是20世纪80年代在西方报纸上出现的,90年代之后,联合国秘书长加利宣布"世界进入了全球化时代"。从此,全球化成为使用频率很高的一个词,这反映了人们对世界发展趋势的一种认识。全球化不仅代表了一种新的经济增长方式的形成和发展,而且成为影响21世纪世界经济和政治格局的根本因素。

经济全球化对我国流通发展会产生一系列的积极影响:经济全球化使我国流通业服务面更广,生存和发展空间进一步扩大;国外资本在我国直接投资,可以弥补我国流通发展的资金不足;经济全球化为我国流通带来先进的经营思想和管理方法,从而有利于我国流通内在素质的提高;可以引导我国流通网点合理布局,提升网点档次和服务水平,促进结构调整和业态的多元化,等等。

同时,经济全球化对我国流通领域的挑战和冲击也不可忽视:国外资金涌入使流通竞争更加激烈;国外先进管理模式、资金和规模经济优势、形象优势对民族经济会造成一定的冲击。

经济全球化是一柄双刃剑,既是挑战又是机遇。我们在应对经济全球化趋势时,往往只注重体制、机制等内容,却不知如果不把我国传统文化同世界现代文化相融合,任何应对策略都是片面的。

(1)改变心智模式,树立全球化的流通发展观。所谓心智模式,是指人们长期从事某一工作而形成的思维方式、价值观念、行为习惯、处事方式、心理状态。心智模式一旦形成,就具有凝固性、不易改变的特点。所谓全球化的流通发展观,是指建立在开放基础上的一种放眼全球的发展态度。长期以来,我国流通经营都是"各自为政"的单兵作战方式,相互协同作战较少。因此,对其他企业的文化本能地存在着排斥。在全球化过程中,无论是跨国资本的进入,还是我国流通业的向外扩张,都不可避免地存在着联合和协作,但是,这种协作往往会遇到跨文化的障碍。为了消除这种消极影响,作为一个开放的流通组织,其行动应本着这样一种信念展开,即文化很可能千差万别,但决不能因此说哪种文化一定更好或一定较差,而是应该注重尽可能广泛地了解价值体系、行为准则和对现实的各种基本设想之间的差别。同时,坦然地承认这种多样性是天然形成的,并更多地将其理解为一种机会,而不是一种无法避免的坏事。对于我国流通领域而言,必须改变心智模式,树立一种开放性发展态度,既要对全球化条件下民族文化内的变革做好准备,也要对其他民族文化的变化做好准备;同时,充分尊重其他地方的处事方法,并以足够的想象力来理解另一种处理方法,从而将跨文化的消极影响降到最低,以促进流通企业在全球范围内的协调和竞争。

(2)进一步完善商品流通市场机制,努力营造适应流通全球化发展的竞争氛围。市场机制是流通资源配置的基础,市场机制不完善,流通行业资源配置就难以合理,竞争力也就必然不强。国外企业都是在自由伦理和市场伦理的文化背景下,在非常完善的市场机制下开展经营的,其生存和竞争完全是按"优胜劣汰"的基本法则进行的。因此,为了吸引外资参与到我国的流通开发和建设中来,我们必须适应国际惯例和通行做法,努力完善价格机制、供求机制和竞争机制,充分发挥"看不见的手"对市场的调节作用,积极消除对市场的人为干预和竞争中的不公平现象,营造一个良好的市场竞争氛围,以适应流通对外开放的需要。同时,也可以使国内企业早日适应国际流通竞争环境,在市场中公平竞争,以不断磨炼和提升其经营能力和市场竞争能力,为同外资企业在国内和国际市场上开展竞争打下良好的基础。

(3)大力推进商品流通体制改革,全面实行内外贸一体化。一定经济体制条件下所形成的经济机制在很大程度上决定着资源的配置方式,因此,商品流通体制改革是实现商业资源最佳配置的前提和条件。而新中国成立后的历次流通体制改革始终都局限在内外贸分立的格局内,内外贸分立的商品流通管理体制完全不符合现代文化的需求,不仅限制着流通领域整体优势和社会经济效益的发挥,而且不利于实现自由贸易制度,并难以最终与世界贸易体制接轨,明显不符合经济全球化的发展趋势。因此,商品流通体制改革就是要消除这种内外贸分立的体制,以建立"大商业"、"大市场"、"大流通"为目标,逐步取消旧体制在流通资源配置中的作用,逐步建立统一、开放、公平有序竞争的商品流通体制,以实现流通资源配置机制的转换,真正确立以市场为导向的资源配置机制。同时,进一步完善商品市场,建立一套统一、严格、健全的市场进出机制和公平竞争规则,严格控制超经济的行政特权干预和地区、部门垄断,推动流通资源向优势部门和企业流动,从而实现流通资源的优化配置。

(4)强化流通文化对流通实践的指导作用。流通活动的物质载体是商品,不同国家都有它特有的传统文化,由于不同的价值观、义利观和审美观,对商品形成不同的要求。这就是文化对商品的接收和阻碍的深层力量。这不仅要求商品适应这种社会文化的要求,而且要求作为运行物质载体的流通活动也必须适应这种文化要求,自觉地去认识和探索其规律性。流通文化综合了这种规律性的提炼,必然成为流通实践的自觉指导力量。随着我国开放政策的深入,流通文化的兼容性、渗透性和推动力量对国民经济的发展就会越来越重要。

(二)流通文化与传统文化

传统文化是指特定民族在历史实践活动中创造和积累的文明成果,包括行为模式、思维模式、价值观念等。每一个民族都有共同的行为模式、共同的思维模式和价值观,这是一个民族长期以来形成和积淀的结果。

用历史辩证法的观点来观察,我们就会发现,各民族的文化都有其产生的土壤和条件,都有其存在的自身价值,也不可避免各有其局限,即精华和糟粕共存,甚至两者经常错综复杂地交织在一起。

前几年一些民族虚无主义者曾主张,中国要实现现代化就必须抛弃中国传统文化,走"西体中用"的道路。但是,日本以及其他中华文化圈内的国家和地区的经验足以给我们以多方面的启示。它们经济的起飞往往是和中华传统文化尤其是儒学密不可分的。流通文化建设之所以紧迫,就在于要继承和发扬优秀的传统,从而产生一种推动流通事业进步的动力。

1. 中国传统文化的特征

(1)兼容性。兼容性的含义有三:首先,中国传统文化的发源是多源的,遍布祖国各地数以百计的文化遗址,充分证明中国文化是多源文化构成的统一、博大的综合体系;其次,中国文化是多民族文化的组合,许多少数民族文化一直与汉文化共存,并在交流、碰撞中获得互补和发展;最后,中国文化是多流派的,就汉文化来说,先秦时期既有秦蜀、三晋、齐鲁、吴越等地域文化的共存,又有儒、道、墨、法等众多文化流派的争鸣。因此,中国传统文化的丰富性与统一性,反映了它兼容、开放和富于适应性的内在特征。

(2)仁义性。中国传统文化特别重视道德准则对人求利行为的制约。我国很早就产生了"义以生利"①的古训,即按照义的要求进行活动才能得到正当的利。孔子、孟子发扬了这一古训,孟子认为一国国君决不能以求利为施政的目的,国君以此为目标,一国上下就会见利而争,社会就不会安定,国君的统治就不能巩固。所以他告诫:"王何必曰利,亦有仁义而已矣。"②宋代的程、朱学派继承了孔孟的义利观,一方面承认"君子未尝不欲利",一方面又反对"专以利为心",认为"惟仁义,则不求利而未尝不利"③。

中国传统文化是儒学思想占主导地位的文化,自从汉武帝刘彻"罢黜百家,独尊儒术"以后,儒学思想吸收"法"、"墨"、"道"诸家的思想,形成中国主干传统文化。儒家倡导"仁"、"义"、"礼"、"智"、"信"、"忠"、"孝"、"爱"、"和"、"平"等思想,无一不是关于道德伦理范畴的。

(3) 人本性。人本思想是儒家文化的主体倾向,孔子的德治思想、仁治思想一个重要特点就是"重民"。"恭、宽、信、敏、惠","能行五者于天下为仁矣",他对"以不教民战"、"不教而诛"、"居上不宽"等现象极为不满,明确指出"宽则得众,惠足以使人"。孟子更明确提出:"民为贵,社稷次之,君为轻。"④他认为治理天下,老百姓的事情最为重要。由此可见,儒家文化实质上是一种人本主义。

中国传统文化的兼容性、仁义性和人本性特征,显然是一笔宝贵的历史遗产。几十年来,我们在革命和建设尤其是经济发展的过程中,却忽视了对优秀传统文化的继承和弘扬,忽视了优秀传统文化促进经济发展的潜在力量。

2. 对中国传统文化的继承和发展

改革开放以来,我国经济发展的实践证明,儒家文化是可以与商品经济相结合的,中华文化圈内国家和地区经济腾飞更证实了这一点。许多国家经济、文化学者都认为,只要措施得当,儒家文化能够转化为一种新的生产力。

在儒家文化与商品经济相结合的过程中,儒家文化在以下三个方面要注意同商品经济接轨。

(1) 在中国传统文化"基因"中注入科学主义因素。从理论上说,由于儒家文化是在人类科学技术尚未充分发展时期发展起来的一种文化形态,因而缺乏科学主义因素。西方科学文化有两个亚文化系统,即科学主义和人文主义,两者形成一种互补效应,在客观条件具备的情况下,产生现代文明。而儒家文化诞生之初,只能在历史观和人生观两大领域发挥作用。

---

① 《国语·晋语一》。
②③ 《孟子·梁惠王上》。
④ 《孟子·尽心下》。

东亚经济之所以在战后得到迅速发展,在于它接受了西方科学文化,完成了传统儒家文化的改造。日本明治维新,也是走这样一条路。我国沿海地区经济比较发达,在一定程度上也得益于沿海地区较多地接受了西方科学文明。

(2) 人治和法治相结合。儒家文化十分强调礼治和法治,强调对民众教育,使他们懂得廉耻,使整个社会循礼有常。因而,东方管理重视灌输一种信条和价值信念,并在一个群体内营造一种和谐氛围,达到优化管理目标。

商品经济发展则要求在平等的市场竞争条件下,以民主政治为核心,以法制为调整各经济主体关系的标准。商品经济越发达,对法治的要求也越迫切。

从当前东西方文化发展的趋势来看,东方文化注重引进西方文化的合理部分,在经济管理中变柔性管理为硬性管理;西方也开始注重价值理念引导,增加柔性管理内容。因而,未来管理必定是制度管理和柔性管理的统一,是硬性管理和软性管理的结合。

(3) 求利行为和道德行为的统一。儒家文化注重道德准则对人经济行为的制约,经商最高目标不能仅仅归结为求利,还有特定的社会目标、文化目标和道德目标。西方企业家一般均以追求最高利益为根本目的。

目前,西方管理文化中开始注意"消除外部不经济性"理论。所谓外部不经济性,就是指企业发展给外部环境带来的各种负面效应,如环境恶化、生态破坏、道德沦丧等。现代市场营销学中"社会营销观念"就是强调企业对社会所负的责任。同样,儒家文化中也应注入"合理获利"的内容,追求物质文明和精神文明同步发展,使企业效益的递增同人类生存环境的优化同步发展。

应该指出,上述三点正是我国流通文化建设的三个重点,也是继承和发展中国传统文化的核心内容。

(三) 流通文化与流通发展

加强流通文化建设不仅仅是加强国际交往、继承和发展传统文化的需要,同时也是流通自身发展的必然要求。改革开放以来,流通获得了前所未有的发展,但是,由于受特殊的历史、文化环境的制约,与世界先进水平相比还有很大差距。流通要有大发展,必然要从流通文化层次去寻求原因,把握方向。

流通发展到今天,流通行为中的那种作为其早期特征的琐细和哄骗手段,早被一种崭新的经营哲学和方式所代替,这在发达国家已形成共识。但在我国,一些流通企业的经营观念、思维方式并没有随着科学技术、经济能力的进步以及消费观念和消费方式的变换而不断更新,因而这些流通企业势必在充满竞争的市场中萎缩、后退。

进入21世纪新时期,流通工作发展需要有一个长久、科学的理论思路。流通文化虽然不是服务、营销、管理本身,但它却能通过对它们深层机理的把握、调节和改善而发挥自己的独特功能。流通文化力求发掘一种新观念、新方法,即通过蕴藏在流通活动背后的价值观念、行为方式、思维方式等促进流通自身发展。因此,流通文化是从更深层次提高竞争能力、服务素质的有效途径,是流通改革和发展的必然产物。

正是从上述认识出发,我们完全有理由提出"流通的一半是文化"这样的命题。这一命题表明:流通文化不仅仅是一种静态的成果,而且还是推动流通发展的内在动力,是物质与精神相统一的精神、制度、物质形态。

三、流通文化的基本架构

(一)流通文化的概念

流通文化是商品流通过程产生的特有的文化现象,是伴随商品流通活动的产生而产生,随着商品流通活动的发展而发展。

对于流通文化的概念,众说纷纭,可归纳为以下四种说法。

(1)流通文化是指商品流通领域产生的特有的文化现象。这里有宽、窄派两种观点:宽派认为流通文化应当指商品生产、商品流通及商品消费过程中产生的一切文化现象;窄派认为流通应专指商品流通领域产生的文化现象,它不包括生产领域和消费领域的文化现象,这才能体现流通文化的特殊性。

(2)流通文化是商品流通的物质财富与精神财富的总和。这也有不同的表述内容,但主要指:流通文化是以商品和服务为载体,以商品交易为纽带,反映、弘扬、拓展社会物质文明和精神文明的总和。

(3)流通文化是商品流通运行的思想观念。这也有不同的表述:有人认为,流通文化是商品流通过程中反映和体现出来的时代观念;也有人认为,流通文化是商品流通过程中的思想观念、道德品质和行为规范;还有人认为,流通文化是商品流通领域中人和自然界、人和社会关系的特性表现,综合反映人们的生产方式和生活方式特征。

(4)流通文化是商品流通过程的价值取向。这体现在商品流通的目标、营销手段、经营行为等方面。

归纳以上各种说法,我们认为流通文化是各类流通人员在商品流通领域所创造的物质、制度和精神财富的总和。

(二) 流通文化框架结构

流通文化融合在商品流通领域各行各业、各个过程中,其基本框架结构如图 3-2 所示。

图 3-2 流通文化基本框架

1. 流通物质文化

流通物质文化是指人类在商品流通活动中创造的物质财富,即流通文化的物质躯壳。它是有形的、直观的外显因子。流通物质文化包括环境文化、商品文化、服务文化和营销文化。

(1) 环境文化。流通环境文化指影响、制约和推动商品流通发展的各种因素的总和。按照系统论的观点,系统是一个相对的概念,凡是界定系统范围大小的界限称为系统的边界,一旦边界确定,系统边界以内的部分,称为该系统的要素,系统边界以外的所有因素的集合便构成该系统的环境。

商品流通文化是一个系统,它受到一系列环境因素的作用,如人口、地理、社会文化、政治法律、科学技术、经济形势、社会分配状况、消费结构和层次等。这些因素的集合便构成环境文化。

环境文化表面上看处在流通文化系统边界之外,但由于环境文化特有的渗透性,实际上它已构成流通文化的基础和根基。它不仅潜在地制约着流通的发展规模、营销水平和运作方式,同时对流通文化的其他内容的丰富和发展也起着影响与制约作用。

(2) 商品文化。商品是商品流通的主要载体,具有丰富的文化内涵和文化附加值。具体地说,商品是由设计、工艺、制造、商标、包装等多维因素的文化价值和劳动价值组成的,是流通文化重要的物质表现形态。

商品的设计、造型、工艺、商标、包装等文化因素虽然在生产过程中已经完成,但是它的信息来源与整体商品的形成以及产品形态向商品形态的转换只有通过流通活动才能获得与实现,所以流通直接或间接地参与商品的生产过程。

商品文化的特点是把文化因素同物质实体融合为一体,它所表现的文化是与载体共生共存、共同流通、共同消费的。其主要内容是商品的文化附加值,它凝结在商品的使用价值上,通过形态美、色彩美来体现时代精神,通过审美效应、市场形象来提高商品的文化品位,使商品更具吸引力和竞争力。

(3) 服务文化。关于服务,1960年美国市场营销协会(AMA)曾下过一个定义:"用于出售或者是同产品连在一起进行出售的活动、利益或满足感。"之后,AMA鉴于对服务本质的认识,又对服务定义修改为:"可被区分界定,主要为不可感知,却可使欲望得到满足的活动,而这种活动并不需要与其他产品和服务的出售联系在一起。生产服务时可能会或不会需要利用实物,而且即使需要借助某些实物协助生产服务,这些实物的所有权将不涉及转移的问题。"显然,服务可被划分为两大类:一种是服务产品,它满足顾客的主要需求;另一种是服务功能,它满足顾客的非主要需求。在商品流通领域,这两类服务都有广阔的需要和活动空间。

以什么样的理念来对待流通领域的服务,这是服务文化的核心。而服务需求研究、流通服务设计、服务质量管理、服务质量评估等便构成了服务文化的全部内容。

(4) 营销文化。营销文化是流通文化的基本内容,是流通文化的集中表现。营销文化包括社会营销观念、营销策略组合、市场细分及市场定位、营销活动策划、营销环境的塑造等。

营销活动是流通运作的主要手段,而营销活动过程与营销文化息息相关:一方面,不同历史阶段不同地区的文化背景决定了不同的营销水平和内容,反映出那个时代那个地区的时尚、潮流和风俗习惯等;另一方面,营销活动过程既是物质交换过程,同时也是文化交流过程。通过营销文化的交流和融合,可沟通信息、渗透情感、推动商流和物流的发展。

2. 流通制度文化

流通制度文化是流通有序运作的保证,是管理文化、劳动文化、组织文化和规章制度文化的总和。制度文化是流通文化体系的中介层文化,即流通物质文化中的任何一个因素(环境文化、商品文化、服务文化、营销文化)都是流通精神文化的体现,但是这一体现效应往往要通过制度文化来实现。

(1) 管理文化。什么是管理? 英国人丹耶说过,管理是以最有效的方法去完成有关任务的艺术和科学。管理文化则是指流通管理中的管理哲学和管理模式,而体现管理文化是否成功的标志是管理是否有效、人际关系是否融洽、各系统运行是否协调等。

管理哲学是指流通管理者的基本信仰、观念和价值偏好在管理上的综合体现。从广义上说,它是推动流通发展的信仰、观念、原则、价值的动力;从狭义上说,它是决策体系和流通行为的趋向。就像石墨和金刚石,同属碳元素,但不同的排列组合使石墨易碎,而金刚石则坚硬无比。这表明,流通是否运行科学关键在于管理者和管理体制,而这又取决于科学的管理哲学思想。

管理模式是指管理方式、管理手段、管理工具和管理程序等要素组合的方式。管理文化的作用是从"文化"的角度去审视流通管理,优秀的文化则是对传统管理文化的突破和超越。

(2) 经营文化。经营和管理是两个既有区别又有联系的概念。就企业而言,经营是管理的前提和目的,管理是经营的基础和手段。经营文化实质就是经营理念,是流通企业经营的最高精神和指导思想。它回答的是企业经营的一些最重要、最基本的问题,包括经营者对企业生存价值与目的的理解、对生存空间的把握、企业的社会责任和市场导向等内容。

流通经营文化一般注重以下三个问题。第一,环境取向:经营环境在不断变化,经营成败取决于是否把握内外环境的演变趋势。第二,社会取向:流通活动必然对社会带来影响,流通企业应考虑其对经济和社会发展、对国民生活素质的提升作用。第三,未来取向:流通着眼点应在未来的发展,根据长期利害评估,以完成当前面临的抉择。

(3) 组织文化。组织包含动词和名词两种含义:一方面,作为动词的"组织"是指人类的一种行为,即为了完成某项任务而把人、财、物等各要素进行有效的组合,"组织"是管理的一个基本职能;另一方面,作为名词的"组织"是指一种实体或机构。

按照系统论的理论,组织是一个整体结构,组织内部由若干子系统组成,这些相对的子系统相互作用、相互依存,构成运转有序的整体。流通组织不管是宏观调控组织、行业组织、中介组织,还是流通企业,都是一个开放系统,不断与外界进行交流,不断发展和变革。同时,它又是一个社会技术系统,包括目标价值系统、技术系统、组织结构系统和社会心理系统等。

组织文化是什么?通俗地说就是组织的个性,即相对持久而且稳定的特征。不同的流通文化决定了不同的发展取向、公司组织结构和运作模式。如从各自的经济社会特点和文化背景出发,美国企业的组织设计原则强调专业化、标准化、统一化和不断变革;日本企业则强调实效化、集体负责、节约成本、柔性化原则等。

3. 流通精神文化

流通精神文化是流通文化的核心和关键环节,是流通运行过程中调节流通业人员之间、流通业人员与社会各阶层之间的利益关系的价值评价体系、道德准则和伦理规范。

(1) 价值观。"价值"原是古典经济学的一个基本概念,19世纪中叶被德国人引入哲学,现已成为现代社会科学中一个具有广泛意义的范畴。现阶段,价值一般指人们判断事物的尺度,价值观则是指人们在社会实践中,对选择各种行为方式、手段和目标是否有价值及价值大小的总看法和根本观点。

价值观对流通的发展有重要作用:第一,能使流通发展的目标和社会的价值观联结起来,使流通服务于社会利益和人类利益;第二,决定了流通的发展方向、基本特征和结构层次;第三,它作为从事流通工作员工的共同价值取向,其规范作用在于告诉人们提倡什么,反对什么,什么是该做的,什么是不该做的;第四,价值观为流通文化提供了整合基础和纽带,物质文化、制度文化各要素都通过共同的价值观实现整合,各种冲突和矛盾得到调整和瓦解;第五,共同的价值观一旦形成,就能产生一种无形的压力和导向作用,对流通从业人员起到感化效能;第六,价值观可以起到规范作用,形成一种强大的精神支柱。

(2) 伦理文化。所谓"伦理"是处理人与人之间关系的道德规范和行为准则。

伦理文化包含很多范畴,总的说来主要有:第一,流通义务,包括道德义务和法律义务;第二,流通义利观,即流通在经营过程中如何处理与社会的关系;第三,流通从业人员与消费者关系、流通企业与员工关系、企业所有者与经营者之间关系及有关道德问题。

伦理文化既是一种善恶评价,可以通过舆论和教育的方式影响从业人员的心理和意识,形成员工的善恶观念和生活信念;同时,它又是一种行为标准,它通过舆论、习惯、规章制度等成文或不成文的形式,调节员工行为。

流通道德是流通伦理的核心内容。在市场经济条件下,社会一切经济活动和经济行为都必须遵循商品交换的原则,同时,在我国又应该继承传统文化的精华,使商品交换活动做到公开、公正、公平,体现出商品流通平等、自由和民主的本性。只有把传统的商人美德同现代市场经济的道德规范融为一体,才能建设好具有中国特色的流通道德文化。

(3) 商人文化。在流通各要素中,人是最宝贵、最活跃的因素。流通从业人员不仅具有科学知识、生产技能和劳动经验,还有品质、性格、情操等个性。它直接影响着工作态度和能力的发挥,其中道德修养、道德行为是最重要的内在激发与制约因素。可以说,流通文化全部内容在商人文化上表现得最为彻底(见图3-3)。

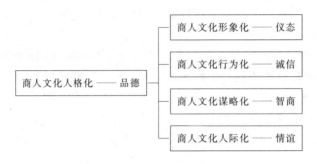

图 3-3　商人文化

本 章 小 结

商品流通机制是各流通要素相互作用的过程、方式和途径的总和。为了准确把握商品流通机制的含义,必须界定流通机制与流通体制、市场流通机制与计划流通机制。

市场自我调节机制是商品流通机制的核心,价格、利率、工资等要素都具有自动保持对环境的灵敏反应,以及保持市场运转的协调和平衡的功能。市场动力机制是各个经济主体在经济活动中追求其经济利益过程所形成的相互联系。在市场经济条件下,对物质利益的追求是市场运行的原动力,只有认识到这一点,才能理解经济规律的真正含义。商品流通机制的各构成部分不仅分别发挥调节作用,而且相互联系、相互作用,共同发挥着调节作用。

在市场上商品供给与需求关系的变化,是无数因素相互作用的结果,而调节供求关系的系统即为商品供求机制。商品供求关系是商品流通领域极其重要的一对关系,理解这一关系应把握四点:商品供求关系是对立统一的;商品供求不平衡是绝对的,平衡是相对的;供求相对平衡是结构平衡和总量平衡的统一;商品供求运作是有一定规律的。在市场机制条件下,供求机制的一般作用机理是通过价格机制、利率机制来实现的。

商品流通过程是始终贯穿和渗透着流通文化作用的过程。从广义的角度来把握文化,文化具有民族性、普遍性、系统性、连续性和适应性特征。

在我国,流通文化建设十分迫切。首先是经济全球化趋势不可逆转,且进程越来越快。为了应对这一趋势,有必要使我国传统文化同世界现代文化相融合。其次,中国传统文化已有几千年的历史,我们应继承和发扬优秀的文化传统,从而产生一种推动流通事业进步的动力,使传统文化与商品经济更好接轨。再次,从流通自身发展看,我国一些流通企业的经营观念、思维方式并没有随着科技、经济能力的增长以及消费观念、消费方式的变换而不断更新,成为约束自身发展的一个因素。从这个意义看,流通文化是从更深层次提高竞争能力的需要。

  流通文化的架构分为三个层次:流通物质文化由环境文化、商品文化、服务文化、营销文化所构成,这是流通文化外显因素和物质躯壳;流通制度文化由管理文化、经营文化、组织文化构成,这是流通文化的中介因素;流通精神文化是流通文化的核心和关键环节,包括价值观、伦理文化、商人文化等。

思 考 题

1. 区别流通体制和流通机制。
2. 计划流通机制和市场流通机制的比较。
3. 如何理解"对物质利益的追求是市场运行的原动力"?
4. 为什么说市场自我调节机制是商品流通机制的核心?
5. 如何理解商品供给与商品需求的关系?
6. 为什么说商品供求关系是对立统一的关系?
7. 如何理解"文化"的含义?请谈谈你的见解。
8. 文化有哪些特征?
9. 如何理解中国传统文化?它对流通现代化有何影响?
10. 简述流通文化的基本框架。

第四章 现代商品流通机制

学习目的与要求:

1. 了解商品流通一般机制和现代商品流通机制的关系;
2. 掌握合作机制的机理和形式;
3. 了解创新机制含义和内容;
4. 掌握集约机制含义和内涵。

现代商品流通作为流通一般的一种特殊形式,其运作机制既有流通一般条件下的共性,也有不同于传统流通机制的特征和内涵,尤其在合作机制、创新机制和集约机制等方面,其作用的力度更大,因而也更值得关注。

第一节 合作机制

合作与发展是新世纪人类社会共同面临的重大课题,对于现代流通来说,同样如此。流通中的合作主要是指从流通全局的高度,重新调整单个利益体的功能和收益,以提高商流、物流、资金流、信息流的运转效率。

一、现代流通离不开合作

现代流通与合作的关系,可以从以下三个方面理解。

1. 从流通本质的视角

从流通的本原意义来看,流通部门的使命,就是建立生产部门与消费部门之间沟通的桥梁,起到传递价值和提供附加价值的作用,这决定了流通是一项系统工程,不是单个经济实体的力量就能够完成的。一方面,流通部门必须与生产部门相合作,共同提供满足适合消费者需求的产品和服务;另一方面,流通部门内部的企业为更好地完成传递价值和提供附加价值的任务,相互之间也要加强合作。

2. 从流通职能的视角

现代社会的市场特征是消费者的需求发生了变化,变得更加敏感和难以满足。相应地,商业竞争的特征在于不断地把新型的产品与服务以合适的方式引入高度分散而又经常变化的市场。作为与市场紧密联系的部门,流通企业具有掌握信息、熟悉市场等重要优势,这就要求流通的功能不能仅止于商品分销,而是要同时起到信息收集、流程设计、资源整合等作用,充当各行业发展的先导力量。流通功能的转变和扩充,使合作的必要性更加凸显出来。只有通过企业之间、产业之间的合作,流通企业才能将自己的资源优势转换为产品的附加价值,整个流通才能获得更大的发展空间。

3. 从流通运营方式视角

现代流通企业利用自身优势的重要手段是虚拟经营,不依赖虚拟公司形式的企业合作,无法对瞬息万变的市场要求作出有效的快速反应。那些利用通用数据交换标准形成企业间电子联盟的虚拟公司可以利用快速的信息交换,使集团内的企业优势互补、分工协调,获得决定性的竞争优势而夺取市场竞争的胜利,成员企业间通过这种电子联盟实现共享共荣。同时,由于集团的实力和信誉远大于单个成员企业,它就能以其优质快速的产品和服务吸引用户参与及合作,进而获得广泛的社会信誉,招揽众多的回头客户。企业运营的虚拟化、网络化也决定了合作是现代流通企业和整个流通部门的生存方式。

从以上对流通本质、职能和运营方式三个方面的分析可以看出,合作将成为整个流通部门和各流通企业的必然选择和决策向导。事实上,合作的开展已经使得现代流通的模式发生了转变,如表4-1所示。

表4-1 合作背景下流通新旧模式的比较

	关　系	整体成本	目　　标	工作重心
旧模式	敌对、争利	高	局部利益	各自盈利水平
新模式	合作、信任	低	分享利益	整条链的利益

二、合作形成的机理

无论从经济学还是管理学的角度看,合作在企业实现经营优势中发挥着独特的作用。合作是多个主体之间的互动。毫无疑问,合作的基本特征是对合作双方都有利,或至少是不会对参与合作的任何一方造成危害。因而,合作作为一种经济活动成为现实的前提条件是对自身和他人都有所帮助。所以,促成合作的动因既来自合作一方对自己参与合作价值的判断,也来自合作另一方对合作方贡献价值的判断。只有合作双方对合作的价值均作出"合作有利"的结论时,合作行为才会发生。合作的形成有丰富的理论基础,博弈和资源利用是两个解释力很强的视角。

(一) 从博弈论的视角

"囚徒困境"是博弈论中提到的最简单也是最经典的情形,在现实生活中具有很强的普遍性,是一次非合作博弈模型的代表。其基本结论是个体理性的选择行为常常导致集体的非理性。囚徒困境在经济现实中常做如下演绎:两个利益相关者(1 和 2)独立作出合作与不合作的选择,一方的选择所能得到的收益取决于另一方的选择,不同情况下双方得益如表 4-2 所示。

表 4-2　囚徒困境

		2 的选择	
		不合作	合 作
1 的选择	不合作	(2, 2)	(7, 1)
	合 作	(1, 7)	(6, 6)

表 4-2 中各括号内的两个数字分别表示 1 和 2 的收益,较大的数字表示较高的收益。可以看出,对于 1 来说,无论 2 怎样选择,他选择不合作的得益总是大于合作的得益,所以从个人理性的角度,他应该选择不合作。对 2 来说,同样如此。博弈的结果就是双方选择不合作,得益均为 2。而从团体的角度来看,两人都选择合作无疑是最理想的结果。

可见,博弈最理想的结果往往不是靠个体的理想选择自动实现的,要避免"囚徒困境",长期稳定的合作关系变得非常重要。合作对于双方选择的制约可以从两个方面解释。一方面,如果一方不合作的行为可以使他获得一次较高的收益,但会丧失长期获利的机会,这样的背叛就是不理智的。在流通的关系网络中,不合作的形象使得企业难以建立稳定关系,无法享受大量交易带来的优惠,也提高了每笔交易的谈判成本。而且,由于声誉不好,也很难与其他优质企业达成合作。另一方面,双方的合作行为带来一定的投入以后,可能导致博弈的得益矩阵发生变化,也能制约上述情况的发生。例如,零售商和供应商共同投资搭建了一个数据交换平台,可以分享商品销售的信息,对于双方的效率都能带来很大提高,这时,不合作意味着两方面的损失:平台投入的成本和效率提高的机会,而且这样的损失难以从其他地方加以补偿。这种情况下,不合作的得益不能超过合作的得益,双方就不会再有背叛的倾向。

(二) 从资源利用的视角

合作的另外一个动因是克服资源的制约性。有关资源依赖性的观点是由美国学者佩弗(J. Peffer)和萨伦塞克(G. Salancik)在 1978 年提出来的。他们认为,组织能否生存的关键是它获取和保持资源的能力,而资源问题的产生不仅仅在于组织依赖于环境,而且因为环境是不可依赖的——这就是资源问题的不确定性。不确定性的产生就是因为资源的稀缺和缺乏对以下三方面情况的影响:(1)环境将如何波动;(2)存在哪些交换伙伴;(3)与伙伴进行交易的成本。组织面对外部的激烈竞争,必然会力求降低资源的不确定性,形成各种交换关系以获得一种能够通过协议而预见未来的经营环境。这样,企业就要通过合作来管理其环境,解决这个不确定性问题。资源依赖性观点把环境视为一种获得稀缺资源的来源,因此认为企业在经营环境中是要依赖于其他企业的。

企业与企业之间在管理资源上存在着差异性和不对称性,其分布状况随着时间而发展,并且由此形成了各个企业的独特优势。如何培养企业的核心竞争力是当前的一大热点问题。因此,企业本身所占据的强势领域逐渐狭小,而作为管理资源的结合体则会产生倍增效应,能够创造出超乎寻常的价值。企业在不断地革新和针对市场不断地调整适应的过程中,管理资源也在不断地积累。企业不应仅仅是消极被动地对环境作出反应,而是在开发新产品、创造新市场、建立新组织、采用新的管理方法和新技术上都积极采取主动行为。因此,当经营的成本较高时,企业就会趋向于进行合作以降低这些成本,企业往往通过外包非核心业务、建立战略联盟等形式来实现这些合作。

三、合作的价值和成本分析

合作不仅可以获得一定价值,同时也需要支付一定的成本。

(一)合作的价值

尼耳·瑞克曼在《合作竞争大未来》中指出,合作的价值在于创造出 $1+1>2$ 的协同效应,突破个体发展能力的上限,产生新的利益增长点[①]。现代流通中,合作的价值表现在三个方面。

1. 重复和浪费的减少

当两个组织各自运作同样功能的部门时,重复和浪费就会发生。比如,两个公司各自拥有自己的存货、仓储、物流系统时,就会出现不必要、重复的步骤及成本。通过合作,共享仓库和运输能力,并在配送的时间安排上达成一致,可以压缩物流成本、提高供货效率。合作的信息交换对于成本节约的意义更大。传统的供应商不了解市场销售情况,盲目生产,导致出现大量与需求脱节的落后商品,这是一种更大的浪费。采取供销合作以后,互相交换生产和销售信息,实现

---

① 参见[美]尼耳·瑞克曼等著,《合作竞争大未来》,苏怡仲译,经济管理出版社1998年版。

近似即时的以销定产,就可以减少这种现象。

2. 借助彼此的核心能力

合作的价值来源于专业化分工,通过市场组织生产同样存在着核心能力相互借助产生的价值。举例来说,生产或销售企业要搞一项包装设计,要么临时抽人组建设计小组,要么培养一支大部分时间都在闲置的设计队伍。两者缺陷都很明显,前者质量不能保证,后者存在成本的浪费。这种情况下,将业务外包给专业的设计公司可能是最好的选择。通过合作利用互补性核心能力,可以使特定交易者有目的且固定化地选择交易对象,从而就可能长期地与最有互补性的核心能力结合。

3. 创造新机会

合作关系分为两种形态:一种是从一开始就是为了创造新机会而形成;另一种是始于减少浪费和借助核心能力,等这些目标完成后,再继续进展到新机会的合作开发。前者的刺激更大,但成本和风险也更大。在以销售和采购为主的背景下,后者常常是更好的选择。创造新机会是合作最有前景的价值,但一般只有在伙伴关系成熟后才能实现。

(二) 合作的成本

合作需要付出代价,但合作的代价并不都以实际支出的形式表现出来,很大一部分表现为不确定的风险。实际支出和存在的风险都可以看作合作的成本。

1. 物质投入

合作常需要投入一定的财力、物力、人力作为合作的基础,如合作沟通部门的筹建、电子数据平台的建设等。越是具有战略性的深层次合作越是意味着更多的投入,这种投入可能制约了弱小公司谋求合作的机会。

2. 核心能力被模仿的风险

在当今动态的社会里,没有一种核心能力可以使企业一劳永逸,因此,核心能力被模仿是迟早的事,企业之间的竞争集中到对创新时机的争夺。合作意味着使自己的技术诀窍、管理模式明确地暴露出来,使得本企业的核心能力更容易被模仿,生命周期更短。

3. 被合作关系锁定的风险

从镜子的另一面去看,合作又是一种相互依赖。如果由于合作,使得一方逐渐获得某种优势地位,则对于另一方来说,就存在被锁定的风险。一方面,弱势地位难以保证充分的利益和利益的持久性,谈判能力弱。另一方面,由于对合作投入较多,难以及时转换方向,抓住更为有利的机会。

以上是合作关系中最常见的投入和风险。除此之外,组织间的文化和管理风格的差异、信息不对称等也有可能造成合作的成本增加。但是,风险成本是一种或有成本,并不一定会实际发生,关键在于对合作关系的管理和控制。在合作关系中保持足够的风险意识,并尽力通过协议、流程的设计来对风险做出科学的回避是必要的。

四、成功合作的要素

成功的合作关系的内涵是不一样的,这与合作方的独特环境有关。但是,根据在不同的产业、国家和市场中实践,有些成功驱动力是共同的,其中最为典型的三个要素是共同愿景、价值贡献、友好关系。

1. 共同愿景

愿景是指对将要达到什么样的目标以及达成目标方法的设想。在供应链背景下,成员之间必须首先设定合作的目标,并对如何达成目标的问题保持一致的看法,在此基础上,各个企业的经营活动围绕既定的路径展开。著名心理学家马斯洛晚年从事于杰出团体的研究,发现"它们最显著的特征是有共同愿景和目的"。经验表明,共同愿景可以明确方向,"排除混乱和阻力","唤起人们的希望","激发新的思考和行动方式"。

2. 价值贡献

贡献是合作双方能够创造出具体有效的成果,强调合作能够带来突破单个企业能力上限的成果。成功的合作关系可以提高生产力和附加价值,更重要的是改善了合作双方的获利能力。通过重新思考彼此合作的形态、重新设计组织界限等手段,借力发力,充分利用自身的资源优势。联邦快递和英特尔公司建立了良好的合作关系,并负责英特尔部分的物流配送作业。最后的成果是保证交货期得以由原先的4个工作日减少到3个工作日,运送失误的情形也大幅减少。只有双方都为对方提供了突破性的价值,并且这种价值是对方难以从第三方处谋取的,合作才能趋向稳定。一旦一方有长效的、更好的选择,就会出现偏离合作的可能。

3. 友好关系

合作超越了简单的交易关系、经济关系,要求双方以友善、自律的态度保持密切联系。友好关系至少包含了相互信任、经常性沟通两个方面的含义。相互信任,意味着相信对方不会采取机会主义行为和损人利己的行动。信任是合作关系提到最多的概念之一,因为合约的硬约束往往是有限的、滞后的,只能作为预警或补救措施。合作过程往往是将原来由各个成员各自单独控制的活动转变为共同控制,往往涉及控制权的转移,比如零售商和供应商的信息共享,比如供应商管理库存系统,等等,分别涉及信息的控制权和库存的控制权,这中间没有信任就难以顺利实现。通过经常的常规或非常规沟通,有助于清晰地了解合作的进展,加深合作双方工作人员的理念和情感交流,有利于稳定合作关系。

五、现代流通合作形式

合作的基本理念在现代流通中以各种形式表现出来,形成紧密的合作网络。对合作网络进行分解,认识和区分不同形式的合作,有利于流通企业找到新的合作机遇,拓宽自己的发展思路。一般可以从时间、空间和战略三个维度对合作进行划分[①]。

（一）从时间维度划分

从时间维度划分,合作网络主要可分为稳定的合作网络和动态的合作网络两种。

1. 稳定的合作网络

所谓稳定的合作网络是指在较长的时间内,合作网络的成员相对固定,成员间的分工组合也相对固定。

稳定合作的典型是宝洁公司和沃尔玛的合作,双方企业通过 EDI 和卫星通信实现联网,借助于这种信息系统,宝洁公司能及时制定出符合市场需求的生产和研发计划,同时也能对沃尔玛的库存实行单品管理,做到连续补货,防止出现商品结构性的机会成本(即滞销品库存过多,与此同时畅销品断货)。而沃尔玛则从原来繁重的物流作业中解放出来,专心于经营销售活动,同时在通过 EDI 从宝洁公司获得信息的基础上,及时决策商品的货架和进货数量,并由 MMI(制造商管理库存)系统实行自动进货。

2. 动态的合作网络

动态合作网络是一些企业为了实现某一特定目的而进行的合作,如重大工程建设和某些联合研发项目等,合作的目的实现后,合作关系也就相应结束。动态合作是一些虚拟化运作的流通企业经常采用的手段。以利丰集团为例,作为一个贸易商,它与众多工厂保持紧密联系,在此基础上,根据经销特定商品的需要,选择性价比最高的成品供应商或 OEM 供应商进行以订单为基础的项目合作,使订单的效益达到最大化。动态合作的最大特点是灵活性,以特定目标为轴心的企业间集成运作,可以在短期内聚集到实现某一目标的所有资源。

---

① 此种划分思想可参见肖渡等著,《知识时代的企业合作经营》,北京大学出版社 2000 年版。

（二）从空间维度划分

从空间布局来看，合作主要有区域合作、全球合作和虚拟合作三种形式。

1. 区域合作

区域合作主要是指空间分布上形成比较集中的网络。区域网络的形成主要有两个方面的原因：一是企业为了集约经营的需要而自发地在小范围内集聚，如降低运输成本、减少库存、增加知识互动等；二是政府通过行政手段、经济杠杆等促成企业在区域内的合作。我国传统流通企业大多以服务本地为宗旨，带有明显的地域色彩，同时由于受行政区划限制，跨区域的业务扩展和重组涉及部门、地方利益，加上企业规模小、实力弱等原因，推进速度明显滞后。但是流通本身具有系统性，规模经济和范围经济效应明显，区域分割和地方保护主义的存在使得流通的效率大大降低。目前，这个问题引起了政府和理论界的普遍重视，"泛珠三角"、"长三角"、"环渤海经济圈"、"东北振兴"等概念的提出，使得流通区域合作的前途越来越明朗。

2. 全球合作

全球合作则超越了地域的限制，在世界范围内展开活动。从市场角度来说，越来越多的企业希望自己的产品接近消费者，能够更多、更好地理解和满足顾客的需求，并加速当地化来获得当地消费者的好感。从采购环节来说，能够在全球范围内寻找最合适的供应商，充分利用全球资源，无疑增加了企业控制成本的能力，提升了利润空间。现代交通设施的发展，则为全球范围内的远程合作提供了条件。跨国公司的全球战略决定了它们常常是全球合作的先行者和载体，例如耐克是举世闻名的鞋业公司，但它并没有工厂，而是由韩国、中国及泰国的一些鞋厂为其生产，全球流通和合作能力成了其取胜的关键要素。

3. 虚拟合作

虚拟合作的思想是对企业经营范围的根本性突破，虚拟组织是以时间和机遇为导向的新型合作组织，其动力在于抓住不断变化的市场机会。先进的电子商务技术使得虚拟思想的先进性在现代社会表现得淋漓尽致，通过虚拟合作，企业在大大降低搜寻成本和运营成本的同时，能够找到更为合适的合作伙伴。此外，虚拟合作使小企业能够获得与大企业几乎相同的发展机会，使市场竞争的格局发生了变化。作为成功的电子商务企业，阿里巴巴为全球各地企业及商家提供商业供求信息，致力于打造实体企业之间进行交易的信息和支付平台，成为虚拟合作的经典之作。

（三）从战略维度划分

从企业进行合作的战略目的来看，企业间合作又可以分为一体化合作和多角化合作两类。战略合作经常与产权控制相依相伴,但两者并不是必然联系的,从研究合作的角度看,产权控制只是维系合作的一种手段,合作的实质在于日常业务处理上的协调安排。

1. 一体化合作

一体化合作主要是从获取外界资源的角度针对某项具体业务的合作,包括水平一体化和垂直一体化两种方式。当企业在短期内无法扩大其生产规模或产品的生命周期较短时,企业倾向于通过水平一体化的方式,与同类企业互相利用类似的资源来实现自己的经营目的,规避潜在市场风险。垂直一体化是指与上下游企业在分解的生产和服务的不同环节上加以合作,精确的供应链管理是垂直一体化运用的极致,通过上下游企业的配合协调,快速响应市场需求的变化。

2. 多角化合作

多角化合作主要是从充分利用本企业资源和规避风险的角度寻找企业发展的机会。其中,可以被充分利用的资源常常包括核心技术、管理能力和市场网络等。例如,物流配送企业往往起源于为某一类产品提供配送服务,随着配送队伍的扩大,逐渐增加配送服务的项目,通过与不同的行业进行合作,既可以利用现有的优势,又可以避免产业周期波动对其造成破坏性影响。

第二节 创 新 机 制

随着技术的日新月异和环境的不断发展,建立良好的创新环境,形成有效的创新机制,已成为企业赢得竞争力和产业获得全面提升的重要途径。将创新机制引入流通部门,就是为了通过流通系统内各要素的互动作用,推动流通业以市场为基础的知识和人才流动、技术扩散和产业群活动,有效地实现流程优化,加快流通速度,通过资源配置和产业结构的优化,提高流通效率,降低流通成本。创新是流通发展的最根本手段,是流通发展的内生力量。在中国,依靠创新机制改造传统流通业,对推动流通产业跨越式发展和市场体系进一步培育的意义更为重大。

一、创新机制的含义

(一)创新的概念

熊彼特在《经济发展理论》一书中提出了"创新理论",他所指的创新包括以下五种情况:(1)采用一种新产品,也就是消费者还不熟悉的产品,或一种产品的一种新的特性。(2)采用一种新的生产方法,也就是在有关的制造部门中尚未通过经验鉴定的方法,这种新的方法绝不需要建立在科学上新的发现的基础之上,也可以存在于商业上处理一种产品的新的方式之中。(3)开辟一个新的市场,也就是有关国家的某一制造部门以前不曾进入的市场,不管这个市场以前是否存在过。(4)掠取或控制原材料或半制成品的一种新的供应来源,也不问这种来源是已经存在的,还是第一次创造出来的。(5)实现任何一种工业的新的组织,比如造成一种垄断地位,或打破一种垄断地位。

熊彼特关于创新的五种组合的概括实际上初步揭示了创新包含的两种基本类型,即技术创新与制度创新,其中创新组合的前四个方面属于技术创新,而第五个方面属于制度创新。虽然熊彼特的创新概念包含了制度创新的内容,但熊彼特的创新理论基本上局限于对技术创新的研究,而制度创新研究则是在20世纪70年代随着新制度经济学的兴起而出现的。

1937年科斯发表了《企业的性质》一文,首次提出了交易费用概念,并且指出企业存在的理由是为了节约市场交易费用。在1960年发表的《社会成本问题》一文中,科斯进一步说明了在交易费用不为零的情况下,生产的制度结构存在的重要性。科斯的这两篇文章,奠定了制度创新理论的重要基础。新制度经济学的制度创新理论扩展了创新研究的领域,把对技术创新的研究扩展到对制度创新的研究。按照制度创新的理论,在制度创新对技术创新的决定作用的同时,技术创新会增加制度安排改变的潜在利润,还能降低某些制度安排的操作成本。

(二)创新机制

创新机制是指创新活动中各种创新因素的结构、功能及内在联系,表现为创新主体在流通创新方面的活动协调机能,是创新主体对创新客体进行作用的有机系统。

创新系统由创新主体和创新客体构成,它们构成了相互联系、相互作用、相互协调的创新机制。创新主体是具有创新能力的个人和组织;创新客体是创新活动所指向的对象。在创新活动中,创新主体用以变革创新客体的中介作用于创新客体,完成创新主体与创新客体的现实结合,推进创新活动的实现。创新的主体和客体在一定条件下组成了矛盾统一体。在创新系统中,创新主体是创新关系这个矛盾统一体的主要方面,创新客体是创新关系这个矛盾统一体的次要方面。

二、现代流通创新机制内容

随着中国经济市场化进程的加快和买方市场格局的成型,市场的作用力日益加强,流通业作为支撑和促进国内贸易和国际贸易的主要载体,囊括实体经济中与商品贸易直接关联的各种经济活动,因此,在流通业中坚持以市场为导向是开展创新活动的基础。流通创新机制就是在坚持市场导向的基础上,由创新主体通过流通技术创新和流通制度创新,使各类流通资源重新整合,达到资源配置和产业结构的优化。

(一)流通主体创新

将创新机制引入流通产业的原因,归根结底是为了满足流通主体的需要。在流通创新机制中,企业、中介组织、政府和科研机构构成了流通创新机制的主体。

企业是创新的重要主体,创新所蕴含的高额利润会诱使企业不断地从事创新活动,而创新活动需要与流通产业有关的特定知识,这些知识又具有局域性、企业专有的特点。流通中介组织主要由代理组织、经纪组织和信托组织共同构成,它能够为交易双方提供中介服务,使交易成本降低,是保证流通活动顺利运转的支持系统,是流通活动的桥梁。政府部门需要根据经济社会的发展变化对政策进行调整,无论是对创新活动产生直接影响的流通政策,还是对创新活动产生间接影响的政府宏观调控财政政策、货币政策和收入分配政策,皆昭显了政府在流通创新活动中的指针作用。科研机构是流通组织理论、流通管理理论、流通技术理论交流和探讨的场所,是创新活动产生的源泉和前线,是流通企业创新活动的理论基地。

(二)流通要素创新

1. 技术进步

在经济理论中,技术进步是用生产函数 $Q = F(K,L)$ 来表示和度量的,其中 Q、K、L 分别代表产出、资本和劳动投入,随着时间变化,如果产出的增加大于劳动和资本投入的增加,则认为发生了技术进步。因此,技术进步是一种推动经济增长的社会正功能,是一种技术知识的功效渐进积累和释放的综合过程。

技术在企业间具有扩散效应。从创新过程看,技术创新扩散就是技术创新成果从输出到输入再到输出这样一个往复的过程,如图 4-1 所示。在这一过程中,在创新成果的供给者和采用者之间存在着一定的传播和转移的中介渠道,由技术创新者通过这一中介渠道将创新成果传递至其他使用者。创新成果的输出首先是由技术创新者提供的,创新成果的输入是由使用者实现的,同时技术创新成果在扩散途中受到政策、文化、经济和自然条件等因素的影响。在各有关要素的相互联系和相互作用下,形成了企业间技术的扩散,技术扩散推动了企业群的技术进步。

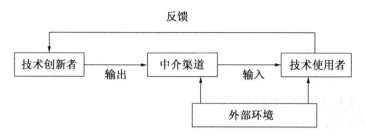

图 4-1 技术扩散模式图

技术创新成果产生后,随着技术在企业间的扩散能够引起技术装备的更新,提高商品的流通效率。从某种意义上来说,传统流通业和现代流通业的一切区别都同技术的长足发展有关,以信息技术为主的技术革命引发了流通领域的革命。过去,信息技术仅在文档处理或账目管理中使用。而今,信息技术则已经帮助在流通企业与供货商、核心客户之间建立了共享的信息系统,该系统能够使企业降低物流和库存成本,减少脱销情况。通过这个系统,流通企业与供货商可以及时跟踪商品的流转和销售情况,准确进行预测和控制。

2. 经营方式创新

它主要是指经营商品的新方法,如网上购物、电视购物等,经营方式创新会对流通过程中的物流和信息流产生影响。

3. 组织形式创新

在经济全球化的时代背景下,流通技术的发展和经营方式变革推动了流通企业的组织形式的创新,新的流通组织类型主要有综合商社、跨国公司和连锁经营等。

综合商社是一种以贸易为主体,集贸易、金融、信息、综合组织与服务功能于一体的跨国公司组织形式,是集实业化、集团化、国际化于一身的贸易产业集团。以三菱商事、住友商事等日本企业为代表的这类组织形式,都是依靠大财团的支持,将金融资本、商业资本和产业资本相融合,通过规模经济的优势带来低价优质,在部门专业化的基础上强调经营种类、经营范围的多样化。

跨国公司是一种国际化的垄断组织,它是在垄断企业内部对生产、流通、销售、科研等方面进行国际化安排的一种垄断组织形式。跨国公司以一国的企业为控制、管理和指挥中心,将其实体分布于不同的国家或地区,实行战略的全球性和管理的集中性,在全球范围开展经营和投资活动。跨国公司是第二次世界大战后,特别是 20 世纪 60 年代以来发展起来的一种国际企业组织,它的形成和发展经历了一个由简单到复杂的演进过程,是一种从生产到销售无所不包的超国家的企业经营体系。

连锁经营是零售行业内非常常见的组织方式。在总部与成员店形成共同负担和享受企业经营损益的利益统一体的基础上，由总部负责采购、配送，店铺负责销售，并通过企业形象的标准化，经营活动的专业化，管理方式的规范化及管理手段的现代化，使复杂的商业活动在职能分工的基础上，实现相对的简单化，从而实现规模效益。

（三）流通创新机制的性质

根据对流通创新机制含义和内容的研究，我们不难发现流通创新具有以下五个性质。

1. 综合性

流通创新活动具有很强的综合性，一项创新活动往往会涉及商流、物流、信息流和资金流四方面的变化，并且需要在诸多环节实现同步配套，是多种创新要素的组合。

2. 系统性

流通创新系统是一个有机统一的整体，处在复杂多变的外部环境中，各个创新要素不是孤立的，而是相互作用和影响的。从上述三个流通创新要素中可以看出，流通创新的标志一般是以引进技术开始，通过新的市场组织形式，进而对经营方式做出调整，而市场的变化和经营方式的完善，亦催生了技术的革新和组织的变革。

3. 动态性

随着时间、环境以及人的主观能动性的变化，创新活动应随着流通的发展而不时修正控制方案，这就体现了流通创新活动的动态性。在知识经济社会里，技术飞速发展，市场瞬息万变，需求多样化，创新活动使流通业在一个动态的环境中不断得到提升。

4. 扩散性

创新活动具有正的外部性，新技术和新制度的产生都可归于一个创造知识的过程，其实质均是对现有知识的重组和创造。创新活动中的知识多具有不同程度的公共产品的属性，从而导致创新成果在各个经济领域内扩散。

5. 价值性

流通中的每一次创新活动都能带来资源配置和产业结构的优化，显著提高了流通速度和效率，更好地满足了社会需求。从现实情况来看，无论是供应链管理、企业资源计划等管理系统在企业内的广泛使用，还是企业经营方式、组织形式的转变皆有利于流通过程的优化和社会利益的增进。

三、流通创新动力

流通创新动力来自内部和外部两个方面,其动力模式作用形式和影响其作用的条件,都视具体情况有所区别。

(一)流通创新的动力

流通创新动力的构成要素如图 4-2 所示。

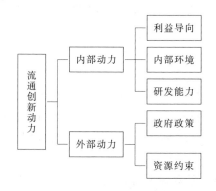

图 4-2 创新动力构成要素

1. 内部动力

创新的内部动力,是指存在于企业创新系统内部,对创新活动产生的内驱力。它产生于企业参与市场竞争和进行自我发展的内在需要,以及企业对经济利益最大化的追求等。企业的创新在满足社会需求的过程中,可为企业带来超额利润和相对优势,这是诱发企业创新的内在动力,也是需求得以牵动企业创新的根本原因。创新的内部动力因素主要有:

(1)利益导向。创新利益是企业通过创新所能够获得的各方面的满足,它是企业利益的重要组成部分。企业对创新利益追求的过程,事实上就是创新利益目标的实现过程。因此,创新利益具有诱导和进一步激励企业从事技术创新的双重功能。当一项创新活动开始之前,对创新收益超过创新成本的预期会诱导企业决策者选择这项创新;当创新成功之后,巨大的利益会激励企业继续创新,也会诱导其他企业加入创新的行列。

(2)内部环境。企业创新内部动力的一个重要来源就是企业家和企业职员对企业创新的追求,这种追求是基于他们对企业创新的一种主观价值判断,表现为创新精神和创新偏好,正是这种创新精神和创新偏好激发或诱导他们进行创新行为,从而不断地、自觉地进行创新实践。如果企业家、企业职员在创新系统中形成促进创新的整体力量,即产生企业创新结构的协同效果,创新也就有了一个良好的内部环境。

(3) 研发能力。企业研发能力是企业在创新过程中,充分发挥其所拥有的各种资源的作用,获得创新收益的实力及可能性。较强的研发能力保证企业能够在较高的技术层次上进行技术开发,获得技术竞争的优势。一个强大的研发部门会从企业内部产生一种推力,并将在企业创新决策的依据中占有较大的权力比重。同直接引进外部技术相比,企业内部研发更有利于技术保密,创新优势的持久性更强。企业内部研究开发能力的提高,直接导致企业创新能力的加强,进而会影响到企业创新动力的形成。

2. 外部动力

(1) 政府政策。政府根据国家政治目的和国家经济发展计划的需要,通过组织体系、政策体系、法律体系及行为体系,来影响创新活动。政府对于创新过程的启动,并不限于一般的诱导,而是通过后向推动、前向拉动、纵向参与和扶植,来激励企业或产业的技术创新。国内外的经验证明,规模较大、收益较多的创新,一般都源于政府的启动。

(2) 资源约束。创新活动离不开科技资源、人才资源、资金、设备、信息和自然资源条件等资源,如果企业缺乏必要的资源,或者说企业不能从市场上有效获得这些相关资源,企业创新就不可能实施,企业在竞争中就会处于劣势,与此同时,进行企业创新的一个直接的原因就是为了摆脱资源的约束。在资源不足与经济发展的矛盾日益凸显的今天,集约型模式的创新就变得越来越重要。

(二) 流通创新动力模式

流通创新动力模式是指流通各要素在流通创新动力要素的推动下相互作用的形式。流通创新动力模式是企业创新系统的内在运行轨迹。在一般意义上,流通创新的动力模式有两种,即技术推动模式和市场拉动模式。技术推动模式表现在技术的变革带来流通力的增强,从而引致更高层次的需求;市场拉动模式表现在市场的升级引起流通力的不适,从而催生了技术的变革。在流通创新系统中,技术推动模式和市场拉动模式并不是孤立作用的,一项创新活动的产生,往往是技术推动和市场拉动共同作用的结果。

(三) 市场结构对创新动力的重要影响

一个适宜的市场结构是孕育创新活动的肥沃土壤,不同的市场结构能够对创新活动产生不同的动力影响。流通产业市场结构的典型形态有四种结构,即完全竞争型市场结构、完全垄断型市场结构、寡头垄断型市场结构和垄断竞争型市场结构。

(1) 在市场高度集中、进入壁垒很高的垄断型市场结构中,垄断厂商具有比较雄厚的资金和人才资源,能够进行耗资巨大的科技研究与创新,在科研投资风险分散的基础上,通过专利和产权,独享创新的益处。垄断厂商还可以利用广泛的渠道,收集和积累信息资料。但是,超额利润往往会使垄断者失去竞争压力,垄断性企业会因袭传统,缺乏创新的动力。在过去,地方上的大型国有百货商店具有稳定的垄断地位,行业垄断性引起的创新动力不足,导致了经营方式一成不变、管理模式陈旧落后、流通效率低下。

(2) 在自由进入、厂商数量众多的完全竞争性行业中,一方面,竞争主体过于分散,规模小、实力差,而且缺乏一定程度的市场占有份额,也就无法使创新成果在较大程度上化为自身的利益;另一方面,过度竞争还会导致资源的严重浪费。例如,相比集团式连锁经营的便利店,位于居民区内的私营杂货店普遍存在着商品种类单一、设施落后的状况。由于规模小、实力弱,私营杂货店一直维持着落后的交易手段和陈旧的管理方式。

(3) 在健全的知识产权法律制度保护下,最适宜创新的是垄断竞争的市场结构,即市场介于垄断和自由竞争之间。一方面,流通行业内可以形成资金雄厚、技术领先的流通骨干主体;另一方面又有大量的其他主体共同参与竞争,使优势企业既享有规模效益,又具有创新动力。在商品流通业的三次革命中,后两次革命都发生在垄断资本主义出现寡头竞争的时代;而近年来,沃尔玛、家乐福等巨型流通企业在具有强大规模、控制大量资源的基础上,不断进行商业创新活动,推动流通产业发展。

第三节 集约机制

集约机制是现代流通机制的重要组成部分。它与合作机制、创新机制相互联系,共同作用于现代商品流通的方方面面。

一、集约的含义

"集约"一词是从农业经济中借用的概念,最早指的是农业的集约经营,是"粗放经营"的对称。1989年版《辞海》给"集约经营"下的定义是:"在一定面积的土地上投入较多的生产资料和劳动,采用新的技术措施,进行精耕细作的农业经营方式。集约经营是用提高单位面积产量的方法来增加产品总量。通常在人多地少、经济发展水平较高的地区采取这种方式。"

与此相对,"粗放经营"是指:"以一定量的生产资料和劳动,投在较多的土地上,进行浅耕粗作的农业经营方式。主要是用扩大耕地面积的方法来提高产品总量。一般在地多人少、生产水平较低的条件下采用。"

从"集约经营"和"粗放经营"的概念比较来看,两者存在如下四点区别。

1. 投入要素的不同

集约经营和粗放经营的基本投入要素都是生产资料、劳动和土地,但是集约经营比粗放经营多了一种投入要素——技术,而且技术要素的运用对生产方式和生产绩效产生了巨大的影响。由于有技术要素的介入,集约经营中的生产资料和劳动已不再是普通意义上的初级投入要素,而具有了更高的素质,更加先进和现代化。因此,有无技术或者技术含量的高低是区别集约经营和粗放经营的最基本的特征。

2. 投入要素的组合方式不同

在集约经营中,除了技术要素外,其他要素的组合方式为较多的生产资料和劳动与一定量的土地,这与粗放经营的要素组合方式恰恰相反,后者的组合方式为较多的土地与一定量的生产资料和劳动。

3. 实现产出增长的方式不同

集约经营主要是用提高单位面积产量的方法来增加产品总量,而粗放经营是用扩大耕地面积的方法来提高产品总量。后者以要素增量投入为主来实现产出增长,而前者以"增量"来改进和提高"存量"要素的效率,及通过"存量"的组织和技术创新来提高其效率和效益,从而达到产出增长的目的。

4. 适用的条件不同

集约经营和粗放经营都是一定历史时期、一定经济发展水平下的生产经营方式,两者都有各自适用的环境和条件,离开这些前提去单纯地追求集约经营是不现实的。

由此可见,集约与粗放的区别不在于是否增加资本、劳动力、土地等要素的投入,而是如何投入。在农业集约经营中,新的投入主要集中在现有土地,以提高其生产能力,而不是再耕作更多的土地,这也决定了新的投入不再是一般意义上的投入要素的增加。通常所说的集约型增长方式绝不意味着不再增加要素投入。区分粗放和集约不能简单地等同于外延扩大再生产和内涵扩大再生产,关键是要看是否有技术的运用和效率是否因此提高。

二、现代流通集约机制的内涵

投入要素在一定条件下的集约生产经营过程,及其相互配合、相互促进的关系构成了一个相对独立的体系,形成了特定的运行机制,因而可以称之为集约机制。

现代流通的集约机制,是指在新经济背景下,流通业通过业务流程重组、产业结构调整和流通系统要素整合等途径,应用新的要素投入(技术、组织创新等)来激活各种存量要素,优化资源配置,以推动流通业乃至整个供应链高效运作的体系。

(一)现代流通集约机制的目的

现代流通已不仅仅局限于生产和消费的"中介"领域,也不再被动地定位于"纽带"的作用,正日渐发挥其供应链管理和引领经济的职能。因此,现代流通的集约机制的影响范围和作用已经覆盖至整个供应链,它将从生产到消费的整个过程紧密联系在一起,从整体流程的意识出发,协调管理各个组织间的活动,产生协同效益和合力效果,以降低整体成本,实现整个供应链的增值。

(二)现代流通集约机制的条件

现代流通的集约机制是众多投入要素共同作用的系统,这些构成要素包括技术、劳动力、生产资料、供应链中的企业和其他的流通投入要素等,它们发挥着各自的作用,又彼此联系和影响,成为实现现代流通集约机制的基础条件。

1. 技术

这里的技术包括硬技术和软技术。所谓硬技术,主要是指以现代计算机技术、微电子技术、网络技术为支撑的现代信息技术,是一种有形的技术。众所周知,是信息技术成就了沃尔玛,使其能大幅度降低运行和管理成本,并实现了跨地域大规模发展,造就了产供销一体化的新模式,成为先导经济型的现代流通巨鳄。所谓软技术,主要是指一些先进的管理思想和现代化的经营理念,比如供应链管理理论、现代物流配送思想等。正是软技术与硬技术的结合,实现了流通模式创新和管理创新,使流通活动发生了深刻的变革,极大地提高了流通绩效,提升了流通地位,使其突破了传统中介的角色限制,成为拉动上下游企业的核心主力。因此,技术是现代流通集约机制的最基本的要素。

2. 高素质的劳动力

现代流通环境下的劳动力已不再是过去一般意义上的普通劳动者,而是具备先进的流通管理知识,能够操作各种管理软件,有把握全局能力的高素质人才。因此,尽管传统流通和现代流通都需要投入一定量的人力资本,但两者在要素的质量层次上显然有着天壤之别。

3. 先进的流通工具和设备

除了技术和人才的运用,现代流通还投入大量的资本开发先进的流通工具和设备。譬如在国外的食品流通中,为了保证鲜活农产品的质量,大部分的批发市场都配有能自动控制气温的储存场地和能快速对蔬菜进行保鲜处理的真空预冷设备等，而且配送车辆都具有现代化的制冷和冷冻设备，使农产品可以一直处于采后生理需要的低温状态，形成一条不间断的冷链，从而确保了农产品的安全，有效地降低了流通耗损率，提高了整条供应链的效益。

4. 专业化的流通企业

流通现代化的特征之一就是流通环节的专业化和社会化程度比较高。比如在日本，不少生产企业、商业流通企业并非都自备仓库等流通设施，而是将物流业务外包给专业的物流配送公司，以达到降低成本、提高效率的目的。日本著名的食品批发及物流配送企业——菱食株式会社，就负责向约1.2万个连锁店、中小型超市和便利店提供小批量、多频次的配送服务。而且，许多物流配送企业的运输车辆也是根据需要向社会租用的，同样是出于降低流通费用的考虑。

当然，这些构成要素本身并不是孤立的，而是相互联系、相互影响，共同完成集约的过程。如劳动力必须借助先进的技术和设备才能有效地进行供应链管理；信息技术的开发必须以流通企业的需求为中心；而流通企业只有采用现代化的管理方法和流通技术，才能实现专业化的发展，更好地满足客户需求。

三、现代流通集约机制的内容

现代流通集约机制的目的是降低整条供应链的成本，以提高整体的运作效率。在这种机制的整体运动中包含着不同层面的局部运行，它们共同作用促进了集约机制的形成。具体来说，现代流通的集约机制主要表现在以下三个方面。

（一）物流的集约

物流的集约是指通过一定的制度安排，对供应链上物流系统的功能、资源、信息、网络要素等进行统一规划、管理和评价，通过要素之间的协调和配合使所有要素能够像一个整体在运作，从而实现供应链物流系统要素之间的联系，达到供应链物流系统整体优化的目的的过程。现代流通下的物流系统集约的基本单元是供应链物流系统。供应链物流系统跨越原材料供应商、制造商、分销商、物流服务提供商和消费者各自物流系统的边界，而并非局限于某个环节内部或部分环节之间。

物流的集约并不一定要增加或减少要素存量，关键是改变要素的组合方式、协调要素之间的关系、优化要素之间的运作流程、建立基于市场机制的高效治理机制，使物流要素的能力得到最充分的发挥，降低物流系统的运作成本，提高整体的效益。

海尔集团为了实现物流系统的集约，投资8 000多万元建立海尔国际物流中心，启动了新的物流作业流程，整合上游多家原材料供应商、集团内部多个事业部、下游多家专卖点和营销点,把海尔的仓库、车辆和物流信息全部纳入集团物流平台,进行统一规划管理。结果是使库存资金周转速度降低到7天,订单响应速度从20天缩短到6天,仓库面积由24万平方米减少到2万平方米,流动资金周转次数从每年2.7次提高到3.1次,新产品开发速度从每天1个增加到每天1.7个,大大提升了集团的竞争力。

物流的社会化、专业化发展是实现现代物流系统集约的有效途径,它通过协调企业之间的物流运输和提供后勤服务,把企业的物流业务外包给专门的物流管理公司来承担,使供应链的多品种、小批量、多频次的配送模式变得更为经济。大通国际运输有限公司负责为戴尔公司配送电脑,同时也为天津的摩托罗拉配送手机、为内蒙古的鄂尔多斯配送羊毛衫。这样,大通的运输车从上海开到北方送去的是电脑,返回上海带回的是摩托罗拉的手机和鄂尔多斯的羊毛衫。由此,极大地降低了空载率和物流成本,提高了整个物流系统的效率。

(二) 信息的集约

信息共享是实现供应链管理的基础,供应链的协调运行依赖于各个节点企业高质量、低成本的信息传递和共享,以避免由于某个环节的信息失真而造成的"牛鞭效应"(bullwhip effect),而支撑信息共享的是现代化的信息技术和信息管理的理念。基于这些技术理念的供应链系统的信息集约建设,将突破单一企业各自为政建设信息系统的局面,从单个企业低水平的重复投资,到积累式利用社会资源,可以最有效地提升整个供应链的信息应用率,降低信息利用成本。

沃尔玛于20世纪80年代第一个将刚刚出现的卫星通信技术引入商业流通领域,建立了全美最大的私人卫星通信系统,将其分布全球的3 000多家分店连在了一起,通过高科技手段,大大加快了基础商业数据的收集、整理加工、决策传达和信息反馈的速度,极大地提高了流通效率。在日本,依托先进的计算机管理系统,连锁体系的配送半径可达400公里,总店能在数百公里之外对销售网点进行实时、准确的商品存量监控。在食品行业,除了POS系统在零售终端的普及外,日本的大规模零售店都已引进了EOS系统(电子订货系统),与交易对方联机,并有VAN(增值网络系统)将食品工业和批发业联结起来,不仅有效提高了流通效率,也确保了食品安全信息的可追溯。

目前,我国现代商业的信息化程度还不高,但已出现了如上海海烟物流公司这样的重视信息集约建设的新型分销服务提供商。公司在引进国外先进物流设备的同时,辅以WMS(仓库管理系统)、GIS(电子地图)、GPS(卫星定位系统)等信息系统的高度集成,实现业务流程自动优化,提供物流信息全程透明化追踪,能够随时跟踪整个供应链的运行状况,取得了良好经营效果。

(三)企业经营的集约

传统企业通过"纵向一体化"实现对资源的直接控制,适合于市场环境相对稳定的情况,企业通过规模效益得到发展。但是,在强调快速满足用户需求的今天,这种对"原材料—制造—分销—销售"全过程控制的管理模式显然已经不再具有优势。

在如今这样一个超竞争的环境中,企业想要获得竞争优势,必须从企业资源与外部环境出发,培育自己的核心竞争力。现代流通业的发展使供应链的每个节点更趋专业化和社会化,让每个企业都可以把主要精力都集中在关键业务上,充分发挥其优势,而把非核心业务交由"专家"企业完成,这就是所谓的"业务外包"。

企业通过业务外包可以分散经营风险、降低运营成本、充分利用资源,从而极大地提升企业的竞争力。据美国《财富》杂志报道,目前全世界年收入在 5 000 万美元以上的公司,都普遍开展了业务外包,而且实现了资源配置的全球化。例如,通用汽车公司的 Pontiac Le Mans 已经不能简单定义为美国制造的产品,它的组装生产是在韩国完成的,发动机、车轴、电路是由日本提供,设计工作在德国,其他一些零部件来自中国台湾地区、新加坡和日本,西班牙提供广告和市场营销服务,数据处理在爱尔兰和巴巴多斯完成,其他一些服务如战略研究、律师、银行、保险等分别由底特律、纽约和华盛顿等地提供。总成本中只有大约 40% 的成本发生在美国本土。通用公司还把运输和物流业务外包给理斯维物流公司(Leaseway Logistics)。两者的合作使通用节约了大约 10% 的运输成本,缩短了 18% 的运输时间,减少了整条供应链的库存,始终保持着高效的反应能力。

应当指出的是,以上三个方面的集约只是现代流通集约机制在不同侧面的体现,它们彼此并非完全独立,而是相互交叉、相互融合的。比如,物流的集约离不开信息技术的应用,而物流的专业化也为企业发挥核心优势创造了条件。

四、现代流通的集约机制的形成机理

现代流通的集约机制为什么能作用于现代流通?究其原因,是有自身的形成机理。

(一)规模经济

规模经济是单位产品成本随产量增长而下降的长期趋势。这里的规模经济主要是指产业规模经济,即由产业规模扩大导致产业内分工深化而形成的企业经济上的有利性。社会化的大生产要求与之相适应的分销能力,这为社会化的大流通创造了条件。现代流通在包装、加工、配送、信息处理、分销等多个环节都出现了专业化的发展趋势,在这种分工体系下,每一组织都只需完成某一相应的职能,这有利于培育组织的核心竞争力,其结果是提高了整个产业的效益。应当承认,伴随着现代流通的出现而产生的精细分工相对传统流通的粗放经营,是一种历史性的进步,能够最大限度地增进劳动生产率。

(二)范围经济

所谓范围经济,是指一家企业提供各种产品要比多家企业分别提供其中一种产品节约成本。可用成本函数 C 表示为

$$C(q) < C(q_1) + C(q_2) + C(q_3) + \cdots + C(q_n)$$

其中,$q = q_1 + q_2 + q_3 + \cdots + q_n$。

范围经济产生经济效益的原因,是因为企业联合生产和销售多种产品,所需投入的资源在相当大程度上可以共享。比如上文大通物流公司的例子就是典型的范围经济,因为大通为多家企业统一配送货物显然要比各家企业单独配送有效率得多。

(三)学习曲线原理

学习曲线原理以人的活动为研究对象,其主要思想是与固定设施随着使用产生的磨损、其能力将逐渐降低的性质不同,人随着对某一种活动的多次重复将积累起经验,因而提高工作效率。学习曲线原理研究的就是这种经验积累对成本的影响。其表现是随着工人累积产量的增加,单位产品的成本和工时就会降低(如图 4-3 所示)。

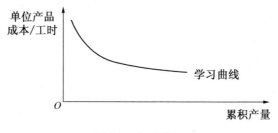

图 4-3 学习曲线

在现代流通中,社会分工带来了更加专业的工种,使劳动者可以集中从事某项专门的工作,让他们能更熟练地完成这些工作,由此提升了整体的运作效率。

(四)交易成本理论

交易成本主要是指在市场机制下,交易双方用于寻找交易对象、签约及履约

等方面的所有支出,包括金钱的、时间的和精力的支出。交易成本的影响因素包括资产的专用性、交易的不确定性和交易的频率等。

流通中存在着大量的交易成本。比如,延迟交货而产生的时间成本、与上下游企业议价的谈判成本、处理库存积压的成本,等等。这些交易成本或是由于企业一体化的低效率,或是由于流通环节的分离性所造成的。而基于供应链管理思想的现代流通是从整体流程的角度出发,每个节点企业与链上的其他企业建立长久的合作伙伴关系,通过增加交易频率,可以有效地减少交易的不确定性,同时资源外包又能降低资产的专用性,由此极大地降低交易成本。

本章小结

现代商品流通机制既具有流通一般机制的共性,又有自己的特性,这些特性主要体现在合作机制、创新机制和集约机制上。

商品流通本就必须合作,这是其中介地位所决定的。现代流通要发挥"先导产业"作用,其中不仅仅是商品分销,而是包含信息收集、流程设计、资源整合、虚拟经营等,这使合作的必要性更凸显出来。流通合作的动力来自合作产生方对利益的分享和克服资源的制约。合作通常要分析价值和成本,要考虑成功合作的要素,现代流通合作形式可以从时间、空间、战略等维度划分和把握。

流通创新包括技术创新和制度创新,其内容包括主体创新、技术创新、经营方式创新、组织形式创新等。流通创新机制具有综合性、系统性、动态性、扩散性、价值性等特征。流通创新机制之所以能深入流通的各个环节并发挥越来越大的作用,是因为具有强烈的动力机制,这一动力机制来自内部和外部两个方面。

集约机制是相对"粗放经营机制"的一个概念,强调新的要素激活各种存量,优化资源配置。现代流通集约机制由技术、高素质劳动力、先进的流通工具和设备、专业化的流通企业等条件促成。这一机制包括物流集约、信息集约、企业经营集约等内容。

思 考 题

1. 新旧流通模式合作机制有什么不同?
2. 什么是合作形成机理?
3. 试举例分析合作的价值和成本。

4. 流通合作机制有哪些形式?
5. 什么是创新机制? 现代流通创新机制内容有哪些?
6. 流通创新机制性质是什么?
7. "集约经营"和"粗放经营"的区别是什么?
8. 现代流通集约机制的条件是什么? 其内容是什么?

第三编 流通过程

商品流通的过程,是商流、物流、信息流、资金流和促销流"五流合一"的过程,体现为产权转移、商品实体转移、信息传递、货币运动和促销活动等方面既独立运作,又相互配合,共同构成商品流通的完整过程。

第五章　商品流通中的商流运动

学习目的与要求

1. 了解商流的含义和类型；
2. 了解我国商流存在的问题；
3. 掌握商流合理化的含义。

商品流通中的商流也称所有权流，指商品所有权从渠道中的某个成员流向另一个成员的转移过程。

第一节　我国商流的类型和存在的问题

经过四十多年的改革和发展，中国商流运动已基本上形成了以市场为导向的框架体系，基本上适应了国民经济发展的需要，虽然还存在一些问题，但优化商流运动的基本思路已逐步清晰。

一、商流的主要类型

（一）从商流的环节分类

从商品进入市场的通路来看，中国目前的商品流通在其最初环节上主要是通过四种方式（或者叫四种渠道）进入市场的，如图5-1所示。

1. 生产企业直接在各地区设置销售机构

这些销售机构有些是企业派驻的办事处，有些是销售分公司。它们的任务是向当地的主要零售商店和用户推销商品，一般不再通过中间批发商。但是，如果销售机构承担着向周围地区扩展产品市场的任务的话，则可能还会向周围地区（如县以下的）商业批发机构推销它们的商品。这种商品流通渠道是工业自销发展到成熟状态的典型形式，也是国际上常见的商品流通形式，一般适用于规模较大的企业对于价值较高、体积较大、购买频率较低和品牌选择性较强的商品的销售活动。我国目前大多数的耐用消费品的销售都是通过这样

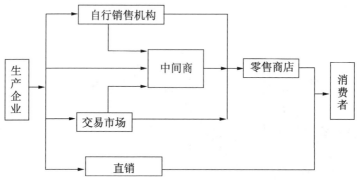

图 5-1 中国营销渠道的主要类型

的渠道流通。

2. 生产企业通过中间商经销其产品

这种流通渠道同传统流通渠道的主要区别在于其越过了产地采购商直接同销地的批发商发生联系,而在销地利用的则仍然是商业企业,依靠商业渠道来为企业开拓市场。在成熟的市场经济条件下,这种流通渠道仍然是一种主要类型。利用中间商的情况也有不同,有的只是将其作为一种流通中介,同中间商保持着一种一般的买卖交易关系;有的则委托中间商进行独家经销或独家代理,甚至建立起稳定的"一对一"的产销代理关系。实际上是将中间商作为自己的专职销售机构来对待。前一种情况比较适用于市场面广、购买频率高、商品价值不大的日用消费品,如烟、酒、食品及零售的日用消费用品;后一种情况则同生产企业自设销售机构差不多。

3. 生产企业通过交易市场销售其产品

自 20 世纪 80 年代末至 90 年代初,集贸市场的功能发生了很大变化,已由单纯的农副产品交易发展到既有农副产品、手工业品,又有日用工业品,甚至还有生产资料;交易方式也由以零售交易为主发展为批零结合,甚至以批发为主;市场设施也由简陋的就地设摊和以路为市,发展为建设起高标准化、大规模的永久性交易市场。目前在上海、江苏、浙江、广东、福建、山东等沿海省市都已出现规模庞大、商品众多、交易量可观的工业品交易市场,并呈现出专业化的发展趋势,如广东的家电市场、义乌的小商品市场、常熟的服装市场、温州的鞋业市场和浙江桐乡的羊毛衫市场等都已成为中国闻名的专业化商品交易市场。进入市场的主体,主要是各产业生产企业,也包括一些中间商。大多数交易市场都发挥着一级批发和二级批发的功能,甚至成为一些大城市零售商店的主要货源基地。从通过交易市场进行的商品交易情况来看,大多为中小企业和乡镇企业的产品,其中也有一部分是大企业著名的名牌产品,但经营这些产品的大多并非生产企业本身,而是中间商。

4. 生产企业直接将产品销售给消费者

这种企业直接销售方式目前在中国商品流通渠道中也占了一定的比重。大部分生产资料是通过生产企业直接销售的方式进入市场的,也有相当部分消费品是通过企业直销的方式卖给消费者。在消费品方面,值得注意的直销方式主要有三种:一是在集贸市场的零售活动,生产者通过在集贸市场同消费者直接交易来实现商品的全部流通过程;二是设立品牌专卖店,专门销售某企业(某品牌)的商品,由于通常专卖店都是由生产企业自己开设,并直接面对消费者,所以也是直销形式之一;三是通过对消费者的直接推销,如上门推销、邮购等。

(二)从渠道成员关系分类

以商流或它的相互关系和协作的密切程度,以及为达到这种协作程度的组织方式来看,主要有四种类型。

1. 松散型模式

这一模式有三个特征:第一,成员是由在产权和管理上独立的企业构成的,每一个成员都作为一个独立的实体追求自己利益的最大化;第二,每个成员都以自我为中心进行决策,整个网络缺乏统一目标,各成员之间并没有形成确切的分工结构;第三,各成员之间的联系是通过谈判和讨价还价建立的,成员之间缺乏信任感,除了交易关系外不存在其他相互联系的约束。

松散型模式是一种传统的营销渠道模式,它在市场经济不甚发达、大量生产体制尚未形成规模时极为盛行。在今天,这种模式依然存在。农产品由于其生产的分散性和季节性,必须通过多种销售组织进入市场;众多中小企业由于其财力和销售力量有限,也必须依靠各种中间商来推销商品;某些特定行业由于其行业产品特点和传统,也沿袭松散型模式。

2. 公司型模式

公司型模式指一家企业拥有和控制若干生产机构、批发机构和零售机构,控制着若干营销渠道乃至全部渠道,综合经营和统一管理商品的生产、批发和零售业务。公司型模式最本质的特征是整个营销渠道建立在产权统一基础上。

这一模式的优点非常明显:首先,由于整条营销渠道的各个环节均置于单一企业的控制之下,因而可始终按统一目标、计划和规模来提供服务,有利于企业统一形象和品牌的树立;其次,公司型模式能有效地摆脱流通企业的控制,并使公司直接面对最终消费者,全面了解和掌握市场信息;最后,公司型模式可以避免短期行为,确保长期战略的全面实施。

同时，实践表明，不论是控股、兼并、合并、收购还是投资建立统一产权的公司型渠道，都需要占用公司较多的资金，先期投资成本高，给日常经营活动带来较大的财务压力。当生产、经营和营销都统一在一个企业内部，就需要企业拥有健全的管理机构和高素质的管理人员，因而管理成本较高。

3. 管理型模式

管理型模式的特征是：第一，渠道网络成员中通常存在一个或少数几个核心企业，这些企业由于其自身拥有强大的实力和良好的信誉，使它对其成员拥有巨大影响力，其他企业则围绕核心企业开展分销活动；第二，各成员在产权上是相互独立的实体，都拥有自己的经济利益；第三，各成员关系建立在核心企业统一管理和协调的基础之上，使相互关系相对稳定，而且分销目标趋向协调。

4. 特许型模式

特许经营是指特许商按照合同要求和约束条件给予加盟商一定的权利，允许加盟商运用特许商的品牌、商标、专利产品、技术以及经营模式的商业活动和经营方式。

特许模式是二战后西方发达国家发展最为迅速的一种商品分销模式。20世纪80年代后期国际上的一些特许商开始进入我国，主要在餐饮业、冲洗照相、服装专卖、便利店等方面进行探索，如麦当劳、肯德基、必胜客等快餐店、鳄鱼、金利来、皮尔·卡丹等服装专卖店，富士、柯达、柯尼卡等洗相店等。进入90年代，我国特许经营发展迅速，尤其在大城市、沿海发达城市、经济特区，发展势头良好。

特许经营能够得到良好发展并长盛不衰，是因为这一模式对特许商、加盟商、消费者都能带来利益。特许商利用这一模式能在实行集中控制的同时保持较小规模，既可赚取合理利润，又可回避资本风险，实现低成本扩张，确保产品的市场开拓。对于加盟商来说，可以借助特许商的品牌、专利和技术及经营模式等开展业务，避免市场风险，分享广告效益和技术开发效益。对于消费者来说，可以更便利地享受著名品牌的服务。

二、中国商流存在的问题

虽然目前中国的商流已经基本实现了以市场为导向的多渠道流通，但是这种在计划经济同市场经济交替时期形成的流通格局，仍然存在着不合理之处，有些甚至对经济的发展和改革产生了不利影响。当前流通领域存在的问题主要有以下三方面。

1. "灰色渠道"冲击了正常的商品流通

在近几年的市场商品流通活动中,存在着一种处于政府监督管理之外的"灰色渠道",如图 5-2 所示。主要表现为:进口商品以非正规的渠道进入市场(如进口商品由走私进入国内交易市场);一些商品交易活动通过未经登记的经纪人或中间贸易机构进行;一些商品交易活动以无发票或票据的私下交易方式进行,等等。这些"灰色渠道"由于大多可以避免正规渠道所必须缴纳的部分税费等,给正规渠道流通的商品带来不正当不公平的竞争,对市场形成了很大的冲击。并且,由于"灰色渠道"流通的产品处于社会监督体系之外,往往也成为一些假冒伪劣产品甚至是可能对社会生活带来危害的产品的流通主要渠道。如果不对其加以限制和管理,将极大影响商品流通渠道的发展,甚至扰乱社会经济活动的正常秩序。

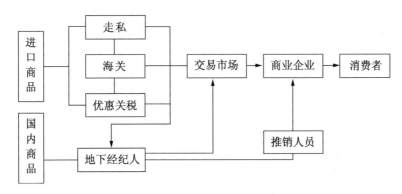

图 5-2　中国"灰色"流通渠道示意图

2. 公平竞争的市场环境尚未形成

第一,市场竞争规则不规范,缺乏规范的透明的市场准入制度,一些企业不具备基本的经营条件和资格,却可以在市场上公开违规经营;第二,交易秩序不规范,信用意识薄弱,存在大量的交易欺诈和资金拖欠行为;第三,流通立法滞后,有些方面没有相关的法规规范,出现问题有时也找不到适用的法律法规来加以处理。

3. 未能形成规模效应,分销成本上升

20 世纪 80 年代后期以来,中国商品流通渠道的改革主要表现为:各系统各企业纷纷自辟渠道进行商品分销,其目的主要在于加强自控能力,增加分销的便利性。然而,这种做法势必造成在相当部分的自营自销体系中,商品分销规模的大大缩小,进而造成了分销成本的普遍上升,进而造成了分销效益的下降。据有些行业的统计,单位商品的分销费用增加了一倍,甚至一倍以上。

第二节 商流合理化

商流能否合理展开,对于满足消费需求、减少销售成本、加速市场体系的培育都是极为重要的。为此,界定商流合理化的含义是十分必要的,只有在此基础上,才能确定优化商流合理化的方向。

一、商流合理化的含义

合理的商流应当是怎样的呢?从全社会的角度分析,商流的合理化应主要体现在"畅通、经济、高效、适应"等方面。

1. 畅通

商流应在沟通产销方面充分发挥作用,保证进入流通渠道的商品能畅通无阻地进入消费领域,保证商品流通渠道能延伸和分布到每一个需要商品的区域和市场。其不合理性往往表现为:由于渠道衔接的中断或中间销售的不力,使得商品不能及时通畅地到达所需要的市场,从而一方面造成商品滞留积压,另一方面使需要得不到满足。

2. 经济

商流应在保证商品流通活动正常的条件下,尽可能节约流通资源,降低流通成本。一方面,可以促使社会经济运行效益的提高;另一方面也能降低商品价格,满足消费者利益。其不合理性往往表现为:增加不必要的流通环节,采用不合理的流通规模和使用不适当的交易方式,从而导致商品流通费用不必要的上升,不仅增加了流通成本,也造成了部分流通资源的浪费。

3. 高效

商流的组织和运行能尽量促使商品流通效率和效益的提高。在流通路线和流通方式的选择上应贯彻"优先"的原则,尽可能选择速度快、成本低、满意度高的流通渠道。高效的另一层含义也包括流通主体(特别是直接承担流通任务的中间商)的产出应高于其投入,尽可能做到花费较少的流通费用达到同样的流通目的,或花费同样的流通费用产生较高的流通效率。其不合理性往往表现为:对流通渠道缺少认真的比较选择和精心的组织,相对成本过高或相对效率较低。流通主体管理水平差,投入产出效率很低,甚至产生流通经营活动的亏损。

4. 适应

商流的组织和运行能够同社会经济活动的各方面相适应。由于商品流通渠道主要是对生产和消费进行中介和沟通,所以流通渠道的规模、结构、方式都应当符合生产和消费的实际需要,成为整个社会经济运行中一个有机组成部分。其不合理性往往表现为:数量上的不适应,或是渠道拥挤造成流通不畅,或是渠道发展过于迅速,造成效率低下;结构上的不适应,不能根据生产和消费的实际需要采取适当的流通状态和经营方式;质量上的不适应,不能根据生产和消费的发展,及时提高流通渠道的现代化程度,以促进流通效率和服务水准的提高。

二、商流合理性的意义

在社会经济活动中,商流的合理组织和运行是十分重要的。

(1)从消费需求的角度看,合理的商流才能保证消费者在其所希望的时间所希望的地点,以及所希望的方式获得所需要的商品,而不至于由于渠道不畅使需求得不到满足,也不至于由于渠道组织的不合理而使消费者在获得商品时支付过高的代价。

(2)从生产企业的角度看,合理的商流才能使生产出来的产品很快地进入流通渠道,最大限度地同消费者广泛接触,以促使商品尽快销售,减少滞留和积压。合理的商流还能保证企业能以适当的流通费用来完成其商品销售工作,而不至于由于流通渠道的不合理而提高其销售成本。

(3)从全社会的角度看,合理的商流才能形成合理的市场体系,才能准确反映各种市场信息,促使商品资源合理地流通和分配,有效防止各种不正当竞争的出现,而不至于由于商流的不合理,导致社会流通费用的上升、再生产循环系统的不畅和市场信息反馈的混乱。

三、影响商流合理化的因素

影响商流合理化的因素主要有三方面,即分销主体、分销管理体制以及分销环境。

(一)分销主体

分销主体一般是指生产者、中间商和消费者。

(1)生产者是产生流通行为的起因,也是流通渠道的源头。生产者是否直接参与流通渠道的组建,对商品流通合理性的影响作用很大,主要表现为生产者对商品流通渠道的选择。生产者能否根据其商品的特性和市场的特点来准确选择商品流通渠道,在很大程度上影响了商品流通渠道的合理性。从一般的意义上讲,生产者对商流合理化的倾向比较明显,因为商品流通渠道的合理化程度直接影响生产者的产品销售状况和销售成本。生产者总是希望选择最合理的流通渠道来加速其商品流通和降低流通成本。商流合理化的取向同生产者利润最大化的目标是完全一致的。然而,由于对市场渠道信息不熟悉或其他的一些原因(如流通体制),也可能导致生产者选择不合理的流通渠道,但应当说这并非生产者的本意。

(2) 消费者处于流通渠道的终端也是流通渠道的使用者和服务对象。消费者对流通渠道的构建作用主要表现在对流通渠道特别是零售终端的网点分布的引导和选择。同时,消费者对价格的接受程度也影响着流通渠道的经济化程度,从一般意义上讲,消费者的价值取向同商流合理性取向是一致的,因为商流合理能够使消费者比较容易和比较经济地获得所需商品。

(3) 中间商是构成商流渠道的主要因素,从而也是影响商流合理性的最为关键的因素。问题是中间商的价值取向与渠道的合理性取向并不完全一致。中间商是以谋取流通渠道利润为经营目的,有时不合理的流通渠道(如转手倒卖引起的流通环节的增加)反而会使流通利润上升。所以,中间商的某些行为有时会导致流通渠道不合理程度的增加。对中间商不合理的流通行为形成制约主要靠两种力量:一是生产者和消费者经济化的选择造成的中间商之间的竞争,制约力大小取决于中间商流通能力的供应与生产者和消费者流通的需求之间的对比,流通能力供过于求,对中间商的不合理行为的制约力就越大;二是流通管理体制对中间商的管理和调控,科学合理的流通管理体制对建设合理的商品流通渠道有着重要作用。

(二) 分销管理体制

分销管理体制通常是一个国家或地区对其区域范围内商品流通渠道及商品流通行为进行管理的管理机构和管理制度,一般涉及管理主体、管理对象、管理权限及管理调控机制等方面的问题。流通管理体制能否对商流合理性产生影响,关键在于管理主体的管理权限能否对所涉及范围内的流通主体及流通行为进行有效调控,同时也取决于管理主体的价值取向是否同流通渠道的合理化取向相一致。

(三) 分销环境

分销环境是对商品流通行为发生直接和间接影响的各种外在因素,诸如商品的供求平衡状况、交通自然条件、信息系统的发达程度以及城乡形态的发展变化,等等,都可能对商品流通渠道的形成和发展产生很大的影响。例如,我国的一些大城市在20世纪90年代以后,大规模的市政建设导致了居住区的聚集,居住区和商业区的分离,客观上就为超级市场的发展创造了有利条件,之前商业主要集中在市中心区域的渠道构架布局就变得不太合理。因此,商品流通渠道的组建和改造就应当以适应当地经济环境发展为准则。

总之,要促使商品流通渠道的合理化,就应当首先认真分析商品流通渠道合理化的主要因素,并有针对性地从改造这些因素着手,最终达到优化流通渠道之目的。

本 章 小 结

商流(也称所有权流),是商品所有权从流通渠道中某个成员向另一个成员转移的过程。商流是否能合理组织和运行,对于满足消费需求、减少销售成本、加速合理市场体系的培育都是十分重要的。

商流合理化有四个标准:畅通、经济、高效、适应。畅通指商流应在沟通产销方面发挥作用;经济指商流应尽可能节约流通资源和降低流通成本;高效指商流的组织和运行应促使效率的提高;适应则指商流运行能同社会经济活动的各个方面相适应。要使商流合理化,必须抓好流通主体、流通管理体系、流通环境三个因素,达到渠道相对优化之目的。

思 考 题

1. 商流合理化的标准是什么?
2. 制约商流合理化的因素有哪些?
3. 我国商流存在什么问题?你认为应如何优化商流?

第六章 商品流通中的物流运动

学习目的与要求

1. 了解物流的含义和特点；
2. 了解物流的主体功能和辅助功能；
3. 了解配送的含义及作用；
4. 了解配送中心的含义及发展情况；
5. 认识配送共同化的优势和条件。

经济理论界认为增加销售为"第一利润源"，降低成本为"第二利润源"，而合理组织物流则为"第三利润源"。而且，这"第三利润源"是一个巨大的"企业脚下的金矿"。可见，商品流通"第三利润源"应该成为现代商品流通理论的重要组成部分。

第一节 物流及过程

一、物流的含义

物流一词源于国外，最早是在第二次世界大战期间，美国为使军需物资供应快速而合理所使用的词语，战后为企业界广泛采用，我国是 20 世纪 80 年代初才引进物流这个名词。

（一）物流的定义

物流是指物质实体从供应者向需要者的空间位移，它由一系列创造时间和空间效用的经济活动所组成。"物"，是指一切有经济意义的物质实体，包括一切积累的社会劳动产品和用于社会生产、流通、消费的各种资源。例如，生产过程中的物资——原材料、零部件、半成品及成品；流通过程中的商品；消费过程中的废弃物品等。"流"，是指物质实体的定向移动，既包含其空间位移，又包括其时间延续。

1. 广义的物流

广义的物流是指物质资料在生产领域中各个生产环节之间和独立于生产之外向消费领域转移的全部运动过程。它包括生产过程和流通过程中各种物的流动。其内容涵盖原料供应、生产物流、销售物流、回收物流、废弃物流等方面,它是运输、保管、包装、装卸、流通加工及物流信息处理等多项基本活动的统一。

2. 狭义的物流

狭义的物流是指独立于生产之外的商品的实体运动,即商品实体从生产领域进入消费领域过程中发生的全部运动过程。

3. 社会物流

社会物流也称为宏观物流,是指国民经济部门与部门之间、地区与地区之间、企业与企业之间为实现商品流动的多种经济活动。

4. 企业物流

企业物流也称为微观物流,是指企业内部各部门之间为实现物质实体流动的各种活动。

社会物流来源于企业物流,并以此作为基础和前提。

(二) 物流的特点

1. 系统性

物流活动是一个复杂的系统,它涉及物流的组织主体、客体、手段、技术、信息、空间区域以及物流过程的要素和环节等诸多因素。

物流活动是一个动态的系统,物流活动的目的是实现产品的价值和使用价值。在纵向上,物流活动表现为商品实体从产地向中转地、集散地、消费地运行;横向上,表现为商品实体在不同地区之间交流。

物流活动是一个多环节、多层次的系统,物流过程是由商品包装、装卸、运输、储存、编配、整理、发运等多个环节构成的商品实体流,商品实体从产地经过中转地、集散地,流向消费地过程中又明显地表现出物流活动的层次性。

物流活动是一个连续性的系统,是一个连续性的作业过程,包装、装卸、运输、储存、编配、整理、发送等作业环节存在着先后的继起性,在时间上不能中断,否则会影响整个社会的生产活动。

2. 广泛性

物流活动贯穿着整个社会生产和生活领域,所有涉及生产和生活的物质实体的流动,都属于物流的范畴。

物流活动没有区域的界限,物流可以在小范围内进行,也可跨越地区,甚至跨越国界进行活动。

物流载体涉及两大方面,即基础设施和运输设备,这两方面又包含许多方面内容。基础设施方面有运输网站,如铁路网、公路网、水运网、航空网、管道网、港口、车站、机场等;运输设备方面有各种运输工具,如车辆、船舶、飞机、装卸搬运设备等。

物流活动的外部环境相当复杂,影响物流活动的外部环境因素包括不同地区的社会经济状况、交通设施条件、资源分布、生产布局、科学技术水平以及经营管理状况等。

由此可见,物流活动有着明显的广泛性特点。

3. 效用性

物流活动具有时空效用性。物流活动通过运输将物质实体在空间进行位移,从而创造空间效用,缩短生产与消费在空间上的距离,使生产与消费在空间上得以统一。物流活动又通过储存来克服生产与消费在时间上的距离,创造时间效用。可见,一切物流活动都会在物质实体的静止或运动中创造时间效用或空间效用。

二、物流的功能

物流是社会再生产中的一种经济活动,它的目的是要解决商品生产与消费在地域和时间上的差异。在物流的全过程中体现出三项主体功能,即储存、运输和配送。同时,物流具有包装、装卸搬运、流通加工和信息处理四项辅助功能。

(一) 储存功能

1. 储存形式

储存,是伴随着人类社会生产力发展到一定水平而出现的,其作为一种社会机制,是不同社会形态下共有的现象。社会产品的储存有三种形式,即生产资本的形式、个人消费基金的形式、商品储备或商品资本的形式。

(1) 生产资本形式的储存,即生产储存。它以生产资料的形态存在。生产储存的量随着生产规模的变化而变化,生产储存是保证生产过程顺利进行的必要条件。作为生产要素的生产储存,一般应由生产部门来承担。

(2) 个人消费基金形式的储存,即消费储存。它以生活资料的形态存在。消费储存处在消费领域,由消费者个人、家庭或其他消费群体进行储存,它是人们日常生活所必要的储存。随着商品经济的发展,社会产品日益丰富,在市场上可随时取得,消费储存的量就会减少。

(3) 商品资本形式的储存,即商品储存。它的物质结构包括生产资料和生活资料两部分。商品储存是处在流通领域,即商品实体已离开生产领域,但还未进入消费领域的间隔时间内的停滞。商品储存是商品流通的一个重要环节,没有商品储备,就没有商品流通。商品储备是商品流通的条件,甚至是商品流通中必然产生的形式。

在商品经济条件下,上述三种储存形式会同时存在,而且随着社会生产的发展,商品储存会表现出不断增大的趋势。这是因为商品经济的发展使社会总产品量增加了,从而使商品储存的相对量和绝对量都得以增加。同时,生产储存和消费储存的比重却相对减少了,这样又转化为商品储存。于是,商品储存也就成为社会产品储存的主要形式。

2. 储存形成的原因

商品储存是商品流通的一种运动形式,其形成的基本原因是商品生产和商品消费之间矛盾的特殊性所致,表现为以下四个方面的背离。

(1) 商品的产地与消费地之间的空间背离。这种空间背离需要商品运输来克服,而商品运输需要有一定的运输时间。这就决定了物流过程中必须有一定数量的商品储存,以保证商品流通的持续进行。同时,商品处于运输过程或集中待运时需要一定的时间,从整个社会看,总有一定量的商品处于运输过程,形成在途商品储存。

(2) 商品的生产与消费之间的时间背离。由于商品的生产地与消费地存在空间背离,于是,也就产生了商品的生产与消费的时间背离;同时,有不少商品是常年生产、季节消费,或是季节生产、常年消费;另有一些商品的生产在时间上具有周期性和间隔性,而消费则具有连续性,如此等等。这种生产与消费在时间上的背离,客观上要求建立必要的商品周转性储存,以保证日常供应的需要和商品淡旺季的调节。

(3) 商品的生产与消费之间的数量背离。由于生产和消费各自会受多种因素的影响,从而导致商品的供应量和需求量的不一致,也即供求之间的数量矛盾。为了保证商品连续不断地供应,必须建立周转性储存。同时,为了预防生产过程中的各种意外事件而影响商品供应,还必须建立有关国计民生的重大商品的战略性储存。

(4) 商品的生产与消费之间的结构性背离。生产的一般特点是集中、连续、批量生产,而消费则呈现分散、多样、多变的特点。于是,在品种、规格、花色、包装等方面会出现商品供求之间的结构性背离,需要商业部门进行调整。为此,商品流通部门在组织商品流通过程中,需要对商品重新进行分类、编配、包装、挑选、整理和必要的加工,以适应消费需要,从而形成销售准备的商品储存。

3. 商品储存的形态

商品储存一般存在三种形态。

(1) 商品周转性储存。它是作周转之用的日常商品储存,是维护正常销售所必需的商品储存。周转性储存可调节市场供求,保证商品在市场上均衡供应,使日常销售不至于中断。

(2) 商品季节性储存。它是为保证一定季节内销售而储存的商品。有的商品是季节性生产、常年消费的,如粮食、水果等;有的商品是常年生产、季节消费的,如取暖器、电扇等;有的商品在生产与消费的季节上不均衡,如蔬菜。这种生产与消费的时间差异,客观上要求建立商品季节性储存。

(3) 战略性储存。它是为防止阶段性脱销、应付市场供应的特殊情况而建立的商品储备制度,如应付自然灾害、交通阻断等各种意外事件对生产和市场带来的影响。

4. 合理商品储存标准

商品储存是流通领域的"蓄水池",其储存商品的数量、质量和结构必须与消费结构相适应。否则,这"蓄水池"就会变成"死水一潭"。因此,商品储存必须合理。判断商品储存合理与否的根本标志应该是保证商品流通不中断,又不产生商品非正常的滞留和积压。具体地说,合理的商品储存主要体现在以下三个方面。

(1) 应确定合理的商品储存量。商品储备必须有一定的量,才能在一定时期内满足需求量。影响和制约商品储存量的因素主要有:第一,市场需求量。在其他条件一定的情况下,商品储存量与市场需求量成正比。商品储存量随市场需求增减而增减,市场需求量的总趋势是不断扩大的,商品储存量也应有所增大。第二,商品生产周期。在其他条件不变的情况下,商品储存量与商品再生产周期成正比例关系。商品再生产周期越长,商品储存量就越大;反之,则越少。例如,粮食和棉花的储存量在很大程度上受制于粮食和棉花的较长的再生产时间。第三,商品本身的物理化学性质。各种商品的物理化学性质不同,决定着它们储存时间长短也不相同,从而各种商品储存量也就有差别。一种商品越容易变坏,商品储存时间越短;反之,可以较长。第四,交通运输条件。在商品运输距离一定的条件下,交通运输条件制约着商品运输时间,进而制约着商品储存量。交通运输条件好,商品运输时间短,商品储存量就可以小一些;反之,则应大一些。

(2) 应确定合理的商品储存结构。商品储存结构是指储存商品中各类商品及其花色、品种、规格等方面的构成。商品储存结构必须与市场需求结构相适应,如果不相适应的话,就会导致一方面市场需求不能得到满足,另一方面会导致库存积压。这就要求商品流通部门根据市场需求结构及其变动趋势组织收购,并促进生产部门根据市场需求结构来安排生产。同时,商品流通部门还应根据市场供求结构及其变动趋势,及时更新和调整商品储存结构,使之不断趋于合理。

(3) 应确定合理的商品储存空间布局。商品储存空间布局包括商品储存的地区布局、部门布局和经营环节布局。储存的地区布局包括商品的产地、中转地、集散地和销售地,可在中转地、集散地安排调节性储存,在销售地设周转性储存,在安全可靠的地区安排后备性储存。储存的部门布局应以商业部门的储存为主,充分发挥储存的"蓄水池"作用。经营环节布局包括批发环节和零售环节的布局,批发环节应是商品储存的主要承担者,零售环节只需保持一定量的周转性储存,无需大量储存商品。

仓库是储存功能实施的主要场所。为了提高管理水平和作业效率,应该建一些立体式仓库,特别是自动化立体仓库。采用立体式多层货架、托盘或货箱系统,储存单元化商品,以巷道式起重搬运设备在计算机及通信设备的监控下进行自动寻址、对位、存、取货物,运用计算机操纵出、入库和存货作业,以提高作业效率,改善库存结构,提高管理水平。

(二) 运输职能

商品运输是指商品通过运力发生的场所的变换或在空间的移动。正如马克思所指出的:"商品在空间上的流通,即事实上的移动,是在运输形态上进行的。"商品运输是物流运动的核心。

1. 运输的基本职能

商品运输的基本职能是实现商品实体的空间移动,创造空间效用。在商品经济条件下,商品生产与消费在地区上往往是背离的。商品实体只能借助商品运输来消除区域的间隔和背离状况,使产品得以从生产领域进入消费领域,完成生产的全过程。

商品实体只有经过商品运输,完成其从生产地到消费地的位移,其使用价值才能实现,社会再生产才能得以进行。因而,商品运输表现为生产过程在流通过程内的继续,并且为了流通过程而继续。

商品运输过程,虽然不改变商品的实物性质和形态,也不增加其数量,但它创造出商品的空间效用,为实现商品的使用价值提供了可能。因此,商品运输劳动是创造价值的劳动,在运输过程中,社会劳动的耗费,要追加到商品价值中去,增大商品的价值。

2. 运输合理化

商品运输是实现物流合理化的重要因素,在联结生产、分配、流通、消费等各个环节,沟通国家间、地区间、城乡间的纽带,并起着桥梁作用。商品运输在国民经济中有着举足轻重的地位和作用,必须重视商品运输合理化问题。

(1) 建立铁路、航空、公路、水运、管道等五种运输方式组成的综合运输体系。随着商品经济的发展,商品流通规模将会不断扩大,流通空间不断拓展,要求运输能力相应提高。运输合理化就是要充分利用既有的综合运输网,发挥各种运输方式的优势,按照各种运输方式的技术、经营特点,合理分工、有机结合、综合利用,发挥各个运输网点、站、港、机场的作用,从而提高运能,以最经济、最快捷的方式完成商品实体的空间位移,创造最佳的空间效用。

(2) 合理选择运输工具。在组织商品运输时,应根据运输工具的特点、商品的自然属性、市场需求的缓急程度以及运输条件等因素,选择使用不同的运输工具。一般来说,交通运输工具和基础设施的现代化程度越高,运输速度越快,商品在流通中停留时间就越短。如铁路的重载运输、船舶的大吨位运输、卡车和大型飞机的集装箱运输等都是运量大、速度快的运输工具。

(3) 改善运输经营组织和管理手段。合理运输,就是要走最少的里程、经最少的环节、用最少的运力、以最少的时间、花最少的费用来实现商品实体空间的转移。我国幅员辽阔,运输点多、线长、涉及面广,车、船、飞机流动分配,作业不断变化,系统联系紧密,必须采取现代化手段进行组织管理,建立先进的网络系统,应用电子计算机技术,实现信息快速传递。同时,推进运输科技进步,引进、消化和吸收国外先进技术和管理经验,提高商品运输的管理水平。

3. 集装箱运输

集装箱运输是运输领域的一场革命,是商品运输现代化的重要标志,当前国际物流活动就是以集装箱运输作为主导运输组织形式。随着世界贸易一体化发展,以及我国经济贸易国际化水平的提高,广泛采用集装箱运输的时代已经到来,我们必须跟上商品运输集装箱化的潮流,努力引进国外的先进技术和经验,发展我国的集装箱运输,以实现物流现代化。

(三) 配送

详见本章第二节。

(四) 包装

包装是指物质实体的外衣,可分为运输包装和销售包装。物流体系中的包装是为了实现商品的运输、储存和销售而进行的包扎、装盛、打包、装潢等作业过程,可以看作是生产过程向流通领域和消费领域的延伸。

物流体系中的包装体现了三方面的作用。

(1) 对商品的保护作用。包装使商品在流通过程中不致损坏、变质、散落,保护商品的使用价值。

(2) 对商品的美化作用。美丽的外包装能取悦消费者,促进销售,增加盈利,特别是自选商品更需要利用商品包装来激励消费者,使之产生一定的情感和联想,促成消费行为。

(3) 为其他物流功能的正常发挥提供保证。商品实体经过包装后为运输、装卸等物流功能的正常发挥提供了必要的保证,使运输、装卸、搬运储存活动得以方便和快捷地进行。

为了实现物流现代化,必须对包装实施标准化管理,使用统一的材料、统一的规格、统一的标准,使运输工具得以科学有效地运用。

(五) 装卸搬运

商品装卸搬运是构成物流活动的重要内容,贯穿物流活动的全过程。无论是商品运输、储存、保管、配送都伴随着装卸搬运作业。装卸搬运功能是立体的、动态的,既有同一区域内的前后、左右的搬运,也有上上下下的搬运。为了实现物流的现代化,装卸搬运必须实现机械化。

(六) 流通加工

流通加工是在流通领域的生产过程,其功能是直接为流通,特别是为销售服务,方便销售,如生猪加工。流通加工的方式具有多样性,如分割、分装、配装、套裁、预冷等。通过流通加工,可以解决生产大批量、小规格和消费小批量、多样化的矛盾。例如,配送食品为主的配送中心,设有鱼、肉等生鲜食品的切分、清洗、分装等小包装生产加工流水线,并在流通过程的储存、运输等环节进行温度管理,建立冷藏、冷冻链供货系统。

(七) 信息处理

物流过程中会产生许许多多的信息,因此,物流体系中也处处贯穿着信息处理功能。信息处理主要是对物流相关信息进行收集、整理、分析与加工,如订货信息处理、库存信息处理等。据此,物流信息功能主要有两方面:一方面,反映物流所涉及的各个领域或过程的形态变化,反馈各种物流信息,以供物流决策者参考;另一方面,又将决策者的决策信息传递到各个物流环节相关功能系统内。为了使物流活动能准确、高效地完成,必须采用自动化、计算机网络手段来处理物流信息,以促进整个物流体系的现代化的实现。

第二节　商品配送和配送中心

一、配送的概念

配送最先是在日本兴起的。20世纪60年代日本的生产出现了高速增长，而流通却相对落后，影响了经济的进一步发展。为此，日本政府和企业界开始重视"物流"，物流很快得以发展，配送形式也就随之出现了。

（一）配送的概念

配送是指在经济合理区域范围内，根据客户要求，对物品进行拣选、加工、包装、分割、组配等作业，并按时送达指定地点的物流活动。

（二）配送的特点

配送是运输，是物流，它有着自己的特点。

（1）配送一般发生在生产过程之后，因而属于产后物流。

（2）配送是整个物流系统的终端，是直接面对服务对象的运送活动。其服务的质量和水平，直观而具体地体现了物流系统对需求的满足程度。

（3）配送一般有相对稳定而明确的订货对象。

（三）配送的作用

在整个物流过程中，配送与运输、储存、装卸、搬运、包装、流通加工、信息处理等环节构成物流系统。因而，配送是物流的功能之一。整个物流系统的意义和价值的体现，最终完全依赖于其终端——配送功能的价值实现程度。由于物流的最终目的是为满足用户对所需货物的要求，其中包括货物的品种、数量、质量、供应时间及送达方式等方面，而配送恰恰能体现物流的最终效果。可见，物流成果主要是通过配送来体现的，配送在物流活动中的作用体现在如下四方面。

1. 可以降低社会的总库存

配送活动准确而高效地进行，既可以提高供应的保证程度，又可以减少生产企业的库存，实现零库存，从而降低社会的总库存。

2. 可以提高物流系统的效率

配送活动集中而高效地进行使生产企业或供货单位同零售企业或用户单位之间平行重复的物流关系简化为全部集中于配送中心、然后再向客户扩散的集约化的物流关系，大大提高了物流系统的效率及服务水平。

3. 可以降低物流成本

配送活动合理而顺畅地进行，可以提高运输工具的利用率和运输效率，从而节约能源、降低物流成本。

4. 可以促进流通的社会化

配送活动集中而高效地进行,可以改变不合理的流通形式和流通格局。集中配送可以取代一家一户小生产的流通方式,大规模配送又取代分散、多元化的流通格局,从而促使社会化大流通的实现。

二、配送的模式

目前,我国各系统、各地区实施的配送模式大致有如下四种。

1. 企业(集团)内自营型配送模式

自营型配送模式是企业(集团)通过独立组建配送中心,实现对本企业(集团)内部各部门、厂、门店的物品供应。这种模式的优点是能保证本企业(集团)内部各部门的供货需要,并有助于向外部市场的拓展。其缺点是这种模式形成了新的"大而全"、"小而全"模式,会造成新的资源浪费。

较典型的企业(集团)内自营型配送模式就是连锁企业的配送。如上海华联、联华等超市都是通过组建自己的配送中心来完成对各门店的统一采购、统一配送和统一结算的。

2. 服务外包型配送模式

单项服务外包型配送模式主要是批发、储运企业利用其所拥有的物质设施和业务优势承接生产企业的配送业务。其运作方式是生产企业租用批发、储运企业的仓库储存商品,并辟出一些场地用作办公场所,设置自己的业务代表机构,并配置内部的信息处理系统,由生产企业的业务代表控制信息处理权和决策权,独立组织营销和配送业务活动。而提供场地的物流业务经营企业在业务代表机构的指示下,提供相应的仓储、运输、加工和配送服务,收取业务服务费。

这种模式的优点:一是物流企业原先闲置的物流设施和设备得以充分利用,原先亏损企业的收益明显地提高;二是物流企业不必费神就可以赚钱,货主企业可以根据自身需要灵活地将配送作业进行外包。有鉴于此,双方都乐此不疲。其缺点是:物流企业由于受货主企业指示从事配送活动,因此无法组织合理高效的配送,在资源的利用上较浪费。所以,这是种高消耗、低收益的配送模式。

3. 社会化的中介型配送模式

社会化的中介型配送模式是由从事配送业务的企业与制造商或供货单位建立广泛的代理或买断关系,同时与零售商或用户建立稳定的契约关系,从而将制造商或供货单位的商品或信息进行组配后,按零售店或用户订单的要求,配送到各店、各户。如上海的天天、绿苑等配送中心,就是采取这种模式的。

这种模式的优点是：能以较大的价格优势和规模效益达到降低流通费用、减少浪费的目的，为企业带来明显的经济效益。同时，有利于专业化、社会化商品配送中心的形成。因而，这种模式是一种比较完整意义上的配送模式，应大力推进。

4. 共同配送模式

共同配送模式是配送经营企业为实现整体的配送合理化而实施的物流资源利用的共同化、物流设施利用的共同化和物流管理的共同化。它是一种以互惠互利为原则，互相提供便利的配送服务的横向集约联合配送模式。

这种模式有很大的优势，可以使有限的资源得以充分利用，并使商品得以顺畅地流通，从而实现物流的合理化。配送的实质是一种规模经营，所以共同配送模式应当是首选的模式。

三、配送中心

（一）配送中心及其形成

日本日通综合研究所编著的《物流手册》中对配送中心的表述是："配送中心是从供应者手中接受多种大量的货物，进行储存、保管、分拣、配货、流通加工和信息处理等，然后按照众多用户的要求，备齐货物，以令人满意的服务水平，进行配送活动的设施。"简言之，配送中心是以配送活动为其主要业务的商品集结地。配送中心自20世纪30年代开始在西方国家形成，到70年代得以迅速发展，其形成和发展的背景是：

（1）生产与流通规模的不断扩大导致物流成本的上升。随着资本主义经济的发展，生产规模不断扩大，商品流通的空间也相应地日益拓展，使得物流成本明显上升。于是，就导致对物流经济化问题的考虑。而体现低成本、高效率的物流形式——配送中心也就应运而生。

（2）消费水平的提高导致对服务的高要求。随着消费水平的提高，人们的消费内容日益丰富，对服务水平的要求越来越高。正如日本有关资料所记载的："由于用户在货物处理的内容上、时间上和服务水平上都提出了更高的要求，为了顺利地满足用户的这些要求，就必须引进先进的分拣设施和配送设备。因此，在运输界大部分企业都建造了正式的配送中心。"可见，消费水平的提高，也是导致配送中心产生的一个重要因素。

（3）超市、连锁店的出现导致对集中配货要求的增强。超市、连锁店一般规模小，网点分散，接近居民区。因而，其经营的商品是小批量、多品种的。若按照这样的商品结构组织货源，必然会导致采购成本的上升。于是，客观上要求建立配送中心,统一采购,分散经营,提高经济效益。

（二）配送中心的功能

配送中心是通过集货、分拣配货和选货等环节来完成货物的配送任务的。配送中心的配送业务一般按图6-1所示的流程进行。

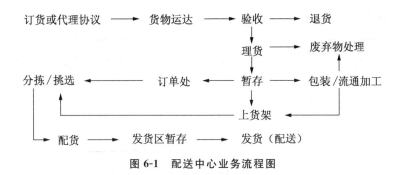

图 6-1 配送中心业务流程图

从流程图上可以看出配送中心具有以下功能。

（1）集货功能。配送中心按照用户配送货物的要求,向众多的生产企业购进大量品种规格齐全的货物。

（2）理货功能。向生产企业采集的货物运抵配送中心后,必须进行分类、整理,以便储存。如有不合格的商品可及时退货。

（3）储存功能。为了保证配送活动能正常开展,配送中心必须保持一定数量的货物储备。同时,为了最大限度地保持货物的使用价值,配送中心还必须做好货物的保管工作。

（4）流通加工功能。为维护商品质量和提高物流效率,配送中心要按照用户的不同要求,对货物进行分割、分装、配装、预冷等加工活动。

（5）分拣功能。按照用户订单要求,配送中心将一批相同或不同的货物分拣、拣选、配齐,集中堆放于指定配货场待运。

（6）配送功能。将配齐的货物按到达地点或到达线路进行送货。

（7）信息处理功能。为了保证配送任务准确、高效地完成,配送中心建有信息情报系统,进行物流信息情报的收集、汇总、储存和传递,从而为整个流通过程的控制、决策和运转提供依据。

（8）运输功能。在集货、配送等过程中都需要进行运输,通过运输得以使货物由生产领域流向配送中心,最终进入用户单位。

（三）配送中心功能分区

配送中心功能分区一般如表6-1所示。

表 6-1 配送中心功能分区

(8) 退货处理区	(9) 废弃物处理区	(10) 设备存放及简易维护区	
(2) 进货区	(3) 理货区	(4) 储存区	
		(5) 加工区	(9) 废弃物处理区
(1) 管理区	(6) 分拣配货区		(1) 管理区
	(7) 发货区		

(1) 管理区。它是配送中心内部行政事务管理、信息处理、业务洽谈、订单处理和发布指令的场所,一般位于出入口。

(2) 进货区。收货、验货、卸货、搬运及货物暂停的场所。

(3) 理货区。对进货进行简单处理的场所。在这里,货物被区分为直接分拣配送、待加工、入库储存和不合格需清退的货物,分别送往不同的功能区。

(4) 储存区。对暂时不必配送或作为安全储存的货物进行保管和养护的场所。通常配有多层货架和用于集装单元化的托盘。

(5) 加工区。它是对货物进行必要的生产性和流通性加工(如分割、分装、改装等)的场所。

(6) 分拣配货区。在此进行发货前的分拣、拣选和按订单配货。

(7) 发货区。它是对商品进行检验、发货、待运的场所。

(8) 退货处理区。它是存放进货时残损或不合格、需要重新确认、等待处理的货物的场所。

(9) 废弃物处理区。它是对废弃包装物(塑料袋、纸袋、纸箱等)、破碎货物、变质货物、加工残屑等废料进行清理或回收复用的场所。

(10) 设备存放及简易维护区。它是存放叉车、托盘等设备及其维护(充电、充气、紧固等)工具的场所。

四、国外配送中心的发展现状及评价

配送中心自 20 世纪 30 年代开始出现于西方国家,70 年代以后又在欧美和日本等发达国家迅速发展,如今已成为很重要的产业部门。

(一) 美国的配送中心

美国是一个商品经济高度发达的国家,物流的组织化程度很高,全国从事营业仓库的企业共有 550 多家,营业仓库面积约 2 000 万平方米,从业人员 10 万人左右。由于物流设施健全、交通运输网络极其发达,各种运输方式能有效衔接,已经形成了高效有序的社会化大物流,流通业已成为社会经济发展的重要支柱。

美国的配送中心主要有三种类型。

(1) 大型连锁商业企业自有的配送中心。如沃尔玛公司就是属于这种类型。这家公司是美国排行第一的大型连锁公司,共建有25个配送中心,为本公司的2 000多家超市、百货公司和400多家山姆销售俱乐部配送。

(2) 由营业性仓库演变而成的配送中心。这类配送中心一般经历过"储运"、"物流管理"、"综合物流"和"供应系统"等发展阶段,由储存仓库逐步演变为多功能、全方位服务的社会化配送中心。如国际集装箱配送公司就属于这一类型。该公司原是橡胶公司的仓库,由于仓库能力过剩,于是该配送中心便从橡胶公司分离出来,既承担橡胶公司的物流任务,同时向社会拓展业务。

(3) 批发公司建立的配送中心。如DSC公司,即美国干货储藏公司就属这种类型。该公司在全美建有30个发行配送中心,为200多家零售商供货,这种类型的配送中心具有相对稳定的客户,为客户提供全面的服务。

(二) 日本的配送中心

日本的配送中心有以下四种类型。

(1) "产、加、销"一体化的配送中心。如汽车制造业建造大型零配件配送中心。

(2) 自营性配送中心。如大型连锁商业建立自己的配送中心体系。

(3) 社会化配送中心。如日本菱食公司在全国建有53个配送中心,为3 500多家中小零售企业提供10万多种加工食品的配送服务。

(4) 物流团地。日本有着50多万家中小批发企业,其物流给城市交通带来了极大的压力。为此,日本政府提出了"批发团地化、配送共同化"的对策,从而形成了一批物流团地。目前,已在仙台、东京和平岛、北大阪、大阪港建成一批物流团地,吸纳了城市30%—40%的商品流通量。

(三) 欧洲的配送中心

德国政府对流通领域十分重视,推行"商流、物流、信息流"三者有机结合的运行机制,大型批发企业实行"商务中心、物流中心、配送中心"三位一体的紧密型经营格局。

荷兰的阿霍德公司建有完善的配送体系。阿霍德公司是一家以食品配送和销售为主的跨国经营的零售公司。因此,该公司建设了全国性配送中心、区域性配送中心和专业化配送中心,形成了完善的配送体系,为在荷兰、美国、葡萄牙、捷克和波兰的15个连锁经营公司、3 000多家超市、专卖店提供配送服务。

(四) 国外配送中心对我们的启示

在上述发达国家配送中心现状及发展过程中,我们至少可以得到以下一些启示。

(1) 配送中心的形式是在实践中不断变化的,有一个从低级到高级、从简单到复杂的循序渐进的过程。如美国的 USCO 配送公司从原来自营性、小范围的配送逐渐发展到社会性、大范围的配送就是一例。又如荷兰阿霍德公司的配送体系已经相当复杂,它建有 1 个全国性配送中心、4 个区域性配送中心、5 个蔬菜配送中心、4 个肉食品加工配送中心、1 个鲜花配送中心和 1 个乳酪配送中心。

(2) 建设配送中心是改造老式仓库的有效途径。美国将老式仓库改造为配送中心以后,许多公司中老式仓库的数量减少了 90% 以上。如 USCO 配送公司原先也是一家公司的仓库,后来被改造成为多功能、全方位服务的社会化配送中心。

(3) 配送中心的形成使企业实现"零库存"成为可能。在美国,生产领域各生产企业普遍依靠配送中心提供各种原、辅材料,以实现企业的"零库存",降低社会总库存。日本也将美国的物流理论和经验广泛运用于生产流通领域,使生产与市场结合得更加紧密,使不少企业已经实现了"零库存"。

(4) 配送中心的空间布局要合理,这是配送中心取得经济效益和社会效益的必备条件。如荷兰阿霍德公司所设置的配送中心分布十分合理,效率极高,超市订货都能在 18 小时之内到货,最快的 14 小时内就能送到。又如日本的菱食公司,它所建的 53 个配送中心,其中 6 个为区域配送中心,专门负责拆零小包装商品的编配发送,47 个为前方配送中心,负责整箱商品的发送。1 个区域配送中心同 7 至 8 个前方配送中心结成一个网络。这些机构北起北海道,南至九州,形成遍及全国的销售网络,大大提高了配送的效率。

(5) 物流团地化是创造物流规模效应的良好组织形式。物流团地化,即由政府牵头,统一规划、统一集资、统一开发,建设物流团地,把流通设施集中在城市郊区。这样做,一方面可以缓解城市交通的压力;另一方面可以充分利用各种物流资源,降低成本,节约整个社会的资源,还可以提高市场占有率。这方面日本的成熟经验可以借鉴。

(6) 配送中心的建设需要政府的积极扶持。物流管理涉及的面很广,从工业、商业到交通运输,都和物流有着密切关系。因此,物流管理是一个"系统工程",需要政府加以扶持。日本政府对物流建设是十分重视的,支持力度也是较大的。日本政府从政策、规划、法令和规范等方面对物流进行管理。同时,不惜大量投资建设物流设施。在物流合理化方面,政府亲自规划流通中心、配送中心、铁路货站,从建设地点的选择、交通运输条件和流通渠道,都考虑到物流合理化。日本政府还促成了物流商品包装规格化、储运集装箱化和商品条码化,甚至还规定了托盘的规格,极大地提高了全社会的装载效益。为了扶持物流企业的发展,政府还采取了优惠的税收政策,对物流企业发放低息贷款。由于政府的大力扶持,日本的物流业得以快速发展。

(7) 配送中心必须实施现代化战略,只有这样才能使配送中心的优越性得以显现。如美国 APICS 学会统计,使用完善的计算机管理系统,可为企业带来如下效益:库存降低 35%、交货期拖延减少 80%、采购期缩短 50%、管理人员减少 10%、经营作业能力提高 10%—15%。由此可见运用现代化手段的明显好处。为此,必须实施现代化战略,把配送中心建成多功能化、信息化、机械化、自动化、立体化的现代化配送中心。

五、发展中国配送中心的战略选择

配送中心的建设和发展,要从我国社会经济发展和商品流通全局出发,以促成商品科学、合理、高效、经济地流通为宗旨,努力构筑高效率、低成本、集约化、多功能的配送中心体系,其发展战略应贯彻合理化、系统化、标准化和现代化原则。

(一) 合理化

配送中心发展的合理化战略包括选址合理化、规模合理化、组织合理化和功能合理化等方面。

1. 选址合理化

配送中心是商品的集结地,也是物流据点,其选址的合理与否会影响到配送的经济效益和社会效益。选址合理化就是要从整个物流网络综合考虑物流据点的设置。一般来说,配送中心的地点应设在交通方便、有利于货物集散的地方,在高速公路已经建成的城市,应该将据点设置在高速公路附近。

2. 规模合理化

随着商品流通规模的扩大,特别是商贸活动的全球化趋势的发展,采购和配送的商品数量将大大增加,作为商品集结地的配送中心,其规模设置必然要求集约化和大型化,减少物流据点,将库存集约于大规模物流据点,实行"一点集中管理"。这样做有利于提高效率、精简人员、降低物流费用,特别是可以避免机构的重复设置以及物流据点小、散、差所带来的低效、高耗的弊端。

3. 组织合理化

物流效率和组织物流的能力是与物流的组织化程度相一致的。要形成优化的物流格局,必须提高物流的组织化程度,合理组织社会分工,运输实行专业化,并服务于配送,以规模化的配送为中心来组织运输,从而形成职能明确、分工合理、总体优化的物流格局。

4. 功能合理化

配送中心的功能要齐全,应集商流、物流、信息流于一体。传统的物流业往往只具备物流和信息流功能,因为它并未包括在"流通业"中,但随着物流信息化的推进,物流业开始融入流通业,出现"一体化现象"。因此,其功能便呈现多样化。

(二) 系统化

配送中心发展的系统化战略包括三个层次的系统化。

1. 配送中心内部整体结构的系统化

从筹措资源、库存、发货直到销售等整个流通系统是有效和合理的。要筹措最佳的资源,筹措范围要大,并追求价格优势;要充分运用信息系统,达到良好的库存管理,缩短作业流程及时间;要有高效率的物流系统,缩短发送渠道,提高货车的装载效率;要有良好的商品管理,控制上架比例,撤销滞销品,适时充分地供应畅销品。

2. 各类配送中心组合的系统化

将各类配送中心,诸如专业化配送中心与综合性配送中心、区域性配送中心与集配性配送中心、市内配送中心与市外配送中心,实施及时有效的组合,形成开放、互通的网络化格局。

3. 全社会物流管理的系统化

工业、商业、交通、通信等各系统的配送中心,应从突破自身制约条件、维护和开拓市场、最大限度地创造效益和获得发展的目标出发,开展交叉配送或者联合共建配送中心,实现集约化配送,达到优势互补,资源共享,形成"系统工程",使配送网络覆盖全社会。

(三) 标准化

配送中心发展的标准化战略是物流活动中一项十分重要的技术基础管理方面的战略。按照国际通行标准规范我国物流设施和有关部门技术装备,有助于提高物流效率和效益,也有助于与国际市场接轨。物流标准有物流器具、包装、装卸运输机具、堆码、存放等的标准化。如包装规格化,商品条码化,储存作业的集装单元化,托盘、集装箱、卡车车厢尺寸的标准化,电子数据交换系统 EDI 的标准化。另外,电子订货系统 EOS 需要有编码体系、传送手续、传送格式和票据格式等的标准化。

(四)现代化

配送中心发展的现代化战略是实现物流现代化的一项重要战略。这一战略的实施目标是使配送中心成为高度组织化、系统化、规模化的物流产业,使其物流作业实现机械化、自动化、管理智能化,从而使商品实体得以顺畅流通,并收到投资少、见效快、效益高的效果。为此,现代化战略实施要求:

(1) 在管理思想上体现现代化,要把物流看作是生产、流通、消费活动"共同的后台",物流有着十分特殊的地位。

(2) 要提高配送中心的技术含量,采用机械化、自动化作业,要引进现代化的物流设施和技术,如自动化仓库、自动分类与提货装置以及自动搬运装置,从而摆脱以人工为主的低效作业,提高配送能力和配送质量。

(3) 管理手段上体现现代化。实施管理智能化,在网络化物流系统中,运用信息技术处理物流业务,控制包括运输工具在内的各种物流机械,进行经营状况分析与预测等,从而使配送中心实现科学的管理。

第三节 配送共同化

一、配送共同化的含义

配送共同化是指在同一地区,众多企业在物流运动中实施横向联合,进行物流资源的共同利用、物流管理共同化的一种组织形式。

物流资源利用共同化是指对人、财、物、信息等资源的共同利用;物流管理共同化是指对商品、库存、配送、作业、成本、劳务等进行共同管理。

共同配送最早产生于日本。20 世纪 60 年代中期,随着日本经济的振兴,其产品产量大幅增加,商品流通规模日益扩大,批发商大量涌现,大批中小批发企业独立开展物流给城市交通带来了极大的麻烦,同时也困扰了配送活动的顺利开展。在此情况下,日本政府提出了"批发团地化、配送共同化"的决策,由政府牵头,统一规划、统一集资、统一开发,建设物流团地,把物流设施集中设在城市郊区。这样,既解决了交通拥堵的问题,还充分利用了各企业的资源,实现了利益共享的目标。

配送共同化有几个阶段,图 6-2 表示 1,2,…,n 个企业配送共同化进程:第一阶段为各自独立配送(见图 6-2a);第二阶段为小范围联合配送(见图 6-2b);第三阶段为大范围联合配送(见图 6-2c);第四阶段为全面共同化,即统一规划、统一集货、统一开发,建设物流团地,统一配送(见图 6-2d)。

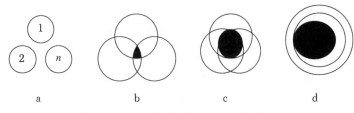

图 6-2 配送共同化经历的阶段

二、共同配送的模式

1. 共同集货型

由若干个物流配送主体组成的共同配送联合体特别指定的运输者成批集中货物,然后在配送中心分类,最后,再由联合体将货物交由卡车运输业者按固定运输路线向顾客发货。

2. 共同发运型

将单体发展的配送中心相对集聚在交通枢纽地,形成物流团地,由团地的"共同发送中心"发出指令进行共同发送和共同处理情报。

3. 共同运输型

将物流集散地划分成若干个集货区和货物发送区,由某个发送区的若干个运输企业首先将集中到本地区内的货物的一部分运到终端站,然后由负责在其他集货区内运送货物的运输业者将其接回,进行配送;同时,前者把终端站内属于配送到本地区内的货物带回来,由此共同完成不同集货区的货物配送任务。

三、配送共同化的优势

配送共同化可以降低交易费用,充分利用各种配送资源,提高组织化程度,取得物流的规模效应。具体的优势有如下四点。

1. 宏观物流的效率化

宏观物流也称社会物流,即企业间的物流活动,在社会物流运作中,必然会产生对物流结构合理化、物流过程优质化、物流体制科学化的要求,从而达到宏观物流的效率化。而实施物流配送共同化正是满足这些要求的最佳选择。配送共同化可以使装卸、搬运、仓储、加工、包装、发运等物流环节得以优化组合,使物流能快速、高效运动;配送共同化可以促使形成完整的物流体系,对物流运动进行系统化管理,促使物流整体运动的优质化;配送共同化有助于打破地区分割的流通格局,形成与社会化大生产相适应的社会化大流通格局,使物流体系趋于科学化。

2. 运输管理的最优化

配送共同化由于是由共同化联合协调组织，对运输活动实施统一指挥，共同利用运输设备，因此，有利于运输资源的充分利用和优化配置，从而提高车辆的装载率、周转率和运输的服务质量，降低运输成本，充分体现配送共同化在运输管理方面的优势。

3. 顾客服务的最适化

配送共同化是配送企业横向集约的联合组织，可以利用其联合的优势为客户提供高附加值的物流服务，可以为客户从商品的订货起到送达货架陈列之所有作业成本的削减提供支援，可以做到商品供应无缺货，百分之百地供货，可以定时定次配送、快速验收。总之，配送共同化具有顾客服务最适化的优势。

4. 企业利益的最大化

企业运输成本是物流成本构成中的主体，共同配送实行对运输资源的集中指挥、统一调度，可以大大提高运输效率，使运输成本下降。配送共同化，使联合体内各成员可以共同广告宣传，同享广告的宣传效果，同样也使每个企业所分摊的费用减少了。据此，可使每个企业的物流成本趋于最小化，实现企业利益的最大化。

四、配送共同化的条件

在市场经济条件下，各个物流企业都是经营主体，都有着各自的经济利益。共同配送联合体就是众多物流企业在追求共同利益的前提下形成的一种经济利益的共同体。那么，具备什么条件才能使它们"结盟"实施共同配送呢？不妨从以下四个方面来探讨配送共同化实施的条件。

1. 经济的高速发展

经济高速发展是配送共同化的首要条件。经济高速增长标志着生产规模急剧扩大，货物运输量迅速上升，因而要求商品流通规模相应扩大，运输能力相应提高，这就为配送共同化创造了大量的需求，使共同配送形式得以产生。如日本在 20 世纪 60 年代进入经济高速增长时期，产品产量急剧增加，企业仓库容量不足，在外租借仓库，由此增加了物流成本，更加剧了交通拥挤的状况。以大阪为例，其交通拥挤指数 1976 年比 1970 年上升了 214%；物流费用方面，从 1965 年至 1971 年间，生产商的物流经费增加了 9%，批发业增加了 112%，零售业增加了 40%。在这种情况下，经济、高效的共同配送形式出现了。可见，经济的高速发展乃是配送共同化的重要条件。

2. 企业具有独立的经济利益

企业具有独立的经济利益是配送共同化必不可少的条件。只有企业作为具有一定独立性和自主性的经营主体，有着自己的经济利益，才能通过利益比较，按照自己的意志和要求自主地从事经济活动。当共同配送能为企业带来最大利益时，企业便会遵照"扬长避短、互利互惠、共同发展"的原则与其他企业联合起来，实施共同配送。

3. 依靠科学技术的进步支撑

在现代社会，随着生产规模的不断扩大和商品流通量的不断增加，配送的规模也在相应地扩大，只使用简陋的工具和完全依靠人力从事配送活动是不能适应共同配送高效的要求的，必须大量应用先进设备和现代化物流技术来加以武装。例如，建立自动化立体仓库、安装自动分拣设备、配备自动传动装置，在操作和管理方面采用一系列先进技术，如集装箱、托盘运输技术、条形码标识技术、计算机控制的自动拣选技术等，只有这样才能提高配送的作业效率，体现共同配送的优越性。

4. 政府的政策扶持

配送共同化实施需要有完善的基础设施、政府的政策扶持、物流管理理论的指导和物流技术的全面支撑。其中，政府的政策扶持尤为重要，如日本政府在金融和税收政策上给予物流企业以优惠，帮助企业加强基础设施建设。由于政府的支持和扶持，日本的"物流团地"很快形成，而且规模迅速扩大，有力地促进了共同配送的发展。德国政府对物流业也十分支持，主要体现在为物流业创造良好的交通运输基础设施。德国有着现代化的铁路网络、四通八达的公路运输网，拥有世界上最现代化和最安全的船队，有 900 多艘船，500 多万吨总登记吨位，2/3 船只役龄不超过 10 年，还拥有汉堡、不来梅等现代化海港。这些先进的交通基础设施为德国物流业向着社会化发展起到了推动作用。

五、改善共同配送环境的对策和措施

配送共同化有着诸多优势，特别是在我们这样一个发展中国家，交通道路较为拥挤，中小企业又相当多，随着生产的高速发展必然会产生对高效、经济的共同配送形式的需要。然而，到目前为止，我们还没有形成如日本那样的"物流团地"，也没有真正实施共同配送。为什么会出现这样的状况呢？关键是还必须为共同配送创造良好的外部环境。以下是一些具体的对策和措施。

1. 发展经济，创造物流的需求

共同配送是市场经济高度发展的产物。为了使这种高效、经济的物流组织

形式得以广泛推行,目前,亟须加速发展经济,不断提高生产的社会化、专业化程度,创造日益丰富的物质产品,使流通规模相应扩大。这样可以为推行共同配送创造良好的外部环境。

2. 提高物流企业的组织化程度

我国经济从 20 世纪 90 年代初开始持续高速增长,商品流通的规模迅速扩大,对物流的需求急剧上升;而我国的物流组织严重滞后,物流企业大多数是"小、散、差"的企业,其活动能量极其有限,不能适应货物运输大量化的要求。因此,必须将为数众多的中小城市物流企业组织起来,提高它们的组织化程度,使它们实现经营规模"适度化"、经营活动"联合化",更好地担当起物流的大任。

3. 制定并实施优惠政策

在金融政策方面,可以建立像日本那样的"商业现代化贷款制度",对于为实现流通合理化、经营规模适度化目标而建立信息处理、流通加工和配送中心等设施的中小企业提供长期、低息贷款。

在税收方面,也可以借鉴日本的做法:凡是中小城市物流企业为提高劳动生产率、节约劳动力和促进企业结构"高度化"而购置的机电一体化设备,如自动分拣传送带、回转式分拣机、多用途货架、电子计算机等,在第一年可进行特别折旧或减免税收;对于物流企业的仓库、储藏槽、露天货物等场地免征土地税。

总之,在发展物流运动的过程中,政府要支持和扶持共同配送形式使其快速地形成规模。

4. 帮助物流企业加强基础设施建设

配送中心是商品经济高度发展的产物,它要求有先进的物流技术、物流设施和物流管理技术。目前,发达国家普遍采用的先进的物流技术主要有:自动搬运技术、条形码技术、人工智能系统和由计算机控制的自动分拣技术等。物流设施主要有:高层货架、移动式货架、多层回转货架、重力式货架、巷道堆垛起重机、各种叉车、各种集装设备和运输设备等。先进的管理技术主要有:VSP 方法,它是国际商用电子计算机公司研制成功的计算机软件,应用这种软件的物流企业从几个节点向多家用户发运货物时,只要向电子计算机输入现有的车辆台数、所需时间、运距和需要量等数据,计算机便能很快输出运行效率最高的发货线路和必备的车辆台数。

这些先进的物流技术和设施也是发展我国共同配送形式所必不可少的物质条件。为了使我国的配送业尽快实现装卸的托盘化、集装化,托盘、集装箱等包装设备的标准化,装卸、运输等作业的机械化和自动化,必须加强物流企业的基础设施建设,使得我国物流作业的机械化、自动化水平达到一定的高度。

本 章 小 结

物流是物质实体的空间位移,是由一系列创造时间和空间效用的经济活动所组成的。物流被看作是"第三利润源",它有着两项主体功能,即储存和运输。还有一些辅助功能,如包装、装卸、流通加工和信息处理等。

配送是现代商品流通中的一项新的主体功能,它具有降低社会总库存、降低物流成本、提高物流系统效率、促进流通社会化的作用。目前,配送的模式大体有:企业(集团)内自营型、单项服务外包型、社会化中介和共同配送型等模式。

配送中心是以配送活动为主要业务的集结地,自 20 世纪 30 年代在西方国家开始出现,我国在 90 年代开始引进这一物流集结形式,我国配送中心的发展战略是实施合理化、系统化、标准化和现代化。

配送共同化由日本首创,其优势表现在宏观物流的效率化、运输管理的最优化、顾客服务的最适化和企业利益的最大化等方面。为此,要创造条件,发展配送共同化事业。

思 考 题

1. 商品储存形成的基本原因是什么?如何合理安排库存?
2. 简述商品运输的必要性及运输合理化问题。
3. 配送有些什么作用?配送有哪些模式?
4. 何谓配送中心?简述其形成和发展的背景。
5. 何谓"配送共同化"?它有些什么优势?

第七章　商品流通中的信息流运动

学习目的与要求

1. 了解信息及商品流通信息的含义；
2. 了解商品流通信息的一般特征以及它自身的特征；
3. 了解商品流通信息流的运动形式及其分类；
4. 了解商品流通信息的功能；
5. 掌握现代信息技术在商品流通中的应用方法；
6. 了解商品流通信息的运行过程；
7. 了解商品流通信息系统所包含的内容及其功能；
8. 认识建立商品流通信息网络系统的意义。

信息是国家的重要资源和财富。技术市场提供的信息能满足人们生产的需要，使科技成果用于生产，实现大幅度的技术进步；商品市场所提供的信息能引导企业生产适销对路的商品，为消费者提供商品信息，引导消费；劳动力市场提供的信息，能使人才、劳动力资源得以合理配置。总之，信息的运用有助于资源的合理运用，对生产和经营活动起到导向作用，为实现社会经济效益的提升起到倍增器的效应。因而，信息被称为商品流通的"第四利润源"。

第一节　商品流通信息与现代化

一、商品流通信息的含义

商品流通信息是指反映市场经济活动,在一定时间和条件下,同商品流通有关的各种消息、情报和资料。商品流通信息不仅具有信息的一般特征,还具有商品流通信息的自身特征。

(一)信息的含义和特征

1. 信息的含义

客观世界有三大要素,即物质、能量和信息。信息就是以物质介质为载体,以能量为传输条件,传递和反映客观世界中各种事物存在方式和运动状况的表征。

信息早就存在于自然界和人类社会中。例如,大雁南飞、草木发芽、电闪雷鸣等现象传递着大自然变化的信息;语言、文字、图案、电波、通信反映出人类社会各种活动的信息。这些情况说明整个自然界和人类社会充满着信息,人类就生活在信息的汪洋大海之中。

随着科学技术的迅猛发展,各种信息量急剧增加,大有"爆炸"之势。面对巨量的信息,必须进行加工整理,提高其适用性、可靠性,充分发挥信息的使用价值。从这一角度出发,信息又应该是指经过加工整理后、对于接受者具有某种使用价值的那些数据。

信息定义有两个要点:一是,信息必须是人或组织——主体外界来的东西,自己头脑里生成的幻觉不能称为信息;二是,信息必须是可以改变人或组织,即"受方"对某件事物认识程度的东西。

2. 信息的构成

信息由四大要素构成,即信息的发送方、信息的接受方、信息的传递通道和信息的内容,如图7-1所示。

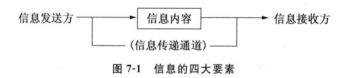

图 7-1　信息的四大要素

例如,某化妆品制造厂发布新产品信息,其中信息发送方为化妆品厂,信息传递通道是电视广告,信息接收方是消费者,信息内容是化妆品的功效。

信息有自然信息和社会信息之分:自然信息是自然界一切事物存在方式及其运动变化状态的反映;社会信息按其性质可分为政治信息、经济信息、军事信息、文化信息、科学技术信息和社会生活信息等。

3. 信息的一般特征

(1) 可传输性、扩散性。可传输性是指信息可以输入和输出,任何流通信息都是可以传输的,流通企业利用信息的可传输性对信息进行有目的的采集和传输。扩散性是指信息可以选择借助传输渠道的多样化、快速化,迅速扩散渗透到各个方面,传输手段越是先进,扩散的速度越快,范围越大。

(2) 可扩充性、再生性。信息在流通和运用的过程中,会不断扩充、不断膨胀。流通信息也是如此,商品流通越是扩大,流通信息的扩充就越快。其再生性表现在对调查得来的情况和资料,经过整理、分析、加工,得到一次信息;再经过推理、论证演绎出一些结论,使其再生出二次信息;如再将历史与现状联系起来推断未来,则又产生三次信息。流通企业通常利用信息的可扩充性、再生性进行市场预测,并据此作出经营决策。

(3) 可替代性、创造性。信息是一种特定的无形资产,它可以替代资本、劳力、能源和材料及一切有形物质。信息的有效利用和创新常常通过信息的置换、合成、综合、重组、扬弃、转化等方式来实现。流通企业应当有效地利用与外界的信息交流,对信息进行综合分析,作出企业发展战略规划,创造自己的知识产权和其他无形资产。

(4) 可转换性、处理性。信息并非采取固定形式,同一内容的信息可以同时以若干种不同的形式表现和存在,不同形式之间可以互相转换。形态转换,如语言、文字、图像、数据、报表等互相转换,经过处理还可以转换为各种计算机代码、通信信号、符号等。载体转换,如纸、磁盘、光盘、磁带等物质载体,可以同广播、电视、电报、电话等电磁载体及声、光载体相互转换。语言转换,可在各国的自然语言之间转换,也可在自然语言和人造语言之间以及各种人造语言(如计算机语言、数学语言和其他符号、代码语言)之间互相转换。商品流通信息都能被感知、识别和接受。信息也可按一定要求和原则进行加工、整理、分析、综合、概括等处理,使流通信息不但在形式上改变,而且在内容上更适合人们的要求。流通企业应该充分利用信息的可转换性和可处理性,以方便信息的传递、加工、处理、储存,提高信息的可利用性。

(5) 可浓缩性、储存性。信息经过筛选、提炼、浓缩后,便以精练的、便于利用和储存的形式存在,如文摘、索引、定理、法规等。信息作为客观事物的表征一旦以物质介质为载体传输,便与事物本身相脱离。信息可以借助于各种载体存储,存储的方式和工具有书籍、照片、全息摄影、磁盘、磁带、光盘等。

(6) 可分享性、共享性。信息借助载体复制后,经过传递,可由不同独立单元分别加以使用。一则流通信息由甲传输给乙,乙得到了信息,却并未失去什么。可见,流通信息具有可分享性,通过分享实现共享,反复使用而永不磨损。信息的分享和共享是信息特征的中心环节,对信息的任何加工、处理、储存和传递都是为了分享。流通企业应当积极分享全社会信息,主动与他人分享信息。同时,要做好本企业的知识产权信息的保护。

(二) 商品流通信息的自身特征

1. 商品流通信息是一种时效性强的信息

流通信息的时效性是指信息从信息源发出以后,经过收集、加工、传递、接收这一运动过程的时间间隔期及其效率。间隔的时间短,表明信息传递的速度快;信息使用越及时,表明信息利用的效率越高,时效性越强。在商品经济日益发展的条件下,经营活动极为频繁,流通信息不仅生成快,变化也快。这样,流通信息的寿命一般比较短,信息的价值因时间的消逝而减少,甚至完全消失。因此,需要迅速得到所需要的信息,才能适应多变的市场。为了提高流通信息的时效性,必须充分利用现代传递手段,以缩短信息的传递时间。

2. 商品流通信息是一种社会性的信息

流通企业是社会经济活动的一个重要部分,是国民经济的有机构成。作为社会再生产的一个环节,它沟通生产与消费,它的作用是全社会的。这也就决定了流通信息的社会性。流通信息是一种普遍的社会现象,其内容涉及整个社会。流通信息工作关联着社会的各个部门和个人。因此,传输、接收、处理、提供、使用流通信息的,不仅仅是流通部门本身,社会上各个部门、每个人都或多或少地与流通信息相关。

3. 商品流通信息是双向流动的信息

一般来说,商流、物流、货币流在不同的主体之间是单向流动的,而流通信息在不同行为主体之间却是双向流动的。这种双向流动性,一是表现为不同行为主体之间的信息沟通,如生产者将产品、价格、销售方式等方面的信息向中间商及其顾客进行传递;二是表现为信息的反馈,如中间商及其顾客将购买力、购买偏好、对产品的意见及其销售情况向生产者进行反馈。可见,流通信息是双向流动的信息。

4. 商品流通信息是一种清晰度差的信息

流通信息表达形式对信息内容表达不够清晰。其原因:一是流通信息所反映的客观事物本身具有模糊性的特征;二是信息传输通道中各种因素的干扰;三是老化过时的信息未予处理,被更新的信息未能剔除,虚构、夸张、偏颇、歪曲、遗漏、误码、拼凑、假象等一系列不真实的因素的存在;四是人们的认识能力和辨别能力较欠缺。为了提高流通信息的清晰度,必须提高信息人员的认识和辨别能力,排除传输通道中的干扰,不断补充、更新信息,清除"信息垃圾"或"信息病毒",从而降低信息的模糊度,使企业在经营中能做出正确的决策。

(三) 商品流通信息的构成要素

商品流通信息是由发生源、载体、接收体三个基本要素构成的。

1. 商品流通信息发生源

商品流通信息发生源是指生成和发送商品流通信息的发源地。商品流通信息发生源可以分为商品流通企业外部信息源和内部信息源两个部分。商品流通企业外部信息源主要有:(1)国家。国家是企业指令性信息的发源地,这一信息源发出的信息主要是对商品流通实施宏观管理所制定的有关政策、法令、条例、制度、计划等。(2)国内外市场。市场是商品交换关系的集中反映,市场供求状况的每一个变化都可以向商品流通企业提供商品流通的信息。(3)生产部门。工农业生产部门的生产情况、产品结构、产品更新情况,为商品流通企业提供了商品可供量和供应构成的信息。(4)消费者。国内外市场商品购销活动传递了消费者需求变化的信息,企业通过消费者调查,获取顾客潜在需求和消费趋向信息。(5)同行企业。与同行企业及相关竞争企业建立同行业情报信息交流制度,可以取得同行企业的生产经营信息。(6)其他行业。如财政、新闻、出版、教育、科研、气象、邮电等部门,通过这些部门可以获取政治、经济、自然、科技变化等各种信息。商品流通企业内部信息源来自各个管理职能科、室、作业部门或者专设的信息数据库。

2. 商品流通信息载体

商品流通信息载体是指用来记录、储存和传递商品流通信息的有形或无形的物质。商品流通信息载体大体可以分为三种类型,它们分别标志着载体发展的不同阶段:一是语言。商品语言是传递商品流通信息的最基本的载体。二是文字、电磁波。商品用文字、电磁波作为载体,既可以把商品流通信息记录下来,储存起来,日后需要时再传递,还可以超时间、超地域地传递和交换信息,大大增强信息的储存和传播效果。三是现代化信息载体。现代化信息载体大体有:用于商品流通信息传播和存取的电信技术和设备,如微波通信、光导纤维通信、人造卫星通信和共用数据传输网络技术等;用于大量数据处理和储存的商用电子计算机;用于科技和图书资料储存的微缩复印技术和设备,一般包括微缩、计算机微缩胶片输出(缩入)机、电传复印和激光照排等;用于商品流通信息传输的视听技术和设备,包括所有记录、存储、传播和转换各种类型的声像情报的有关部门技术,如电影、电视、录音机、磁带、磁盘、广播传输技术。

3. 商品流通信息接收体

商品流通信息的接收体有直接接收体和间接接收体两种。所谓直接接收体,是指商品流通信息发出后,通过听觉、视觉等感觉器官直接接收商品流通信息的接收者;直接接收体在接收到商品流通信息后,再通过各种方式进行转发,接收转发商品流通信息的接收者称为间接接收体。

二、商品流通信息流

商品流通信息流是反映流通中某种发展变化和特征的信息,从发出到接收所组成的运动形式。

在商品流通的过程中,商品供给、商品需求、商品价格、商品流通的方针政策等在经营者之间相互传递,组成了源源不断的商品流通信息流。正是信息流的形成,使人们能够超越时空的局限,了解不同时间、不同地区的商品流通情况,信息流为商流、物流、资金流正常运动发挥了桥梁的作用。

（一）商品流通信息流的运动形式

1. 文字信息流

文字信息是指通过报纸、杂志及其他文字形式等来记载、分析国内外生产情况、同行业的购销动态、资源状况、需求发展趋势等。这些文字信息通过广泛传播,就形成了文字信息流。

2. 数据信息流

数据信息流包括两个程序,它们是原始记录和统计分析。原始记录是对企业经济活动中人、财、物的消耗和取得成果的真实记录,它包括企业的会计、统计、业务、劳动工资等各种原始资料、凭证和单据等。统计分析是在原始记录的基础上,对人、财、物的消耗,所取得成果及有关数据等进行综合分析,得出科学的数字结论,用以指导企业的经济活动,由此形成了数据信息流。

3. 电传信息流

电传信息流是指借助于电影、电视、广播、电报、电话、电子计算机等现代化传输系统所传播的信息的流动。

4. 广告信息流

广告信息流就是借助于电视、广播、报纸、杂志等媒体,运用文字、图案、声音等手段制作广告来对信息的传播。

5. 口传信息流

口传信息流就是人们用口头表达的方式将信息进行互相传播。

（二）商品流通信息流的分类

商品流通信息流可以从不同角度加以分类,大致有以下四种方法。

1. 按信息流产生的来源分类

按信息流产生的来源分类可分为外源信息流和内源信息流。外源信息流是指商品流通部门与其他部门之间相互传递的信息流。外源信息流有两种形式:一种是通信信息流,是指从流通企业内部流向它的外部经营环境的信息流。例如,企业向上级主管部门发出的报表、文件、资料,对市场和情报信息中心发出的商情动态、广告等,都属于通信信息流。这种信息流动的时间、内容、流向、流量完全由企业内部进行控制。另一种是情报信息流,是指从流通企业外部输入企业内部的信息流,它是与流通企业的经营活动有着密切联系的情报信息。例如,国家政治、经济政策的变化,生产动态,气象变化,市场形势,金融行情,消费者需求状况,国际市场动向等。这种信息流的内容,完全由企业外部信息源控制。内源信息流是指当外源信息流中的情报信息流入企业后,连同企业内部产生的信息及时传达至企业信息中心,通过信息中心处理后,再传递到企业决策中心和管理人员手中,以供使用,这种信息的流动称为内源信息流。内源信息流的运动形式有两种:一种是纵向的信息流,指的是上下级之间的信息流,如企业经理—经营部—营业组—职工;另一种是横向的信息流,指的是业务科、室之间,以及部、组之间信息的交流,如财务科把财务指标完成的数据传递给业务科的信息流。

2. 按信息流的时间范围分类

按信息流的时间范围分类可分为历史信息流、现在信息流和未来信息流。历史信息流是指对同类事物的历史情况所作出的分析和总结,并不是指历史上曾经运行过的信息流。现在信息流是指针对目前现实情况的信息流;未来信息流是指表现尚未到来的事物将来发展状况的信息流。商品流通企业既要重视事物目前的发展状况,又不能忽视历史上的经验教训。同时,还要根据现有的信息和资料,对事物的发展趋势作出分析和判断,从而制定长远的发展战略规划。

3. 按信息流的表现形式分类

按信息流的表现形式分类可分为经常变动的信息流和相对稳定的信息流。经常变动的信息流是指有关部门商品流通的信息内容变动频繁,以致信息流也随之变化。例如,证券市场股票价格瞬息万变、股市信息就是经常变动的信息流。相对稳定的信息流是指运动着的信息内容较经常变动的信息流而言相对稳定的信息流,如企业的规章制度、劳动定额、服务规范条例等。

4. 按信息流的产生过程分类

按信息流的产生过程分类可分为原始信息流和加工信息流。原始信息流是指没有经过人类任何加工处理的信息流,即是用数字和文字对某一项活动的最初的直接记录。加工信息流是指人们按照一定的目标和要求对原始信息进行加工处理后形成的商品信息流。企业必须收集充足、全面的原始信息,并对原始信息进行加工处理,为企业决策提供依据。

三、商品流通信息的功能

1. 引导商流和物流的功能

商品流通过程是商流、物流和信息流三者的有机统一,而且商流和物流是以信息流为前提条件,即信息流在前,商流和物流在后。没有信息的传导和流动,就没有商品流通的现实过程。从商流的过程看,由于信息流的运动,及时将许多买方和卖方的情况同时反映给对方,为他们进行经营决策、作出最终选择提供信息资料,促使买卖双方达成交易,实现商品价值的运动。从物流的过程看,商品运输、储存、装卸、包装等活动都是在一定的信息引导下进行的,没有信息的流动,商品实体运动也是无法形成的。可见,信息流是商品流通的先导。

2. 优化战略决策的功能

战略决策正确与否是商品流通企业经营成败的关键,企业能否制定出科学的战略决策取决于对信息的掌握程度,只有在充分占有信息的基础上,才能作出正确的判断,形成正确的决策。例如,江苏省有一家自行车厂,20世纪50年代建厂,产量一直是在4万到5万辆之间徘徊,经济效益不佳。后来经过对市场调查研究,发现企业目标市场定位失误。企业原先定位在城市市场,这一市场竞争者实力较强,致使企业市场份额难以扩大。后来,企业发现农村市场的需求远远没有满足,遂把目标市场转向农村市场,生产载重型的"铁毛驴"自行车,使企业的产量跃升到150万辆,经济效益大幅度提高。

可见,企业只有在充分掌握信息的基础上,对信息进行必要的加工处理,才能作出正确的战略决策,由此证明了商品流通信息具有优化战略决策的功能。

3. 协调生产和消费的功能

商品流通信息是沟通生产、流通和消费之间的桥梁,连接工业和农业、城市和乡村的纽带。在市场经济条件下,各企业、各部门及众多的消费者都是由市场联系着的,在这里起核心作用的是商品流通信息。社会生产和社会需求的信息被传递到商品流通企业,经过收集、整理、加工、传输和反馈,形成在生产者、经营者、消费者之间双向循环的信息流,使商品流通企业的中介作用得到实现,生产适销对路的产品,消费得以满足,市场供求均衡。可见,商品流通信息具有协调生产和消费的功能。

4. 增强流通企业竞争力的功能

在信息时代,商品流通企业之间的竞争日益表现为信息的竞争,谁能准确、及时地获取信息,谁就有较大的优势进入和占领市场,谁就能在竞争中取胜。美国前总统卡特说过,美国"三分之二的成果来自有关的信息活动",可见信息的重要性。在激烈竞争的市场上,在组织商品流通的过程中,企业对于市场的供求状况、技术发展以及新产品开发等的信息是否灵通,直接决定其在竞争中的地位。为此,企业必须收集广泛的信息。只有掌握了大量的时效快、质量高的信息,才能对商品流通作出正确的决策,从而提高流通企业的竞争力。可见,商品流通信息具有增强流通企业竞争力的功能。

5. 显示经济活动的功能

商品流通信息是一个综合性多功能的显示器,它能显示生产领域、流通领域和消费领域等各个领域的活动情况。例如,生产部门的生产情况、产品结构、供应量,流通部门的经营状况、消费者的需求变动情况等。商品流通部门根据信息显示器显示出来的信息资料,可以作出是否投资或者继续投资的决策,避免资金流动和经营活动的盲目性。

6. 增值的功能

在信息社会里,信息是一种资源,它会增值。商品流通信息是信息的一种,同样具有增值功能。发达国家把信息看成是"无形的财富"、"第二资源"。人们运用信息作用于社会经济活动,能创造出"经济奇迹"。例如,日本收集了大量不同种类的信息来了解美国、欧洲、亚洲市场,发现了许多市场机会,有效地利用这些机遇使日本只经过短短几年,就从一个战败国一跃成为经济大国。

四、商品流通信息流现代化

当前,商品流通正朝着大市场、大流通、大贸易方向发展,全球经济趋于一体化与区域化,我国的商品流通企业正面临着全球商品流通体制的大变革、大调整的挑战,集团化、连锁化、国际化经营是商品流通发展的大趋势,市场竞争日趋激烈,信息的时效性与准确性已经成为商品流通企业成功与失败的关键,这标志着商品流通进入了信息化时代。为了适应全球经济体制的变革和国内市场的变化,使商品流通得以高效顺畅地进行,商品流通企业迫切需要实现商品流通信息流的现代化,以便以电子信息技术为代表的高科技全面地、全方位地向商品流通领域渗透,建立完整的现代商品流通信息系统。

(一)现代信息社会的特征

21世纪是信息化的时代,信息化正在席卷全球,其特征表现为以下六方面。

1. 商品流通信息内容多元化

商品流通企业是沟通生产和消费的中介,对制造厂商和消费者起着双向指导和引导作用。商品流通信息的内容和范围可以覆盖整个市场经济领域,主要包括环境信息、市场信息、竞争信息、企业自身信息、预测信息、特定信息和反馈信息。

2. 信息传递手段多样化

信息传递手段从传统的文字信息传递,到广播、电视、录像等无线电波传递,现在又发展到现代化的通信手段传递,如电缆载波通信、微波通信、卫星通信、传真通信、数据通信、程控交换、国际邮电通信等。

3. 信息处理现代化

电子计算机的出现使商品流通活动中的购销货统计、费用核算、市场分析和预测、库存控制、资金管理、劳动工资计算等都运用计算机处理,使信息处理水平大大提高,从而标志着信息的处理进入现代化阶段。

4. 信息产业化

在新的信息技术革命推动下,一个从事信息生产、加工、传递和流通服务的信息产业正在形成。而且,在世界范围内,信息产业内先导产业逐渐变为主导产业,并将成为最大的产业。西方国家已提出将信息部门列为独立的"第四部门"。

5. 信息传播全球化

现代社会信息已经冲破地域界限,向全球传播,世界各国可以向全球传送信息。同时,也可以及时掌握信息。这样一来,使得各个国家的生产、管理、流通、教育、科研、医疗等社会经济文化部门充分利用信息资源,推动经济发展和社会进步。

6. 信息传递高速化

随着计算机技术和通信技术的不断发展,信息加工与传递的速度呈现高速化。在建立信息管理系统的商品流通企业里,总经理可以在几秒钟内了解世界某地的行情或企业内部整个部门的生产、经营情况,从而及时作出相应的决策。

(二) 商品流通信息流现代化的标志

商品流通信息流现代化的主要标志是:商品流通信息资源在现代电子技术等基础设施支持下被充分地开发利用。其具体表现为信息收集、加工、处理、储存、传递的全过程实现现代化。

(三) 现代信息技术在商品流通中的应用

现代信息技术在商品流通中的应用十分广泛,具体表现为以下四个方面。

1. 政府部门实施宏观调控中的应用

在市场经济条件下,政府部门的职能是实施宏观调控、培育市场机制、创造等价交换的市场关系、调节市场供求、实现总量平衡、创造良好的竞争环境。政府部门可以借助现代信息技术建立市场监测和宏观调控智能化网络系统为其实施宏观调控和科学决策提供支持。

2. 商品流通改革中的应用

商品流通领域中正在涌现出新的业态和经营形式,诸如连锁、配送及代理,这些新出现的形式正是现代信息技术应用最广泛的领域。信息技术在连锁经营中的应用有连锁经营管理信息网络系统、销售点管理信息系统、电子转账作业系统、自动订货系统、条形码应用、电子防盗、电子广告等。这些信息技术有力地支持了连锁经营,使它们能够及时得到需求信息、商品供应信息、经营动态信息,使商品管理能精细到单品管理和单人管理,使商品得以大规模快速运转。信息技术在代理制中的应用有综合信息管理系统和跨地区、跨行业的远程通信网络系统等,这些信息技术的应用使得产销间信息得以交流和分析,有力地支持了代理制的推广。

3. 商品流通企业经营管理中的应用

在市场经济的条件下,企业内部和外部有着许许多多与经营管理直接相关的信息,而且这些信息又是瞬息万变的,为了适应市场的变化,企业必须依靠现代信息技术来支持经营管理。目前,应用于商品流通企业经营管理方面的信息技术有:

(1) 管理信息系统 MIS(Management Information System)。它包括为实现商品的销售,在企业内部商品的计划、合同、进、销、调、存、核算、财务、统计分析、辅助决策的整体循环决策过程中,以数据信息为轴心的全面自动化管理控制。其主要承担对商品流通企业经营动态、财务动态、合同执行动态、库存资源动态、市场动态等信息进行整理、加工和分析处理职能,并把信息及时传输到管理层,为管理层提供结构化问题的决策支持。

(2) 决策支持系统 DSS(Decision Support System)。它主要用于提高企业经营管理科学化,为企业主管领导作出决断提供支持的计算机应用软件系统。该系统包括进货的时机、进货量、资金承受力、本商业环境的销售水准以及商品畅销、滞销状态等。决策支持系统主要是为企业领导层对经营活动中面临的市场变化所反映出的问题的科学决策提供支持,有效的决策支持会给企业带来实际的经营效益。

(3) 销售点实时管理系统 POS(Point of Sales)。它采用条码技术和收款机进行销售数据的实时输入,能够实时地跟踪处理销售的情况,并根据这些数据为销售进行详细的、正确的、迅速的分析。它是为商品的补货和管理提供依据的信息管理系统。该系统能高速、适时地处理销售事物,实施进货、库存管理、报表统计业务,为商流营销活动提供有力的支持。

(4) 电子订货系统 EOS(Electronic Ordering System)。它是零售企业与批发企业之间通过流通增值网络系统,将各种信息从订货单到接单用计算机进行处理的系统。EOS 能给零售商带来很多好处:可以减少库存,甚至做到无库存;订单作业简单化,订货可做到准确无误;可获得各种信息资料,有订购的控制、批发订货的趋势、紧俏商品的趋势、贸易公司订购的趋势等信息;可对商店实施系统管理,包括商品文件、商品货架系统管理、商品货架位置管理、进货的价格管理等;还可给批发带来好处,使其服务优质化、物流高效化、作业简单化,从而大大提高经济效益。

(5) 流通增值网络系统 VAN(Value-added Network)。它是指将制造业、批发业、零售业相关的商品流通信息,通过计算机服务网络来互相交换的信息系统。系统为通信双方提供资料传递、通信处理及情报处理等附加价值的服务。对于流通企业来说,系统所提供的网络架构和资讯处理服务,可以轻松而低廉地从 VAN 资料库中取得所需的经营资讯,也可利用 VAN 的服务,导入自有体系的情报管理网,不但可大幅度降低硬件设备投资,而且也省略了后续资讯处理、分析、传递的管理成本。

4. 商品流通国际化中的应用

世界各国都在大力发展外向型经济,开拓国际市场,以增强本国的国际竞争力。在这种情况下,世界各国的经济联系更加频繁,国际贸易呈现快速发展的趋势。全球贸易额的急剧上升、信息量的大爆炸对现代信息技术有着迫切的需求。于是,电子数据交换系统 EDI(Electronic Date Interchange)被广泛应用。EDI 也称为"无纸贸易",是指运用 EDI 技术将各国贸易往来中的运输、保险、海关等业务产生的信息,通过电子信息系统实现贸易国之间的信息交换和按国际统一的贸易程序进行贸易交往、商务处理的一种新的国际贸易形式。EDI 的运用有助于提高贸易文件的传递速度,降低文件处理成本,提高竞争能力。

第二节 商品流通信息内容

商品流通信息的内容十分丰富。社会的一切政治、经济活动都会产生与商品流通相关的信息。

一、商品供应信息

商品供应信息是指在一定时期内,提供给国内外市场的商品品种、数量等信息。商品供应信息主要包括商品可供量、商品供应构成、商品供应方式和商品供应主体。

1. 商品可供量

在一定时期内社会商品总资源扣除用于出口、国家储备、军需等方面需要后,余下的就是向市场提供的商品总量。

2. 商品供应构成

它是指供应的各类商品的品种、规格、数量之间的比例关系。例如,市场商品供应量中吃、穿、用、住、行等商品的数量及它们之间的比例关系。随着生产的发展,商品供应构成日趋复杂。

3. 商品供应方式

商品供应方式是指按零售或批发、现货或期货来提供商品。商品供应方式的内容包括服务方式、服务质量、服务水平、服务项目等。

4. 商品供应主体

商品供应主体是指参与市场商品供应活动的当事人。商品供应主体有制造商、批发商和零售商。

二、商品需求信息

消费者是市场的主体,商品流通企业只有组织好适销对路的商品,才能适应消费需要,所以,流通组织需要掌握商品需求信息,包括商品需求量、商品需求结构、商品需求趋势等信息。

1. 商品需求量

商品需求量是指一定时期内消费者在市场上购买一定量商品的货币支付能力,收入水平越高,对商品的需求量就越高。

2. 商品需求结构

商品需求结构是指一定时期内消费者对各类商品的需求比例、构成。例如,某地区人们对手表的需求有23%的人喜欢低档手表,46%的人喜欢中档手表,其余31%的人喜欢高档手表,这就是商品需求结构信息。

3. 商品需求趋势

商品需求趋势是指与人们的收入和消费心理相联系的商品需求规律性的变化。

三、商品价格信息

商品价格能反映使用价值的资源状况、商品供求状况、社会生产之间的内在联系和市场主体之间的物质经济利益关系。价格直接关系到商品流通企业的盈利水平。因而,商品流通企业更需要了解商品价格信息。商品价格信息的内容有商品价格水平、影响商品价格的因素、商品价格的变动趋势等。

1. 商品价格水平

商品价格水平包括:商品价格总水平;不同地区、不同商品的价格水平及价格差别;价格现有水平及发展趋势。

2. 影响商品价格的因素

影响商品价格的因素包括:货币流通量、货币流通速度、商品生产成本、流通费用、社会政治等方面。

3. 商品价格的变动趋势

商品价格变动趋势包括：供求变动的趋势、竞争态势、资源的稀缺度等方面。

四、市场竞争信息

竞争是商品生产者和经营者为了获得有利的供销条件，从而获得较多的盈利而进行的一系列市场活动，是不同商品生产者和经营者在市场上所发生的必然的经济关系。在市场经济中，商场犹如战场，竞争无处不在，市场竞争信息也就不断产生。市场竞争信息主要包括竞争对手情况、竞争产品情况、竞争的市场态势等。

1. 竞争对手情况

竞争对手是本企业市场份额的争夺者，直接威胁着本企业的经营成败，必须对竞争对手的情况进行深入的了解，把握主动权，作出正确的竞争策略。竞争对手的情况包括资源能力、技术力量、经营管理能力、经营规模、设备的先进程度等方面。

2. 竞争产品情况

它主要包括：竞争者提供产品的数量、质量、花色、品种、规格、特色等；竞争产品的市场份额；竞争产品与本企业产品之间的优劣比较等。

3. 竞争的市场态势

它主要是指竞争企业在市场上所占的份额、本企业的全部市场占有率、相对市场占有率等。

五、经营环境信息

经营环境信息是指来自商品流通企业外部的、与商品流通企业的经营活动有关的信息。经营环境信息涉及范围十分广泛，主要有政治、经济、法律环境，社会环境，科技环境等。

1. 政治、经济、法律环境

国家的方针、政策、法令；国民经济发展规划、产业结构安排、社会购买力；各种经济法规、竞争法规、执法情况、消费者自我保护意识等。

2. 社会环境

城市发展、人口变动、教育水平、文化素养等方面的情况。

3. 科技环境

同行业同类产品更新换代情况、国内外科技的最新成就以及国内外科技发展趋势。

第三节　商品流通信息的运行

商品流通过程,客观上存在着商品流通信息独立运行的过程。其运行方式是一个循环过程,即信息源—收集—储存—处理(加工、整理、分析、筛选、解译等)—传递—运用—整理成果。

一、商品流通信息的收集

商品流通信息的收集是商品流通信息运行的起点,只有通过对流通信息的收集,才能为信息的加工、储存、传递提供可靠的资料。

商品流通信息收集是一个十分重要的环节。收集工作的好坏,直接关系到信息管理工作的质量;收集的信息是否及时、准确、全面,直接关系到信息应用的质量。因此,信息收集工作是一项十分重要的基础工作,必须认真对待。

(一)商品流通信息收集的原则

1. 真实可靠性原则

收集的商品流通信息必须是如实反映实际情况的、可靠的信息,真实可靠的信息才有价值。假信息只能给企业带来危害,造成决策错误。因此,收集时要确保信息的完整、广泛、全面,认真收集各种原始资料和数据,开展周密的调查研究,掌握第一手材料。同时,要注意筛选、择优录用,剔除不真实的信息资料,保证原始信息的真实可靠性。

2. 系统、连续性原则

商品流通企业的经营活动具有连续性和系统性的特点。因此,在进行商品流通信息的收集时,注意在空间上要系统、完整、全面地收集,在时间上不能只截取某一时段的信息,而要连续收集,使信息能反映经营活动不同发展阶段的变化和特征。

3. 及时、有效性原则

客观事物是在不断变化着的,每一事物的变化都会产生出一定量的信息。商品流通活动同样也在变化,甚至瞬息万变,同时不断产生商品流通的信息。由于信息有时效性,其价值随时间的消逝而减少,甚至完全消失。因此,商品流通企业收集信息必须及时、迅速,以保证信息的有效性。要提高商品流通信息的有效性,必须充分利用现代化传递手段,以缩短信息的传递时间。同时,应注意信息产生的先兆性,即预测发掘潜在的信息,捕捉某些事物即将发生前的先兆信息,走在时间前面,只有这样,才能保证信息的及时、有效性。

(二) 商品流通信息收集的程序

商品流通信息的收集是一项复杂的工作,需要采用科学的方法和正确的程序。一般程序包括以下三点。

1. 制订商品流通信息的收集计划

首先,确定收集商品流通信息的目标、范围。因为不同的管理部门、管理层次、管理环节对信息的需求是不同的,所以在收集商品流通信息时,要根据不同需要,确定不同的目标,对信息的收集标的、范围、重点等都必须事先有所计划。然后,设计调查表、选择收集方式、安排调查人员以及规划调查步骤等。

其次,正确选择商品流通信息的来源渠道。商品流通信息的来源渠道很多。例如,要了解高级卫生纸巾的潜在需求量的信息,可以向星级宾馆了解,也可以向零售商店了解,还可以向快餐店了解等。为此,企业可以决定选择其中一条或数条渠道来取得信息。其遵循的原则应是简便、易行、可靠,符合调查目标所确定的要求。

再次,正确选择收集商品流通信息的方法。有的信息须实地考察或询问才能取得,这就须派人员进行第一手材料的收集。有的信息可以从第二手资料中取得,可进行文案调查,通过查阅文献资料获取信息。企业应决定如何将各种调查方法加以组合运用。

2. 设计出商品流通信息的数据结构

在商品流通信息的运行过程中,信息大多以数据形式出现,大部分又都是原始的数据、符号,因此,有必要按照信息收集的不同计划和目标,设计出不同的数据结构,以利于信息在加工、使用储存、传递等环节的正常运行。

3. 安排商品流通信息收集、整理的秩序

按照所确定商品流通信息的收集计划和目标开展收集活动,从多方面收集商品流通信息,广开商品流通信息渠道。对原始信息作初步、简单的分析并汇总,对照预定计划目标要求及时补充,尽可能系统、完整、全面地掌握信息,以供信息加工之用。

二、商品流通信息的加工

商品流通信息的加工是指对收集到的商品流通信息按照一定的原则、程序和方法进行筛选、审核、分类、编写、研究,使之成为符合需要的、真实的、准确的信息资料,以便传递、使用和储存。

(一) 商品流通信息加工的原则

1. 商品流通信息加工要有针对性

要按照不同的需求层次和不同的需求内容,有针对性地进行加工。在进行信息加工时,要针对需要选择加工内容,对于关系全局、急需、重要的商品流通信息内容要率先进行加工,以保证重点,在此基础上兼顾对一般商品流通信息的加工。同时,在对商品流通信息加工时,要按照信息收集计划规定的内容进行加工,使加工工作围绕商品流通信息需求内容进行。

2. 商品流通信息加工要有时效性

商品流通信息有着很强的时效性,其加工也就要求及时、迅速。否则,就会减少甚至失去信息的使用价值。所以,要突出商品流通信息的时效性,就必须对收集来的商品流通信息迅速地进行整理加工,并尽可能地采用现代化商品流通信息加工处理手段进行信息加工,提高信息加工的效率。

3. 商品流通信息加工要有准确性

商品流通信息加工要从实际出发,如实地反映事物的现状和变化,实事求是地对商品流通信息进行加工、整理,切忌主观臆断。加工信息必须不失真、不走样。

(二) 商品流通信息加工的程序

商品流通信息加工是按筛选、审核、分类、编写、研究的程序进行的。

1. 商品流通信息的筛选

商品流通信息筛选是指对收集来的大量原始信息进行挑选的过程。信息筛选的目的是通过筛选把直接可利用的商品流通信息挑选出来,进行登记、编号,并及时传递给信息使用者;把具有重要价值,但还须进一步调查收集和整理加工的商品流通信息挑选出来,作进一步的处理加工;通过筛选,剔除过时的信息和没有价值的信息。

2. 商品流通信息的审核

为了避免在信息的收集过程中可能出现的差错和不真实情况,有必要对商品流通信息进行审核。商品流通信息差错的原因,有的是偶然性因素引起的,是由信息收集人员的非主观因素或传递渠道的干扰所造成的;也有的是由某些信息提供者有意歪曲或错误理解有关部门信息内容所引起的。这就必须加强审核。同时,要采取措施防患于未然,主要的措施是:设计商品流通信息收集方案时要注意加强防范,要科学地设计商品流通信息的收集方法,对收集信息数据的方案进行科学设计,使之不易伪造,还要制定相应的奖惩措施。

3. 商品流通信息的分类

商品流通信息分类就是将收集到的零碎的、杂乱无章的信息按一定属性和特征,分门别类,作出汇总、统计,以形成有组织、有条理的一组信息或信息体系。商品流通信息分类要体现科学性、系统性、逻辑性。同时,要做到条理化、明朗化和直观化。

4. 商品流通信息的编写

商品流通信息的编写就是通过手工操作或运用电脑编排,写成新的信息资料。编写是对信息资料的具体加工,经过加工后的信息便可用于指导商品流通活动。因此,要求编写工作真实、准确、及时、全面、简练、生动。

5. 商品流通信息的研究

商品流通信息的研究是建立在对大量商品流通信息进行汇总、编写的基础上的,通过运用推理、演绎等方法进行深化加工,从而形成富有创新的、有深度的信息资料和结论。可见,商品流通信息研究的过程就是信息增值的过程,也是信息增量的过程。因此,必须认真做好商品流通信息的研究工作。

三、商品流通信息的储存

商品流通信息储存是指经过收集、加工、整理后,把有价值的系统化的信息资料按一定的方法科学有序地存入资料库或数据库,保管起来以备使用的过程。

(一)商品流通信息储存的原则

1. 商品流通信息储存的完整性

商品流通信息储存过程中,要保证所储的信息资料安全,不致发生散失和损坏。这就要求在商品流通信息的储存过程中,采取各种措施,改善储存的条件,提高储存的技术手段,以确保商品流通信息的完整无缺。

2. 商品流通信息储存的合理性

商品流通信息储存中,随着信息资料的日积月累,信息占用的储存空间越来越大,这就须合理地安排储存空间,尽可能节约储存空间,以便更多的信息得以储存。为此,信息储存部门必须实行科学的编码,使同一类信息所需的码卡缩短,还应充分运用现代化的储存材料,提高储存能力。

3. 商品流通信息储存的方便性

商品流通信息储存的目的是为了使用,要使用必定要在繁多的信息资料中进行检索和查找。因此,在流通信息储存中要考虑到检索的方便性,应编好索引,设置一套快捷、准确的检索法,使商品流通信息能方便地被取用。

(二)商品流通信息储存的技术

商品流通信息储存的技术按信息载体的不同大致有:以纸张为信息载体的文字纸张储存技术;以缩微胶片为信息载体的缩微储存技术;以电子计算机为载体的电子计算机储存技术;以磁带、磁盘等材料为信息载体的声像储存技术等。储存的技术手段多种多样,不论用何种储存技术,都必须对各种入库的商品流通信息做好科学的登记、分类、编码、归档保管工作,以方便用户检索和取用。

四、商品流通信息传递

商品流通信息传递是指商品流通信息经过加工、整理、分析之后,通过一定的媒介和信息通道输送给接收者的过程。

商品流通信息的传递是信息工作中的基本环节,商品流通信息只有通过传递,及时输送给使用者,才能使信息在商品流通活动中实现其价值。所以,传递是商品流通信息运行中的重要步骤,是信息价值的最大体现。

(一)商品流通信息传递的方式

由于信息形式的多样化和信息内容的复杂化,因而,商品流通信息传递方式也就不可能千篇一律,可以有多种选择。

1. 单向传递

商品流通信息从发出者出发,单方面传递给接收者,如新闻电视报道直接向需要者传递信息。其优点是可以尽快地将商品流通信息传递给众多的接收者,缺点是容易造成传、受双方脱节,影响传递效果。

2. 双向传递

商品流通信息发出者与接收者相向传递信息给对方,取得协调一致的效果。例如,流通企业派出推销人员推销商品时,一方面向消费者介绍商品,另一方面接受消费者对产品的质疑,这就是双向交流信息。这一传送方式在流通系统内部进行,就是内部传递方式;在流通系统外部进行,就是外部传递方式。双向传递的优点是信息传递双方都居于主动地位,也容易解决问题。其缺点是受时空的限制较大。

(二)商品流通信息有效传递的步骤

要有效地完成商品流通信息的传递,必须有步骤地进行。

1. 要明确目标接收者

要实现商品流通信息的有效传递,首先要明确信息的目标接收者,了解接收者的要求和特点,这样才能将有价值的信息传递给目标接收者。

2. 要明确期望得到的反应

商品流通企业传递商品流通信息都期望目标接收者有所反应。这种期望必须明确,以便有针对性地进行信息传递,使目标接收者的反应符合企业的期望。

3. 要明确所要传递的信息内容

要实现商品流通信息的有效传递,信息传递者必须明确将什么信息传递给目标接收者。商品流通信息主要有求购原材料的信息和销售产品的信息。信息传递者应该根据不同的对象传递相应的信息,如给消费者传送商品供应信息,给原料供应商传递用户求购信息。

五、商品流通信息的应用

商品流通信息的应用是指将经过加工处理的信息应用于商品流通的实践活动的过程。

商品流通信息应用是信息运行的目的,商品流通信息只有被应用才能体现其价值和使用价值。因此,企业必须掌握应用信息技术的技巧,有效地应用信息,把有效的商品流通信息变成实际的商品流通经营活动。

商品流通信息的有效应用,应注意符合下列要求。

1. 要与企业的经营目标相一致

每个商品流通企业都有其经营目标,企业对商品流通信息的应用必须服从于企业的经营目标,如利润目标、销售额目标、市场占有率目标、企业发展目标等。企业应尽可能围绕企业的经营目标,充分有效地应用有关商品流通信息。

2. 要以效益作为取舍标准

商品流通企业应用信息的目的是创造效益,在应用信息过程中必须以效益作为取舍标准,要应用经济效益含量高的信息。

3. 要与企业运用信息的实力相符

商品流通企业应用商品流通信息是需要具备一定条件的,主要表现为运用信息的实力。一般来说,经济实力很强、人力资源丰富、技术力量雄厚、组织能力和承担风险的能力均较强的企业对经济效益含量很大的信息有着一定的运用实力;而财力、人力、物力、技术力量均较缺乏的企业,其运用信息的实力也就较弱。因此,不同实力的企业应选择应用不同的信息。

第四节　商品流通信息系统

一、商品流通信息系统的概念

信息系统是一个由人、机器、设备、程序等组成的管理信息的收集、加工、储存、传递、维护和使用的系统。

商品流通信息系统是指商品流通企业的管理信息系统,是为商品流通服务的有组织、有结构的复合体。它承担为商品流通企业决策收集信息、加工处理信息、储存和检索信息、并把信息及时传输到企业管理决策层和外部关联方的任务。

商品流通企业信息系统是借助于电子信息技术来加工处理信息的高层次的处理信息系统。该系统大致包括以下两大方面。

（一）商品流通信息系统

1. 外部商品流通信息系统

外部商品流通信息系统是通过共用数据网与外部相关商品流通企业相连接的信息系统，通过该信息系统向主管部门呈报数据、向生产厂商和批发商订购商品、与银行进行账目往来、与下属单位进行数据交换及向共用数据中心提供有关信息等。

2. 前台收款系统

前台收款系统是借助于具有金钱管理、报表分析、开立数据等功能，并可连接条形码扫描器的电子收款机来完成前台商品销售的收款工作，并作即时的信息采集、传递，为高层管理人员的经营分析和决策奠定数据信息基础。

3. 后台管理信息系统

后台管理信息系统主要用于商品流通企业对商品流转业务中的合同、进货、物价、库存、销售等过程的信息管理和控制；对财会管理方面的商品核算、会计核算、财务管理等进行综合管理；对商品流转进行统计与分析。

4. 辅助决策支持系统

辅助决策支持系统是利用商品流通企业内部的信息网和与企业内部网络相连的外部社会信息网，建立起流通企业的管理信息综合数据库。该系统把各种分散的、零星的、杂乱的信息资料加工处理成系统化的信息，供管理层决策参考。此外，高级的系统可以向管理者提供预测数据，预计在未来条件下或各种决策所造成的潜在结果。更高级的系统还可以向决策者提供可供选择的行动方案，以助决策之用。

5. 其他辅助系统

其他辅助系统主要有：电子监控与防盗系统，消防安全系统，大屏幕广告，多媒体导购，电话购物系统，盘点、储运、展示设备等。

（二）商品流通管理信息系统

商品流通管理信息系统是为适应现代流通企业经营管理对信息的需要而发展起来的，具有一定的功能。

1. 具有节约社会劳动的功能

完善的流通管理信息系统可以避免各类商品流通信息使用者在加工处理信

息时出现重复劳动、相互脱节、不统一的局面,从而达到社会劳动的节约,实现信息的有序、有效地运行。

2. 具有避免矛盾冲突的功能

适当的流通管理信息系统可以减少各类商品流通信息因加工、处理差异所发生的矛盾与冲突,从而适应现代商品流通企业经营管理的高效、统一、精简的要求。

3. 具有简化信息关系的功能

统一的流通管理信息系统可以简化原先存在的杂乱、分散、复杂的信息关系,并能保证流通信息传递的可靠、及时和信息流通渠道的畅通。

4. 具有提高信息使用效率的功能

适当的商品流通信息系统,可以克服信息加工处理质量低、不规范的缺陷和避免信息使用率低的问题。管理信息系统采用现代化的信息处理技术,进行大规模的信息综合加工处理,可以提高信息的使用效率和保证信息的准确性、适用性。

二、商品流通信息网络系统

(一) 商品流通信息网络系统的含义

随着现代经济的迅速发展,生产的专业化、社会化程度的不断提高,商品流通信息量大为增加,信息结构日益复杂。商品流通管理必然存在对信息的需求,而且在数量上、时间上和质量上都提出了更高的要求。这就要求建立以电子计算机为中心的信息系统网络。

商品流通信息网络系统是指由多个商品流通信息系统相互联网建立起的有机联系的整体。商品流通信息网络是商品流通信息互相联系、沟通的途径,是信息提供者与需求者之间的供求关系以及联结这些关系的手段的有机结合,是多个商品流通信息系统的集合。

(二) 商品流通信息网络组建的意义

建立和完善商品流通信息网络对于完善商品流通体系、提高经营管理水平、促进商流和物流的顺利进行、加强宏观管理和控制都有着十分重要的意义。

1. 可以广泛地交流商品流通信息

通过建立纵向的商品流通信息网络和横向的商品流通信息网络,使这些不同的商品流通信息系统互相联系,构成纵横交错、四通八达的商品流通信息网络。从纵向看,从中央到地方直至企业,形成畅通的层次结构;从横向看,不同地区的商品流通信息系统,以及同一层次、同一地区不同部门、不同行业的信息系统,共同联结成一个完整的信息网络,使商品流通信息的收集、加工、传递等工作有组织、有系统地进行,加速商品流通信息的流动,促进并扩大商品流通信息的广泛交流和利用。

2. 可以有效地提高经营管理水平

企业的经营管理离不开商品流通信息,在市场经济条件下,企业要在激烈的市场竞争中站稳脚跟,就必须掌握大量的、适时的商品流通信息。而一个统一的、高效的商品流通信息网络能将纵向商品流通信息系统和横向商品流通信息系统有机地结合起来,迅速地获取大量商品流通信息,并据此调整经营方向,改进经营方法,实现经营目标。

在管理方面也同样需要商品流通信息。通过建立高效的商品流通信息网络系统,收集、传递大量的商品流通信息,并有效地利用信息,实施现代化管理,充分体现商品流通管理的决策、计划、组织、控制等职能,促使商业企业内部机制的高效运转,提高市场的竞争力,创造最佳经济效益。

3. 可以有力地加强宏观管理和控制

商品流通企业是组织商品流通的基本单位,在社会再生产中起着联结生产和消费的桥梁和纽带作用,它与生产和消费的各部门、各环节有着千丝万缕的经济联系。商品流通活动的好坏直接影响到生产的发展和消费的满足。因此,对于商品流通企业的宏观管理和控制十分必要。为了实施对商品流通企业的宏观管理和控制,必须借助于商品流通信息网络系统。通过网络可以广泛地收集来自各地的产、供、销信息和市场供求信息,可以及时发现问题和处理各种问题,并能充分利用信息,为实现经济决策提供科学依据,大大提高宏观经济管理水平,加快商品流通速度,充分发挥商品流通企业在国民经济发展中的桥梁纽带作用。

(三) 商品流通信息网络的结构

商品流通信息网络主要由以下一些要素构成。

1. 商品流通信息的发生源和信息提供者

在商品流通信息网络内进行信息交流,首要的构成要素就是信息发生源,也就是信息的源头;此外,商品流通企业在从事商品流通活动中不断产生信息,信息需要一定的提供者加以传递,否则,信息就无法被接收并利用。因此,商品流通信息提供者也是商品流通信息网络的构成要素。

2. 商品流通信息的需要者和信息接收体

商品流通企业需要不断取得商品流通信息,以使企业能适应市场,根据环境的发展变化趋势,调整经营策略。因此,商品流通信息需要者也就成为商品流通信息网络的构成要素之一。商品流通信息接收体是商品流通信息网络内进行信息交流的终点,在商品流通信息网络中,有信息发送提供者就必然会有信息接收者,否则信息发送就会变得毫无意义。而且,每个信息接收者同时又是信息提供者,只有双方进行信息交流,信息网络才能真正体现其优越性。因此,信息的接收体与信息的提供者一样,都构成了商品流通信息网络的要素。

3. 商品流通信息的载体和接收手段

商品流通信息需要一定的运载方式发送出去,相应地,也需要有一定的手段加以接收。它们构成了商品流通信息网络的要素之一。如商品流通信息在电讯、通信交流中,是以电波(电报)、声波(电话)来运载,以收发报机、电话机来接收的;以文件、刊物等各种形式进行的商品流通信息交流,则是以文字和纸张运载的。

4. 商品流通信息交流中心

商品流通信息交流中心是商品流通信息网络的重要构成部分,商品流通信息交流中心在商品流通信息网络中发挥着重要的作用。

在没有建立信息交流中心的情况下,众多既是信息发生源又是信息接收体的企业,会各自向所有的对方发出信息,同时又各自从所有的对方接收信息,从而形成十分复杂的商品流通信息交流关系,容易出现重复、脱节、不统一的局面,造成社会劳动的浪费,以致无法适应现代化管理高效的要求(见图 7-2)。

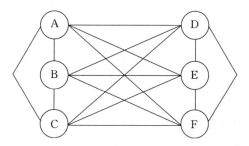

图 7-2 没有信息交流中心的商品流通信息网络结构图

而一旦建立了商品流通信息中心以后,商品流通信息网络就可以使凌乱、分散、繁杂的信息交流关系大大简化,信息传递线路大大缩短,传递速度大大提高,信息工作的效率明显上升(见图 7-3)。

(四)商品流通信息网络的类型

1. 纵向型商品流通信息网络

纵向型商品流通信息网络是指按行政隶属关系自上而下建立起来的商品流通信息网络,是从中央到地方直至企业,呈梯度层次结构的信息网络系统。在纵

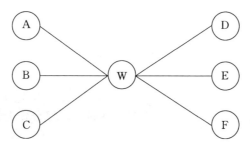

图 7-3 建立商品流通信息交流中心的商品流通信息网络结构图

向型商品流通信息网络中,上下级之间是领导与被领导的关系,联系密切,可以运用行政手段来组织和推动商品流通信息工作。目前,纵向型商品流通信息网络是我国商品流通信息网络的主要形式。

2. 横向型商品流通信息网络

横向型商品流通信息网络是指按经济区划的需要或行业特点的需要而建立的商品流通信息网络。它涉及不同区域的信息系统,并使同一地区不同部门、系统、行业的信息系统联结成统一的商品流通信息网络系统。

在横向型商品流通信息网络中,各商品流通企业作为商品流通信息网络中的成员不存在领导与被领导的关系,而是一种平等协作的关系。各商品流通企业可以通过横向型商品流通信息网络广泛交流信息,研究商品流通中的共同关心的问题,以实现信息资源的共享。

本 章 小 结

信息被称为商品流通的"第四利润源"。

商品流通信息有着一般信息的特征,同时,还有其自身的特征。商品流通信息是由商品流通信息的发生源、载体和接收体三个基本要素构成的。

商品流通信息流的运动有文字信息流、数据信息流、电传信息流、广告信息流和口传信息流等形式。商品流通信息具有引导商流和物流、优化决策、协调生产和消费、增强流通企业竞争力、显示经济活动以及增值等功能。

随着商品经济的发展,商品流通开始步入信息化时代,以电子信息为代表的高科技全面地向商品流通领域渗透,目前,被广泛应用的信息技术有 MIS 管理信息系统、DSS 决策支持系统、POS 销售点实时管理系统、EOS 电子订货系统、VAN 流通增值网络系统、EDI 电子数据交流系统等。

商品流通信息的运行方式是一个循环过程,即信息源—收集—存储—处理

（加工、整理、分析、筛选、解译等）—传递—运用—整理成果。

商品流通信息系统是借助于电子信息技术来加工处理信息的高层次的信息处理系统。它具有节约社会劳动、避免矛盾冲突、简化信息关系、提高信息使用效率等功能。

商品流通企业必须建立商品流通信息网络系统，这对于广泛交流商品流通信息、有效提高经营管理水平、加强宏观管理和控制都有着十分重要的意义。

思 考 题

1. 商品流通信息具有哪些特征？
2. 商品流通信息有哪些功能？
3. 在商品流通中被广泛应用的现代信息技术有哪些？
4. 商品流通信息的运行方式如何？
5. 商品流通信息系统有哪些功能？

第八章 商品流通中的资金流运动

学习目的与要求

1. 了解按作用和形态划分的商品流通资金的类型；
2. 了解商品流通资金的特征；
3. 了解商品流通资金运动的影响因素；
4. 了解现代商品流通中资金流运动的特征；
5. 了解提高流通资金利用效率的途径。

在商品流通的过程中，资金流运动是和商流、物流、信息流的运动共存的，它们同时作用，使得商品流通过程可以顺利完成。作为商品流通的前提和基础，资金流运动有着自己的特点和作用。通过认识资金流的运行，我们可以了解如何提高商品流通资金的利用效率，让流通企业以至于整个流通业提高运行效率。

第一节 流通一般条件下的资金流运动

一、商品流通资金及其构成

商品流通资金，是指在市场经济活动中，流通企业在组织商品流通经营活动过程中所支付的一切物品和费用的货币表现，它是一种运动着的价值。它包括在组织商品流通过程中各种形态的资金的总和，也就是商品流通企业拥有的全部财产的价值形态。

商品流通资金由其内部的运行状况、存在方式、表现形式的不同而呈现出多维的结构。我们可以按以下两种方式来划分商品流通资金的构成。

（一）按对商品流通职能任务的实现划分

商品流通企业为购进商品必须垫付一定数量的资金，或者说是直接投放在从事商品买卖上的商品经营资金；同时还要为实现商品流通任务、开展商品经营活动、预付流通费用和购置流通工具而垫付必要数量的资金。这样，商品流通资金就可以分为两种：垫付商品的流通资金和为预付流通费用、购置工具而垫付的资金。它们之间在机能、周转方式和补偿形式等方面都有所区别。

前者是为购进商品而直接投在商品的进出上，并不断在企业内部和市场之间周转，这部分资金局限于流通领域内起作用，通过交换完成形态变化的过程，为下一次的继续生产服务。后者并不直接用于商品买卖，预付流通费用和购置多种物质技术设备，是为了从劳动消耗的补充和一部分物化劳动的占用方面，为商品流通经营活动提供必要的条件。

（二）按在商品流通过程中所起的作用及形态变化划分

按此方法，商品流通资金可以分为流动资金、固定资金和专用资金。这三种资金，在很多方面都有明显的差别。在大多数情况下，我们谈商品流通资金，都按这种方法分类。

1. 固定资金

固定资金即固定资产的货币表现，即商品流通固定资金的物质内容是商品流通中所拥有的各类固定资产。在会计处理上，固定资产是指企业用于生产、提供商品或劳务、出租给他人，或为了行政管理目的而持有的，预计使用年限超过一年的具有实物形态的资产。它具有以下特征：一是固定资产必须是有实物形态的资产；二是用于生产经营活动而不是为了出售；三是预计使用年限超过一年。根据这一定义，企业使用年限在一年以上的房屋、建筑物、机器、设备、器具、工具等资产应作为固定资产。而一些单位价值虽然低于限额、但在经营活动中作用非常重要，且其使用期限超过一年的资产，也应作为固定资产，如商品流通企业中经营服装销售兼营服装生产的企业的缝纫设备等。至于某些资产在经营过程中，其实体不作为产品的组成部分，但由于使用年限不到一年，且其价值较低，达不到一定的金额标准，所以不能作为固定资产，而应作为低值易耗品。

固定资产作为商品流通资金的物质内容，全部参加商品流通过程。我国会计准则将固定资产分为房屋建筑物、机器设备、运输设备和工具器具等四大类。而按照经营用途划分，固定资产包括：经营用固定资产，如房屋建筑、技术设备（电气照明、柜台、货架、传送带、升降机……）和交通工具等；非经营用固定资产，如职工食堂、宿舍、医院、学校、工会俱乐部，等等。固定资产不是商品流通企业的经营对象。

商品流通固定资金的价值数量，是根据固定资产使用过程中的磨损程度，用折旧的方法，一部分一部分地转移到商品流通费用中去的，它成为商品价格形成的要素，并随着销售的实现而得到补偿。固定资产的会计处理，不仅要从实物数量上反映其增减变动，而且要对固定资产进行货币计价，以便综合反映固定资产价值的增减变动及结存情况,并据此计提固定资产折旧。因此,作为固定资产的货币形式的固定资金运动最主要的特点表现为一次垫付、分期收回。

因为固定资产不是流通企业经营的对象,故不直接参加商品流转,但它却是商品流通过程中必不可少的物质技术因素。商品流通活动的物质技术设备,指的就是商品流通活动中的经营手段和经营设施。商品流通固定资产的比重越大,企业资金周转就越慢,但是,由于社会生产力和消费水平的不断提高,拉动流通的物质技术水平也相应提高,从而要求固定资金的总量不断增加。但是,这种量的增加不仅仅是流通手段简单的数量扩充,而是必须伴着流通手段水平的提高,这样才能真正促进商品流通效率的提高,改进流通服务质量,带来经济的集约化增长。

2. 流动资金

流动资金是流动资产的货币表现。它是指除固定资金以外商品流通企业占用的全部资金。商品流通的流动资金,在流通过程中,一般都直接参加商品的流转,一次投入就全部体现在商品的价格中,随着商品的出售而全部收回。

商品流通的流动资金又是直接以货币形态参与商品流通形态变化,用于企业经营活动,如采购、存货、供应等活动中。在流动资金的运行中,必然连续不断发生资金形态的变换,即按"货币—商品—货币"的形式不断循环,其中商品资金形态是主要部分。

商品流通的流动资金的具体形态,由货币资金、应收项目和存货等基本部分组成。

(1) 货币资金。货币资金是指企业的经营资金在生产经营过程中停留在货币形态的那部分资金,包括现金、银行存款和其他货币资金。

(2) 应收项目。应收项目是指企业在经营业务中因商品已交付或劳务已提供,而取得的向其他企业单位或个人收取货币、财物或得到劳务补偿的请求权。它包括:应收账款、应收票据和其他应收款项。

(3) 存货。在商品流通企业,存货是指企业在经营过程中为销售或耗用而储备的资产。由于存货经常处于不断销售、重置,或耗用、重置之中,具有较快的变现能力,有着鲜明的流动性,所以,存货是企业流动资产的重要组成部分。确定存货范围的基本原则是:应以企业对存货是否具有所有权为依据,也就是说,凡是在盘货日,法定所有权属于企业的所有一切货品,不问其存放地点,都应视为存货;反之,凡所有权不属于企业的货品,即使它存放在企业仓库,也不应视为存货。根据这个原则,存货的内容包括:企业在经营过程中为销售、耗用而储备的商品(包括在途商品、库存商品、加工商品、出租商品、分期收款发出商品等),

以及材料物资、低值易耗品、包装物等；企业委托其他单位代销、储备或加工的商品、材料物资等。至于企业代其他单位销售、储备或加工的商品、材料物资等，因其所有权不属于本企业所有，所以不属于企业的存货。

商品流通企业的存货按其用途不同可分为商品存货和其他存货两大类。商品存货指企业购进的准备供转售的货品物资。其特征是在转售之前，这些商品物资的原有实物形态一般保持不变。其包括在途商品、库存商品、加工商品、出租商品、分期收款发出商品、委托代销商品等。其他存货指企业购进后为近期经营活动所耗用的物料及用品。其主要特点是为满足企业的各种消耗性需要，而不是为了将其直接转售。其包括材料物资、包装物和低值易耗品等。

商品流通的流动资金，相对于固定资金，具有灵活性和一次性两个显著特征。由于流通对象在购进、销售、运输和存储等环节中都在不断变换其价值形态，与此相适应，商品流通的流动资金也在这个过程中不断变换着自己的形态。在一个典型的简单流动资金周转周期中，流动资金形态从货币转化为商品，再从商品转化为货币，周而复始，这种转化效率在一定程度上反映着流通资金利用效率和企业流通力水平的高低。同时，流动资金的运动还表现为：一次垫支，同期一次收回，这是流动资金最主要的特点。

商品流通的流动资金运用的关键在于资金的周转率，也就是流动资金周转一次需要的时间，这是反映商品流通企业资金利用效率高低的重要指标。

3. 专用资金

专用资金是指商品流通企业除了业务经营上用的流动资金以外，为满足其他的一些适应企业经营管理的实际需要，从特定来源形成的并具有特定用途的专项商品流通资金。如更新改造资金、大修基金、职工福利基金、专项奖励基金、技术改造措施费和简易建筑基金等。商品流通专用资金的来源是多方面的，形态也是多种多样的，但是归纳起来主要有两个方面：一是从商品流通费用中或利润中提取而来的，二是由主管部门或者财政部门拨款形成的。专用资金在未用于专项用途之前，可以归入流动资金，但是，专用资金使用过程中带来的收益，应计入专项使用范围。

专用资金的运用关键在于如何合理地分配，运用在最能给企业带来效益的方面。

二、商品流通资金的特征

资金是一种运动着的价值。商品流通过程中，经营资金必须处于不断运动中，这也叫商品流通资金的周转，在不间断地重复一次又一次的循环过程中，商品流通资金才能显示出它的功能,增加社会价值。运动中的商品流通资金,具有以下三方面特征。

1. 垫支性

不管是在简单商品经济还是发达商品经济中,资金的投入,通常都具有垫支性,商品流通企业为经营活动投入的资金更是如此。商品流通企业为购进商品而垫付相应的资金量、为展开经营活动预付流通费用和为购置流通工具而垫付必要的资金量,均带有垫支的性质。也就是说,只要开展商品流通经营活动,都需要预先付出一定量的资金,再由商品交换过程来补偿之前所预付的价值,同时获得可能的收益。一般来说,垫付的商品流通资金,是商品流通企业开展经营活动的前提和基础,如果没有预先支付一定的商品形态、货币形态以及其他形态的资金,商品流通企业是无法正常运作的。

2. 周转性

社会再生产是一个不间断的、周而复始的运动过程,投入的商品经营资金,仅仅是暂时的垫支,随着商品的售出,将重新回到经营者手中,如若不能,则经营者将遭受损失。而且,运动着的商品流通资金,经过形态变换完成一次循环后,还须周而复始不间断地进行周转运动。循环中的商品流通资金,必须保持时间上的继起性和空间上的并存性。也就是说,要使资金顺利地依次到达下一个阶段,保证商品经营活动不中断,就应该将其科学合理地分为所需的各种资金形态,在循环中并存。同时这两者又是相互影响的:没有商品流通资金按一定比例的划分并存,就不会有商品流通资金的继起和连续不断的运动;如果商品流通资金形态变换的继起和连续受到限制,那么商品流通资金科学合理的并存比例就会受到破坏。总之,如果流通资金不能保持时间上的继起和空间上的并存,流通资金的运转链条将会断裂,导致整个企业经营的瘫痪。因此,要使商品流通企业顺利地运作和发展,流通资金必须合理而有效地运行,这就要求流通企业的经营管理者合理调整资金的周转节奏,让每一块钱都运动起来,发挥其流通的作用。

3. 增值性

商品流通资金在循环运动和周转过程中,会不断改变自身的价值形式,在这种变化发生的同时,商品流通资金与作为单纯的流通手段职能的货币相比,有明显的价值补偿和增值的特征。一般来说,商品经营活动中的资金投入,在投入时的货币量和在回收时的货币量是不相等的。理想情况下,收回的货币量要大于投入的货币量,即收回的货币在量上有一个增值额,使商品流通企业的经营活动获得必要的盈利;反之,收回的货币量小于预先投入的货币量,就可能意味着经营活动暂时失败或亏损。这也解释了在货币 G 运动到结果时增加的一个货币

增值量 ΔG,传统的商品流通经营者就靠这部分所得进行再生产。实际上,这就是商品流通中"贱买贵卖"的流通规律。在社会主义市场经济条件下,商品流通资金的增值性仍然是商品流通企业经营和发展的基础,但是,它已经不同于其他经济体制下的商品流通资金增值。它表现为:在等价交换原则下,企业通过提高经营管理质量、扩大销售、节约成本、加速资金周转等方式而获得的以利润的形式存在的资本增值。通常,这部分利润,用于纳税、职工福利、投资者分配、留存以扩大企业规模等方面。

三、商品流通资金的运动

(一)商品流通资金运动的含义

商品实体的运动,是商品从生产领域向消费领域的转移过程。商品的运动本身包含着物的运动,即商品使用价值的转移运动;也包含着经济关系的运动,即商品价值形态的变化,最后完成转化过程。商品流通正是采取这样的运动形态变化来完成自身运动的全过程。商品流通资金的运动,同商品购销活动结合在一起,体现着商品流通的职能,实现生产与消费之间的联系。用来实现商品流通任务的资金运动,通常称为资金流,即在实体经济中,由商流和物流所引起的资金运动的全过程,包括资金的借贷、预付、支付、结算、偿还,等等。

商品流通资金的运动,即商品流通资金的活动过程,是商品流通的资金流的具体表现形态。当商品运动的经济形式是简单的"货币—商品—货币"($G—W—G'$)时,商品流通资金就采取"$G—W—G—W—G……$"的运动形式。这个运动过程必定经过"货币—商品"和"商品—货币"两个阶段,形成一系列交换环节,组成一系列连续的运动。商品流通企业首先在货币形态上垫付一定数量的资金,用以向上游企业购进商品,这时,商品流通资金随着货源的购进由货币转换为商品形态。这一阶段,通常称为商品购进阶段。商品流通企业为最终实现商品的价值和使用价值,必须将商品转卖出去。当商品出售给消费者时,商品流通资金又从商品形态转换为货币形态。这一阶段,通常称为商品售卖阶段。两个阶段的实现,加上其中可能出现的运输和储存阶段,也就是完成了商品流通资金的一次周转。商品流通的资金,就是按照"货币—商品—货币"的形态变化不断周转的。

商品流通资金的运动,也就是商品流通资金不断地完成这两个阶段的交换,变换资金的形式,实现其不断周转运动的过程。这个过程我们称为商品流通货币投资循环,即从事商品买卖业务活动的货币,经过两个阶段"$G—W$"、"$W—G'$"形成的一个循环,也就是以商品流通为中介促成商品交换的过程中,投资的货币作为资金运动的"第一推动力"依次表现为货币资金形态（G）、商品资金形态（W）和增值的货币资金形态（G′）的过程。

（二）商品流通资金流运动与物流运动的关系

商品流通物流主要是指使商品从生产领域向消费领域转移的经济过程或运动形式的全过程，它包括运输、保管、装卸、包装、流通加工和信息处理等多项基本活动。通常情况下，商品流通的物流与资金流的运动方向是相反的，物流是从上游企业流向下游企业（这里不包括回收物流），而资金流是从最底端的消费领域向上游流动的。然而，我们不能理解成物流和资金流是严格同时进行的，因为在流通过程中，先交货后付款或者预收货款的情况非常普遍。虽然它们在流向和时间上都有不一致，但两者还是有着非常紧密的联系。

商品流通的物流运动是商品流通的资金流运动的基础。只有存在实物的转移才可能有资金的流动，因为客观的物质资料是整个商品流通的物质基础。所以，商品流通资金流运动是建立在商品流通物流基础上的，没有生产企业提供的商品，就没有现实中物质资料的空间转移，也就不存在所谓的资金流。

另一方面，资金商品流通物流运动依赖商品流通资金流运动。在市场经济条件下，商品流通企业要独立地组织商品流通，必须具备两个基本的前提条件：一是要有从事商品经营活动的自然人（经营者）；二是要有从事商品经营活动的资金。商品正是借助手持商品流通资金的自然人的活动，在商品交换中形成空间上的转移运动的。因此，商品流通资金的运行成为商品位移运动的必要条件。

由此，我们必须把握好商品流通中资金流和物流的关系，才能使流通中的各要素各畅其流，并行不悖。

（三）商品流通资金运动的影响因素

商品流通资金的运行状况、资金供应是否充足、运用是否科学合理，都能够促进或制约商品经营活动的规模和范围，直接关系到商品流通的畅通状况，影响到企业组织流通的效率。商品流通资金运行正常，不仅能发挥货币流通的功能，促进商品流通顺利发展，保证货流通畅，同时还能带来较理想的经济效益。因此，商品流通企业在货币形态与商品形态上占用的商品经营资金在运行中的数量、具体形态以及分配的比例，都是商品流通企业经营的关键问题。我们研究、考察商品流通资金的运行，就应分析影响这些问题的因素和条件。

1. 宏观环境因素

在市场经济条件下，每个行业、每个企业个体，以及经营的各个方面，都是在宏观环境的影响下生存和活动的。这种宏观环境因素在经济分析中常常被称作系统风险。宏观环境基本上是企业不可控制的，但是它的影响不容忽视，我们可以通过预测和分析,利用宏观环境有利的方面,避免其不利的方面,从而为企业创造更适宜发展的外部环境。宏观环境的影响可以分为政策和政治因素、经济发展状况、社会人文环境,以及技术因素四个方面。

(1) 政策环境方面。政府对经济的宏观政策,对流通业的重视程度和政策方面的松紧程度,以及优惠和制裁行为,都影响着流通资金的运动。

(2) 经济环境方面。市场供应的商品总量,是商品流通物流的对象,也就是企业运用流通资金量的客观经济基础。市场供给量标志着市场能够满足消费者购买力所及的商品供应能力。同时,市场容量,即消费者的购买力水平和流通部门的控制能力,也会影响商品流通资金的运行。当社会商品购买力高、商品流通的组织规模大时,市场商品的吞吐量就相应增大,因而商品流转的速度快,导致企业的商品流通资金的周转的速度也加快。在短缺经济中,生产相对于流通来说处于决定地位,流通由生产来决定,弱的供给能力就带来商品供应与销售的不顺畅,从而导致商品流通企业的流通资金周转不畅;当市场供过于求,流通相对于生产处于决定地位,消费者在流通中占优势地位,商品流通企业可能存在产品滞销,资金的占用同样不合理。总之,在市场经济条件下,商品供给与商品需求的对比状况,会影响商品流通资金的正常循环和周转。

(3) 社会环境方面。人们对流通业的认识,对流通资金作用和地位的理解,会影响流通资金的实际操作人员对资金的利用,从而成为流通资金运动的影响因素。

(4) 技术环境方面。商品流通的物流,即实体运动,是商品流通资金运行的基础,因此,商品流通的物流的发展状况,直接影响着商品流通资金流的运行。商品的空间转移的总量,会随着物流管理的发展状况而变化,物流管理越是现代化,一定时期内能够实现的商品实体转移越多。同时,商品的空间转移的速度,也与物流管理的发展有不可分割的联系,物流管理的合理化程度越高,在空间上转移商品实体所需要的时间、所耗费的物质资源和所占用的资金就越少。可见,科学的物流管理,必然使商品流通物流实体运动更有效率,从而节省空间移动距离,减少商品流通的不必要的中转环节,消除无谓的浪费,使流通的周转的货物量更大、所需时间更短,这也就必然加快商品流通资金的周转速度,提高流通资金的利用率。因此,物流管理的飞速发展很有助于改善商品流通资金的运行。同时,信息技术和网络技术的发展同样是促进流通资金运行的推动力量,它们是流通业实现现代化的重要条件。

2. 行业环境的因素

流通业在国民经济中算是第三产业,属于服务领域,它既以第一、第二产业为基础,又影响第一、第二产业。由于这是一个宽泛的行业概念,行业环境也相对比较宏观。现有的竞争状况,进入和退出壁垒和本行业对上游的供应商和生产企业以及消费者的议价能力,都对流通资金的利用效率有直接或间接的联系。

随着市场经济的不断完善,在整个国民经济的运行链条中,流通业和流通资金在从价值创造到价值实现的过程中发挥的作用,流通的竞争力对一个国家、一个地区和一个企业胜负的决定性,等等,都是流通业所处的行业环境因素的一部分。

3. 流通企业自身的因素

这是影响商品流通资金运行的内在的因素,包括企业经营管理的方方面面。资金的筹集、固定资金与流动资金如何合理分配、存货和应收项目的管理、经营所得的分配等问题,都是企业经营者必须考虑的。而企业的销售业绩、管理水平等因素也都会影响到流通企业资金利用的效率。

商品流通企业的经营管理,是企业组织商品经营过程中如何合理筹集和利用商品流通资金的问题。在激烈的市场竞争中,商品流通企业要时刻跟随市场变化,调整资金流的决策方案,按照变化的环境和自身的优势和劣势来分析和制定资金利用计划。企业能否依据市场经济变化的要求和地区的社会经济特点开展经营活动、合理组织和利用商品流通资金,是影响商品流通资金运行在微观层面上的关键问题。另外,企业决策者的素质和行为,也在很大程度上影响和制约着企业的经营管理状况。反过来,商品流通资金的运行效果,又是反映商品流通企业经营管理水平的重要标志之一。总的来说,有效地筹集和运用流通资金、切实加强经营资金的管理,有利于商品流通的资金流保持一种高效而稳定的良性循环,这将为企业带来更大的经济效益。

第二节 现代商品流通条件下的资金流运动

一、现代商品流通条件下的资金运动的新特征

在现代商品流通条件下,流通资金的运动仍然具有传统条件下所具有的那些特征,同时也具有了一些之前所没有的新特征。比如,有的商品流通企业已经把经营的触角伸向产业链的上游和下游,乃至其他行业领域,这就使得流通资金兼容了流通范畴之外的职能;而且,随着市场经济的发展,商品流通在国民经济中的作用将越来越重要,以至于商品流通企业逐渐成为引领整个经济的先锋,从而商品流通资金的投向也就引导着其他资金的运动方向;另外,经济全球化的浪潮也推动着商品流通资金在跨国界运动中具有了新的特征。因此,研究商品流通资金运动的新特点是很有必要的。

1. 融合性

融合性是指在同一产业链的不同位置或是不同行业的流通企业之间,出现的流通资金与其他行业资金相互渗透、相互交叉、融为一体的现象。从 20 世纪 70 年代起,流通资金的融合性就开始表现在电信、出版等行业,到 20 世纪 90 年代,这种流通资金融合性的特征逐渐延伸到其他产业部门。这个融合过程有三种表现形式:流通资金与农业生产资金的融合、流通资金与工业制造资金的融合以及流通资金与其他部门(如物流部门)相互渗透。当然,这三种形式并不是相互排斥的,有的流通企业同时表现出两种或三种融合现象。

比如,很多零售企业开始生产自有品牌的产品,并在自己的销售渠道中出售。像沃尔玛、家乐福、屈臣氏等大型流通企业已经不再是传统意义上只发挥从生产领域到销售领域的连接作用的流通企业,而是将经营触角伸向了上游的制造商的现代流通企业的代表。还有,多元化经营的流通企业可能在农牧业、餐饮,甚至房地产等领域投资。在这样的新方式下,其实已经很难判断这些企业的资金是否还属于流通资金的范畴。而且,随着供应链管理的不断完善,流通企业都有向其他领域延伸的趋势,这将使流通资金的融合性特征越来越明显。

2. 导向性

随着我国经济逐渐从生产主导型经济转向流通先导型经济,部分流通产业凭借着强大的信息技术和现代流通方式,造就了自己引领生产、调整结构、配置资源、促进消费、抵御风险的强大功能,从而确立了流通企业对制造商、供应商的相对支配地位。

流通企业在竞争环境中处于优势地位时,拥有了别人不可获得的某些资源,如品牌、资金、渠道等,它就会具有很强的议价能力,可以通过各种方式控制相关各方的行动。于是,流通企业的资金流向就牵动着与之相关的其他企业的经营活动,特别是上游的供应商和制造商。这种领导性的地位,使得流通资金在产业链条中也起着引导资金运动的作用。同时,这种导向性,也更有利于流通企业降低交易成本、使商品更适合市场需求、减少库存、加快周转,使得流通资金的利用率提高。这种流通资金的导向性特征,在客观上可以起到推进社会资源优化配置和产业结构调整的作用。

3. 全球化

越来越多的迹象表明,经济全球化的趋势日益增强。很多发达国家和发展中国家致力于推进国家间的经济合作，以求在扩大本国与他国经济交往、密切经济联系的同时，使本国经济与世界经济"接轨"。包括商品、货币交易等范围广泛的经济活动的规模日益扩大，也扩展了经济一体化组织的内涵与外延。我们要认识到，从某种意义上讲，经济全球化是资本运动全球化的一种表象，因此，流通资金运动的全球化也成为现代商品流通资金流运动的一大特征。

商品流通资金运动的全球化，是指处于商品流通领域内的资金，将其自身运动从一国范围内扩展到国际范围内的过程。近年来，遍及全球的连锁经销网络和采购配送网络逐步形成，成为促进流通资金全球化的重要因素。在全球化如此剧烈的冲击下，我们不仅可以看到国际巨头在彼此争夺市场，而且可以切身体会到跨国公司对中国流通领域的强劲渗透和扩展势头。我国从 1992 年 7 月起开始尝试有限度地对外开放流通领域，从此，国外的流通资金开始进入中国市场，而且一发不可收拾，截至 2004 年底，共批准设立外商投资商业企业 314 家，共利用外资 30.62 亿美元。列入 2004 年《财富》500 强的商业零售企业中，有 11 家已在中国开设店铺。2004 年外资商业占消费品零售总额的比重在 3% 左右。因此，在激烈的竞争中，我国的流通企业也应该抓住经济全球化这个机遇，充分利用国内国外的流通资金，争取在市场上占有一席之地。

4. 信息化

传统流通企业以产权关系为纽带，实行纵向一体化经营；而现代流通企业，基于核心能力，实行横向一体化或虚拟一体化经营。这就要求流通企业基于现代信息技术，实现包括资金运作流程的网络化和虚拟化。

自从进入网络时代以来，越来越多的交易行为可以通过互联网上的信息交换来完成，信息技术的使用大大方便了流通资金的运行。例如使用 ERP（Enterprise Resources Planning，企业资源计划）系统，让生产、采购、销售、财务以及内部管理等多个方面在系统中相互联系起来，并与和企业有相关贸易往来的其他企业或机构（如银行、制造企业、销售终端等）联网，从而在供应、订单、出货等方面达到及时快速反应，而且在收付款、资金管理方面实现数字化。总之，直接用现金交易的情况越来越少，信息与网络的使用提高了商品流通资金运行的客观性和可靠性，同时也带来了一定的风险。

以上这些新特点标志着流通产业正在从末端产业上升为先导产业。事实上，以电子商务、连锁经营和物流配送等为主要内容的流通现代化进程已经全面启动，我国经济将进入由流通带来国民经济运行速度、结构、质量、效率和综合竞争力的新阶段。由此，流通资金在国民经济中的地位和作用显得尤为重要。

二、现代流通条件下商品流通资金的地位和作用

商品流通资金在整个国民经济的资金运行中所占的地位,在传统条件和现代条件下有了很大的不同。这是随着商品流通领域在国民经济中的地位的调整而改变的。在传统商品经济条件下,流通作为沟通生产领域和消费领域的中介手段,是依赖于商品的生产和消费而存在的,因而流通资金的运动也是依附于生产资金和消费资金的运动之上的,所以,流通资金不但处于被动和被引导的地位,而且缺乏自身的独立性,位于从属的地位,"重生产、轻流通"的观念深深地印在人们的头脑中,流通资金的筹集和运用也没有得到相应的重视,当然也就无法发挥其对宏观经济的作用。

随着市场经济体制的不断完善,我国的宏观经济开始快速发展,商品市场供求总格局发生了根本性变化,商品供应的增加极大地扩展了人们的消费选择范围,整个商品市场总体上处于供过于求的状态。到20世纪末,我国就进入了消费比生产更具优势地位的"买方市场"阶段,市场需求对经济发展的约束作用越来越大,人们认识到,应通过发展现代流通,把扩大国内有效消费需求作为我国经济发展的基本立足点。在经济发展到如今的阶段,生产企业需要依靠流通企业将产品转移出去,消费者需要通过流通企业获得更多的选择,在这个有利的时机下,现代流通企业逐渐利用先进的技术和科学的管理方式,开始对其他领域的企业掌握了主动权。由于流通业的地位发生了重大转变,流通资金的地位渐渐地提高。在此背景下,流通资金在国民经济运行中的作用越发凸显出来。

1. 调整结构、配置资源

流通资金对国民经济有着相当大的引导力量。由于流通业和流通企业地位的上升,流通资金可以引导生产资金的流向,也就具有了调整产业结构、优化资源配置的作用。

正如前面所说,在现代流通条件下,商品流通资金具备了"导向性"的新特征,从被动和被引导的地位,上升为主动和引导地位;从依赖其他资金到独立运行;从附属变为主导。流通资金的运行,反映了整个社会经济的运行,流通资金运行的速度和效益,在很大程度上决定着整个国民经济中资金的运行速度和效益,流通资金处于前所未有的先导性地位。于是,流通资金的流向可以调整国民经济结构,使之更加合理,让经济资源更加有效地在各个领域各个行业之间流动,以达到资源的优化配置。

2. 刺激消费、扩大内需

在当前的新阶段,流通位于市场的最前沿,与消费的关系最密切,流通资金

也就成为与消费市场联系最直接的资金,它对引导人们健康合理消费也有着不可轻视的作用。

现代流通的发展,使得流通可以对消费产生很大的拉动力量,通过流通资金的运用,可以在很大程度上刺激人们的消费,从而达到扩大内需的效果,促进国民经济的增长。

3. 规避风险、提高效率

现代流通条件下的流通资金,还可以通过对上游行业的资金流动产生影响,起到规避风险、让资金流动更安全更合理更有效率的作用。

对生产企业来说,流通领域的资金流动可以看作自己资金运用的指路牌,通过分析与消费市场关系最密切的流通资金的运动,就可以由小见大,了解市场的变动情况,以做好合理的预期,使资金投放的风险更小,运用的效率更高。同样,对于其他领域和行业的企业和组织,也可以利用流通资金的运动来规避风险,提高资金利用效率。

一个国家的繁荣,一个城市的繁荣,首先表现在市场和流通的活跃上。因此,流通业是关系国计民生的重要产业,发展流通业对促进国民经济持续、快速、协调、健康发展具有重要作用。而现代流通是决定经济运行速度、质量和效益的重要因素,大力发展现代流通有利于促进国民经济快节奏、低成本、高效率运转,实现经济增长方式的转变。同时,现代流通以最方便快捷的方式满足消费需求。因此,要大力推进现代流通,培育和引领现代消费需求,以现代流通带动现代化生产,促进国民经济持续快速协调健康发展。

三、现代流通条件下提高流通资金运行效率的意义

在明确了流通业的重要地位和流通资金的先导性作用以后,提高商品流通资金运用的效率就显得尤为重要。因为,如果流通资金的运用效率提高了,国民经济中其他种类资金的运用效率都受到相应的积极影响,致使整个国民经济中资金的利用效率都提高了,于是投资的效益增加了,经济发展就会更加迅速、健康和稳定;如果流通资金的运行效率低下,存在很多浪费和周转不畅通的环节,那么其他领域的资金就会相应地周转不灵,很难发挥理想的效果,因而经济中资源的运用效率低下,无法持续良性地发展。另外,流通资金对国民经济有着不可替代的"指挥棒"式作用,它的利用效率将在很大程度上影响诸如引导生产、刺激消费、配置资源、调整结构等方面的作用的发挥。所以,研究如何提高商品流通资金利用的效率,对经济运行有很现实的意义。

第三节 提高商品流通资金的利用效率

现阶段,我国流通资金短缺的情况并不少见,但资金循环太慢,缺少流动效率,经济节奏缓慢、迟滞,一些巨额资本甚至沉淀、凝固或隐性闲置导致了更大的资金缺口,因此,提高流通资金利用效率的需要非常迫切。提高商品流通资金的利用效率,要从流通企业经营的角度入手。

一、提高商品流通企业流动资金的利用效率

流动资金是流通企业在经营管理中最能直接掌控和灵活运用的资金,因而在日常运营中企业经营者容易对流通资金的管理进行操作,而且流动资金是流通企业的命脉,企业是否能顺利运转,关键在于流动资金的运用,所以我们要从提高商品流通流动资金的利用效率着手,改善商品流通资金的运行。

我们知道,商品流通中的流动资金是流动资产的货币表现。它是指除固定资金以外商品流通企业占用的全部资金。其具体形态包括货币资金(如现金、银行存款等)、存货(如在途物资、包装物、库存商品、低值易耗品等)以及应收项目(如应收货款、应收票据等)等。它直接用于商品流通、直接参加商品流转的各个环节,在一次周转中全部投资和收回,并不断周转循环。

从流通企业外部来看,生产力布局的合理程度,生产的连续性、稳定性、商品自身的质量品种,以及在市场上的受欢迎程度等,往往对流动资金的周转构成很大影响。此外,基础设施建设,运输的条件也对企业的流动资金运转带来一定的影响。从流通企业内部看,企业经营管理水平的高低是决定企业流动资金利用效率的最主要因素。要提高企业流动资金的利用效率,应该从以下四个方面采取措施。

1. 加快销售周转

流通企业自出现以来,最核心的任务就是扩大销售额,这是流通企业流动资金运转的关键所在。这与企业的营销战略和整体经营战略有着密切的关系。通过各方面的配合,增加销售数量、加快销售的速度,必然会加快流动资金的周转,从而提高流通企业流动资金的利用效率。

2. 有效利用物流技术

商品流通的流动资金周转在很大程度上取决于货物的结构和质量,这就要求采购工作具有很强的科学性。流通企业的采购人员,要准确把握市场需求,倾听消费者的心声,从而合理地预测需求的波动,为销售做好充分的准备。这样,

既可以减少存货成本,使销售更加通畅,也可以给上游的生产企业以明确的信号,对下一期或以后的生产做出合理的安排。在商品供应的链条上,有时会出现需求数量的信号沿供应链条向上游逐渐放大的现象,也就是所谓的"牛鞭效应",这时,采购人员更应该提高警惕,全方位地考虑,以保持购入商品环节的稳定。商品采购的合理性包括数量和结构两个方面,只有科学的采购数量和结构才能提高企业流动资金的利用效率。在现代的物流技术中,对采购的管理提出了很多方法,不仅可以用招投标的方式,还包括与供应商建立长期联系,通过信息系统实现实时监控补货、销售商联盟等。流通企业可以根据自己的需要,在技术条件允许的情况下,使用一些先进的现代采购技术,以提高流动资金的利用效率。

存货在商品流通企业的流动资金占了很大的比例,它可以通过资金存在形态的不断循环改变,为企业带来价值量的增值,同时,为企业灵活调度资金,进行再投资提供即时有效的资金来源。因此,合理的储存,可盘活、保全存量资产,加速存量资产周转,成为提高流动资金利用效率的关键环节。虽然现代的流通中存在这样的观念,即"零存货"、"JIT 管理"等,但是,在大多数情况下,为了减少缺货成本、保持一定的安全储备,流通企业都会保留一部分存货。这一部分必需的存货,其管理便成为流通资金利用的关键要素。过多的存货对企业来说是很不科学的,它会掩盖很多管理上的缺陷,如商品结构不合理、成本过高等,因此流通企业应通过对市场的预测,制定适合本企业的存货政策。我们可以按照以往需求的经验计算最佳订货点,以保持存货与需求的吻合;也可以按 ABC 分类法,将存货按销售情况分为几个等级,分别管理;对于不可预测的需求波动,最好有一定的安全储备。当然,企业还可以用其他的方法管理存货,比如,以信息管理代替库存管理,实行一体化供应链管理,但总的原则是降低成本、适应需求,以提高流动资金的利用效率。

流通企业作为联系生产和消费的桥梁,实物的转移方式也是流通资金周转的影响因素之一。运输方式、运输工具的合理选择、现代配送技术的应用会大大提高企业运输的效率,缩短商品在途的时间,使生产和消费的中转环节减少,降低成本、提高效率。运筹理论中对运输模型设计的表上作业法、项目管理中的很多方法都可以用科学的数量计算方法来规划运输管理。先进的信息技术也有助于运输的有效管理,企业应选择最切合实际的方法来提高流动资金的利用效率。

3. 对供应链实现整合管理

供应链管理里的资金流程优化,就是针对流通资金利用效率提高设立的。这主要是对资金的取得和运用过程的优化,以及利用资金促进整个供应链的运作,使得业务进行得更快。

供应链整合，要求尽量减少流动资金的占用，以提高盈利率；利用更完善的流程设计、物流和信息系统，加快销售收入的实现。另外一个资金流程带来的竞争优势，使资金流程的严谨管理能为企业带来无形的宝贵资产——商誉。这可以在争取与供货商的合作、对零售商的经营和信用状况的了解等方面取得优势，以减少财务风险，实现流动资金利用效率的提高。

4. 合理使用资本运营手段

流通企业应该对货币资金的持有量、应收账款加强管理，进行综合考虑和控制。当然，在第三方甚至第四方物流出现并蓬勃发展的今天，流通企业的采购、存货、运输等职能都可以通过外包的形式来实现。但是，不管是自己经营还是作为一个虚拟企业将业务外包，都需要根据市场状况和企业自身资源有效地提高流动资金的利用效率。

二、提高商品流通企业固定资金的利用效率

谈到流通资金的利用效率，人们往往更多地注意到流动资金的利用效果，而对固定资金的利用效果重视不够。这一方面是由于流通企业的流动资金所占比重较大；另一方面是因为流动资金的伸缩性较大，容易控制。但是，固定资金的利用效率也是流通资金运行效率的重要方面，特别是在流通业日益现代化、固定资金在流通资金中所占比重逐渐提高的情况下，固定资金的合理利用更应该得到足够的重视。

固定资金是固定资产的货币表现。固定资产按其用途，可以分为营业用固定资产与非营业用固定资产。营业用固定资产包括房屋建筑、技术设备、运输工具等，非营业用固定资产包括职工食堂、宿舍等。

1. 提高营业用固定资金的利用效率

一般来说，这关系到企业的总体战略决策，比如企业的选址、仓库的搭建、设备引进，等等。通常，零售企业的销售终端可以根据商品的性质、自己的经营业态等，选在市区的繁华地带，但是办公地点可以不设在中心商业区，储存仓库可以建得更远，甚至在郊区建立配送中心，以科学的物流管理来降低成本。另外，根据发达市场经济国家的经验，批发企业的设置一般不应设在交通拥挤、人口稠密的繁华地段，而应该以交通便利为主要标准。其他关系到管理方面的开支，也要经营者仔细斟酌，以充分发挥企业固定资金的效用。

2. 提高非营业用固定资金的利用效率

企业应酌情考虑实际情况，决定是否设立如食堂、医院等附属部门。对于现代流通企业来说，应从节约成本出发，尽量将资金运用在能发挥最大效用的地

方,而其他辅助设施则视情况而定,但是,有效的福利设施将增加员工的满意度,使企业运作更有效率。总之,如果企业管理者能从经济环境的各个方面综合考虑,在作出重大决策时慎重选择,那么固定资金的占用将变得更有效率。

另外,流通企业还可以有效地利用资本市场,使固定资产的来源和使用多样化,从而在更广泛的意义上提高流通企业固定资金的使用效率。

三、提高商品流通企业专用资金的利用效率

从定义来看,流通专用资金是指商品流通企业除了业务经营上用的流动资金以外,为满足其他的一些适应企业经营管理的实际需要,从特定来源形成的并具有特定用途的专项商品流通资金,比如更新改造资金、大修基金、职工福利基金、专项奖励基金、技术改造措施费和简易建筑基金等。专用资金不管是由企业利润留存的部分还是由上级的专门拨款形成,都应该作为企业宝贵的资源认真对待。这部分资金,除了本来就是用于专项用途之外,那些企业可以自由支配的资金的应用比较灵活,它可以用作企业的流动资金,也可以作为固定资金投资,这要视企业的实际需要而定。总之,流通企业要本着节约和高效的原则,让流通专用资金的运用产生更好的效果。

四、让商品流通资金对国民经济运行发挥更积极的作用

流通问题是一个宏观经济问题,因此流通资金与国民经济有着很大的关系。在 20 世纪 80 年代,美、日、英、法四国的流通业国民经济贡献率已经分别达到 20.62％、13.89％、14.21％、14.18％,而中国只有 6.71％(国民经济贡献率是指流通业增加值的增长量与同期国内生产总值增长量的比值)。随着我国经济的发展,流通业的地位在不断提高,但是我国的流通费用在 GDP 中所占的比重却一直偏高。这种状况制约着商品流通资金对国民经济发挥积极作用。

因此,壮大我国流通业、降低流通费用、提高流通效率、发挥流通资金调整优化产业结构的主角功能的要求越来越迫切,意义十分深远。市场经济发展到今天,市场机制在商品流通资金运动中发挥了很大的作用,但是这些都是相对分散和自由的,要使流通资金的运用真正发挥对国民经济的引导作用,就不能光靠市场机制的作用,而要靠制定合理的宏观政策来调节,比如产业政策、税收政策、投资政策,等等。

在对外开放、参与世界经济一体化的过程中,流通资金表现出融合性、导向性、全球化和信息化的今天,我国将逐步在世贸组织的框架下就国内流通业、制造业和产业结构做出独立自主的政策安排。同时,随着流通产业逐渐走上经济运行的先导地位,我们应该抛弃"重生产、轻流通"的旧观念,改变我国流通方式

陈旧、结构不合理,传统业态比重偏高,信息技术水平偏低,诚信意识不强的局面,让流通业真正成为领导性行业,让流通资金发挥更大的作用。

本 章 小 结

在商品流通的过程中,资金流运动是和商流、物流、信息流的运动共存的,它们同时作用,使得商品流通过程可以顺利完成。

商品流通资金,是指在市场经济活动中,流通企业在组织商品流通经营活动过程中所支付的一切物品和费用的货币表现,它是一种运动着的价值。它包括在组织商品流通过程中各种形态的资金的总和,也就是商品流通企业拥有的全部财产的价值形态。

商品流通资金由其内部的运行状况、存在方式、表现形式的不同而呈现出多维的结构。按在商品流通过程中所起的作用及形态变化划分,商品流通资金可以分为流动资金、固定资金和专用资金三种。

资金是一种运动着的价值,在不间断地重复循环过程中,商品流通资金才能显示出它的功能,增加社会价值。运动中的商品流通资金,具有三方面特征,即垫支性、周转性和增值性。商品流通资金运动的影响因素可以从宏观环境、行业发展状况和流通企业三个角度去分析。

现代商品流通中资金的运动呈现出新的特点,表现为资金的融合性、导向性、全球化、信息化。流通资金对国民经济有着不可替代的"指挥棒"式作用,它的利用效率将在很大程度上影响诸如引导生产、刺激消费、配置资源、调整结构等方面的作用的发挥。

资金利用率的低下是我国流通资金不足的一个重要原因。要提高商品流通资金的利用效率,要从流通企业经营的角度入手,分别从对流动资金、固定资金和专用资金的利用中寻找提高效率的突破口。

思 考 题

1. 按在流通中的作用和形态划分,商品流通资金有哪几种?
2. 一般条件下商品流通资金具有哪些特征?
3. 分析商品流通资金运动的影响因素。
4. 现代商品流通中资金流运动呈现出哪些特征?
5. 结合实际,谈谈如何提高流通资金利用效率。

第九章 商品流通中的促销流运动

学习目的与要求

1. 了解20世纪90年代后,我国促销方式演变史;
2. 掌握流通促销的本质;
3. 掌握商品流通促销的作用机制;
4. 掌握政府规范市场促销行为的方式和内容。

改革开放以来,随着卖方市场向买方市场转变,各种促销方式层出不穷,争奇斗艳。其涉及面之广、持续时间之长、手段力度之强、理性与非理性交织之复杂,值得我们思考和研究。

第一节 商品流通中促销方式演变

20世纪80年代后,我国市场出现的主要促销方式有以下八种。

一、活动营销

20世纪80年代,跨国巨头纷纷来华投资办厂。他们不仅带来了先进的科学技术,更引进了现代的营销理念和管理经验,其中有代表性的是以品牌管理、促销方式著称的宝洁公司。

1990年2月,宝洁公司举办了"飘柔美发亲善大行动",同年5月推出了"海飞丝南北笑星、歌星光耀荧屏活动",1994年又举办了"飘柔之星全国竞耀活动",等等。

当时,活动营销已成为最贴近消费者的一种促销方式。

二、巨奖销售

20世纪80年代末,政府为了解决通货膨胀问题,出台了一系列宏观调控政策,国内市场骤然降温。同时,生产企业和商业企业产品积压严重,商品难卖现象也随之出现。为了摆脱困境,工商企业纷纷求助于五花八门的促销手段渡难关,最后演变成为一场横扫中国城乡的"巨奖销售"。

这一时期的促销方式跟进之风很盛。一个企业搞有奖销售,就会引起许多企业竞相模仿,随着一些有实力的大企业参与,奖金额直线上升,"有奖销售"很快演变成"巨奖销售","送汽车""送家电"是其主要形式。这一时期的典型代表是郑州市七大商场的著名商战,当年摆在亚细亚商城门口的那辆红色桑塔纳轿车,至今让郑州人记忆犹新。

三、赞助

早在20世纪80年代中期,广州白云制药厂以企业身份承包了广州足球队,开创了新时期我国企业赞助的先河。同年,健力宝饮品和海鸥手表赞助中国体育代表团进军奥运会。之后,越来越多企业认识到赞助的魅力所在,纷纷赞助体育赛事,大大推动了体育产业市场化的进程。

四、央视标王

1994年,央视广告部把中央电视台的黄金广告段推向市场,在全国进行招标。孔府家酒、秦池、爱多、步步高、娃哈哈、熊猫、蒙牛、宝洁等品牌,以几千万到几个亿的广告费,分获第一届到第十四届标王。对"标王"的各种议论至今褒贬不一,人们见证了宝洁和蒙牛的成长,更看到一些品牌因标王而一夜走红,又很快因经营不善而昙花一现。

五、打折

1996年后,我国市场整体进入买方市场阶段,据调查市场上供求平衡或供大于求的产品占98.4%。于是,打折风潮成为商家们司空见惯的促销手段。1997年元旦,北京市友大厦全部商品一律八折优惠,当天其营业额是平时的十倍。那时全国无处不打折,一家发动,百家跟进,让利幅度越来越大,持续时间越来越长,形成恶性循环,许多商家几近无利乃至亏本销售。

六、积分计划

步入新世纪,市场进入微利时代。在这一背景下,以保留顾客和建立顾客长期关系为主旨的促销方式开始流行,"积分计划"开始在零售、电信、交通等行业得到广泛运用。

七、直播带货

利用网红直播来带动销售这种促销方式,已有多年。2020 年新冠肺炎疫情使这一促销效应急剧放大。从网红、企业家到影视明星,从快消品、家电、汽车到房产,其涉及面之广,增长速度之快,前所未有。

八、购物节

利用购物节促销的成功案,首推 2009 年举办的"淘宝商场购物狂欢节",由于采取强有力的网络造势和力度很大的降价措施,"双十一"已成为中国电子商务行业的年度盛事。

如今造节成风,"双十二节""女王节""油菜花节""夜生活节"等,曾经一年一度的购物节变成"全年都是节,各行各业都造节,大节套小节,节节相连,全节无休"。

第二节 提高商品流通促销活动效果

一、对我国促销活动的几点思考

对改革开放以来主要的促销形式进行复盘,可以有以下几点思考:

(1) 上述促销形式在时间上是继起的,在空间上又是并存的。有奖销售、打折、积分计划、活动营销等促销活动在今天不仅没有消失,反而更普遍和更经常地被商家使用。

(2) 认清促销的本质。一些企业家认为,所谓促销,就是向消费者让利,并通过让利加快产品销售。这是一个影响很广危险很大的错误观念。美国西北大学唐·舒尔茨早就指出"促销即传播",即"以各种有效的方法向目标市场传递有关信息,以启发、推动对企业产品的需求,引起购买行为"。

如果把促销仅仅理解为"让利",有可能使促销工作走偏方向。常见一些品牌的促销活动花费巨资却达不到预期目标,究其原因:一是信息传播内容(促销目标)不明确;二是信息传播对象(促销目标市场)不清晰;三是信息传播手段(促销形式)不科学;四是信息传播要素(促销的时机、规模、力度)不匹配,等等。只有在"有效传播和沟通"理念指导下,促销设计的思路才会更广阔,效果也才会更好。

(3) 根据"促销即传播"的论断,促销形式的不断创新是必然的趋势。促销的主体、客体、方式等均受一系列因素制约,当制约因素变了,促销诸内容不能不变。新冠肺炎疫情期间,人们都宅在家中,各种线下活动不再可行,而线上直播带货则应运而生。

二、促销的作用机制

对于促销的作用,国内企业往往寄予厚望,其地位高于产品策略和分销策略,并愿意为此投入巨资。为此,认清促销策略的作用机制十分重要。

(1) 一般说,促销在新店开业、新产品推广、品牌庆典、年末大促等时候,以及吸引品牌转换者和追求交易优惠者时有一定作用。

(2) 大多数促销效果持续时间较短。例如,一品牌在促销前有6%的市场份额,在促销期间突升至10%的市场份额,促销后往往又跌至5%的市场份额。促销后未能回到促销前水平,这是因为消费者存货而导致,促销仅仅改变了需求的时间,并没有改变需求量。

(3) 单纯的折扣、巨奖、优惠券、赠品等促销手段并不能建立消费者长期忠诚。著名品牌必须慎用这些促销手段,否则会损害其品牌形象。

(4) 有关研究表明,实际促销费用往往高于计划。因此,约三分之一的促销活动是亏损的,三分之一是收支相抵,盈利的不足三分之一。

(5) 慎用打折手段。打折,使消费者对品牌的认识停留在打折前的价值和价格水平上。打折的效果往往不如积分制,后者至少可以吸引顾客再次光临。

三、促销行为规范

随着促销活动常态化,各种促销手段越来越复杂,套路也越来越多,如先提价后打折、使用虚假宣传方式误导消费者,等等。为了规范经营者的促销行为,保护消费者合法权益,维护公平竞争的市场秩序,政府通过制定法律法规等方式来管理市场,并随着促销行为的变化,不断对有关法律法规予以调整。自2020年12月1日起实行的《规范促销行为暂行规定》,对有奖销售、价格促销等行为进一步予以规范,如免费赠品不能是不合格商品、有奖销售前应公布相关信息、抽奖促销价格不能超过五万元等。

本 章 小 结

促销,是指企业在商品流通过程中以各种有效方式向目标市场传递有关信息,以启发、推动或创造对产品的需求,并引起购买行为的活动。

20世纪80年代以来,我国市场促销方式快速更替,影响大的有活动营销、巨奖销售、赞助、央视标王、打折、积分计划、直播带货、购物节等。

复盘促销方式演变过程,发现诸多误区。究其原因,大多数企业家把促销理解成"让利",使促销工作走偏方向。

促销作用机制指明了其效果时间、种类、费用等内在关系的规律性。

随着促销活动常态化,各种促销手段越来越复杂,套路也越来越多,各种规范化手段也纷纷出台。

思 考 题

1. 促销的本质是什么?我国流通领域促销活动走偏方向的案例分析。
2. 检索我国规范促销活动的法律法规文件,分析其出台背景及重点内容。

第四编 流通盈利模式

盈利模式是企业获取利润的方式和途径。能否找到一个适合自身的盈利模式关系到商品流通行业的生存和发展。在比较传统和现代商品流通盈利模式的基础上,着重对商品流通盈利的利润点、盈利通道、利润屏障等进行深入剖析。

第十章 现代商品流通盈利模式

学习目的与要求

1. 掌握盈利模式的基本含义和构成要素；
2. 掌握现代流通企业盈利模式的基本特征；
3. 了解流通企业盈利模式的分类；
4. 了解现代盈利模式和传统盈利模式的区别和联系；
5. 掌握进销差价模式、连锁经营模式、渠道控制模式、供应链模式、增值服务模式、电子商务模式的基本内容。

中国的市场经济已经发展到一个新的阶段，回顾中国商品流通的发展过程，人们在探索为什么一些业态和流通企业随着市场经济的深化而消亡，而一些业态和流通企业却能够不断地发展壮大，其中一个重要的原因是是否能够找到一种适合企业自身发展的盈利模式。

第一节 盈利模式概述

什么是盈利模式？它包括哪些要素？它的基本特征是什么？如何分析和建立企业的盈利模式？这是本节研究的主要内容。

一、盈利模式的基本含义

目前，详细阐述盈利模式的文献还不多。国外有些学者在有关文章中，提出过有关盈利模式的概念，并有着不同的理解。

Linder 和 Cantrell 认为，盈利模式是创造价值组织的核心逻辑，Petrovic 等人也提出了相似的观点，认为盈利模式是一个通过一系列业务过程创造价值的商业系统[①]。

---

① Petrovic, O., Kittl, C. Teksten, R. D. Developing Business Models for eBusiness, In the Proceedings of the International Conference on Electronic Commerce 2001, Vienna, Austria, October 31-November 4.

还有一部分研究者从盈利模式的主要元素及其相互关系的角度出发,来界定盈利模式。欧洲学者 P. Timmers 就是一个典型代表,他把盈利模式定义为一个集合了产品、服务和信息流的体系结构,包括了对于不同商业活动参与者以及他们所扮演的角色的描述,以及对于每个参与者能带来的潜在收益和收入源的描述。它包含三个要素:(1)商务参与者的状态及其作用;(2)企业在商务运作中获得的利益和收入来源;(3)企业在商务模式中创造和体现的价值①。

MIT 信息系统研究中心主任 Weill 和 Vitale 把盈利模式定义为对于企业的消费者、用户、同盟者和供应商的职责和关系的描述,能够识别主要的产品流、信息流、现金流和参与者的主要收益②。

Elliot 则侧重于贸易关系和成本、收入流。他的定义如下:盈利模式详细说明了一个商业实体中不同参与者之间的关系,每个参与者的成本和收益。所有的盈利模式都试图解决一个简单的方程:利润=收入−成本③。

Afush 和 Tucci 认为,盈利模式是一个企业建立和有效使用自己资源的方法。通过这个方法,企业能够向客户提供比竞争对手更大的价值,并以此来盈利。简单地说,盈利模式就是对于企业现在如何赚钱、将来如何规划的描述④。

北卡州立大学知名教授 Michael Rappa 从网络经济学的角度阐述了盈利模式的概念,认为盈利模式就其最基本的意义而言,是指做生意的方法,是一个公司赖以生存的模式——一种能够为企业带来收益的模式。盈利模式规定了公司在价值链中的位置,并指导其如何赚钱⑤。

根据埃森哲的定义,盈利模式至少要满足两个必要条件:第一,盈利模式必须是一个整体,有一定结构,而不仅仅是一个单一的组成因素;第二,盈利模式的组成部分之间必须有内在联系,这个内在联系把各组成部分有机地关联起来,使它们互相支持,共同作用,形成一个良性的循环。

以上定义虽各有不同,但有一点可以明确,一个好的盈利模式可以为企业带来持续的利润和竞争力。它能够清楚地描述企业的利润来源和价值创造过程。

---

① Timmers,P. Business Models for Electronic Markets. Journal on Electronic Markets. 1998,8(2):3-8.

② Weill,P.,Vitale,M. R. Place to Space:Migrating to eBusiness Models. Boston:Harvard Business School Press,2001.

③ Adamantia Pateli. A Domain Area Report on Business Models. White Paper. Athens University of Electronics and Business,Greece,November 2002.

④ 阿兰·奥佛尔,克里斯托福·得希,《互联网商务模式与战略》清华大学出版社 2002 版。

⑤ Rappa,M. Managing the Digital Enterprise-Business Models on the Web. http://Iwww.teradata.com/t/page/105888/.

就这一点来说,任何企业都适用,当然也包括现代流通企业。

本书采用如下定义:"盈利模式是基于战略层面的以客户和利润为导向的企业资源运营方式,是企业在市场竞争中逐步形成的企业特有的赖以盈利的商务结构及其对应的业务结构。"在这里,商务结构主要指企业外部所选择的交易对象、交易内容、交易规模、交易方式、交易渠道、交易环境、交易对手等商务内容及其时空结构,其直接反映的是企业资源配置的效益情况。业务结构主要指满足商务结构需要的企业内部从事的包括科研、采购、生产、储运、市场营销等业务内容及其时空结构,它直接反映的是企业资源配置的效率情况。每个企业都有其商务结构和相应的业务结构,但由于并不是每家企业都能够盈利,所以说并不是每家企业都有盈利模式。

根据企业对盈利模式的认识程度可以将盈利模式划分为两类:自发的盈利模式和自觉的盈利模式。自发的盈利模式顾名思义,它是自发形成的,企业对如何盈利,未来能否盈利缺乏清醒的认识,也就是说,企业虽然盈利,但是对盈利模式缺乏清楚明晰的认识,其盈利模式具有隐蔽性、模糊性、缺少灵活性的特点;而自觉的盈利模式是企业在盈利的实践中不断学习和总结,结合企业的外部环境和内部自身资源不断对盈利模式加以调整和设计,因此与自发的盈利模式相比具有明晰性、能动性、稳定性等特点。

在市场竞争的初期和企业成长的不成熟阶段,企业的盈利模式大多是自发的,随着市场竞争的加剧和企业的不断成熟,企业开始重视对市场竞争和自身盈利模式的研究,即使如此,也并不是所有企业都有找到盈利模式的幸运。

二、盈利模式的构成要素

尽管各个产业中都存在着一定量变化的盈利模式,但所有这些模式的设计,都是为了使其所有者能够长久获得利润。所有这些模式都有着共同的赖以获利的因素。通过对盈利模式的分析,可以把盈利模式归结为一个系统,它由不同部分之间的联系及其互动机制组成。不管什么企业,其盈利模式都可以归结为五个基本构成要素,这五个基本构成要素分别是利润对象、利润源、利润点、利润杠杆和利润屏障,几乎所有企业的盈利模式都是包含这些要素的不同形式的组合。

1. 利润对象

利润对象是企业商务结构中商务交易的对象,即企业商品或服务的客户群体,他们购买企业的产品或服务,是企业利润的唯一源泉。利润对象可以分为主要客户群体、辅助客户群体对象和潜在客户群体。对企业的利润对象:一是要有清晰的界定，没有清晰界定的利润对象往往具有不稳定性；二是要有足够的容量，没有足够的容量，企业的业务规模必然受到局限；三是企业要对客户群体的需求和偏好有深层次的认识和了解；四是企业在挖掘利润对象时同竞争对手相比较而言具有一定的竞争优势。

2. 利润源

利润源指的是企业的收入来源，即从哪些渠道获取利润，解决的是收入来源有哪些问题。企业的收入和利润来源是企业盈利模式的一个重要组成部分，不同的行业、同一行业内的不同企业之间，其利润的获取途径都是不同的。对利润来源渠道的深刻理解可以有助于现代流通企业更好地制定企业发展战略。

3. 利润点

利润点是指企业可以获取利润的产品或服务，也就是一个企业通过它的产品或服务为所选择的顾客所带来的效用。好的利润点是客户价值最大化与企业价值最大化的结合点。它要求：一要针对目标消费群的需求偏好；二要为构成利润源的客户创造价值；三要为企业创造价值。有些企业的产品或服务或者缺乏利润源的针对性，或者根本不创造利润，就不能称之为好的利润点。利润点反映的是企业的产出。

4. 利润杠杆

利润杠杆是企业业务活动的结构和内容，即指企业开发、生产、吸引、供应满足利润对象需要的产品或服务的一系列业务活动及其结构。企业发现利润对象、界定利润对象、为利润对象生产产品或服务以及吸引利润对象，必须实施一系列业务活动，通过这些活动，企业和客户双方的需要才能得到满足，它必须与企业的价值结构相关，回答了企业能够提供的关键活动有哪些的问题。利润杠杆反映的是企业的一部分投入。

5. 利润屏障

利润屏障也是企业的一部分业务活动及其结构，它是指企业为防止竞争者掠夺本企业的利润源而采取的防范措施，它与利润杠杆同样表现为企业投入，但不同的是利润杠杆的目的是撬动"奶酪"为我所有，利润屏障则是对竞争者设置壁垒以保护"奶酪"不为对手获得或尽量减少对手获得"奶酪"的数量。

三、盈利模式的基本特征

简单地说，盈利模式是构成价值获得的各种因素的综合体，是基于战略层面的以客户和利润为导向的企业资源运营方式，其本质是企业竞争优势的体现，是实现企业利润和价值的最大化。盈利模式有以下五个基本特征。

1. 盈利模式是企业核心竞争力的具体实现形式

盈利模式是从运营战略视角对核心竞争力的分析，每一种盈利模式的建立都须有相应的核心竞争力作支撑。核心竞争力具有很强的"溢出效益"，企业一旦创建了自己的核心竞争力，能使相关的技术领域和新的创新大获利益；企业可将核心竞争力组合到不同的创新中，构建新的创造和发展的基础，继而在某一领域建立起自己的竞争优势，不断地推出创新成果，极大地促进企业自身的发展。

2. 盈利模式应以客户需求为导向

著名管理大师汤姆·彼得斯指出，追求卓越最重要的一点就是为客户提供最优质的服务和最优的质量。这说明了对客户和潜在客户了解的多少决定了企业能够在多大程度上获得成功，然而，现在面临的现实问题就是有多少企业真正去考虑客户了？没有找对客户必然无法得到源源不断的利润，客户不稳定会导致利润断流，而死守一个客户利润必定会干涸。因此，盈利模式必须以客户需求为导向，以发现、创造并满足客户需求为前提，解决好了客户的问题，也就是找到了企业的利润源，企业的盈利模式也就更加合适了。

3. 盈利模式需要关注资源的产出效率

投入产出比例关系反映了企业在价值链各环节资源的投入及其回报之间的关系。投入产出比率越低，其经济效益越好，反映企业的盈利能力也就越强；反之，如果该比例较高，则反映出企业的经济效益较差。投入产出比例虽然在一定程度上反映了企业的盈利能力，但是投入产出比例并不能完全反映出企业盈利模式的设计是否合理，是否具有产生巨大盈利能力的效率，因为影响投入产出比例的因素很多，诸如投入资源的价格、企业的市场环境等因素。投入产出比例关系随着这些因素的变动而变动，其本身并没有反映出资源的产出效率问题，所以盈利模式不仅仅要关注资源的投入产出比例，更要关注企业的投入资源的产出效率，设计合理的盈利模式，必定是资源产出效率高的盈利模式。

4. 盈利模式是动态发展的

企业开始设计的盈利模式，可能是极具盈利性的，是适合企业当时发展的需要的，但是从哲学的角度来看，世界上万事万物都是在不断发展变化的，企业的环境也是如此。随着企业内部环境和外部环境的不断变化发展，今天盈利的模式，明天可能变成是无利润的，甚至可能是负利润，阻碍企业的长期发展。因此，企业的盈利模式设计好以后要随着客户需求、企业环境的变化不断寻找新的盈利模式，适应企业的发展需要，而不可以无论企业发展到什么阶段，无论内、外部环境如何改变,企业的盈利模式都一成不变。

5. 盈利模式需要制度安排做基础

制度安排是指某一特定类型活动和关系的行为准则,是对所有正式规则的设计、建构与操作。企业设计制度安排是指企业为追求利润,最大限度地满足客户的偏好所进行的对经营方式的规则进行设计、建构与操作,主要包括战略、操作和组织三个方面的内容。对于企业来说,单纯设计好盈利模式远远不够,必须要让盈利模式发挥出其应有的作用,因此需要存在一套相应的企业设计制度安排作为基础。

四、盈利模式研究意义

经营任何一个企业的最终目的就是获得盈利,盈利是企业长期战略和生存发展的必要保障,任何战略和经营思想的落脚点就是制造盈利,如果企业不在战略和执行中关注盈利,并把盈利转变成经营的战略实践,那么,制定再好的战略最终也必将成为企业的巨大的成本。一个企业之所以能够成功,除了企业必须拥有人力资源、资金资源、物流资源、操作灵活的组织结构和优秀的管理团队外,还必须具有自己特色的盈利模式。盈利模式是每个企业都要思考和研究的问题。企业没有合适的盈利模式,就没有稳定的现金收入,这样,在企业经营过程当中,就会经常出现业绩大幅波动的现象。因此,流通企业如果没有盈利模式,或者盈利模式不清晰,或者缺乏环境适应性,企业的发展将陷入困境。

第二节 现代流通盈利模式理论研究

流通企业是一个追求盈利的经济实体,盈利能力是企业核心竞争力的主要表现形式之一。伴随着宏观经济环境的不断发展,对我国流通产业的发展战略选择产生了深远的影响,为适应新经济的发展要求,现代流通企业必须对盈利模式作出相应的变革,才能增强自身的竞争能力。通过对盈利模式开展深入的理论研究,有助于深入了解流通企业的运营实质,促进我国流通企业谋求新一轮的快速发展。

一、流通盈利模式的演变过程

随着我国由社会主义计划经济体制向市场经济体制的转变,同时在经济体制改革和经济全球一体化的驱动下,流通企业在产权制度、现代企业制度、组织结构等方面都作出了重大的改革,流通企业的盈利模式也相应作出变动以适应发展的需要。本节主要从批发和零售企业的角度对流通企业盈利模式发展历程作一简要回顾。

长期以来,我国都处于短缺经济之下,市场上表现出来的态势是"供不应求"的卖方市场。在这一阶段,生产企业对市场拥有绝对控制力,流通企业依附于生产企业,执行传递商品价值的功能,其盈利模式多为通过一手从生产企业买进商品,一手出售给消费者的过程中获取利润,利润来源渠道相对单一。

改革开放以来,商品经济得到了长足的发展,商品货源得以稳定增长,市场繁荣兴旺,由原先的卖方市场转向买方市场。原先的流通企业在资本原始积累的基础上,同金融资本相结合大量融资,运用连锁经营、合并、兼并等手段,不断设立连锁企业,增加了渠道控制力;而另一方面,生产企业之间的竞争加剧,产品同质化现象严重,生产企业原先对流通企业的绝对控制地位逐渐衰落,直至不得不依附于流通企业强大的分销网络销售企业产品。同时,由于市场上商品货源丰富,商品种类繁多,消费者的购买行为更加趋于理性,流通企业为了顺利将产品销售给消费者,通常采取的是降低价格,甚至是以低于成本价格的方法来吸引消费者的关注,为了维持企业自身的生存和发展,流通企业不得不将盈利来源渠道转向生产企业,而生产企业迫于地位上的转变不得不接受这样的困境,因此在这一阶段流通企业的盈利模式主要以面向生产企业索取利润为主。

无论是生产企业控制流通企业还是流通企业控制生产企业,这两个阶段都有一个共同的特点,那就是生产企业和流通企业彼此之间为利益问题而产生矛盾冲突。冲突带来的最根本的问题是交易成本的上升以及交易风险的增加。从福利经济学的角度来看,这没有达到帕累托最优,存在帕累托改进;而博弈论告诉我们,只有合作才能真正做到帕累托最优。在大量流通企业不断涌现,竞争程度不断加剧的情况下,生产企业和流通企业共同认识到合作的重要性,于是双方由对立走向共生,利益共享、风险共担,形成命运共同体。这一阶段流通企业盈利模式的重点在于运用供应链管理技术,改进生产工艺,进行流程再造,从生产成本和流通成本两个角度同时出发,降低成本,提高利润空间。

随着市场经济的发展,出现了许多新兴的流通企业,这些企业经营产品的同质性越来越大,竞争压力空前强大,大量流通企业在竞争中消亡。为改变现状,很多流通企业都在思索新的发展道路,于是避开通过商品盈利而通过向上下游企业提供服务获取利润成为新的盈利模式。事实上,通过提供服务获得的利润往往远远大于通过产品获得的利润,而且从服务的特性来看,容易做到差异化,使企业与企业之间做到有效的差异化。

二、现代流通盈利模式的基本特征

随着商品经济的发展，流通企业不再仅仅作为生产和消费的中介，执行转移商品价值的功能，流通企业更多地表现出其引导经济发展的作用，流通企业的地位已经由传统的"流通无用论"上升为"流通先导论"，黄国雄教授甚至提出"流通基础产业论"这一革命性的观点。同时，由于市场上商品供给充足，市场由"卖方市场"转向为"买方市场"，消费者的购买行为往往决定了企业的命运，流通企业之间的竞争力度加剧。流通企业地位的转变以及市场竞争的增加决定了现代流通企业要维持生存，就必须转变流通企业的盈利模式，适应市场发展的需要，现代流通企业盈利模式的基本特征主要表现在以下五个方面。

1. 以消费者需求为导向

消费者是流通企业盈利模式的利润对象，是流通企业利润的根本来源，企业能否获利，其根本就在于消费者是否购买企业的产品或者服务。随着经营环境的变化，消费者的需求也在朝着多样化和个性化的方向发展，他们不仅仅关注对实体产品功能上的需求，对购买产品后企业提供的支持性后续服务需求同样注重。因此，现代流通企业必须转变原有的经营理念，及时把握消费需求的变化情况，改进产品和服务，并与消费者形成互动关系，为其提供个性化的产品或服务，高质、高效地满足消费者多样性和个性化需求，在激烈的市场竞争中建立竞争优势。

2. 以连锁经营为支撑

连锁经营这种企业运行的组织方式的出现，使单一企业成为众多企业协同运营的连锁企业，使一个企业内部的多个店铺成为统一运营的连锁组织，从而使流通渠道达到按现代化大生产所提出的大流通要求实行重组，实现规模化经营，降低企业经营成本和经营风险，提高企业盈利能力。流通企业通过连锁方式，建立起强大的分销网络和分销能力，并且越来越成为现代流通企业盈利模式的核心竞争优势。

3. 以现代物流为保证

根据调研以及有关资料分析，我国每年在物流过程中的损耗约 2 000 亿美元，每年因为包装造成的损失约 150 亿美元，因装卸、运输造成的损失约 500 亿美元，因保管不善造成的损失约 30 亿美元，流通企业销售的产品中，直接劳动力成本仅占 10% 左右，而物流费用占总成本的比重为 20%—40%，可见大力发展现代物流业在降低流通成本方面拥有巨大的潜力。

现代物流的兴起和发展，为我国流通企业盈利模式转变创造了良好的发展时机，成为现代流通企业盈利模式的一个基本特征。现代物流已经与降低资源消耗、提高劳动生产率并列，成为企业的"第三利润源"。现代物流的兴起与发展,一方面可以减少商品流通的环节,降低流通过程中发生的费用;另一方面可以减少商品处于流通过程中的时间,提高商品周转率。因此,对于现代流通企业来说,拥有强大的物流配送体系是获得高额利润的保证。

4. 以信息技术为纽带

随着信息技术的扩散和发展,信息处理能力的增强,通过高效、准确的信息系统加快企业数据交换速度,提高企业运行效率,降低流通成本成为现代流通企业盈利模式的又一基本特征。现代流通企业通过大量运用信息技术,如 POS 系统(Point of Sale,销售时点系统)、MIS 系统(Management Information System,信息管理系统)、BI(Business Intelligence,商业智能系统)以及 EDI(Electronic Data Interchange,电子数据交换系统)等,增强了企业信息处理能力,加快了流通企业商流、物流、资金流以及信息流的运转,最大限度地缩短了信息处理时间,降低了交易成本,开辟出新的盈利空间。

1983 年,沃尔玛与休斯公司合作,花费 2 400 万美元发射人造卫星,到 20 世纪 90 年代初,沃尔玛在电脑和卫星通信系统上投资就已经达到 7 亿美元。沃尔玛在全球的 5 000 家门店通过它的信息系统网络可以在 1 小时之内对每件商品的库存、上架、销售量全部盘点一遍。在公司的通信卫星室里看上一两分钟就可以了解一天的销售情况,可以查到当天信用卡入账的总金额,可以查到任何地区或者任何商店、任何商品的销售数量,并且根据销售的历史纪录以及目前状况和趋势,预测出未来的销售情况,为库存和采购提供准确及时的决策依据。整个沃尔玛公司的信息系统可以处理工资发放、顾客信息和订货—发货—送货,并达成了公司总部与各分店及配送中心之间的快速直接通信[1]。

5. 以供应链管理为竞争基础

供应链管理模式要求供销环节中各企业从对立走向共生,将商品从生产到流通到消费者的整个活动看成为更高的满足客户需求而存在的连贯的过程,改变原有分散的管理方式和以某一企业所在环节利益最大化为主导的盈利方式,而以信息系统为纽带,通过企业间信息共有化来明确和协调各企业在整个供应链条中的作用,使整个供应链高效运转,从而为顾客创造更大价值,也给自身创造更大的利润空间。

三、现代流通盈利模式与传统流通盈利模式的对比分析

对于盈利模式的分类,从不同的角度出发可以有不同的划分方法,为了体现

---

[1] 资料来源:http://www.logistics-smu.net。

流通企业盈利模式的本质特征,本书采用按利润来源渠道对盈利模式进行划分,划分为"进销差价"模式、"连锁经营"模式、"渠道控制"模式、"供应链管理"模式、"电子商务"模式以及"增值服务"模式。

(一)现代盈利模式和传统盈利模式的界定

对现代盈利模式和传统盈利模式作出界定是一项非常困难的工作,现代盈利模式是在传统盈利模式的基础上对传统盈利模式的深化和发展,它们之间的关系如同两个相交的圆圈,既有相同的地方,又存在区别。另外,我们在第一节中提到,盈利模式具有动态性的特征,随着商品经济的不断发展,会有更多更好的盈利模式出现,以适应市场发展的需要。今天属于现代盈利模式,明天可能就会变成传统的盈利模式。但在另一方面,我们又必须在现代盈利模式和传统盈利模式之间作出清晰的界定,否则流通企业可能无法清晰认识自身的盈利模式是否适应未来商品经济发展的需要,弱化了企业的盈利能力,在激烈的市场竞争中迷失方向,直至消亡。

鉴于以上情况,我们根据前面描述的现代盈利模式的几个特征,结合商品经济的发展趋势,对流通企业的盈利模式进行归类,我们认为,传统的盈利模式包括"进销差价"模式和"渠道控制"模式,现代盈利模式包括"连锁经营"模式、"供应链管理"模式、"增值服务"模式以及"电子商务"模式。

(二)现代盈利模式与传统盈利模式的区别

1. 从企业的经营理念上看

传统流通企业通常采取推式策略,把生产企业的产品向消费者推销,即使在"渠道控制"模式下,流通企业也仅仅是通过降低产品销售价格、利用消费者对商品的价格敏感性心理向消费者销售商品,并未真正关注消费者的需求,对消费者的消费偏好了解甚少。而现代流通企业盈利模式恰恰相反,它采取拉式策略,以消费者需求为导向,利用与消费者直接接触这一独特的优势,广泛收集消费者需求偏好的信息,准确把握消费者的需求变动,并及时反馈给生产企业,生产出为消费者创造价值的产品。

2. 从与生产企业的关系上看

传统盈利模式下的流通企业与生产企业不是协作关系,而是控制与被控制的关系,彼此之间仅仅通过业务上的合作维系关系,这种关系具有不稳定性的特征,它的平衡性会因为受到消费者偏好的转移、生产企业与流通企业之间的竞争以及生产企业之间的竞争等因素的影响而不断被打破。而现代盈利模式下的流通企业与生产企业是一种战略合作伙伴关系,彼此之间相互信任,信息共享,并参与生产企业技术改造,帮助他们改进工艺,优化生产流程,降低产品生产成本,共同承担问题,努力解决问题,把双方的命运紧密地联系在一起。

3. 从利润来源渠道上看

传统的盈利模式并没有扩大利润的空间,无论是"进销差价"模式,还是"渠道控制"模式,它们都是围绕现有的利润区间进行"零和博弈",博弈的结果同博弈双方的控制力成正比例关系,控制力强的一方将分享更多的利润,但是其利润增加的部分正是博弈对手减少的部分。而现代盈利模式则由"零和博弈"走向"正和博弈",流通企业通过与生产企业合作,从生产和流通两个环节降低成本,增大利润空间;通过开辟新的利润区间如利用网络平台以及转向服务领域开发出新的利润增长点,强化企业的盈利能力。

4. 从分销网络和分销能力建设上看

传统盈利模式下的流通企业分销网络相当狭窄,分销能力极其薄弱,企业的生存和发展完全依附于生产企业,经营的重点放在了与生产企业的业务合作关系建设与维持上。而现代盈利模式下的流通企业运用连锁经营技术,通过增设新的经营网点,迅速扩张企业的规模,使得分销网络覆盖面不断扩大,分销能力得以大幅度提升,流通企业由原先的依附生产企业转变为凭借强大的分销网络和分销能力控制生产企业。

(三) 现代盈利模式与传统盈利模式的联系

1. 现代盈利模式是对传统盈利模式的深化

现代盈利模式是在传统盈利模式的基础上为适应商品经济发展的需要而发展的,是对传统盈利模式的升级换代,因此它既有传统盈利模式的烙印,又有自己独特的地方。例如,进销差价虽然不是现代流通企业盈利模式的实质内容,但仍然可能是其外在表现形式之一;供应链管理是沃尔玛的盈利模式,但是其盈利的外在表现形式仍然是进销差价,并在全球拥有5 000多家连锁分店,不同的是沃尔玛通过供应链管理,与上游生产厂商建立紧密的合作关系,同时凭借自己强大的信息处理技术和物流配送能力降低流通过程中的成本,提升盈利空间。

2. 现阶段传统盈利模式与现代盈利模式是并存的

现代的盈利模式的出现并不意味着传统盈利模式完全被淘汰,现阶段我国流通企业盈利模式表现出的特点是现代模式与传统模式并存,这一方面是由于我国商品经济发展不平衡的特点所决定的,地域性差异很大,对于经济发达的地区,可以凭借高效的信息处理系统、强大的物流配送体系、先进的供应链管理技术等降低流通时间,节约流通费用,提高企业盈利能力,但对于经济欠发达地区来说,缺乏相应的资源支持,流通企业只能通过传统的盈利模式获得利润维持企业生存;另一方面与流通企业自身经营资源有关,对于大型流通企业,可以拥有足够的企业资源投入到现代盈利模式建设中去,但是一些中小型流通企业,特别是一些刚刚起步的流通企业,企业发展资源受到严重限制,为维持现阶段的发展不得不采取传统盈利模式。因此,现阶段流通企业由传统盈利模式向现代盈利模式的过渡仍然需要一个漫长的过程,不可能一蹴而就。

3. 现代盈利模式与传统盈利模式是一个相对的概念

我们对流通企业盈利模式的划分是基于现有的市场经济环境下作出的选择,市场环境处于不断的变化之中,这就意味着流通企业所处的宏观环境会不断发生改变,现阶段隶属于现代盈利模式范畴,未来可能就要归类于传统盈利模式范畴。这就要求流通企业不能墨守成规,死守一种盈利模式不做任何改变,而应当根据企业内外部环境的变化适时调整盈利模式,不断适应商品经济发展的需要。

第三节 传统流通盈利模式分析

鉴于现代盈利模式是在传统盈利模式的基础上发展而来,当前市场上传统盈利模式又与现代盈利模式并存,选择传统盈利模式作为企业盈利模式的流通企业仍然占据一定的比例,因此有必要对传统盈利模式进行详细的分析。

一、"进销差价"模式

顾名思义,"进销差价"模式是指流通企业通过以高于采购成本的价格将商品销售给消费者赚取利润。"进销差价"模式是最基本、最为传统的一种盈利模式,它伴随着流通企业的产生而产生,并贯穿于流通企业的发展过程之中。

(一)利润来源

我国的流通企业是从计划经济体制下物资流通、商品流通等国有企业转型而来,早期的流通企业的盈利模式以产品的分销为中心,通过帮助生产企业转移商品价值获取利润,如图10-1所示。

图 10-1 传统流通企业的盈利模式

"进销差价"模式的来源主要有两个方面:一是进销差价,流通企业首先向生产商购得产品所有权,然后以高于购买成本的价格卖给消费者实现价格差,以及建立在一定销售规模上的销售奖励;另一部分是流通企业通过提供仓储运输等简单的附加服务来获得收入。在传统流通企业的利润来源中,进销差价是流通企业的主要业务收入,在企业总体盈利中占有很大的比例,而诸如销售返利以及提供仓储运输服务的收入来源只占有很小的比例。

(二) 模式评价

以进销差价作为主要利润来源是流通企业最传统也最为基本的一种盈利模式,它对流通企业积累原始资本,为今后的发展壮大起到了促进作用,但是由于其仅仅是通过转移商品的价值来获得收入,因此,本身又存在着一定的局限性,主要表现在以下三个方面。

(1) 它不利于流通企业的规模扩张。这主要表现在两个方面:一方面这种盈利模式的利润来源比较单一,主要是通过以高于采购成本的价格出售给最终消费者赚取价格差,伴随着市场竞争的加剧,流通企业面临着较大的竞争压力,价格差会不断受到压缩,手段的单一性导致了流通企业资本积累的过程相当缓慢;另一方面,流通企业经营业态相对单一。这两个因素导致了流通企业利润增长有限,规模受到盈利模式"瓶颈"因素的制约而发展缓慢。

(2) 缺乏核心竞争优势。传统的盈利模式以产品的分销为中心,在这种模式下决定了流通企业对生产企业具有高度的依附性,流通企业经营的重点是在同生产企业的价格谈判以及供销合作上,而不是把握消费者需求的变化,因此企业的核心竞争力主要体现在同生产企业关系的维持和发展上,同时流通企业的客户基础主要是过去交易过程中的老客户,随着新的流通企业,特别是外资流通企业的进入,凭借着其强大的分销网络、先进的管理经验、低廉的成本以及优质的服务,大大地削弱了企业的客户基础,弱化了企业原有的核心竞争力。

(3) 企业经营成本和风险较高。在进销差价的盈利模式下,流通企业对生产企业的依附性强,当生产企业之间竞争加剧,消费者需求偏好发生转移的时候,原有同流通企业建立良好合作关系的生产企业会被市场淘汰,流通企业不得不与新的供应商进行谈判、缔约、履约、交易,导致企业交易成本上升,经营风险增强;另一方面,很多流通企业都拥有自己的运输公司和仓储设备,第三方物流运用很少,企业的信息化程度不高,经营效率低下,不能做到规模经济,这也增加了企业的经营成本。

从以上分析可以看出,进销差价作为一种传统的盈利模式,虽然对流通企业的发展壮大起到了积极作用,但是由于其获利手段单一,模式运行缺乏灵活性,不能反映市场需求的变化,且容易导致企业运营成本较高的缺点,存在着较大的改进空间。

二、"渠道控制"模式

连锁经营的不断发展壮大使得流通企业分销渠道的覆盖面越来越广，一些大型的连锁流通企业拥有了强大的分销能力。而绝大多数生产企业没有显著差异化的产品，没有强势的品牌，自身没有完善的分销体系，同时又要面临市场上同类商品的激烈竞争，这就使得生产企业对流通企业的分销渠道相当依赖，这导致拥有强大分销能力的流通企业具备了控制上游生产企业的能力。

"渠道控制"模式是指流通企业凭借强大的分销网络和分销能力，对上游生产企业实施控制，迫使生产企业作出妥协，让渡更多的生产利润给流通企业的一种盈利模式。"渠道控制"模式是建立在流通企业不断发展壮大的基础之上的，按其利润来源的不同又可以再分为"通路费用"模式和"类金融"模式。

通路利润是指产生的利润来自商品买卖差价之外，通常是指来自经营场地所产生的效益，即收取场地柜台的租赁费。"通路费用"模式指流通企业凭借其渠道控制力向上游生产企业收取诸如商品进场费、购货折扣、物流费、仓储费、节庆赞助费、新店赞助费、促销费、场地使用费等通路费用赚取利润的盈利模式。

"类金融"模式是指流通企业运用渠道控制力迫使生产企业作出融资承诺，通过融资在其他市场中获取高额利润的一种盈利模式。生产企业的融资承诺通常表现为流通企业对采购货款的延期支付。

流通企业在模式的选择上可能并非仅仅局限于采用"通路费用"模式或者是"类金融"模式中的一种，而往往是两种盈利模式的混合体，如目前市场上的家电零售行业，返利加上各项费用再加上苛刻的货款支付方式，显然是家电连锁企业敢于以超低价格销售的资本，也成为几家家电零售巨头如国美、苏宁等之间相互竞争的几乎唯一的利器。

（一）利润来源

1. "通路费用"模式

盈利模式的利润来源主要包括三个部分。

（1）进销差价。通过销售商品获取价格差。在这种盈利模式下，通过进销差价获取的利润只占流通企业总利润的很小的一部分，流通企业通常在采购成本上加上非常小的一部分价差或者直接以采购成本销售给消费者，部分流通企业甚至以低于采购成本的价格出售产品。

（2）销售返利。指生产企业根据流通企业商品销售量的多少对流通企业给予的一定数额的销售奖励。返利分为年返利、月返利,个别产品甚至有季节返利。通常返利额度呈阶梯状递增,销售额越多,返利越高。连锁企业的销售额自然比独门独户的商家高。这就是流通连锁企业敢于低价销售的原因。而大型综合商场和小经销商限于规模往往不敢与其打价格战,所以只有倒闭或转行,由此导致家电产品的销售量急剧向连锁企业聚集。

(3)收取的通路费用。包括流通企业向生产企业收取商品进场费、购货折扣、物流费、仓储费、节庆赞助费、新店赞助费、促销费、场地使用费等。这种费用不仅仅品类众多,而且具有一定数额,是流通企业利润的主要来源之一。

2."类金融"模式

"类金融"模式利润来源除了包括进销差价和销售返利之外,还通过延迟对生产商购货款的支付,利用延迟付款将这部分资金投入资本市场、房地产市场或者设立连锁分店,通过在资本市场和房地产市场赚取利润来弥补零售市场的低利润甚至是负利润,同时利用连锁扩张扩大分销渠道的覆盖面,进一步提升对上游生产企业的影响力和控制力。

(二)模式举要

家乐福建立了一个详细的收费标准,它明确规定了收费的种类,包括进店费、条码费、货架费、促销费、节庆费、信息系统使用费等。因此,一家生产企业想进入家乐福的渠道,大致要交纳6大门类的费用,包括特色促销活动、店内旺销位置优先进入权、进入商店的特权、良好营销环境的优先进入权、开发市场份额等,据推算,各项进场费用总共占到供应商总销售额的8%—25%,最高可达35%。按照家乐福的理念,卖场中不同货架的不同位置体现着不同价值,收取货架费是对这些位置价值的体现。除此之外,每开一家新店,家乐福会在收银台的外面开辟很大的区域出租给一些百货类商店,如服装、鞋帽、化妆品、饰品等。这些商店在共享家乐福的客流量的同时,也给家乐福带来稳定的租金。

(三)模式评价

流通企业由于缺乏对下游消费者的控制,降价让利就是其聚拢消费群体的主要手段,同时,利用渠道不断加大对上游行业的控制,在上下游产业链利益分配中迅速占据主导地位,向价值链上游环节转嫁竞争压力,挤压上游利润空间,从而巩固并扩大其盈利空间,转移其让利消费者带来的经营风险。流通企业通过扩大网点规模和维持对消费者的低价优惠市场策略,不断提高其渠道终端的市场影响力,在此基础上,通过提高其销售规模,以提高产品绝对销量和采购量来要挟供应商加大返利力度和交纳更多的通道费,通过从供应商获得返利和通道费获得了丰厚的隐蔽利润,并且在很大程度上抵消了低价销售带来的损失。

"渠道控制"模式虽然符合新型业态发展的规律,符合中国发展的国情,但是从长远的角度来看,它是不利于中国流通企业的发展的。

1. 它会引起供应商与流通企业矛盾冲突不断升级

向生产商收取通路费用,占用供应商资金从事资本市场和房地产市场的运作获取利润,其本质都是因为对下游消费者缺少控制力,转而凭借强大的分销能力向供应商索取利润,并且分销能力越强,控制供应商的能力也就越强,生产企业的利润就会受到更大幅度的挤压。为此,很多供应商会产生反抗情绪,导致生产和流通企业之间矛盾冲突升级,一些国际知名品牌就曾经因为货款不到位停止向一些家电连锁企业供货。

2. 会降低产品质量

流通企业凭借强大的分销能力挤占生产企业的利润,会使生产企业不堪重负,生产企业为获得更多的利润,不得不寻求新的方法降低生产成本,而市场上的激烈竞争已经迫使生产企业无法在改进生产工艺、提高劳动生产率上作出更多的改进,于是大量生产企业为降低生产成本不得不选用更为低廉的原材料来降低企业生产成本,于是导致企业产品的质量不断下降。

3. 容易导致腐败行为的出现

通常,收取通路费用的流通企业都会拥有一套自己的收费标准,但是由于信息不对称,流通企业中拥有管理决策权力的人员会利用生产企业,特别是新兴的以及小型生产企业对收费标准不了解的弊端,肆意提高或收取额外通路费用。

4. 导致经营风险

采取类金融模式的流通企业的资金内部循环体系是以渠道价值为核心的,只有不断强化自身的渠道价值,才可以维持资金的循环。而构成渠道价值的核心要素中的任何一个一旦出现问题,都有可能带来严重后果。例如房地产投资,在房价不断上涨的时候当然可看作是黄金组合,但地产的风险是不言而喻的,一旦出现问题,对整个内部循环体系都会造成巨大的影响。对于流通企业来说,如何善用自身渠道价值带来的某种垄断能力,将目前与供应商之间较为紧张的关系,回复到唇齿相依的伙伴关系至关重要,否则一旦其运作过程中的某个链条出现问题,马上会引起连锁反应。因此,流通企业应当合理配置企业资源,控制好采购、销售、人事等方面的经营成本,用好渠道价值这个规模扩张与资金链健康运转的"平衡棒",与供应商之间形成一种良性博弈关系。

第四节 现代流通盈利模式分析

现代流通盈利模式主要有以下四种。

一、"连锁经营"模式

"连锁经营"模式将在第十三章第三节详细论述,在此不再赘述。

二、"供应链管理"模式

"供应链管理"模式指流通企业通过与上下游客户之间建立战略合作伙伴关系,以客户需求为导向,运用供应链管理技术,从生产和流通两个角度降低成本、提高盈利空间并且利益共享的一种盈利方式。供应链是将供货商、制造商、分销商、零售商直到最终用户联结成一个整体的功能网链结构。

在"供应链管理"模式下,大型流通企业仍然是供销关系中的主导,是供应链中的核心企业,企业运用供应链管理模式获取利润,须做到以下七点:

(1) 以顾客为中心,以市场需求拉动上游的生产行为;

(2) 整条供应链上的企业专注于核心业务,建立核心竞争力,在供应链上明确定位,将非核心业务外包;

(3) 链上的各企业必须紧密合作,做到利益共享、风险共担;

(4) 对商流、物流、信息流、资金流进行设计、执行、修正和不断改进;

(5) 建立高效、先进的信息系统,利用信息系统优化供应链的运作;

(6) 合理预测市场需求,缩短产品完成时间,使生产贴近实时需求;

(7) 通过流程优化减少各环节成本,推动盈利的增长。

(一) 利润来源

流通企业运用"供应链管理"模式主要从以下三个方面改善企业的盈利能力。

(1) 通过为消费者和客户创造价值增加收入。流通企业特别是零售企业应当运用与消费者紧密联系这一独特优势,有效地把握市场需求,并及时回馈给上游企业,为消费者生产更多的满足他们需求的畅销产品,达到增加收入的目标。

(2) 运用供应链管理技术,对流程进行再造,降低在供应链各个环节上的成本,如各种交易成本、物流成本等,通过节约成本,提高盈利空间。

(3) 通过设备共享、降低库存,减少资产的占用(如资金、设备和存货等),以较少的资源投入,获得最大的投资回报,提高资源利用效率。

（二）模式举要

作为世界 500 强之首，沃尔玛不仅仅是一家等待上游厂商供货、组织配送的纯粹的商业企业，而且也直接参与到上游厂商的生产计划中去，与上游厂商共同商讨和制定产品计划、供货周期，甚至帮助上游厂商进行新产品研发和质量控制方面的工作。因此，沃尔玛总是能够最早得到市场上最希望看到的商品，当别的零售商正在等待供货商的产品目录或者商谈合同时，沃尔玛的货架上已经开始热销这款产品了。

其次是沃尔玛高水准的客户服务，沃尔玛能够做到及时地将消费者的意见反馈给厂商，并帮助厂商对产品进行改进和完善。零售企业只是作为中间人，将商品从生产厂商传递到消费者手里，反过来再将消费者的意见反馈到厂商那里。虽然看起来沃尔玛并没有独到之处，但是结果却差异很大。原因在于，沃尔玛能够参与到上游厂商的生产计划和控制中去，因此能够将消费者的意见迅速反馈到生产中，而不是简单地充当二传手或者"电话话筒"。

沃尔玛与供应商通过计算机联网和电子数据交换系统，与供应商共享信息，从而建立伙伴关系。除此之外，沃尔玛还为供应商在店内安排适当的空间，有时还让这些供应商自行设计布置自己商品的展示区，旨在店内造成一种更吸引人、更专业化的购物环境。

（三）模式评价

供应链管理模式要求供销环节中各企业从对立走向共生，将商品从生产、流通到消费者的整个活动看成为更高的满足客户需求而存在的连贯的过程，改变原有分散的管理方式和以某一企业所在环节利益最大化为主导的盈利方式，而以信息系统为纽带，通过企业间信息共有化来明确和协调各企业在整个供应链中的作用，使整个供应链高效运转，从而为顾客创造更大价值，也给自身创造更大的利润空间。

由于供应链管理要求上下游企业之间做到紧密合作、利益共享、风险共担，因此对于采取供应链管理盈利模式的流通企业来说，必须注重做到相互信任，并公平分配增加的利益。

三、"增值服务"模式

"增值服务"模式是指流通企业通过向上下游客户提供增值性的服务，从服务市场上获取利润的一种盈利方式。向上下游客户提供增值服务并不是最近几年才出现的盈利方式，但是却一直未受到流通企业的重视，无论从全社会的角度还是从单个流通企业的角度来考察，通过增值服务获得的利润仍然只占企业全部利润的很小一部分,伴随着市场竞争的加剧,越来越多的流通企业认识到增值服务这一巨大的利润空间,因此,企业内的业务结构设置也开始向这方面偏移。

(一) 利润来源

芮明杰认为,现代流通企业提供的增值服务具体可以分为四个部分[①]。

(1) 自创品牌服务。流通企业通过收集、整理、分析消费者对某类商品需求特性的信息,提出新产品功能、价格、造型等方面的开发设计要求,进而选择合适的生产企业进行开发生产,最终由流通企业使用自己的商标对新产品注册并销售给最终消费者的战略。

(2) 为供应商提供的增值服务。它包括为供应商提供的对产品进行再次加工等服务在内的现代物流服务与分销服务。如钢铁流通企业根据汽车制造商的不同需求进行再次剪切等再次加工服务或为消费者提供包装服务,等等。

(3) 为消费者提供的增值服务。主要包括为消费者提供的相应售后服务等,如设备的运输、安装、维护和更新服务。

(4) 其他类增值服务。如汽车流通企业与金融资本相结合,为消费者提供汽车消费信贷服务等。

(二) 模式举要

英国的马莎百货集团被称为"没有工厂的制造商",它采用的是单一品牌策略:主要销售其自有品牌"圣米高"系列的产品,虽然品牌单一但产品花色和种类繁多。"圣米高"牌系列商品由遍布全球的800家企业生产。马莎百货向制造商提出原料、生产工艺和品质等方面的要求,并提供技术支持和管理咨询。由于制造商无须投入资金发展和推广品牌,所以可以降低供货价格。"圣米高"现已被公认为是优质和物有所值的象征。

(三) 模式评价

从依靠转移商品价值获取利润的盈利模式到为生产企业和消费者提供增值服务为主的盈利模式的转变,为现代流通企业创造价值起到了积极的作用。

1. 为企业创造了更多的价值

流通企业通过提供增值服务拓展了企业利润渠道,增加了利润来源。流通企业运用自有品牌增值服务可以获得三个方面的利润来源:一是正常的商业利润;二是品牌溢价;三是部分生产利润。

---

① 芮明杰,袁成,胡金星,聂子龙:"我国流通企业盈利模式的创新研究",《当代财经》2005 年第 7 期,第 56 页。

2. 为客户创造了价值

对于上游生产企业来说，流通企业通过为其提供包括对产品进行再次加工等服务在内的现代物流服务与分销服务，可以使生产企业专注于核心业务的开发，提高了生产效率，降低了产品成本；对下游消费者来说，流通企业通过提供设备的运输、安装、维护和更新服务等相应的售后服务，解决了消费者购买产品后最为关心的问题，免去了消费者的后顾之忧。

3. 有效缓解流通企业同生产企业之间的矛盾冲突

当今，中国的流通企业同生产企业之间的矛盾冲突相当严重，主要表现在流通企业依靠强大的分销能力强占生产企业的利润，事实上，流通并非只能通过销售产品获取利润，通过提供增值服务同样可以获得利润，甚至更多。流通企业如果把提供增值服务作为自己的盈利模式，可以避开双方冲突的焦点，开辟新的盈利空间。

4. 提高了流通企业的核心竞争力

流通企业受上游供应商的影响，经营的产品同质化现象十分明显，企业在市场竞争中如果仅仅依靠产品往往无法取得竞争优势，而增值服务是最容易做到差异化的。如果流通企业能够提供差异化的增值服务，就能够有效地同竞争对手区别开来，树立企业的核心竞争力。

四、"电子商务"模式

电子商务包括企业的内部电子商务，即不同企业的生产、经营、管理活动通过电子计算机和网络技术来完成，如 EDI 系统、MIS 系统、POS 系统，等等，这里提出的"电子商务"模式不包括企业的内部电子商务，主要是指通过网络平台开展贸易，因此本书的"电子商务"模式指利用 Web 提供的工具在网上进行电子交易，通过 Internet 买卖产品和提供服务获取利润的一种盈利模式。

（一）利润来源

"电子商务"模式的利润来源渠道相当广泛，通过对多家电子商务企业进行分析研究，我们认为利润主要来源于以下五个方面。

（1）在线销售产品收入。通过网络销售产品是运用"电子商务"模式的一个主要利润来源渠道。美国亚马逊网上书店能提供 310 万条书目，比世界上最大的书店多 15 倍。

（2）在线提供服务收入。在线能够提供的服务多种多样，如提供搜索引擎服务、在线咨询服务、网络教育服务、电子邮箱服务、在线电影和音乐以及在线游戏服务等。

(3) 提供交易平台收入。这是指网站通过为交易双方提供一个交易的平台,从中收取佣金。这种方式利用网络作为一个"虚拟社区"的特性,网站通常不会参与交易的过程。

(4) 网站注册收入。这种方式通常采取会员制的方式,对成为网站会员的客户收取一定的使用费用。

(5) 网络广告收入。这种方式运用网络作为大众传媒的特性,向需要做广告的广告主收取一定的费用作为宣传费用。

(二) 模式举要

携程旅行网就是旅游互联网企业中结合传统旅游业务的典范。携程立足于传统旅行服务公司的盈利模式,用互联网的技术整合传统的订房订票业务,用IT和互联网技术将盈利水平无限放大,靠提高交易量来索取佣金获得利润。携程其实就是旅行产品的零售商,它的价值在于最有效地帮助供应商把有关信息最简捷地提供到消费者手里。不同于传统旅游服务公司的是:在产品形式上,定位在商务旅行、自助度假旅行,主要面对散客;服务手段上,通过网络、电话进行,即网络成为其经营渠道之一。

携程产品像酒店预订、机票配送业务具有较高的标准化,其中,酒店预订由于完全不涉及物流,具有无配送需要、无仓储、预订也不用交纳订金、便于客人支付等一系列的优势。网站此部分的盈利是通过酒店返还的佣金获得的,不涉及网站与顾客的资金往来,因此订房成为最适合网上开展的旅游业务。通过其开发的"实时控房系统"和"房态管理系统"建立互联网平台,通过"房态管理系统",携程网能够跟所有会员酒店实现信息同步,而通过"实时控房系统",携程还可以预先在酒店控制一些房间,客户通过携程预订房间,携程当时就可以确认。合作酒店实际上成为携程货架上自己出售的产品,携程更像是全国所有合作酒店的集团酒店,而不是单纯扮演一个中介的角色。

(三) 模式评价

以网络作为交易平台赚取利润的"电子商务"模式的出现,可以集商流、物流、信息流、资金流为一体,是对流通企业盈利模式的革命性变革。它丰富了流通企业盈利模式的类型,扩展了流通企业的利润来源渠道,为企业、为客户、为社会都创造了价值。但是,由于电子商务的发展才刚刚兴起,目前尚处于成长期,而且由于电子商务本身所具有的独特性,以电子商务作为流通企业的盈利模式仍然存在一定的局限性,具体表现在以下三个方面。

1. 投入成本大

开展电子商务并非仅仅建立一个网络交易平台就能够完成全部工作,可能要有强大的物流配送系统作为保证,特别是诸如 B2C 类型电子商务,虽然通过网络交易可以节约交易成本,但是物流系统的构建无疑增加了电子商务的运作成本。如亚马逊网上书店,在美国建立了 6 个大型的物流配送中心用来储藏图书和配送图书。

2. 需要一定数额的网络交易为保证

由于网络销售的毛利率相对较低,因此为了维持电子商务网站的正常运转,必须有一定量的交易数额作为保证。这一点对于刚刚建立的网站更为重要,由于网站建立伊始,客户对网站的了解甚少,因此网络企业为维持盈利其重点就必须放在如何获取客户资源上。据推算,一个月运营成本在 50 万元左右的中心购物网站,如果月交易额在 600 万元以下将无法盈利。

3. 网络的安全性问题

在商品交易过程中资金流的运转可以在进行网络交易的同时在网上完成,因此,客户对网络的安全性相当关注和重视。由于 TCP/IP 的开放性,使网上电子商务面临窃听、篡改和欺骗的威胁,因此电子商务企业应当加强网络安全性建设的力度,主要方法是通过 SSL(Secure Socket Layer)和电子签字技术。

"电子商务"模式虽然目前存在一些相应的缺陷,但是电子商务网站运作过程正处于不断完善之中,随着信息技术的突飞猛进以及电子商务越来越受到人们的关注和重视,通过网络盈利将成为越来越多流通企业的首要选择。

由于在网络刚刚兴起的时候,投资者对网络经济的期望值过高,至 2000 年网络陷入泡沫经济。但到了 2003 年,电子商务随着网络经济的兴起而发展迅猛,阿里巴巴在 2004 年实现每天盈利 100 万元,而到了 2005 年,已经达到每天上缴利税 100 万元,因此,把电子商务作为企业的主要盈利模式成为现代流通企业盈利模式的一个热点问题。

本 章 小 结

盈利模式是基于战略层面的以客户和利润为导向,并面向企业资源运营的方式,是企业在市场竞争中形成的企业特有的商务结构及其对应的业务结构。它是由利润对象、利润源、利润点、利润杠杆、利润屏障等要素构成的。

流通企业盈利模式经历了进销差价模式、连锁经营模式、渠道控制模式、供应链模式、增值服务模式、电子商务模式等类型的演变。其中,现代流通盈利模式具有以消费者需求为导向、以连锁经营为支撑、以现代物流为保证、以信息技术为纽带、以供应链管理为基础等特征。

现代流通盈利模式和传统流通盈利模式存在着一定的区别和联系。把握各种盈利模式的基本含义和理论来源显得相当重要。

思 考 题

1. 什么是盈利模式？其基本构成要素是什么？
2. 现代流通盈利模式基本特征是什么？
3. 流通盈利模式有几类？现代流通盈利模式和传统流通盈利模式的区别和联系是什么？
4. 举例说明各类流通盈利模式的基本含义和利润来源，并作出相应评价。

第十一章 商品流通盈利模式机制

学习目的与要求

1. 掌握商品流通盈利模式的内容;
2. 了解商品流通产业链的"硬环节"与"软环节";
3. 了解利润屏障的构造和特征。

商品流通盈利模式指商品流通企业获取利润的方式和途径,也是商品流通企业资源运营方式和业务结构的总和。本章从分析商品流通盈利模式特征入手,重点研究盈利模式的深层机制,即商品流通盈利模式的构造、工作原理和相互关系。

第一节 商品流通盈利机制的内容

一、商品流通盈利模式比较

从商品流通盈利模式的演变看,先后有进销差价模式、连锁经营模式、渠道控制模式、供应链管理模式、增值服务模式、电子商务模式等盈利模式出现并发挥作用,它们在时间上是继起的,在空间上又是并存的。我们从利润来源和获取利润方式方面来勾画这六种盈利模式的特征,并进行模式举要(见表11-1)。

表11-1 商品流通盈利模式比较

	主要利润来源	获取利润方式	模式举要
进销差价模式	·进销差价 ·简单附加服务收入(运输、简单加工等)	通过渠道控制加大进销差价	传统流通企业
连锁经营模式	·加盟收入 ·销售收入 ·其他收入(向加盟店销售设备、原材料等收入)	规模化经营,降低采购成本和配送成本	·家乐福 ·肯德基 ·联华超市

续表

	主要利润来源	获取利润方式	模式举要
渠道控制模式	・进销差价 ・通路费用(进场费、赞助费等) ・类金融收入(延期对供应商购货款的支付)	通过建立强大的分销网络,对供应商实施控制	・国美 ・苏宁
供应链管理模式	・通过流程再造,降低各环节成本,提高盈利空间 ・为客户创造价值,同时增加收入	通过对供应链进行整合,利益共享,降低成本,更好服务客户	・香港利丰集团 ・沃尔玛
增值服务模式	・为供应商提供服务(再加工,物流配送等) ・为消费者提供增值服务(消费信贷、定制、物流等)	通过向上下游客户提供增值服务获取利润	・英国马莎百货集团
电子商务模式	・在线销售收入 ・在线服务收入 ・提供交易平台收入 ・网络注册收入 ・网络广告收入	建立网络交易平台开展电子交易获取利润	・携程旅行网站 ・阿里巴巴网站

应该指出的是:

(1) 各种盈利模式的边界是模糊的。这是因为现代盈利模式是从传统模式中演化而来的,其身上带有传统模式的烙印。如"进销差价模式"虽不是现代盈利模式的实质内容,但仍然是现代盈利模式的外在表现形式之一。同样,连锁经营是现代盈利模式的基本特征之一,一些连锁经营企业(如沃尔玛),在连锁经营基础上实施供应链管理,同时也充分利用进销差价。

(2) 我们定义某种盈利模式,是因为其主要利润来源和主要获取利润方式是符合该种盈利模式特征的,或者某种利润来源和获取利润方式具有很好的市场前景和发展趋势。

(3) 各种盈利模式在空间上之所以是并存的,这是因为我国市场经济发展不平衡,地区间和企业间差异大,其经营理念、拥有的资源和人才各不相同,制约了他们对盈利模式的理解和选择。

二、商品流通盈利模式机制剖析

虽然不同的盈利模式在资源运营方式和业务结构方面各有不同的特征,但是我们透过不同盈利模式的特点,进一步剖析其深层机制,发现有共同的盈利规律可循,这一规律主要体现在盈利模式和盈利机制的相互关系。这一关系可用

图 11-1 来表示：

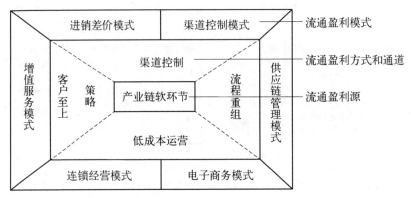

图 11-1　盈利模式与盈利机制的关系

1. 产业链软环节是商品流通盈利的主要来源

香港利丰集团在经营中有一个重要成果，即他们在分析有关产品产业链时发现，如一件商品在美国的零售价为 4 元，其生产成本仅为 1 元，而且在生产环节很难再把成本压下来，他们称这一环节为"硬 1 元环节"。而产业链的其他环节，如产品设计、采购、物流、批发、零售、信息管理等环节尚有很多机会可以节省成本，利丰集团把这些环节称为"软 3 元环节"。根据以上分析，利丰集团着力开拓"软环节"利润源，即专注于供应链的管理，而把附加值较低的加工业务分散到世界各地。通过多年努力，利丰集团从一家传统贸易商成长为现代大型跨国集团。

利丰案例告诉我们，在每条产业链中都有其"硬环节"和"软环节"。所谓"硬环节"指产业链中运营已渐成熟，竞争充分，节省成本空间较小的环节，"软环节"则指产业链中相对薄弱，创新经营和压缩成本均有较大空间的环节。显然，后者是流通产业主要利润来源。

产业链"软环节"之所以成为流通盈利的主要来源，主要原因是：首先，"软环节"往往是产业链中的薄弱环节和瓶颈，为了修补薄弱环节和疏通这一瓶颈，传统产业经营者年复一年地投入巨资，而且在这一环节投入和沉淀的资金已被产业链其他环节和市场所接受。其次，受理念、制度、资金、技术等因素制约，"软环节"一般不易突破。为此，这一领域进入障碍高、竞争对手少，不需要为应付恶性竞争支付大量费用。最后，与"硬环节"相比，"软环节"组织结构原始，技术含量低、信息不透明、成本虚高。如有创新的思路和得力措施，其盈利空间可观。

2. 盈利模式需构筑盈利通道

在确定了盈利源以后，利润并不会自动流向流通企业，商品流通企业必须构筑有效的盈利通道,即盈利的方式和途径。这些途径和方式主要是低成本运营、流程重组、渠道控制和客户至上策略。现将这四种途径和方式的特征、工作重点、适宜实行条件和对应模式等内容归纳于表11-2中。

表11-2 流通盈利通道比较

	特 征	工作重点	适宜实行条件	相应模式
低成本运营	(1) 追求规模效益 (2) 实施简约化管理 (3) 采取加速商品流转措施(如低价、促销等)	(1) 连锁经营 (2) 规模化管理 (3) 统一采购,共同配送	(1) 能严格控制成本 (2) 运作管理过程简捷 (3) 注重销售数量为目标	·连锁经营模式 ·电子商务模式 ·供应链管理模式
流程重组	(1) 关注核心业务,非核心业务外包 (2) 运用供应链管理技术重组流程	(1) 利用信息技术优化供应链运作 (2) 协调各成员关系 (3) 减少各环节成本	(1) 供应链各环节能密切合作 (2) 品牌有声誉 (3) 强有力的沟通和协调能力	·供应链管理模式 ·客户服务模式 ·电子商务模式
渠道控制	(1) 建立强大的分销网络和分销能力 (2) 迫使供应商让渡更多利润	(1) 通路费成为重要利润来源 (2) 提高对供应商的砍价能力	(1) 供应商不愿自建直销网络或自建直销网络成本太高 (2) 能为供应商提供各种服务	·进销差价模式 ·渠道控制模式
内容服务	(1) 为供应商提供再加工、物流、分销等服务 (2) 为客户提供整体解决方案服务	(1) 品牌溢价 (2) 设计增值方案	(1) 有强大的营销能力 (2) 不以数量销售为目标 (3) 能把握上下游需求	·增值服务模式

3. 商品流通企业应靠近利润源

商品流通企业可视自身情况选择一种或几种通道。但是,前提是尽可能靠近产业链的软环节,只有这样,盈利机制才能充分和良性运作。

三、商品流通的利润源

应该指出,"软环节"虽然是流通盈利的主要来源,但是,要识别和判断"软环节"并非易事。这是因为,软环节具有以下特征:

(1) 不同产业链的软环节是不同的。由于不同产业链的市场环境、产品特征、产业组织结构等均有不同特征,所以不同产业链软环节的位置和特征也各不相同。如现阶段,水泥产业链的软环节是物流配送环节,而电脑产业链的软环节不是零部件供应、设计、组装、现场服务,而是操作系统、应用软件和分销等环节。

(2) 产业链的软环节会随时间变化而飘移。由于需求变化、技术进步和企业业务模式改进,产业链结构会发生不断变化。20世纪80年代初,可口可乐公司关注的重点是浓缩液和广告推广,到了90年代,他们认为其产业链的软环节已飘移到零售终端。据此,他们重新设计了业务模式,使其市值增加了30倍。

(3) 同一条产业链在不同空间条件下其软环节也是不同的。在美国,电脑产业链的软环节是操作系统和应用软件环节,英特尔和微软凭借他们在这两个环节的核心竞争力取得骄人业绩。而在中国,电脑软环节则是分销,联想公司认识到这一点,准确切入并成功弥补了我国电脑产业链的薄弱环节,取得成功。

当然,产业链软环节演变也有一定规律,其轨迹是,"产业链出现软环节→软环节的创新和调整→产业链整体水平提升→又出现新的软环节→环节的再次创新和调整"。周而复始,永无止境。

第二节 商品流通利润屏障

商品流通利润屏障,是指商品流通企业为防止竞争者掠夺本企业利润,维持自身在市场中的优势地位而设置的壁垒和控制手段。相当数量的商品流通企业在运行中十分注意赢利途径和方式的建设,却往往忽视利润屏障的构建,结果"就好像一艘轮船的底下有漏洞,它会使船很快沉没"[1]。因此,了解利润屏障的控制手段、特征和作用机制,已变得越来越重要。

一、保护利润的手段

商品流通利润屏障是由一个个控制手段组合而成的,这些控制手段从不同角度保护着企业的利润。

(一) 成本优势与价格屏障

如果一个商品流通企业能够取得并保持全面的成本领先地位,就会成为所在行业中高于平均利润水平的超群之辈。当成本优势企业的价格相当于或低于其竞争者时,它的低成本地位就会转化为高收益。同样,成本优势也是企业保持其行业地位的重要手段。一般讲,成本优势越明显,利润屏障也越高。

(二) 流通企业创新

持续的创新是商品流通企业保持市场竞争优势和构筑利润屏障的重要手段。企业的市场竞争优势体现在其经营理念、经营业态、服务方式、经营产品特色、价格水平、服务质量等满足消费者需求的程度和领先性。因此,企业唯有不

---

[1] 亚德里安·J.斯莱沃斯基等:《发现利润区》,中信出版社2003年版。

断创新,才能使企业市场份额和总利润始终保持上升势头。

星巴克原执行副总裁阿瑟·鲁宾菲尔德在其著作《基业成长》①中指出:"在现实世界,一般只有三种零售方式会有未来:独家专营零售商,位于价格金字塔最顶层上(如卡地亚、蒂芙尼等);生活时尚零售商(如阿迪达斯、星巴克等)和注重性价比的零售商(如沃尔玛)。""而许多传统的零售商正在大量失去业务。"

显然这些论断有以偏概全的嫌疑,但上述零售方式在顺应潮流、满足不同需求和提供与众不同的保险等方面,确比传统零售商高明,值得我们关注。

(三)品牌资产

将品牌看成企业的重要无形资产已成为当前企业经营管理的重要内容。同样,品牌资产也是防止企业利润被掠夺的重要工具。

品牌作为一种识别手段,要成功地被消费者接受,它必须能为消费者提供实实在在的服务,满足其特定需要。同时,当某一流通企业品牌的服务为大家所喜欢,它又能转化为品牌本身的声誉,就有可能脱离服务而独立发挥作用,达到"认牌不认物"的境界,并能抵制其他竞争者的诱惑,给公司带来稳定收益。

(四)知识产权

知识产权是指对智力劳动成果依法所享有的占有、使用、处分和收益的权利,知识产权包括发明专利、商标等。知识产权作为一种无形资产,受到国家法律的保护。由于知识产权具有独占性,除权利人同意和法律规定外,权利以外的任何人不能享有或使用该项权利。显然,受法律保护的知识产权是构筑利润屏障的重要支柱。

(五)客户关系

在传统的管理理念以及现行的财务制度中,只有厂房、设备、现金、股票、债券等是资产。随着科技的发展,技术、人才也逐渐成为企业的资产。然而,这种划分资产的理念,忽视了产品实现阶段的主导者——客户。

在今天,抢占市场的关键已转变为与供应商、中介机构和消费者等建立长期而稳定的关系,企业不断采取多种方式提高客户对企业的满意程度和忠诚度。国际上一些权威研究机构经过深入调研得出这样一些结论:"把客户的满意度提高五个百分点,其结果是企业的利润增加一倍","93%的企业CEO认为客户关系管理是企业成功和更有竞争力的最重要的因素。"

(六)企业文化

企业文化是企业物质文化、组织文化和精神文化的总和,其中核心是价值观

---

① 鲁宾菲尔德·海明威:《基业成长》,中国人民大学出版社2006年版。

和企业精神。

当今世界已进入文化制胜的时代,在经济全球化的背景下,用优秀的企业文化滋养和提升企业的核心竞争力已经成为现代企业的战略选择,是企业赢得优势的最佳途径。

由于企业文化是经营哲学、价值取向、道德原则、行为规范等要素的综合,它明确企业如何确定发展方向和经营策略,如何对待顾客,怎样回报股东,如何协调企业发展和社会的关系,等等。所以,企业竞争从形式上看似乎是产品的竞争,而实际上是企业文化的竞争。技术可以学,制度可以制定,但企业全体员工内在追求的企业文化却是很难移植和模仿的。从这一意义上说,企业文化才是利润屏障的基础和重要支柱。

美捷步总裁谢家华有次路过伦敦,在机场喝了一瓶苏打水。当他付款时机场商店不收纸币,谢家华又恰恰没带硬币。尴尬时一位英国绅士替谢付了钱,并说"你不用感谢我,我只是随机行善,请您有机会也这样做"。谢深受感动,情不自禁地"Wow!"了一声。之后,谢家华把"Wow!"作为公司核心价值观。"你今天给顾客Wow(惊喜)了吗?"的企业文化,使美捷步在10年中成为市值12亿美元的企业[①]。

(七) 经营模式

经营模式是商品流通企业获取利润的方式和途径,也是其资源运营方式和业务结构的总和。一个企业之所以能够成功,除了必须拥有人力资源、资金资源、物流资源、人才资源等外,还必须有自己特色的商业经营模式。随着全球化进程、科学技术发展、全球性生产过剩、各种支持系统兴起和消费者素质提高,任何企业必须调整经营模式以适应环境,否则企业发展将陷入困境。同时,正是有了这样相对稳定的企业运营框架,保证了企业正常运作,也保护了企业利润。

(八) 行业标准

行业标准不仅仅是一种有形产品或技术,它更是一个行业存在的基石。一个行业中的各个不同部分需要共同发挥作用,如铁路的发展需要有轨迹的标准;国际传真和蜂窝电话需要有标准的通信信号等。

当一个企业拥有一个行业的标准,便会给该企业带来巨大的利益。如微软创造的计算机语言标准和应用软件,沃尔玛创造的条形码等,由于它们完全符合了客户的需要,而且客户对标准的兼容性和技术延续性成本均很低,使微软利润超常增长,比尔·盖茨也因此成为世界首富,沃尔玛也成为世界五百强企业。

当然,要使一个企业造就一个行业的公认标准,这并非易事。但是,当这一

---

① 谢家华:《三双鞋》,中华工商联合出版社2011年版。

标准为行业所接受,该企业控制利润的能力会十分强大。

(九) 供应链管理

任何一个企业的商业服务,都是由供应商、中介机构等一系列环节所构成的,现代商品流通企业往往会改变分散的管理,使供应链中各企业从对立走向共生,通过信息系统来协调各环节之间关系,使供应链高效、低成本运作,为客户创造更多价值,也给自己创造更大利润空间。

二、利润屏障的特征

商品流通企业要保护自己利润不让竞争对手所掠走,必须要构筑利润屏障。企业在构筑利润屏障时,必须了解以下特点。

1. 不同利润屏障保护利润的作用是不同的

图 11-2 表明,行业标准、供应链管理、商业经营模式、对利润保护强度是最大的。

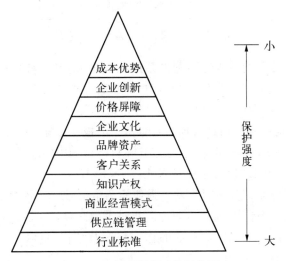

图 11-2 不同利润屏障的保护强度

2. 优秀企业往往拥有多个控制手段

商品流通企业要保护好自己的利润,必须拥有一定控制手段,而优秀的企业往往拥有多个控制手段。以沃尔玛为例,首先拥有成本优势,它通过全球采购做到低成本、低价格,把更多利益让渡给消费者,也使自己比竞争对手而更具有竞争优势;其次,沃尔玛控制整条价值链,它根据客户要求设计产品,对整条供应链进行设计和管理;再次,沃尔玛拥有行业标准,其发明的条形码阅读技术已经成为全世界零售商行业的标准;同时,沃尔玛拥有良好品牌和良好的分销能力,供应商都不会错过这样的分销通道,使沃尔玛在市场中居于支配地位,在许多领域拥有一大批成熟的客户。

正是由于沃尔玛拥有这些战略控制手段,使得其在获取高额利润的同时,又具有很强的抗竞争能力,在很大程度上降低了企业的经营风险。

3. 利润屏障与盈利模式各要素互相联系

利润屏障不仅仅是保护利润,且通过和盈利模式其他要素的相互作用、互相影响、互相制约,共同构筑企业盈利体系(见图11-3)。

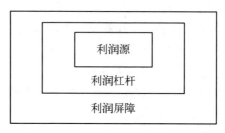

图 11-3　利润屏障与盈利模式关系

其中,利润源是商品流通盈利体系的收入来源,利润杠杆则是商品流通业务活动的结构和内容。利润源、盈利杠杆和利润屏障的关系是:

(1) 表面上看,利润屏障仅仅是对"存量市场"的一种维护,它与利润源和盈利杠杆"攻城略地"争取"增量市场"相比,似乎消极和保守。实际上,利润屏障为企业运作提供了一个坚实的基础,稳定其在目标市场中的地位。否则,会大大加大企业市场风险,导致"出师未捷身先死"。

(2) 利润屏障是向竞争对手发出强烈的竞争信号——要么是进入的风险太大,要么是进入的成本太高,以有效地阻止对手的蚕食,建立稳固的市场地位。

(3) 利润屏障各手段保护利润的作用程度及结构,可以指导利润源的选择和利润杠杆的构建。

4. 利润屏障是动态的

利润屏障的构建不是静止不变的,而是一个动态的过程。利润屏障要随着市场环境、竞争对手、消费变化等进行适时、适度的调整。为此,企业应建立一个针对市场环境的快速监控体系,以便及时把握市场环境的动向,进而做出有效的对策。

三、利润屏障的作用机制

利润屏障是如何对商品流通企业利润进行保护的?一般地说,利润屏障从四个方面作用于企业利润。

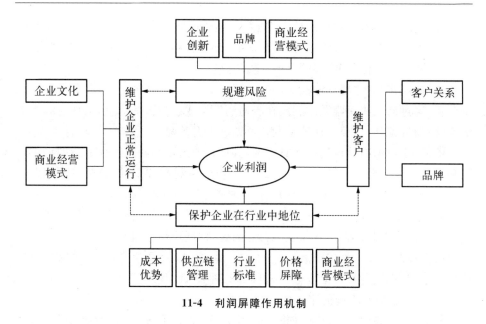

11-4 利润屏障作用机制

图 11-4 表明：

（1）利润屏障分别从规避风险、保持企业在行业中地位、保住客户、维持企业正常运行四个方面共同作用于"存量保护"工作，并为"加大增量"打下基础。

（2）同一保护手段如品牌、商业模式等作用的角度不仅仅局限于一个方面，而是从几个角度发挥屏障作用。

（3）各保护手段作用面不是孤立的，而是相互联系、相互制约、多角度和全方位地保护企业利润。

第三节 商品流通业价值转移

价值转移指利润收益和市场价值在行业之间，同一供应链不同环节之间转移的运动过程。20 世纪 90 年代，美国斯莱沃茨基等一批学者通过对现实情况的考察和研究，总结了价值转移的规律，提出了相关的理论。结合商品流通实践学习价值转移理论，有助于我们认识商品流通业价值转移的趋势和特点。

一、流通业价值转移趋势

1. 制造环节利润向销售和研发环节转移

斯莱沃茨基在剖析不同案例后得出一个结论，即不同产业链中，加工制造环节往往处在"无利区"或"微利区"。随着产业的成熟,利润区越来越向产业链上游(开发设计环节)和下游(销售、售后服务)环节转移,呈现出"微笑曲线"状态。

2. 销售环节利润向资源和服务环节转移

销售环节利润主要是商品买与卖的差价。根据我国99家上市零售企业数据分析,通过商品买卖赚取的利润在流通利润构成中所占的比重,呈现持续下降的趋势;而资源环节、服务环节盈利比重则呈上升趋势。

资源,主要指商品流通企业具有的,其他企业所不具备或很少具备的渠道资源和品牌资源。西方经济学认为稀缺资源能带来利润,商品流通企业掌握发达通畅的渠道资源,就能对生产者和供应商拥有更多的话语权和砍价能力。同样,卓越的商品流通品牌可为企业争取更多的溢价,增加顾客的光临频率,形成竞争壁垒,获取新的利益增长点(如发展自有品牌,开展连锁加盟等)。

服务环节不仅仅指传统意义上的售前、售中、售后服务内容,还包括大数据搜集和使用,提供各种增值服务,如租赁、定制、培训、代理等。

3. 电子商务处于价值流入期

过去十年,我国电子商务规模发展迅速,从2010年的4.55亿元交易额,到2019年的34.81亿元,年均复合增长率达25%。新冠疫情期间,许多行业受到极大冲击,而电子商务却逆势增长,其利润区呈不断扩大的趋势。

二、商品流通业价值转移的特征

纵观整个商品流通业价值转移的过程,呈现出以下特征。

1. 价值转移路径的多维化

在产业链中,价值不仅从制造环节向下游转移,也会向上游(研发环节)转移,甚至向独立于产业链外的第三方转移,产生多个利润区,呈现出多维化特征。

2. 价值转移的频率加快

以零售业态演变为例,从成长期到衰退期,百货商店为100年,杂货店60年,超市30年,廉价折扣商店20年。造成这一特征的原因是多方面的:当商品流通产业中的某一业态、某一经营模式处在"风口",即处在价值流入期或稳定期,便会吸引大量的社会资金进入,抢占利润区。随着新科技的迅猛发展和消费热点的频出,商品流通创新的步伐越来越快,加速价值的流入和流出。

3. 价值转移的跨界性

斯莱沃茨基指出,价值不仅在同一行业不同企业间转移,还会在不同行业和不同区域间转移,我国商品流通实践证明了这一论断。这几年,宜家、无印良品等流通企业纷纷跨界进入酒店行业,开设生活美学酒店,抢占住宿2.0时代商机。当然,也有越来越多的制造商或自设零售网点,或在线上直销,这已成趋势。格力电器现在拥有三万家经销商,同时又在全国开设直销专卖店。2020年6月1日在"格力品牌日",董明珠亲自主持直播,一天成交额65.4亿元,创下家电行业直播带货史上最高成交纪录。

本 章 小 结

商品流通盈利模式指商品流通行业获取利润的途径和方式。商品流通盈利模式机制则是阐述和研究这一模式的构造和作用机理。

商品流通盈利模式由利润源、盈利通道、利润屏障等构成。其中,利润源一般处在产业链的软环节,即产业链中的薄弱环节和瓶颈。盈利通道指盈利方式,一般有低成本运营、流程重组、渠道控制、客户至上等运行模式。利润屏障则指为了防止竞争对手掠夺本企业利润,维持自身优势地位而设置的壁垒,如成本优势、创新、品牌资产、知识产权、客户关系、企业文化、经营模式、行业标准等。这三者相互作用、相互影响、相互制约,共同构成盈利模式。

同时,商品流通领域价值也会按一定规律转移。

思 考 题

1. 商品流通盈利模式是如何构成的?
2. 如何区别商品流通产业链的硬环节和软环节?
3. 什么是利润屏障?其构成和特征是什么?
4. 商品流通价值转移有何规律?

第五编 流通方式

商品流通方式是商品交易方式和商品流通经营形式的总称。流通企业为了经营好业务，就一定要选择一定的商品交易方式、经营业态、经营手段等，而能否选择好适合不同特点的流通方式，则关系到流通企业的效率。随着市场经济的进程，商品交易方式和经营形式发生了很大变化，本编从理论和实践结合的角度，研究其现状和演变规律。

第十二章 商品交易方式

学习目的与要求

1. 掌握商品交易方式的含义；
2. 了解各类商品交易方式的特点；
3. 掌握制约商品交易方式选择的因素。

商品交易方式是商品买卖中双方所采取的手段和做法,它具有不可忽视的经济作用,能够决定商品经营主体的类型与构成,能推动商品流通规模的扩大,决定商品流通速度,促进商品销售。选择合适的商品交易方式对于提高商品流通速度、规范交易运行秩序、促进市场良性发展等均有重要意义。

第一节 商品交易方式概述

从商品的角度来看,商品交易方式是指商品实现自身价值与社会价值时所采用的手段与形态,它具体又包括交易途径、交易手段和结算方式等几方面要素,它是交易过程即商品实体依次进入消费领域的运动过程的外部形式。

一、商品交易方式的演变

商品交易方式,是随着商品经济的产生而产生,同时也是买卖双方在商品交易实践中,根据不同商品、不同地区、不同对象以及双方的不同需要而逐渐形成的,是随着商品经济的发展而不断地发育和完善的。因此,商品交易方式既属于经济范畴,也属于历史范畴。在商品经济发展的不同阶段,商品交易方式也具有不同的形式。

（一）原始部落阶段

在最早的原始部落阶段,社会生产力水平十分低下,剩余产品相对较少,而且没有货币,部落间和家庭间都是物物交换,交换范围被限制在极其狭小的领域之内,即交换只有双方刚好存在对对方产品使用价值的相互需求时才能成交。

在交易活动中,只有买者和卖者两个当事人,中间没有任何媒介,双方直接接触,同时都扮演着买者和卖者的双重角色。

(二) 简单商品经济阶段

在简单商品经济阶段,由于商业主要是以使用价值为目的的商品交换,交易过程中商品运动往往是按"生产者—商业经营者—消费者"为主的线路进行的,那时生产力仍不发达,交换的社会产品十分有限,因而交易方式主要局限于小额的零星交易与现金支付的现货交易。

(三) 商品经济发达阶段

在商品经济发达阶段,由于社会生产力的迅速发展,交易的广度和深度日益拓展,大批量的批发交易、融通资金的信用交易、信托买卖的代理交易、拍卖、租赁等一系列现货交易得以发展并不断完善;同时,远期合同交易、期货交易等新型的交易方式也不断发展和完善。商品交易方式日益丰富,更加有利于商品流通的顺利完成。

(四) 市场经济阶段

在当代市场经济条件下,科学技术突飞猛进,社会生产力以前所未有的速度飞速发展,社会分工逐步深化,新兴部门不断涌现,市场商品日益丰富,市场竞争急剧增强,世界经济一体化的程度不断加深。为了适应这种变化,降低费用,扩大销售,增加利润,一些可行性强、风险小、收益大的交易方式便应运而生,商品交易方式明显地呈现出多样化的趋势。在传统交易方式基础上,有的不断创新,有的交叉运用,一切都根据具体情况而定,显得更加灵活,尤其是诸如"三来一补"等原来仅局限于国际贸易中的交易方式被广泛推广和运用到国内商品流通中,更加丰富了商品交易方式。

商品交易方式发展到今天,其所呈现出的灵活性和多样化,并非一蹴而就,而是随着社会生产力的发展,不断创新、不断演进的结果。多种多样的商品交易方式,互相渗透,共同结合,形成一个先后相继、互相补充、同时并存的链,并在功能互补的条件下构成一个完整的交易方式体系。

二、商品交易方式的作用

在市场经济条件下,商品交易方式从多方面制约和影响商品流通规模和流通业发展,不仅成为流通企业竞争的手段,而且成为流通企业生存的条件。商品交易方式的经济作用主要体现在以下四个方面。

1. 商品交易方式决定商品经营主体的类型与构成

商品交易方式不仅影响着商品交易过程,而且决定着商品交易主体的组织行为。不同的商品交易方式要求商品经营主体有不同的组织形式、经营目标、经营对象、经营范围与经营规模等。例如,批发商只有面对业务用户,供其转卖、加工,进行数量较大的批发交易才是真正的批发商;零售商只有进行真正的面向最终顾客和消费者的零售交易才是零售商。因此,进行批发、零售交易的商品经营主体无论是在具体运作上,还是在社会管理上都完全不同于进行期货交易的商品经营主体。

2. 商品交易方式推动商品流通规模的扩大

商品买卖的展开和拓展,买卖双方总是要借助于一定的外部形式,即交易方式,因此,交易方式直接影响着交易过程和交易结果,如物物交换涉及双方对对方持有物需求的数量和品质限制,往往就决定着其只能在一定范围内进行,难以大规模地推动商品流通,而批发、零售、代理等多种交易方式一起灵活运用,就可以为大规模的商品流通提供可能和创造有利条件。为此,扩大商品流通的规模必须灵活运用各种交易方式,以达到各种预期目的和效果。

3. 商品交易方式决定商品流通的速度

商品交易方式是完成商品流通的手段,不同的商品交易方式下的商品流通速度存在着差异。一般情况下,交易双方共同需要与交易对象和范围相称的交易方式,有助于商品迅速地完成整个流通过程,如高档耐用消费品通过在各大中城市直接进行代理交易比通过批发层层分解要快得多。在实践中,为了加速商品流通速度,往往将多种交易方式配合起来使用,以加快商品迅速完成流通全过程。例如,批发与零售交易相结合,往往比单一的批发或零售要快很多;经销与代销相结合也比单一的经销或代销快。

4. 合理的商品交易方式可以促进商品的销售

商品生产企业和经营企业根据不同产品特点和买方的要求,通过选择合适的商品交易方式,不仅可以方便交易完成,而且可以使买方和消费者在交易中获得更多的顾客让渡价值,从而吸引更多的中间商和消费者购买产品,扩大产品的销售,提高产品的市场占有率。

三、商品交易方式的分类

商品交易方式按不同标准可划分不同类型。

(一) 按商品交易量和交易对象划分

商品交易方式可分为批发交易和零售交易两种形式。所谓批发交易是指交易主体为了将商品或劳务进一步转售或加工,而向生产厂商或其他经营者进行大宗商品买卖的方式。零售是指将商品或劳务直接销售给最终消费者的交易活动。

（二）按商品交易完成的时间跨度差异划分

商品交易方式可以分为现货交易、远期合同交易和期货交易。

（三）按付款方式划分

商品交易方式可以分为现金交易和商业信用交易。现金交易是付款和交货同时进行，即所谓"一手交钱，一手交货"，当场就实现"钱货两讫"的交易，不存在借贷关系。商业信用交易是付款和交货在时间和空间上相分离，实行先交货后付款或者先付款后交货，买卖是完全建立在商业信用关系基础上的。实质上买卖双方在一定时间内存在着借贷关系，具体地又包括赊销、分期付款、预付款订购和商业票据等几种形式。

（四）按交易过程中商品所有权是否转移划分

商品交易方式可以分为自主交易（经销）和信托交易。自主交易是指在商品交易中买卖双方拥有完整自主权和所有权，双方都是根据自身要求，为实现各自不同的目的而进行商品交易，是商品交易方式中最基本、最原始的方式，其他各种交易方式都是在此基础上，为适应生产力发展水平和实现商品流通需要而派生或演化而来的。信托交易是指接受他人委托而经营代理业务的商品交易方式，主要是建立在高度的信用基础上，一般包括代销、代加工、租赁、信托、拍卖等形式。

（五）按具体交易条件中有无专门特殊规定划分

商品交易方式可以分为专项特殊规定的交易方式和一般交易方式。所谓专项特殊规定是指在交易条件中专门特别强调的权利和义务，以及其他各种特殊要求的交易。如有的是在商标、包装、样品上作出了特殊规定；有的是在支付结算上作出了特殊规定；有的是在以集会的方式或在交易地点上作出了特殊的规定等。这种交易方式，在国际贸易中应用较多，主要是为了扩大进出口贸易，在贸易某个侧面、某个专门项目上作出一些特殊规定。一般交易方式的交易条件则无特殊要求。

第二节 商品交易方式举要

不同的商品交易方式，各有不同的特点。界定和把握这些特点，便于我们在实践中科学地选择，促进商品流通健康地发展。

一、现货交易、远期合同交易和期货交易

（一）现货交易

现货交易是指买卖双方出自对实物商品的需求与销售实物商品的目的，根据商定的支付方式与交货方式,采取即时或在较短的时间内进行实物商品交收的一种交易方式。通常在现货交易中,随着商品所有权的转移,同时完成商品实体的交换与流通。现货交易作为满足消费者需要的最直接的手段,具有以下四个方面的特点。

1. 存在时间最长

现货交易是随着商品交换的产生而产生,并随着商品经济的发展而不断发展的,由最初的物物交换——最早的现货交易,发展到后来的零售交易、批发交易、代理交易、信用交易、现金交易、信托交易等,都包含着现货交易的含义。

2. 交易的随机性最大、覆盖范围最广

由于现货交易没有特殊的限制,交易又比较灵活方便,因此交易的随机性很大;同时,现货交易又是运用最广泛的交易方式,任何商品都可以通过现货交易来完成,人们在任何时间、任何地点都可以通过现货交易获得自己所需的商品。

3. 交收商品的时间最短

现货交易通常是"一手交钱,一手交货"的买卖,即时成交,或在很短的时间内进行商品的交收活动。即使是信用交易如赊销,虽卖主可能暂时没有收到货款,但买主则早已获得了商品实物。

4. 成交的价格信号短促

由于现货交易是一种即时的或在很短时间内就完成商品交收的交易方式,因此买卖双方成交的价格只能反映当时的市场行情,不能代表未来市场变动情况。

(二)远期合同交易

远期合同交易是买卖双方签订远期合同,约定在未来某一时期进行实物商品交收的一种交易方式。它与现货交易具有相同的性质,即交易双方都是为了进行实物商品的最终交收,故两者统称为"实物交易"。

1. 远期合同交易与现货交易的区别

交易双方必须签订远期合同,明确商品品种、质量、数量、价格、运输方式、交易期限等一切交易条件,并且明确规定双方的违约责任及赔偿,而现货交易则是现买现卖,无须签订合同。

(1)交易双方从达成交易到实物商品交收,通常有一段较长的时间,有时相差几个月乃至更长,即交易在前、交货在后;而现货交易则是在很短时间内达成,实行即时交收。

(2)交易一般要通过正式的磋商、谈判,双方达成一致意见,签订合同之后才算成立。而现货交易则随机性大,方便灵活,没有严格的交易程序。

(3) 交易通常要求在规定的场所进行，双方交易要受到第三方的监控，以便使交易处于公开、公正与公平的状态；而现货交易不受过多的限制，常产生一些非法行为，因此需要工商部门不断加强市场管理。

2. 远期合同交易的功能

远期合同交易是现货交易的一种补充，主要有两大方面的功能。

(1) 稳定供求之间的产销关系。远期交易合同，是一种预买预卖的合同。对于卖方而言，他预先卖出商品，从而预知商品销售和价格，一心一意地进行生产。对于买方而言，他预先确定商品的来源及成本，并据此筹措资金，规划储存和运输，甚至可以在预购的基础上进行预卖，使各环节有机地衔接起来。这样，供需双方都能稳定地进行生产和经营，从而实现产销关系的稳定化。

(2) 在一定程度上减少风险。由于现货交易的成交价格信号短促，而且各种外界因素都在不断变化，市场供求关系和价格也会随之变化，生产者与经营者按现时的价格和市场供求关系去指导未来的生产与经营，尤其是一些生产周期长、受自然条件影响较大的农副产品的生产和经营，难免会发生偏差，甚至会有很大的风险。在产品尚未生产出来之前，经营者和生产者通过签订远期合同预买预卖商品，等产品出来之后，交付经营者，这样将事后的市场信号调节转变为事前的市场信号调节，就能部分地排除市场变化所带来的风险，使得本来应由某一方承担的风险变为几方共同承担。

3. 远期合同交易的局限性

远期合同交易虽然在一定程度上弥补了现货交易的不足，但其自身也存在着一些难以克服的局限。

(1) 每笔远期合同交易只代表两个交易主体，而不是多个交易主体的意愿。因此，其成交价格对生产和经营活动的指导作用是有限的。

(2) 远期合同交易从交易达成到最终的实物商品交收或交割有着相当长的一段时间，此间市场会发生各种变化，各种不利于履约的行为都有可能产生，如不能如期付款、不愿按原定价格交货或付款等，都可能使远期合同交易最终不能完成。可见，远期合同交易本身的风险也是不可忽视的。

(3) 远期合同交易中的客体即远期合同缺乏流动性。远期合同交易是两个交易主体就交易条件通过一对一的谈判达成的，不同的两个交易主体所达成的远期合同内容各不相同，为保证合同执行，一般不允许流通转让，即便允许转让，因其合同的差异性，也缺乏流通的共同基础。因此，由于远期合同交易主体的有限性与合同的非标准化，造成远期合同的非流动性或低流动性，使得远期合同交易的风险难以分散。

（三）期货交易

期货交易是指以现货交易为基础，以远期合同交易为雏形而发展起来的一种高级的交易方式。它是指为转移市场价格波动风险而对那些大批量均质商品所采取的，通过经纪人在商品交易所内，以公开竞争的方式进行期货合约的买卖形式。

1. 期货交易与现货交易的区别

期货交易虽是在远期合同交易基础上发展而来的，但两者具有本质的区别。

（1）期货交易买卖双方交易的目的是通过套期保值规避风险或投机套利；而远期合同交易买卖双方交易的目的是最终实现实物商品的交收或交割。

（2）期货交易合约中买卖的商品主要限为交易所上市的商品，其一般为需求面广、经济寿命长、质量易于标准化、品级可以替换的大宗货物；而远期合同交易的买卖对象可以是任何商品，商品的品级、质量、数量都可以由双方自行商定。

（3）期货交易的期限由交易所规定，价格由成交竞价来确定，并按一定比例向交易所缴纳保证金，即由保证金制度界定；远期合同交易的期限、价格、保证金等都由双方自行商定。

2. 期货交易的特点

期货交易作为一种高级的交易方式，与其他交易方式相比，具有明显不同的特点。

（1）期货交易的对象是标准的期货合约。期货合约是商品交易所为期货交易所制定的标准化的期货交易合同，简称期货。期货交易实质上是一种"虚拟交易"，主要是利用期货合约上商品价格波动，通过各种方式来规避现货风险或赚取一定的风险投资利润。

（2）期货交易的基本方法是买空卖空。无论是"买期"还是"卖期"，最终都是以做相反的交易对冲平仓来结束交易，一般情况下没有商品所有权的转移，最终的实物交割在期货市场上仅占极小的比例。

（3）期货交易必须在期货交易所内按固定的程序与规则进行，具有严格的规范性。

（4）期货交易具有严格的保证金制度。期货交易是一种高风险的交易，为了保证交易双方能够按时履约，控制交易风险，期货交易规定了一套严格的保证金制度，制度规定参与期货交易必须首先在其所属期货经纪公司开立账户，存入一定数量的初始保证金，然后按保证金的数量与每类商品期货保证金的要求进行交易，并随着每日交易结算价格的变动，计算交易者的当天盈亏状况，不断调整交易者的保证金数目，使其达到维持保证金的水平。

（5）期货交易流动性高，非常灵活。由于期货交易是标准化期货合约交易，不直接涉及商品实体，只是依据期货价格的波动，随时买进卖出，期货合约转让非常方便。同时，大量投机者和套期保值者的存在，使得期货交易具有很高的流动性。

（6）进行期货交易的商品具有特定的要求。作为期货交易所期货合约上市品种的商品，一般都要求其拥有众多的买主和卖主；商品的质量、规格、等级等易于划分确定；商品的交易量大，价格容易波动；商品的保存期比较长等。

3. 期货交易的功能

期货交易是众多的买主和卖主根据期货交易所的规则，通过公开、公平、公正的方式而进行的期货合约的买卖，从功能上讲，具有价格发现和回避价格波动风险两大功能。

（1）价格发现。价格发现是指确定市场上各种商品的合理价格。正是由于期货交易是一种公开、公平、公正的交易，参与者完全根据市场供给和需求的变化作出判断和决策，即便是投机交易也是建立在分析供求的基础上的，交易的竞争性反映了各个参与者对供求的分析和竞争的结果。因而，其所确定的价格不仅能正确反映供求状况，还是最为合理的价格，而且交易中所决定的价格是未来价格，将这种价格发布出去就是期货交易的价格发现功能。

（2）回避价格波动风险。由于受各种外部因素变动的影响，市场供求状况也会经常出现波动，这样由供求状况所决定的价格也就会不可避免地出现波动。为了控制价格波动风险对生产者和经营者所造成的不利影响，可以通过期货交易中的套期保值来有效地转移价格风险。所谓套期保值，就是指在期货市场上买进或卖出与现货交易数量完全相同，但交易方向相反的期货合约，以期在未来某一时间进行期货合约平仓而实现补偿因现货市场价格变动所带来的实际价格风险。

二、易货交易、互购交易、补偿交易和加工交易

（一）易货交易

易货交易又称对销交易，是在市场交易中将进货与销货、进口与出口紧密结合起来的一种交易方式。其本质特征是买卖双方必须互相购买或交换对方的产品，一方提供产品和技术时；另一方必须用另外的产品、劳务等给予支付，交易中无须使用货币或外汇。

易货交易具有有利于发挥交易双方各自商品优势，使地区、国家和企业之间的贸易保持平衡，克服资金短缺或外汇短缺和资金筹措困难，并不受货币波动和

国际金融的影响等优点。但同时,易货交易也存在着交易对象、交换商品难找和难以实现等价交换的缺陷。

(二) 互购交易

互购是指交易双方相互购买对方的产品。这种交易具体做法是:交易双方先签订一个合同,约定由先买的一方用现金或现汇购买对方货物,并由先卖的一方在合同中承诺在一定时间内(如 12 个月)买回头货;然后,双方再签订一个合同约定由先卖的一方用所得货款的一部分或全部从先买的一方处购买已商定的回头货。

须注意的是,互购交易与易货交易是有所区别的:第一,互购交易不要求等值交换,不是单纯的以货换货,而是用现金或现汇交易;第二,先买的一方在签订第一份合同时,对承诺的反购商品只作原则性的规定,如规定回购金额,具体细节另外约定;第三,一笔互购交易有时往往要涉及两个以上的当事人,除非双方另有约定,即先卖方的回购义务和先买方的供货义务可以分别设由其他第三方来完成或承担。

(三) 补偿交易

补偿交易方式是指交易的一方向另一方提供机器、设备等产品或技术、服务等项目,而另一方则按照对等的金额提供商定的产品或劳务等,作为给予交易一方的补偿。

1. 补偿交易形式

补偿交易形式很多,从偿还的角度来看,一般主要有三大类。

(1) 直接补偿贸易,又称返销。它是指引进的一方或进口方用引进的技术设备生产出来的直接产品,补偿给供方或出口方。

(2) 间接补偿交易,又称互购。它是指引进一方或进口方不用所进的设备或技术生产出来的直接产品,而是用双方商定的其他间接产品补偿给供方或出口方。

(3) 综合补偿贸易。它是指引进一方或进口方用一部分产品、一部分资金或外汇,或者用一部分直接产品、一部分间接产品,综合起来补偿给供方或出口方。

2. 补偿贸易的特点

(1) 交易不是用货币作为主要支付手段,不是立即或全部加以兑现,而是分期付清;

(2) 交易不是一次性买卖,而是要经过多次才能完成买卖行为;

(3) 补偿交易将购与销或进口与出口有机地结合了起来;

（4）交易往往将商品的买卖同资金的借贷组合起来，尤其是在一些大中型项目中，买方必须借到钱，才能够引进技术设备，然后分期偿还借款及利息。

（四）加工交易

加工交易是指一国或一地通过各种不同方式进口或购进原料、辅料或零件，利用本国或本地的生产能力和技术以及劳动力资源，加工成成品后再出口，从而获得相应的附加值或货币收入。加工交易的具体方式多种多样，就目前而言，常见的主要有以下四种方式。

1. 进料加工

进料加工在外贸中又称为"以进养出"，是指利用外汇购入国外的原材料、辅料，利用本国或本地企业的设备、技术、劳力，加工成成品后，再销往国际市场。须要注意的是，在买和卖的两个环节中，都伴有所有权的转移。

2. 来料加工

来料加工是指加工的一方和国外的另一方（提供原料、材料、包装材料的一方），按照双方商定的质量、规格、款式加工成成品，交由对方处置或销售，自己只收取加工费。

3. 装配业务

装配业务是指由一方提供装配所需设备、技术和有关元件、零配件，由另一方装配成成品后交货。这种交易方式只是一种劳务交易的性质，装配方只能赚取加工费，附加值为对方所占有。

4. 协作生产

协作生产是指一方提供部分配件或主要部件，而由另一方利用本国、本地区、本企业生产的其他配件组装成一件产品出口或销售。产品商标可由双方协商确定，所供配件的价款在货款中扣除。协作生产的产品一般规定由对方销售全部或部分，也可规定由第三方来销售。

三、现金交易、商业信用交易、票据交易

（一）现金交易

现金交易是指以直接支付现金为媒介的商品交易。在现金交易中，商品的价值运动、所有权转让与商品实体运动是同时完成的，商流与物流合一是现金交易的本质特征。现金交易的功能在于保证商品流通与货币流通的相向运动。随着商品交易量日益扩大，现金交易的风险与局限性日益明显，如现金可能丢失、被盗窃、被伪造等。现金交易风险以及各国对企业之间单笔交易且现金数量在财务会计制度上的相应限制，使得目前现金交易主要存在于商品零售和小额批

发方面。

（二）商业信用交易

信用是指在商品经济条件下，不同所有者之间的商品与货币资金的借贷和预购、赊销等行为。信用存在多种形式，如银行信用、商业信用、国家信用、消费信用等。其中，银行信用与商业信用是最直接的形式。

银行信用是银行向各类生产者与经营者提供货币资金，满足其资金不足的需要，从而加速资金周转、提高资金利润率的信用活动。商业信用则是不同市场主体或各类企业之间相互提供的与商品交换有关的信用，是采用商品形态提供的信用。商业信用产生于商业活动中，即在商业活动中往往会出现由买方或卖方提供商业信用来促成交易。如买方以预付货款、预付定金等方式向卖方提供信贷，或卖方以赊销、延期付款方式向买方提供信贷。这种在商业交易过程中以预购或赊销的方式进行商品买卖所达成的交易，就是商业信用交易。

商业信用交易是一种普遍存在的交易方式，它主要通过改变付款形式来调节商品运动与货币运动存在的时空差异，达到调节供求矛盾、扩大销售的目的。一般商业信用主要有以下两种方式。

1. 预购

预购即预付货款，是指商品交易主体为得到所需产品而向其他商品交易主体提前支付部分或全部货款，以支持其生产经营，稳定购销关系，同时也保证了能尽快地获得所需产品，如经营企业向生产企业、零售企业向批发企业预付货款订购商品、农副产品收购中预付定金等，都属于商业信用交易形式。

2. 赊销

赊销是指先交付货物，在未来某一段时间内支付货款的一种商业信用交易形式。一般可以分为一次性收款和分期收款两种。为了鼓励经营主体进货，加速商品流通，扩大商品销路，在厂商之间往往采取先提货销售，以后在规定时期内分期付款的形式。早期，赊销在厂商之间应用得较多，但随着商品经济的发展和社会信用的拓展，在社会产品严重供过于求、消费需求严重不足时，为了鼓励消费、刺激销售，面向广大消费者的赊销日益扩大，尤其是在消费者购买大件耐用消费品，如住宅、汽车等时，按照惯例消费者可以先付一定比例的现金，然后再按规定期限分期交付直至归还全部货款。所以，赊销是一种从信用出发解决用户暂时资金周转不灵，或为了推销价值较高的商品或滞销的商品而采取的一种促销措施。

商业信用交易从总体上来讲，对于加强企业之间的经济联系、加速资金的循环与周转、促进社会再生产顺利进行等方面都起着非常重要的作用。具体而言，对于商业信用的买方提供者来说，能够稳定货源，稳定产销关系；对于商业信用的卖方提供者来说,能够加快商品流转,扩大经营规模,开拓商品市场,提高经营的竞争力;对于商业信用的接受者来说,则解决了资金短缺的困难。

(三) 票据交易

票据是发票人自己承诺或委托付款人按指定日期无条件支付款项的一种凭证。票据有狭义和广义之分。狭义的票据仅指以支付一定货币金额为目的,可以转让和流通的债务凭证,主要是指在往来结算中使用的票据,包括汇票、本票和支票;广义的票据则是指一切为商品流通服务的凭证,除包括狭义的票据外,还包括提单、保险单、发票以及产地证、检验证、海关发票和领事发票等。我们这里所讲的票据主要是指狭义的票据。

票据交易是指以具有一定格式的书面债据为结算基础的交易方式。在这种债据上一般载明一定金额,在一定时期内执票人可以向发票人或指定付款人支取款项。在交易中以票据为媒介,具有携带方便、结算灵活快捷、节省交易费用等优点。另外,在交易活动中,票据特有的一些功能,对促进商务活动的开展具有非常重要的作用。

(1) 结算功能。票据作为商品流通媒介,使得交易得以迅速、方便、安全、规范地进行,它可以作为支付工具,用以结清债权和债务。

(2) 信用功能。票据是建立在信用基础上的书面债券凭证,作为一种信用工具,充当资金盈余单位与资金短缺单位之间融通资金的桥梁,促使以商品交易为基础的融资活动得以同时进行。

(3) 流通功能。票据经过背书人的背书可以转让他人,从而可以在市场上广泛地流通,充当流通手段,清算债权债务,节约现金使用。

(4) 自动清偿功能。票据是规定债权债务双方当事人权利和义务关系的一种书面证明,具有法律效力,票据到期,必须无条件地清偿。每一个关系人在票据上签名后,都要对合法持票人负票据的支付责任,债权人具有请求付款权利和在不获支付时的追索权。

四、自主交易和信托交易

(一) 自主交易

自主交易也叫"经销"或"定约销售",是指经营主体按约定条件为供货商销售产品,交易者是完全独立的流通当事人,对交易的商品拥有完全的所有权和自主经营权,独立承担经营风险和盈亏责任,是商品交易的原生形态。经销以经销权是否具有排他性可以分为多头经销、独家经销和总经销三种形式,其共同特点是经销商与供货商是一种商品买卖关系,经销商必须自行垫付资金购买货物,自行销售、自负盈亏,但一般可以得到供货商在价格等方面的优惠条件。对于独家经销、总经销而言,还可以享受某些特定区域范围内该商品专营的权利。

(二) 信托交易

信托是指受托人接受他人委托,以自己的名义代他人(委托人)购销或寄售商品,并取得报酬的法律行为。实施信托行为的主体为信托公司、寄售商店、贸易货栈、拍卖行等。信托人(受托人)一般为具有法人资格的机构,能独立地承担相应的责、权、利。信托交易实质上是一种居间性质的交易方式,具有挖掘社会潜在物资、调剂余缺和风险小的优点。信托交易的特点主要有以下五点。

(1) 信托人是以自己的名义来进行信托活动的,其与第三人订立交易合同而产生的权利与义务,由信托人直接承担;

(2) 信托人在未得到委托人同意的情况下,一般不得擅自变更委托人的要求,否则后果自负;

(3) 信托人在接受委托人代购、代销业务时,自己可以成为其直接的卖主或买主,即信托人可以直接将所有权归自己的商品出卖给委托人,或将委托人委托自己代销的商品直接买过来;

(4) 信托人在开展业务时,要与委托人签订信托合同,明确双方的权利、责任和义务,并在完成信托业务后获得合理报酬;

(5) 信托人虽以自己名义开展业务,但并不拥有商品所有权,是属于居间性质的中介范畴。

须明确的是,在信托交易的具体经营形式中,信托商店又被称为"寄售商店",是指接受顾客信托、代顾客出售旧货并获取一定报酬的商店。而"贸易货栈"是指沟通买卖双方的居间性、服务性商业组织,主要从事商业劳务服务。通常以其经营力量和联系广泛、信息灵敏、交易灵活、购销方便、服务周到等特长,组织产销直接见面成交或运用现代通信手段为顾客代购代销,同时还开展代存代运等业务。其经营范围主要是干鲜果品、干菜、调味品、日用杂品、废旧物资、小农具、土特产品等。

五、其他交易方式

(一) 代理交易

所谓代理就是代理人(受托人)在代理权限(受托权限)内以被代理人(委托人)的名义进行民事活动,由此产生的权利和义务直接对被代理人(委托人)发生效力的一种法律概念。代理交易是指代理人即代理商接受制造商或销售商的委托,代理购买或销售商品,并根据购买额或销售额的大小,按比例提取佣金的一种交易方式。代理商一般不掌握商品的所有权,不承担任何市场风险,对商品价格、促销等一般也无决定权。代理交易主要以经营批发交易为主。代理交易的特点主要有以下四点。

(1) 代理商一般具有法人地位,是独立经营的商业组织,并与制造商和销售商建立有长期固定关系。代理合同是他们之间的联结纽带,彼此间高度重视保持平等互惠、长期良好的商业信誉和业务关系。

(2) 代理商在指定的区域内只能销售其代理的商品,不能再销售其他与代理商品有竞争性的商品,但可以自由经营与代理商品无竞争关系的其他商品。

(3) 代理商要严格执行制造商的商品定价。制造商为了保持或扩大市场规模,对商品一般都有大体的限价,代理商只能在限价范围内浮动,而不能任意超过限价。

(4) 代理商按其销售额或采购额的固定比例提取佣金。一般情况下,佣金代理商不承担市场风险,除了制造商支付的部分促销费用外,在销售过程中发生的费用需自理。

(二) 投标交易

投标交易是指购货人(或被承包方)发出招标通知,邀请一些供货人(或承包人)在规定的时间内就有关的货物或承包的项目,报出实盘,进行投标竞争,然后由购货人(或被承包方)开标,挑选最合适的供货人(或承包人)作为交易对象。一般而言,投标交易仅限于机械、设备、原材料、燃料及各种大宗商品的购销和工程建设、规划设计、劳务服务等项目承包。与其他交易方式相比,投标交易具有两个明显的作用。

(1) 对于招标人而言,采用招标和投标的交易方式,可以使自己处于比较主动的地位。例如,可以在不同的投标人的竞争中选择最适宜的合作对象和成交方案。

(2) 对于投标人而言,采用招标和投标的交易方式,大多是大宗商品买卖,因而这是推销商品的极好机会;同时,通过参加投标和招标活动,可以检验自己的竞争能力和经营能力。

(三) 拍卖交易

拍卖是指在拍卖市场上通过竞买人的出价或应价竞争,将商品售给出价最高者的特殊买卖活动。参与拍卖的商品大多是一些品质不易标准化或在历史上有拍卖习惯的商品,如珍贵艺术品、古董、珠宝首饰等。拍卖交易主要有三种具体形式。

1. 增价拍卖

它经常运用在艺术品的拍卖中,主要有买方叫价和卖方叫价两种形式。

(1) 买方叫价拍卖,又称"有声拍卖"。以拍卖市场当众宣布预先确定的最低价格为起点,然后由竞买人根据拍卖条件规定的加码额度竞相加价,直至出价最高时由拍卖市场接受,并以木槌击板宣告成交。

(2)卖方叫价拍卖,又称"无声拍卖"。由拍卖人提高叫价,买主按事先规定的拍卖条件用手势、举牌、点头或其他方式表示接受,直至无人再出高价时,由拍卖市场接受并以木槌击板宣告成交。

2. 减价拍卖

减价拍卖,又称"荷兰式拍卖"。由拍卖人喊出最高价,然后逐步喊出降低的价格,直到竞买人表示接受而成交。其核心仍是买者竞价,一般在农产品方面应用较为普遍。

3. 密封投标拍卖

密封投标拍卖是由拍卖市场公布拍卖商品的具体情况和拍卖条件,然后买主在规定的时间内将密封标单递交拍卖市场,由拍卖市场在事先规定的时间公开开启,经比较后选择出价最高者成交。一般用于处理库存物资、海关处理货物,以及木材、烟草、皮毛等商品,应用不是很普遍。

拍卖交易是一种公开竞买现货的交易。在拍卖活动正式进行以前,买主可以亲眼察看,询问商品的有关情况,成交后即可提货,货物出门后,卖者一般不再负责赔偿、退换。

(四)租赁交易

所谓租赁是指出租人依照租赁契约的规定,在一定时间内把租赁物租借给承租人使用,承租人分期付给租赁费(租金)的融资与融物相结合的经济行为。

租赁是一个历史范畴,它有传统租赁和现代租赁的差异。所谓传统租赁是指承租人以取得租赁物的使用价值为目的,而出租人则是为了获取一定的利润;所谓现代租赁则是指承租人除了获取租赁物的使用价值以外,更重要的是将租赁变为一种融通资金的手段。今天所说的租赁是指20世纪50年代后在经济发达国家大规模兴起的现代租赁,它是一种将金融与贸易相结合,出租方、承租方、供货方以及银行界共同参与进行的综合性经济活动。生产设备乃至整个企业租赁经营是现代租赁的主要内容,生活用品租赁则是传统租赁的承袭。

1. 现代租赁的特征

现代租赁作为一种融资与融物相结合的经济活动,从总体上讲,具有以下五个方面特征。

(1)现代租赁采取融通租赁物使用权的方式,以达到融通资金的目的,将融资与融物结合在一起,对承租人来说是筹措物资设备的一种新方式,对出租人来讲则是一种金融投资的新手段。

（2）租赁期内，租赁物的使用权与所有权是相分离的，即租赁物的使用权归承租人，所有权仍归出租人，并未发生转移。

（3）在现代租赁中，租赁物（设备或物资）的使用仅限于工商企业、公共事业和其他事业单位，排除了个人消费用途，从而有别于传统租赁。

（4）租金是融通资金的代价，具有贷款本息的性质，租金大小也是决定是否采取租赁方式的基本条件。

（5）租赁期内，承租人的租金是分期支付的，但它不同于商业信用中的分期付款。

2. 租赁的种类

现代租赁按其形态主要分为两大类，即融资性租赁和经营性租赁。

（1）融资性租赁，又称为金融租赁。这是指承租人选定机器设备后，由出租人先购置，然后再出租给承租人使用，承租人按期支付租金的一种融资与融物相结合的经济活动。租赁期满后，可以通过退租、续租或转移给承租人三种方式进行处理，是现代租赁中影响最大、应用最广、成交额最多的一种形式。

在融资性租赁方式下，出租人对于设备的性能老化风险及维修保养均不负责，并以承租人对设备的长期使用为前提，一般租期为三至五年，有的长达十年，为保障双方利益，合同有效期内，任何一方均不得中途解约，只有当设备毁坏或被证明已丧失使用效能的情况下才能中止合同。

（2）经营性租赁，又称为服务性租赁。这是指出租人在向承租人提供设备及使用权的同时，还提供设备的维修、保养等专门服务，并承担设备过时风险的一种中短期融资与融物相结合的经济活动。

经营性租赁其租赁物一般为须高度保养、维修管理的，或技术进步较快的，或广泛运用的设备与机械，如计算机、地面卫星、超声仪器、电气设备等，出租方必须具有能承担保养与管理的专门技术人才。一般来讲，其租赁期较短，在租赁期内出租方须承担设备过时的风险，并且经过一定的预约期可以中途解约，因此，租金一般高于融资性租赁的租金。

（五）许可证交易

许可证交易是指技术输出方（售证人）将其技术使用权通过许可证协议出售给技术输入方（购证人）使用的一种交易。它不是产品买卖协议，而是特殊形式的贸易协议。

1. 许可证类型

所谓许可证协议，是指售证人与购证人之间缔结的一种技术转让合同，它既是具体规定双方权利义务关系的法律性文件，又是双方转让技术、支付费用的商务性文件。一般来讲,许可证可以分为以下四种。

（1）普通许可证。它是指在协议规定的地区内,购方可使用转让的技术,而售方仍保留该项技术的使用权和再出售给别人使用的权利。

（2）排他许可证。它是指在指定的地区内,购方享有独占使用所购技术的权利,售方不得将该项技术转售给任何第三者,但售方仍保留着使用技术和销售产品的权利。

（3）独占许可证。它是指除购方外,任何人包括售方都不能在该地区使用已转让的技术和销售、制造产品。

（4）可转售许可证。它是指购方在协议规定的地区不仅有使用有关技术的权利,同时还可将该项技术的使用权转售给任何第三方。

2. 许可证交易的内容

（1）专利许可证交易。它是指专利的所有人通过签订许可证协议的方法,将专利的使用权出售给购证人使用的一种方法。一般来讲,专利的转让是一种公开的交易,其所转让的是专利的使用权,而不是其所有权,并且转让的使用权还要受到地域和时间的限制。

（2）商标许可证交易。它是指商标的所有者,通过签订许可证协议,将商标的使用权出售给购证人使用的一种做法。商标许可证交易的对象是那些名牌商标或重要的注册商标,与专利许可证交易一样,其交易也是公开的,所转让的仅仅是商标的使用权,而不是所有权。

（3）技术诀窍或专有技术许可证交易。它是指通过签订许可证协议,售证人将专有技术提供给购证人使用的一种做法。专有技术包含的内容非常广泛,一般主要包括设计图纸、设计方案、设计数据、材料配方、工艺流程、技术示范、人员培训等。但是,并不是所有这方面内容都属于专有技术,从商业角度来讲,作为专有技术或技术诀窍交易必须具备三个条件:一是其能在一定范围内运用,凡属个别人特有的手艺、技巧或难以转让的,则不能作为技术诀窍交易;二是必须是能够鉴定、鉴别的,并能以文献资料的形式来转让的;三是要能为买方培训技术人员,以便使用该项技术。

第三节　商品交易方式选择

随着社会生产力和经济的不断发展,商品交易方式也在不断创新和发展,并且不同商品交易方式不断互相渗透、互相补充而逐渐形成一个完整的体系。但在具体的交易活动中,到底选择哪一种交易方式并不是随心所欲的,而是要遵循商品流通的客观规律和基本要求综合考虑各种因素。

一、社会生产力的发展水平和商品经济的不同发展阶段

任何一种商品交易方式,都是商品经济发展到一定阶段的产物。在简单商品经济阶段,社会生产力发展水平低下,可供交换的剩余产品非常少,通过物物交换或一手交钱一手交货的零星买卖等形式就可以完成商品交换的任务。在集约化、商品化、社会化大生产条件下,才有可能产生商品交易所和期货交易。同时,商品交易方式又是商品经济进一步发展的必要条件。由于各地区、各部门、各行业社会生产力发展不平衡,商品经济发育程度会有很大差异,必然会同时存在着多种交易方式。因此,必须借助多个流通渠道、多种交易方式来沟通各个地区、各个企业不同生产者和经营者之间的经济联系。单一的交易方式是不能适应多层次生产力发展水平的,也不利于地区间的经济发展。在商品经济发达地区,可大力发展信用交易、租赁交易、期货交易等现代商品交易方式,当然,传统的现金交易、现货交易也不可少;在落后地区,除保持传统交易方式外,甚至还可以借助原始的物物交换来互通有无。

二、企业的个性特色

交易方式必须从企业的实际出发,针对各个企业的个性和特色来选择,才能更有效地实现商品流通、提高流通效率。第一,要充分考虑到各个企业的经营目标,选择最有利于目标实现的方式。第二,要充分考虑到企业的经营规模和生产能力。一般来讲,中小企业规模小,产销量有限,资金不充裕,主要靠地方市场、就地生产、就地批发和零售;而大企业规模大,产销量大,资金充裕,可以有条件地选择批发交易、期货交易、信用交易、代理交易等交易方式。第三,要突出企业的特色,凸显企业个性,出奇制胜,切忌亦步亦趋。

三、不同商品的特点和流通规律

不同商品在其运行过程中,往往具有各自不同的使用价值保存期、不同的运输要求和物理特性,同时,不同商品其流通规律也不尽相同。因此,必须根据不同商品的特点和流通规律选择不同的商品交易方式。

(1) 日用工业品交易方式的选择。日用工业品的流向是从城市到农村,从集中到分散,渠道长、环节多。在生产与商业的连接处,批发交易对商品的组织运行作用十分明显,同时商业信用交易、票据交易等可对其起到辅助作用。在商业与消费者之间的连接处,零售交易、现金交易、现货交易则是主导的交易方式,这些交易方式可以保证商业运行长期稳定地进行,在此基础上再辅之以信用交

易,则更有利于拓宽销售渠道。

(2) 工业品生产资料交易方式的选择。工业品生产资料一般又分为工业品农业生产资料和工业生产资料。工业品农业生产资料的流向除具备一般工业品从集中到分散、从城市到农村的特征外,在供应环节上还具有季节性强、生产周期性强的特征。因此,在供应的第一个环节上一般采用地区性批发交易,再辅之以票据交易方式;在零售供应上,考虑到农民是家庭个体式经营,投入资金有限,农业生产季节性强等因素,宜选择现金交易为主、延期付款和分期付款为辅的交易方式。而对工业生产资料的交易,由于其一般为大宗商品交易,可采用批发交易、远期合同交易等方式。

(3) 农副土特产品交易方式的选择。农副土特产品其一般流向是从农村到城市,从分散到集中,且具有大宗性质。同时,农副土特产品的生产多为家庭经营、个体生产,因此,在收购环节上可选择现金交易和预购交易以及代购、代储、代运、代销、代加工等信托交易方式。对于大宗农副产品工业性原料,期货交易与票据交易则是比较理想的交易方式。

四、效益最优化的原则

任何一种交易方式的选择,都是为了实现企业利益的最大化,以最小的投入取得最大的经济效益。因此,必须考虑:一是什么样的交易方式才能最大限度地方便购买,吸引用户,扩大企业的销售额;二是什么样的交易方式才能以最快的速度、最短的时间完成商品流通的过程,节约流通费用,加速资金周转;三是什么样的交易方式投入成本最小,产出最大,从而提高企业的经营成效。方式是为内容服务的,离开企业的效益来谈交易方式,一切都是徒劳无功的,也是毫无意义的。

五、市场商品的供求态势和竞争状况

市场总是在非均衡状态下运行,供求态势不同会影响到交易方式的选择,且交易方式取决于居市场主导地位的一方。当供不应求时,生产者和经营者会从自身利益出发选择最简便的交易方式;当供过于求、市场竞争非常激烈时,生产者和经营者为了迅速出售商品,争取尽可能大的市场份额,就千方百计地迎合消费者的需要,此时,交易方式将会成为企业参与市场竞争的重要内容和手段,如赊销、优惠酬宾、折扣、有奖销售等将会大量被选择并加以运用。同时,在选择交易方式时,还应视竞争对手而定,针对竞争对手的实力、竞争策略和手段采取相应的对策和交易方式。另外,还应根据不同的竞争内容采取不同的交易方式,质量竞争不同于价格竞争,服务竞争不同于广告竞争和公关竞争,灵活的交易方式

有利于协调各种竞争要素,达到扬长避短、以强制强的目的。

六、国际经贸交流和优势互补

当前,在国际经贸中,交易方式不断朝着多样化、灵活化的方向发展。因此,在世界经济一体化的大背景下,为了促进扩大开放,发展国际经贸交流,实现国内市场与国际市场的早日接轨,企业应根据优势互补的原则,按国际惯例选择灵活的交易方式,规范企业的经营行为,以利于企业不断走向国际市场,磨炼和提高其在国际市场上的竞争能力。同时,也使交易对方易于接受。企业通过商品交易方式的国际化、惯例化、通用化、规范化和灵活化来打破国际贸易中跨文化的障碍,改善国内经营环境,吸引更多的外商。

本 章 小 结

商品交易方式是商品买卖中双方所采取的手段和做法。商品交易方式既属于商品经济范畴,即随着商品经济产生而产生,随着商品经济发展而发展;同时商品交易方式又是历史范畴,即在商品经济发展的不同阶段,商品交易方式具有不同的形式。

商品交易方式具有不可忽视的作用,它能够决定商品经营主体的类型与构成,能推动商品流通规模的扩大,决定商品流通速度,促进商品销售。

商品交易方式按各种标准分类,可以分为:现货交易、远期合同交易、期货交易、易货交易、互购交易、补偿交易、加工交易;现金交易、商业信用交易、票据交易;自主交易、信托交易;代理交易、投标交易、拍卖交易、租赁交易、许可证交易等。

选择哪一种交易方式要综合考虑各种因素,包括生产力发展水平和商品经济发展阶段、企业特征、不同商品特点、商品供求态势和竞争状况、国际经贸交流等①。

思 考 题

1. 什么是现货交易、期货交易、易货交易、补偿交易、加工交易、代理交易、租赁交易?
2. 商品交易方式有何作用?
3. 选择商品交易方式要考虑哪些因素?

---

① 本章内容参阅曹厚昌、李平生:《现代商业》,北京经济学院出版社 1995 年版。

第十三章　商品流通经营方式

学习目的与要求

1. 掌握批发业的特征和功能；
2. 了解制约批发业发展的因素；
3. 了解零售业发展的理论假说；
4. 了解世界批发业、零售业发展趋势；
5. 了解连锁经营特征及意义；
6. 掌握连锁经营的主要类型。

经营方式是经济业务经营活动的基础形式，是指企业以什么方法、手段、途径来进行运营，以达到盈利目的。对于商品流通领域来说，经营方式也就是指商品流通的基础方式或形态。一般来说，流通企业的经营方式的确定与企业经营的商品种类、企业规模和实力大小、周围市场环境以及企业投资者和经营者的目标市场等有关。流通经营主要包括批发经营、零售经营和连锁经营等方式。

第一节　批　发　业

批发是指从生产商或其他经营者手中采购商品或劳务，再将其提供给商业用户或其他业务用户，供其转变、加工的大宗商品交易方式。20世纪80年代以来，中国批发业随着经济体制改革的深化发生了巨大变化。

一、批发业发展轨迹分析

我国批发流通体系的改革和发展并不是在真空中进行的，而是在一定环境中受到一系列因素不同程度的制约。在一系列因素制约下，中国批发业演变显现出与众不同的特点。回顾批发流通体系改革轨迹，并研究影响因素，不仅能帮助我们寻找中国流通批发体系演化的规律，还可以把握其发展方向。

（一）中国批发业的演变

1978年后,中国批发业发展的轨迹分为三个阶段。

1. 1978—1991年

改革开放使传统计划体制的流通渠道被挤垮,不少生产、零售企业绕开批发这一环节,而批发业没有从传统体制束缚下解脱出来,因而,批发业地位下降也是必然的。

2. 1992—1998年

1992年以后,受到经济过热的拉动,批发机构的数量在单体小型化的基础上急速增长。

3. 1999年以后

随着经济增长速度减缓和批发行业的竞争重组,全国批发企业数量减少,网点增多,批发销售总额持续增长,进入规模化发展的新阶段。

（二）制约批发商业发展的因素分析

中外批发商业发展轨迹表明,批发商业的发展受到一系列因素的制约,如图13-1所示。

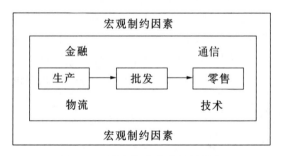

图13-1　制约批发业发展的因素

如图13-1所示,制约批发商业发展的因素可以分为四类。

1. 宏观制约因素

分析制约批发业发展的宏观因素,一般考虑九项社会经济统计指标,分别是国内生产总值、第二产业总值、第三产业总值、固定资产投入总额、商品零售价格指数、人口指数、职工总数、职工工资总额和消费品零售总额。

以各指标环比增长率分析数据,根据公式 $r = Lxx/\sqrt{LxxLyy}$ 计算得到的相关系数值大于零、小于零或等于零,分别表示两个变量为正相关、负相关或不相关。若相关系数的值接近于1或-1,分别表示两个变量为高度正相关或高度负相关。以上指标时间跨度取1978—1996年,根据计算后得到全国批发业发展与各经济变量之间的相互关系值,并根据各相关系数的数值特征,分析得图 13-2。

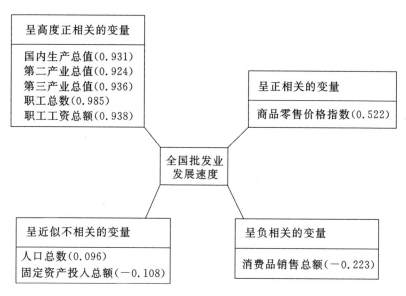

图 13-2　1978—1996 年全国批发市场相关变量分析图

相关分析结果表明:

(1) 国民经济健康发展是批发业发展的重要基础。国内生产总值、第二产业总值、第三产业总值与批发业发展的相关系数均在 0.9 以上。尤其是第三产业发展与批发业发展息息相关,由此可见,没有第二产业的振兴和第三产业的繁荣,就没有批发业的进步。

(2) 居民收入提高是活跃批发市场的重要动力。职工总人数和职工工资总额与批发市场的相关系数高于国内生产总值,这表明批发业的发展与经济收入之间存在稳定的函数关系。

(3) 消费品零售总额与批发市场发展呈负相关,表面上看使人费解,仔细分析又在情理之中,这是由于生产企业甩开批发以及零售直接向生产企业进货的必然结果。

(4) 人口总数、固定资产投入总额与批发业发展无直接的函数关系,而零售价格指数却影响了批发业。这不仅因为零售价格指数实际是批发价格指数的一个变形,同时又是全面价格指数的一面镜子。

在宏观因素中,政策的制约因素尤其重要,改革前我国实行的是传统的计划体制,国有批发是主要流通渠道,党的十一届三中全会以后,中央提出"三多一少"的改革方案,这一改革打破了专业分工和行业界限,允许跨行业经营,允许工厂自销,厂零挂销,批零兼营等。正是这一政策的改变,使得多种经营方式、多条流通渠道和多种经济成分得到极大的发展。同时,也使传统批发业受到冲击。

2. 纵向制约因素

从纵向分析,批发商业的规模、结构、发展速度受生产和零售的规模、结构、发展速度的制约,受到制造商和零售商之间交易方式的影响。

当产业革命带来生产规模的扩大,制造商专注于生产,无精力顾及流通,同时零售业规模过小,过于分散时,生产和零售环节在时间、空间、花色品种、规模等方面矛盾增大,批发商业存在和发展就有了足够大的空间。随着制造商大量生产趋势加剧,迫切要求大量销售予以适应,而当传统批发商的体制、经营方式跟不上这种市场需要,制造商便自觉或不自觉地进入流通领域。同时,零售商规模扩大,使其追求购销低成本和高效率的本性有实现的可能,零售商就会选择从生产商直接进货。

3. 主观制约因素

批发商之所以能够产生和发展,就在于批发业能够比工业自销更有效、更能节约流通费用,并且能承担简化交易路线、流通加工、分散生产者风险等职能。如果批发商不能在上述问题上提供优势,批发业的衰退是不可避免的。

20世纪90年代之前,批发企业,尤其是国有批发企业下降趋势明显,这与国有批发企业自身不足是息息相关的。

(1) 批发企业不适合"大量流通"的要求。现在,制造商生产规模越来越大,而大量生产必须以大量的销售为前提条件,而对于制造商这一要求,批发商却采取保守或敷衍的态度,如对所有的顾客"提供相同的服务,收取相同的费用",而不顾批量的大小。正因为如此,制造商要求改革批发业的呼声日趋高涨。有的生产企业因为不满意批发商,只能花巨资构筑自己的销售网络。如保健食品,按其产品性质主要应该通过批发环节分销出去,它的流通渠道应该是"长而宽"。而有一家保健品公司却斥巨资建立了多级营销机构,省级建立营销指挥部,地级建立营销子公司,县级设办事处,乡镇设工作站,乡村设宣传员,这样的网络保证了1996年完成销售收入80.6亿元,实现利税逾8亿元。当然,支撑这8亿元利税的是该公司巨大的营销费用。

(2) 国有批发企业存在明显的"三多四不"。"三多"指冗员多、包袱多、亏损企业多。"四不"指政企不分、机制不活、素质不高、管理不力。

随着市场竞争的日趋激烈,生产和零售企业视市场需求状况采取各种策略。

第一,价格固定化。不少制造商为了使自己的产品更具有市场竞争力,在产品的广告上即宣布产地零售价。另外,由于工业包装比商业后加工效率更高,供应给超市的商品往往在包装上已宣布零售价。由于出厂价和零售价均固定化,使处在出厂价和零售价夹击下的批发商越来越困难。

第二,"直接进货"告示。有的零售企业为了显示自己的实力和价格的低廉,通过各种形式公开宣布"本店直接向工厂进货",以吸引顾客。

第三,"工厂进入家庭"。随着现代传播媒体技术的发展,工厂已把各种商品知识交给了广大消费者。这样,批发商的情报职能和开发商品职能等大为削弱。

第四,"在一个屋檐下购买所有的商品"。现在各种大型商场已成了城市的一景,这些大商场以豪华的装潢、周到的服务以及商品品种繁多为特色来吸引消费者。由于大商场的巨大经营规模,使批发商组配商品的功能受到限制。

近些年来,批发企业较好地总结经验,吸取教训。一般来说,生产企业自销劳动密集型的和低能耗的产品,并不会造成单位成本大幅度降低,也不用提供任何专门的服务。为此,这种内部交易不如利用专业批发商有利。反之,资本密集型和高能耗的产品,企业自设销售机构有利于把大量生产和大量销售较好地结合起来。

另外,某些产品在销售过程中需要一定的技术服务,当这些服务是批发商无法提供时,制造商往往采取自销方式。反之,制造商往往会利用批发商业来销售其产品。为此,只要批发商业合理定位,往往能在市场上找到一定的位置。

4. 配套因素制约

从配套因素分析,批发商业发展受到金融、通信、物流等行业的制约和影响。西方批发商业在形成和上升阶段,如果没有资本市场的发展,就无法获取足够的资本壮大自己;同样,借助了物流和通信条件的进步,才使批发商业获得充沛的货源和信息。但是,金融、通信、物流的发展对批发商业是一把双刃剑,制造商和零售商在资金流、物流、信息流等方面的联系,使两者之间的直接的交易变得越来越便捷与经济,在这些因素影响下,批发商业在流通领域的支配地位被动摇。

二、批发交易市场发展

从经济发展史的角度来看,商品交易是产业革命时期伴随着家庭手工业、小企业的发展而发展起来的一种市场交易方式。作为适应于上述经济发展形态的一种制度安排,它在世界上许多国家都存在过。以 18 世纪的英国为例,它就曾存在过许多商品交易市场,比较著名的有维克费尔特的礼帽市场、布莱德福的布匹市场、利兹的呢绒市场等。但至今尚未有一个国家的商品交易市场像中国这样,分布密度如此之高、规模如此之大、政府参与程度如此之深、对社会经济生活的影响如此之广。交易化的商品市场已成为目前中国商品流通渠道的重要组成部分,同时,各方对其评价和争议也从未停止过。

(一) 批发交易市场特征

相对于传统的百货商店和综合市场,商品交易市场有其明显的特征。

1. 主办者和经营者在产权上的分离

我国批发交易市场的所有者(通常也是市场主办者)和经营者(即在市场上从事商品销售行为的人)在产权上是分离的。由于经营者和所有者分离的产权体制,使得两者在发展过程中也产生相应的分工。由有关方面出资兴建的市场为广大中小经营者提供了靠自身的力量难以提供的经营场所和流通网络,而经营者们在所有者提供的交易制度安排中相互竞争也使得这一制度内含了蓬勃的活力,优胜劣汰的市场机制则激活了市场本身的资源。

2. 市场内竞争激烈

市场内广大经营者不是统一的主体,他们有各自的利益,为了自身的利益最大化,展开博弈和竞争。经营主体之间的博弈和竞争,交易对象的集中和比照,又使得市场在最大限度内达到完全化,使生产者、消费者的信息均衡较传统渠道达到了更为理想的水平,大大降低了信息损耗和交易成本,从而使社会整体流通费用下降,社会经济净收益增加。

3. 交易商品关联度较大

一般来说,商品交易市场中的产品也有其鲜明特征,即它们之间具有替代或互补关系,集中交易商品的离散性很小。

4. 多样化

(1) 主办者多样化。交易市场主办者包括村、乡政府或其经济实体、各级政府、国有和集体企业、各类社会资本等,近年来私人资本开办的市场增多。

(2) 市场类型多样化。市场分综合性批发市场和专业性批发市场,行业以纺织品、服装、建材、鞋帽、小商品、水产品、蔬菜、肉禽蛋、土畜产、粮油、果品为主。

(3) 经营方式多样化。以出租摊位为主,有的兼营自办批发、配送业,有的开办相关联的储运、信息、服务等机构。

(4) 经营者和供应对象多样化。我国批发市场可分为两大类:一类是在城乡集市贸易基础上发展起来的,市场经营者多为小制造业者、私营和个体批发商,供应对象为中小批发商、零售商;另一类是政府有关部门参照国外经验进行规范设计而建立起来的,其市场经营者和供应对象有严格的限制,只有取得会员资格的单位才能进场交易。

(二) 批发交易市场产生和发展的条件和原因

1. 一般条件分析

我国商品交易市场首先产生于农村,是在传统的农村集贸市场不断发展的基础上形成的,规模小但分布广泛的各类农贸市场向大规模经营的商品交易市场转变是一个从量变到质变的过程。农贸市场阶段的积累和孕育,依赖于商品交易市场产生的两个条件。

(1) 商品需要量的大量增加,同时由于生产力的发展,市场上的货源逐渐丰富并形成一定数量的客户和中间商。这是需求拉动理论在商品交易市场这个微观经济过程中的具体体现,需求要通过商品消费来满足,而日益丰富的需求,要求更大规模的市场与之相适应。

(2) 该地区要有某种相对优势。一些以相关产业为依托的市场的形成正是因为该地区具有某种产业优势。这方面的例子很多,如山东省淄博化工城、浙江桐乡的羊毛衫市场等。位于浙江义乌市的中国小商品城就是在这样的背景下形成和发展起来的。由于义乌人固有的经商传统和市场的发展壮大,义乌商人逐渐积累了一定的资金,这些资金就成了义乌最初的商业启动资本,在不断发展中逐步扩充,蛋糕越做越大,形成目前颇具规模的中国小商品城。

2. 历史条件分析

以上是商品交易市场产生的一般条件,但作为中国特色社会主义经济,商品交易市场产生这一经济现象也必然和国情有密切联系,所以中国商品交易市场的产生还有以下三个原因。

(1) 传统体制与农村工业发展矛盾的碰撞结果。新中国成立之初,各种物资十分匮乏,广大人民对生活的要求只是满足温饱,所以国家采取了计划分配的方式将有限的商品分配到人民手中,应该说,这种流通体制的形成在当时是必要的也是必需的。但是,随着生产力的不断发展,社会产品日益丰富,这种分配制度逐渐阻碍了经济发展。20 世纪 80 年代农副产品加工业的迅速崛起,大量的产品要到达消费者手中,如果还使用原有的以国有、合作商业为主的传统流通网络,必然会造成资源的大量浪费和效率的损失,对国民经济造成损害,所以创造一种新的、更有效的流通方式,就成为传统体制与农村工业发展这对矛盾不断碰撞所必然产生的结果。

(2) 中国特有区域性的块状经济发展的必然要求。相对于其他的发展中国家而言,中国农村工业(手工业)的超前发展有着十分明显的特征:经营主体以家庭作坊和小型的民营企业为主,规模相对较小,但数量众多。由于中国农村工业

(手工业)地区分工的明显性和突出性,大多形成了"一乡一品"、"一区一品"的块状经济结构,日益扩大的生产规模和相对有限的当地及邻近地区的市场又形成了一对矛盾。区域经济规模的扩大,要突破区域市场束缚的要求就必须拓宽流通渠道,同时又由于各经营主体的规模较小,对它们而言,就要有一种相对以较少的费用获得大规模的流通网络的方式来解决区域市场对区域块状经济的束缚。

(3) 地方政府的支持、积极引导和培育。自发形成的商品交易市场由于符合当时社会的需要和生产力的发展,有利于促进当地经济的繁荣,形成依托于产业优势又促进优势产业的良性循环,这些都有利于增加当地政府的财政收入,所以地方政府和行政部门在自身利益的驱动下,有意为商品交易市场营造一种较为宽松和有序的经营环境,从而促进了当地商品交易市场更大的发展。

(三) 批发交易市场的作用

1. 积聚效应

商品交易市场之所以能够不断发展完善,本质原因在于其运作的过程中产生了广泛的效应。随着商品交易市场体系的发育和完善,大量商品、劳动力、资金等要素的流入,使商品交易市场成为新的经济增长点和经济增长中心。商品交易市场之所以有积聚效应,其主要原因如下。

(1) 制度优势。商品交易市场的两权分离制度以及地方政府的大力支持,使得市场充满了活力,与其他流通渠道相比,有明显的制度优势。

(2) 规模优势。发展良好的商品交易市场虽然以地方经济为依托,立足于地方特色,但其绝对不会拘泥于一个地区,在其不断发展的过程中,必定会走向全国市场,甚至是国际市场,从而较容易形成规模效应。

(3) 商品优势。一般来说,商品交易市场中的商品既专又全,品种的组合既宽又深。这既能大大节省商品交易的搜索费用,又提高了交易质量,具有明显的商品组合整体优势。

(4) 组织优势。商品交易市场对各品种实行分类管理,批发细分化、专业化。而且,随着商品交易市场不断进行经营创新,单个商位经营从传统摊位式逐渐走向现代代理制,与厂家结成联盟,通过总代理、总经销获得工业企业的支持。同时,通过市场体系向外扩张,许多交易市场走上"专业城、特色街、专业店、大众摊"的发展模式。这些都突破了传统专业市场的组织结构,从而使商品交易市场有着很大的组织优势。

(5) 信息优势。商品交易市场中商品、人员等要素大量频繁流动,使其自然成为商品供求的信息集聚中心。经销商在市场中设立窗口,便于及时掌握信息,容易抓住发展机会。

(6)要素流动。由于商品交易市场充分的、动态的竞争特征,必然导致市场中的人(经营者)与摊位(商位)的优化重组,而人、摊的重组,实质上就是构成市场力的各种要素的重新配置,而这是一种面向全社会利益取向的开放式的市场化选择,它带动了商品和要素的全面流动,从而激发市场活力,创造市场效率。

2. 扩散效应

商品交易市场作为一个开放的系统,它是双向的:一方面,自身的比较优势吸引和聚集各种商品、要素流入;另一方面,它又具有扩散效应。

(1)信息扩散。信息生产、收集的目的在于扩散。商品交易市场既是一个商品信息的聚集中心,同时也是一个商品信息的扩散中心。如中国浙江的小商品城从1995年起举办了四届名优新产品博览会,吸引国内外众多企业商家进场参展,该博览会的商品信息在大量生产出来的同时又被大量扩散,既增加了商品的交易额,又提高了市场的知名度。

(2)人才扩散。商品交易市场是个大学校,商品交易市场的发展与成熟能培养一大批经商人才,这些人才随着全国各地市场的兴起,又纷纷扩散出去,从而产生人才扩散效应。

(3)创新扩散。即一种创新活动在经济增长的过程中,随着时间的推移,会不断从一个企业(或企业集团)、一个地区(或国家)通过市场交易等方式向外扩散。在商品交易市场上,表现明显的是经营者为获取超额利润而对新产品、新的经营领域的追求,因率先取得新产品具有暂时垄断性,因而可获得超额利润。而由于创新扩散机制,结果是超额利润由一种极端分布走向均匀分布,从而导致再次创新、再度扩散。正是这种创新扩散机制使市场产品快速更新换代,市场保持生机活力。

3. 外部效应

集散是商品交易市场自身具有的内部效应,商品交易市场的经济效应除了这些内部效应以外,还存在外部效应。

(1)企业发展效应。市场的发展,使企业获得了明显的外部效应。首先使产品有了更大的销售市场;其次,可以在市场上获得廉价甚至免费的信息,参与市场竞争;再次,有的企业采用前摊后厂的产销一体化方式,使得企业营销费用大为节省,从而扩大生产投资,增加产量。

(2)产业成长效应。首先表现为市场与产业互动,推进区域特色经济的成长;其次是对基础设施和服务产业带来了明显的外部经济效应。由于商品交易市场的迅速发展,人口流量的急剧增加,货物流量的大进大出,为基础设施配套和服务业提供了必要的需求规模,使得经营成本下降,效益增加。这就刺激了各类主体投入较多的资金发展交通、电力、通信、供水基础设施,同时也促进了金融、餐旅、咨询、保险、运输、仓储保管、医疗保健、文化娱乐等服务产业的迅速发展。

(3) 消费者外部效应。对消费者来说,其外部效应是:商品交易市场促进了整个社会总产出的不断增加,使得消费者的平均个人收入不断提高。同时,繁多的商品、低廉的价格,为消费者提供了广泛的选择机会,带来了种种便利和福利,也避免了许多损失。

(四) 商品交易市场发展中的新趋势及其分析

随着我国流通体制改革的不断深入,市场体系日趋完善,商品交易市场在"大市场、大流通"的思想指导下,开始向产品交易化、质量高档化、规模扩大化发展,逐步形成结构完善、功能齐全、统一监管的大市场。在适应经济形势不断变化的同时,商品交易市场又呈现出新的发展趋势。

1. 从规模效益向质量效益发展,实现名牌经营战略

各地区大多数商品交易市场量的发展已有饱和的趋势,目前各市场正通过各种途径和措施在质的方面狠下工夫,加强品牌意识,不断提高市场产品的质量和档次,达到"以质兴市"。

采用的措施有:

(1) 吸引本地和外地大企业、大公司,并积极引进名牌产品,通过名牌产品的质量增加市场的声誉和辐射力。

(2) 在各市场办展销会、订货会。展销会、订货会的举办为商城引进了更多的名、优、新商品,提高了商城的品位和档次。

2. 市场组织向企业化、股份化、集团化发展

目前商品交易市场组织发展迈出了一大步,组织化也达到了相当的程度。有的大型交易市场出现了企业化、股份化、集团化发展的势头,开始组建以交易市场为依托,集金融、贸易、产业、信息、服务为一体的股份化企业集团,如义乌的中国小商品城股份有限公司、中国日用品商城股份有限公司等。这一形式作为较为规范、高档次的组织形式实际上已体现了市场发展的一种新趋势,且运作成效较好。

出现这一趋势有其必然性:

(1) 企业集团、股份制公司的出现,使市场从行政管理为主转为企业化管理为主,提高了市场的竞争力,有利于市场的向外延伸和拓展。

(2) 企业集团、股份制公司的资信程度较高,能通过多种融资渠道解决市场中订货长期化所需要的大量资金问题,提高了流通效率,降低了流通费用。

(3) 集团、股份制公司的建立解决了组织内部分工协作问题。

(4) 可以充分利用集团、股份制公司的优势和特点,通过大信息、大流通、大

辐射相结合的流通方式,扩大市场对产品和经营者的辐射力。

3. 变单一的现货交易方式为现货与期货相结合的多种交易方式

以往的商品交易中,交易方式主要还是以"一手交钱,一手交货"的现货交易方式为主。这种传统而低层次的运作方式,很大程度上阻碍了商品交易市场,尤其是一些大型交易批发市场的进一步发展,限制了该流通渠道的继续延伸和拓展。为了适应经济形势的不断变化,各地商品交易市场在市场运作方式上实行相应的改革,其中"浔建模式"的成功,给我国市场的培育和发展指引了新的方向。浙江省南浔建材市场,在市场运作方式上采用现货与期货市场相结合的方式,发挥各自优势,获取了很大收益,在短短三年多时间内,就奇迹般地成为全国最大胶合板市场。这种"浔建模式"的存在和发展,为探索传统商品交易市场,特别是大型交易市场的战略转移展示了某种可能。因为:

(1) 它是传统运作方式上的突破,能更好实现商品交易市场依据"大市场、大流通"的思想向现代化、集约化发展,加速实现两个根本性转变。

(2) 在建立和发展社会主义市场过程中,无论是现货市场还是期货市场,各个市场并不是封闭式、单向发展的,为获取最大利益,必须优势互补、扬长避短。

4. 利用自身优势,实现与国际市场接轨

在市场日趋国际化、市场竞争更加激烈的国内形势下,某些商品交易市场,不断引进资金、先进技术装备,通过建立完善、高效的管理信息系统,吸引高素质的专门人才,以企业化、集团化为依托与国际市场接轨,并率先把具有区域经济特色的优质产品,打入国际市场,增强自身的竞争能力和在国际市场上的竞争地位。义乌中国小商品城已有商品打入俄罗斯、东欧、南美等国家和地区,还有永嘉桥头纽扣——"东方第一大纽扣市场"近年出现了"市场国际化发展"新趋势,经营的纽扣、拉链等产品已打入美国、法国、俄罗斯以及东南亚、非洲等国家和地区。

三、关于批发商业地位和前景的几点认识

改革开放后的一段时期内,批发业大落,零售业大起;批发业大悲,零售业大喜,这已是不争的事实,联系国外曾有过的"批发商业衰退论"、"批发商业无用论"等理论,批发商业衰退似是全球趋势。如何看待批发商业的地位,如何认识国内外批发业的新动向,并把握其发展趋势,已变得越来越重要。

(一) 西方发达国家批发商业演变阶段

在西方发达国家,批发商业的发展,大致经历了形成阶段、上升阶段、下降阶段、回升阶段四个阶段。在这四个阶段中,批发商业发展各呈现出不同的特征。

表 13-1 西方批发商业发展阶段

	形成阶段	上升阶段	下降阶段	回升阶段
时间	18世纪70年代至19世纪50年代	19世纪60年代至19世纪80年代	19世纪90年代至20世纪50年代	20世纪60年代后
背景	① 产业革命带来经济急剧扩张,对流通提出新的要求。② 制造商无暇顾及流通,零售商规模过小。③ 通信、物流、资本市场的改善。	① 大量生产要求大量制造,制造商进入流通领域。② 零售商寻找购销渠道的低成本和高效率化。③ 金融、物流、通信业的发展,使短渠道成为可能。	① 制造商自销遇到成本高、不熟悉流通规则等问题。② 制造商自设销售机构外部化。③ 中小零售企业对批发商依存度加大。
特征	① 批发和零售分离。② 批发为制造商服务,零售为最终消费者服务。③ 批零分离大大提高了效率。	① 批发商在流通领域占据支配地位。② 批发商建立了发达的采购体系和销售网络。③ 批发商业结构分化,运营、保管等业务独立出来。	① 零售商占据流通领域支配地位。② 批发市场形成和发展。	① 批发商向连锁化和一体化方向发展。② 出现只承担几项功能的费用较低的批发商。③ 批发商改变经营方式,自选、最低订货、特许等方式出现。

(二) 关于批发商业生存和发展的空间

我们知道,人类历史上曾经有过三次社会大分工:第一次社会分工是"游牧部落从其他的野蛮人群中分离出来";第二次社会分工是手工业和农业的分离;第三次社会分工则是产生了专门从事交换的商人。商人从生产中分离出来,是历史的进步,正如马克思指出:一个商人可以通过他的活动,为许多生产者缩短买卖时间。同理,批发业生存和发展的空间也正在于此:批发商业能否比制造商直销和零售商直接采购更能缩短买卖时间、更有效率。批发商业的效率主要体现在:大批量、低费用、高服务。

(1) 所谓"大批量",即批发商适应大量生产、大量消费的时代要求,保证进入批发环节的商品能畅通无阻地进入目标市场。为了保证商品在流通领域畅通和高速,现代批发商十分注意建立相对稳定的分销网络。如特许连锁(联华便利模式)、系列化连锁(申美和大荣模式)、俱乐部(麦德龙模式),等等,这是现代批发商十分显著的特点。

(2) 所谓"低费用",即批发业在保证商品流通正常运行的前提下,尽量节约流通费用,使制造商和零售商感到通过批发环节更经济。"减少流通环节,节省流通费用",这往往是制造商、零售商甩开批发商的初衷,但自销需要建立推销机构、聘请销售人员等。两者的利弊权衡,往往是制造商选择渠道的主要标准,"比自销更经济"正是批发商业的生命所在。有资料表明,美国全年物流成本为8 000亿美元,占GDP的11%左右,德国的物流成本约占GDP的10%,而我国则占到30%。批发商业通过革新节约成本不仅是一种动力,更是市场给予的一种压力。有一定生命力的麦德龙模式、联华便利模式等就在低费用上下足工夫,使自己赢得一定的市场空间。

(3) 所谓"高服务",即批发业在促使商品更畅通、更经济地流通的同时,在商流、物流、信息流、资金流等方面提供各种服务。

在现代产品分销过程中,分销服务已成为产品增值的主要来源之一,其比重呈不断上升的趋势。目前,跨国采购公司采用的重要竞争策略之一就是提供销售过程中的各种服务,扩大份额,提高产品竞争力,又使对手难以进入该领域。

我国加入WTO后,中国批发领域逐步开放,外资的制造商和批发商会以各种方式进入,其技术、品牌、资金和营销策略等核心资产是国内批发企业不可比拟的。但是,国内企业也有其相对优势,如分销渠道、分销服务等,我们把这些称之为辅助资产。根据核心资产和辅助资产的强弱,可将批发企业划分为四类,如图13-3所示。

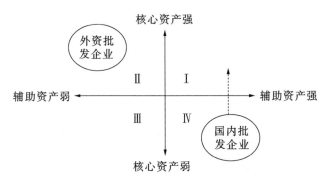

图13-3 批发商业"核心资产—辅助资产"分析

国内批发企业在暂时无法掌握核心资产时,可以避开第Ⅰ、Ⅱ象限,而采取错位竞争策略,在第Ⅳ象限开拓,并争取进入第Ⅰ象限,而在这两个象限,分销服务大有作为。

在分销服务中,核心是现代批发企业必须具备完备的信息收集、加工、处理能力,并向制造商和零售商提供信息服务。传统批发商的盈利模式是建立在供需信息沟通不畅、信息不对称的基础上,通过对商品异地购销获取差价。在信息经济时代,批发商一般信息采集优势基本上不复存在,专业批发商应利用自己的专业知识和技术,对市场信息进行梳理,提出沟通供需的最经济的商品流通模式和方案。从表面上看,批发商收益还是买卖差价,但实质已变为信息服务收费。

正是由于认识到上述规律,日本在20世纪80年代掀起的"批发业革命",把批发变革的目标锁定在"信息武装下的物流加工型、零售支援型和共同化经营"。同样,外资制造企业和批发企业进入我国,也采取了申美模式、麦德龙模式、大荣模式等连锁化、一体化、特许型等"大批量、低费用、高服务"的经营方式。

(三) 关于批发业的界定

批发商业涵盖的内容是一个广义的概念。在西方发达国家,批发商业包括批发业者,即作为商人的批发商业者,也包括制造商的批发销售机构和各类合作社的批发组织。中外业内外人士所研究的"批发商业衰退论"一般特指批发业者。

重新审视批发商业的概念,有一个现象值得我们注意,即制造商的批发销售机构有三类,这三类机构的特点如表13-2所示。

表13-2 制造商分销机构类型

	运作方式	资金运动	性　　质
制造商自设门市部销售	无独立的运作资金,无库存,商品流通只是生产过程的延续,只销售本企业产品	G—W……W'—G'(货币资金—商品资金……商品资金增值—货币资金增值)	制造商自销
制造商建立销售公司	资金相对独立,有库存,独立核算	G—W—G'(货币资金—商品资金—货币资金增值)	批发业者
集团公司投资建立专门的销售公司	有独立资金,有库存,以经营集团内产品为主,也经营本集团以外的产品	G—W—G'(货币资金—商品资金—货币资金增值)	批发业者

从表13-2可以看出,后两者在实际运作中,已经形成了相对独立的商品资金和库存,如丰田汽车销售公司、日立家用电器销售公司、资生堂销售公司等,它们的性质完全可以定义为专业批发业者。

重新审视这一问题,绝不是纯粹理论问题的探讨,它至少具有以下意义:第一,有助于我们对批发商业的演变轨迹和发展规律进行再思考;第二,有助于扩大视野,构筑整个社会的多元化的批发商业网络,以推动国民经济的发展;第三,有助于有关方面对全社会批发商业进行政策指导和宏观调控;第四,有助于回答理论界长期解释不了的问题,如"批发商业的产生和发展明明是社会进步的表现,可是在实际生活中却步步衰退"等,以充实和完善我国的商品流通理论。

(四)关于批发业的经营模式

通过几十年的市场竞争的演化,除了传统的批发市场、经销商、代理商等经营模式外,一些新的批发经营模式也相继出现。这些模式大都利用批发和零售经营边界模糊化的趋势,综合发挥批发商业和零售商业的优势而形成的。

1. 麦德龙模式

这是典型的货架自选批发商,采取"会员制+现金+自运"的运作方式。其会员主要是中小零售商,通过现金交易和会员自我运输,使其运营成本极低。相当规模的卖场、低价位加上自选的方式,对中小零售商具有相当的吸引力。目前,麦德龙在上海、无锡、宁波建立连锁仓储式的网点,每个网点营业面积达1.6万平方米,吸纳10万至12万个会员制客户。麦德龙计划在长三角每隔100至150公里建一个批发网点,提高其辐射能力。

2. 联华便利模式

上海联华便利公司打出"10万元做个小老板"的广告,吸引一批业主加盟。公司统一组织货源,并相应提供选址指导、配送、统一广告、经营咨询等服务。联华便利利用这种特许经营方式,构筑了一个约有800多家网点的相对稳定的批零一体化网络。

3. 上海烟草模式

上海烟草集团公司和烟糖公司联手创办捷强公司,上海烟草通过捷强公司向广大零售商提供卷烟,在上海市就建立了26 000家零售网点。

4. 申美模式

上海申美饮料食品有限公司是可口可乐公司授权的灌装公司和指定批发企业,申美在指定的区域从事批发活动,这是"物流加工型"批发企业。可口可乐公司利用这一模式,投资8亿美元,在中国建了20个分装厂和庞大的批发网络。

5. 大荣模式

日本大荣公司先以零售形式进入中国发展连锁店,然后借助中国政府鼓励外商投资基础设施建设的政策,建立配送中心,并依托配送中心开展批发业务。这是流通业全面开放以前外资批发企业迂回进入中国市场的典型路径之一。

第二节 零 售 业

零售是指把商品和劳务直接出售给最终消费者的销售活动和商品交易方式。零售业是商品流通的最终环节,商品经过零售就进入消费领域。零售业销售情况如何,是一个国家经济情况的综合反映,也是市场竞争最激烈的一个环节。

一、零售业的特征和功能

(一)零售业的特征

(1)零售交易的目的是向最终消费者提供商品或劳务,购买者购买商品的目的是供自己消费,而不是用于转卖或生产。

(2)零售商品的标的物不仅有商品,而且还有各种附加劳务,即为顾客提供各种售前、售中和售后服务,如免费安装、送货上门等,这些服务已成为非常重要的竞争手段。

(3)零售交易中平均每笔交易额较小,但交易频繁。零售交易本身就是零星的买卖,交易对象众多且分散,这就决定了每笔交易量不会太大;同时,消费者要生存发展,每天都在不断地进行消费,这也就决定了交易特别频繁。

(4)零售交易经营品种丰富多彩,富有特色。由于消费者购买商品时一般都要"货比三家",力争挑选到称心如意、物美价廉的商品。因此,零售交易都非常注重经营特色,同时努力做到商品的花色、品种,规格齐全,以吸引消费者。

(5)零售交易受消费者购买行为的影响较大。零售交易的对象是最终消费者,而不同消费者因其年龄、性别、学识、经历、职业、个性、偏好等差异,其购买行为不仅具有多种类型,而且具有很大的随机性。不同类型的消费者其购买决策和购买行为的差异性将直接决定和影响到具体购买活动。

(二)零售交易的功能

1. 备货及分类组合商品的功能

消费需求千差万别,因而消费者所需的商品也各不相同。为了满足这些需求,消费者不可能也做不到,更没必要亲自一一到生产企业或批发商处购买。由于零售商是为最终消费者服务的,这就决定了零售商必须备足各种商品,并对其进行分类组合,以满足消费者的需要。

2. 服务的功能

零售商的服务就是围绕商品销售活动,为现实的或潜在的购买者提供各种便利,让消费者能在最短的距离和用最少的时间,以合理的代价获得最大限度的满足。因此,服务的好坏将直接影响到消费者的购买需求。为了吸引顾客,零售商在售前、售中、售后等各环节都高度重视服务工作和提高服务水平,力争为每一位顾客提供全方位的服务。

3. 融资功能

跟批发交易一样,零售商也向其上、下两个环节提供资金上的便利性。表现为:向上通过预购商品方式向生产企业或批发企业提供融资;向下通过赊销、信用卡、购物券等为消费者提供融资便利。

4. 承担风险的功能

零售商不仅要承担静态的流通风险,如商品的损坏、丢失、变质等风险,而且还要承担动态的流通风险,如价格波动、积压贬值等风险。

5. 传递信息功能

零售商直接联系消费者和接触市场,能够最灵敏、最及时地获得消费者需求、供求和价格变化的信息,通过向生产企业、批发企业及广大消费者传递信息,可以起到指导生产、引导消费的作用。

二、零售业发展的理论假说

从最原始的零售经营形式到目前最现代化的经营形式出现时序上分析,不同商品流通经营形式的出现依次为杂货店、专业商店、百货商店、连锁商店、传统的超级市场、购物中心、方便店、折扣商店、仓储销售店和电子购物等。

每次零售业经营形式变革从酝酿到发生,最后到高潮,存在着惊人相似之处,从而显示出一种明显的规律性来。正是基于这种明显的规律性,西方的一些专家和学者通过对零售业经营形式发展历史的研究和分析,提出了各种各样的关于商品流通经营形式发展理论的假说,试图对一些"特殊现象"进行解释。直至今日,这种理论解释的探索并没有停止。在众多的理论假说中,最为引人注目的有以下五种假说。

(一)生命周期论

这种假说认为商品流通经营形式像普通的生物那样,也有自己的"生命周期",包括革新、加速发展、成熟、衰落四个阶段。

(1)革新阶段。革新阶段是指对传统的经营方式进行显著的改革、研究和创造新的经营方式,使某种特别的流通组织形式和经营方式产生的阶段。在这一阶段,革新方法着眼于降低流通费用,经营与众不同的花色品种、方便顾客购买以及广告、促销措施等,使流通组织在经营方式和组织形式上在一个或几个环节有重大的突破,并成为一种与传统方式存在显著区别的新的经营形式。

(2) 加速发展阶段。加速发展阶段指的是新的组织形式和经营方式迈步发展，销售额和利润额蓬勃上升的阶段。在这一阶段，新型的经营形式组织经营商品的市场份额显著提高，其后期可能获得利润的最高水平，可能占有最大的市场份额。

(3) 成熟阶段。虽然新型的经营形式所占的市场份额在这一阶段相对稳定，而在加速发展阶段蓬勃上升的利润水平在这一阶段则开始下降。同时，另一种更新的经营形式开始进入其"革新阶段"，从而对该种零售商业形式的盈利水平和市场份额构成威胁。

(4) 衰落阶段。该种经营形式在该阶段所占的市场份额大幅度下降，利润水平显著降低，甚至出现亏损。其在成熟阶段所占据的市场主导地位完全被新的经营形式所取代。

应该指出的是，随着市场竞争的加剧，各种零售经营形式的生命周期将越来越短。表 13-3 比较了美国主要零售业各经营形式的生命周期，从中可知，百货店为 100 年，杂货店为 60 年，目录邮购展销商店只有 10 年。

表 13-3 美国主要零售业经营形式生命周期比较

商品流通经营形式	成长期	成熟期	达到成熟所需时间
百货店	19 世纪 60 年代中期	20 世纪 60 年代中	100 年
杂货店	20 世纪初	20 世纪 60 年代	60 年
超级市场	20 世纪 30 年代	20 世纪 60 年代中	30 年
廉价商店	20 世纪 50 年代	20 世纪 70 年代中	20 年
快餐代营店	20 世纪 60 年代初	20 世纪 70 年代中	15 年
家庭生活改善中心	20 世纪 60 年代中	20 世纪 70 年代末	15 年
家具仓库展销室	20 世纪 60 年代末	20 世纪 70 年代末	10 年
目录邮购展销商店	20 世纪 60 年代末	20 世纪 70 年代末	10 年

(二) 辩证过程论

这种理论假说也是从实践中总结出来的。它认为各种新的流通经营形式之所以能够依次出现，正是发展的"否定之否定"辩证规律作用的结果。新的经营形式必然要对传统的经营形式进行"扬弃"，这种"扬弃"的结果是传统的经营形式的"合理"成分得以保留和发展，在此基础上容纳和吸收新的成分，从而形成一种全新的流通经营形式。例如，以往大多建在城市中心地带的百货商店，拥有品种多样的商品，能为消费者提供多种选择和良好的服务，但同时也暴露出由于流通费用较高而导致的商品价格昂贵以及位于城市中心、交通不便等不利因素，于是以顾客自我服务、开架售货、流通费用相应下降而导致价格低廉为特征的新型流通经营形式——超级市场,通过对传统的百货商品经营方式的"扬弃"之后形成了。

(三)轮回假说

该假说由美国学者姆·麦切尔提出,曾经在美国引起广泛的重视。该假说的主要内容是:革新者在获得更大利润的动机驱使下,通过引进新技术、采用先进的管理方法降低流通费用,从而降低营业成本,进而实现增加盈利的目的。当"第一个"革新者出现以后,必然会引起同行的模仿,从而使行业企业间的竞争日趋激烈。为了避免在竞争中失利,最初的革新者必然加大投入,诸如重新选择营业地点、商店的内外部装潢、结算手段的更新换代以及改善经营管理、加强售后服务等。这样做的结果导致流通费用的大幅度增加,如果仍维持原有的价格则必然不能保持原有的盈利水平;如果相应提高商品价格,则有可能受到消费者的抵制,从而陷入"进退维谷"的境地。与此同时,新的革新者在经营方式、组织方式和管理模式上创新成功,从而推出一种崭新的流通经营形式。于是,上述过程便不断周而复始、循环往复。这种不断出现的周转变化过程像一只巨大的"车轮",因此这种假说便形象地被称为"轮回学说"或称为"转轮学说"。图13-4说明了"轮回"过程。

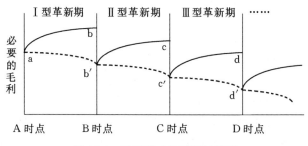

图13-4 流通形式发展"轮回"图

图13-4中,A时点的a点表示由于实行技术革新,只需要很少的毛利就能满足经营需要。随着革新者为了应付来自同行模仿者竞争而不断增加投入,Ⅰ型革新者所需的费用提高了,要维持经营就必须要有更多的毛利。因此,随着时间的推移,当时间流动到B点时,Ⅰ型革新者的经营毛利提高到b点,而在时点B是能够用较少的毛利b'进行正常经营的,于是采用更新技术、采用更新管理方法的Ⅱ型革新者就出现了。以此类推。

(四)商品结构综合化与专业化循环假说

这种学说集中说明了近百年来流通经营形式的商品结构综合化与专业化交

替循环发展的规律性。如果按照这种学说对商品流通经营形式的发展做历史的观察,其大体可以分为以下五个时代:

(1) 杂货商店时代(General Store)(综合化时代);
(2) 专业商店时代(Specialty Store)(专业化时代);
(3) 百货商店时代(Department Store)(综合化时代);
(4) 食品专卖店时代(Pudding Store)(专业化时代);
(5) 购物中心时代(Shopping Center)(综合化时代)。

随着上述五个不同时代的交替出现,经营商品的结构大致沿着宽—狭—宽的轨迹循环发展,构成绵延不断的余弦状的发展轨迹。这种多时代商品结构宽狭交替循环的学说可用图 13-5 来说明。

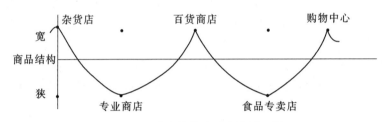

图 13-5　商品结构宽狭交替循环图

(五) 真空地带说

这种假说是由丹麦学者欧勃·尼勒森提出的,研究范围是从商业发展的一般规律入手加以分析和研究。这种理论认为:经营者作为"理性的经济人"追求利润的最大化,必然将自己的经营范围选择在较少或无人经营的真空地带,从而导致新的经营形式的出现。图 13-6 和图 13-7 表示消费者选择程度不同的 A、B、C 三个店的初始位置和移动后的位置,从而说明真空地带是如何形成的。

1. 开始时 A、B、C 三店的位置

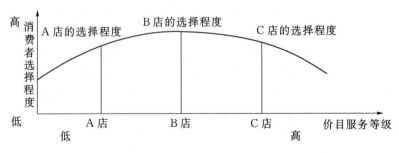

图 13-6　A、B、C 三店初始位置

2. A、B、C 三店移动后的位置(见图 13-7)

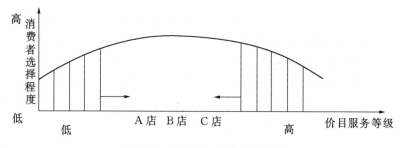

图 13-7　A、B、C 三店移动后位置

从图 13-6 可以看出,A、C 两商店尽管价目服务等级不同(A 店属于低价目服务等级,C 店属于高价目服务等级),消费者对其选择程度都较低,如想取得更多的毛利,就只有采用消费者选择程度较高的价目服务等级(适中的价目服务等级),即 B 店的位置。图 13-7 表示,A、C 两店的价目服务等级向 B 店移动,从而使经营形式主要集中在消费者选择程度较高的中间区域。图 13-7 中斜线区域表示该时期较少或没有经营的"真空地带"。

三、世界零售业发展趋势

从发达国家零售业整体发展历史来看,零售业态的发展一般都经历了下列几个阶段:在城市建设初期,主要在市中心集中建设商业中心;随着城市建设的发展、市区面积的扩大,开始建设区域性商业分中心;接下来,由于城市化必然带来交通不畅、地价昂贵等问题,设在郊外交通要道的购物中心纷纷兴起;最后,城市人口向郊区卫星城镇分流,出现了所谓"城市空心化"现象,新的社区性商业中心建设后来居上。发达国家城市商业网点布局的变化过程,值得我们重视。如果在城市人口分流已经开始的情况下,仍然一味在市中心兴建大型化、高档化的商业设施,必然带来资源的浪费。

如果对西方发达国家零售业作一具体分析,可以发现西方发达国家零售业的一些新变化,这些变化可在很大程度上代表着世界零售业的发展态势。

(一) 零售企业在销售环节上的控制力增强,并将逐步主宰销售环节

传统的销售过程由制造商发起,制造商通过自己的市场调研部门把握消费者的需求脉搏,进而控制销售过程,而零售企业是被动的。近年来,制造商在商业世界中的统治地位已不再那么稳固了,制造商的决策主导作用正受到处于销售链下游的零售企业的威胁。因为消费者的消费行为变得更为主动、多变和个

性化,制造商对消费者消费行为的把握难度加大了。最接近消费者的零售企业显示了在这一变化中自身的优势:它们无时不在直接地与消费者打交道,因而十分容易掌握消费者瞬息万变的需求变动情况,零售企业充当了市场调研者的角色,而且其掌握的信息比制造商所掌握的更准确、更及时。在这种背景下,零售商逐渐调整了传统的经营理念和经营方式:由原来坐等制造商向自己提供商品然后将这些商品售给顾客,转变为零售企业主动寻找合适的商品来满足消费者需求。这种改变意味着零售企业在销售链中的控制力量发生了变化。零售企业正在实施"无形一体化",即使一些传统的大型制造商,也在主动地接近零售企业,希望与零售企业建立起伙伴关系,实现无形的纵向一体化,以适应新的环境变化。

(二) 新的零售业态不断出现,威胁传统零售形式

零售主导业态生命周期迅速缩短。据有关专家测算,世界零售生命周期由过去的100年缩短到30—40年,进入20世纪90年代后则缩短为10—15年。并且,新兴业态的销售额占据社会零售总额的份额逐渐扩大,而传统百货公司的份额相对下降。

(三) 零售企业的规模进一步两极分化

一方面,零售业中的市场集中度提高,少数巨头控制整个零售业中的大量份额。这些大型零售企业,并不等于单个的大型百货商场,实际上几乎全部是连锁公司。即使单个的大型商场,也不等于我们正在兴建的综合百货商场,而是包括购物中心、百货店、超级市场、仓储式商店等多种业态形式。2003年仅沃尔玛一家公司即实现了2 630亿美元的销售收入,利润达90.54亿美元,其销售收入相当于当年我国社会消费品零售总额45 842亿元人民币(按汇率1:8.0计算约合5 730亿美元)的45%左右。以百货商场业态为主要经营形式的西尔斯公司,2003年销售额为411.2亿美元,利润达到33.97亿美元。

另一方面,为了利于竞争,小型零售企业走向专业化。西方国家的零售网点十分发达,很多小零售商都采用专营店的方式,进行差别化、个性化的经营,在激烈的竞争中同样较好地生存下来。我们从美国零售业态中便利店、专营店的快速发展中,可以得到这一结论。

另外,在购物中心会有很多百货商场,这些百货商场与现在的百货商场相比是趋于小型化的。如美国传统百货公司的代表西尔斯现在也很少有一幢专门的属于其所有的百货大楼,而是把各个西尔斯店开到了购物中心、步行街,一般面积为2 000—3 000平方米,经营的品种也不是大而全,而是有所侧重。因为购物中心、步行街在美国很多,且相距不是很远,如在洛杉矶,开车20分钟左右就可

以看到一个大型的购物中心,这在一定程度上也为百货商场走向小型化提供了便利条件。

(四)新技术在零售企业获得广泛应用,不断促进其提高服务质量

影响零售业的先进技术主要是新系统(如进销存管理系统、顾客定位系统、顾客管理系统、POS电子转账系统、商业EDI系统等)和新机器(如终端机、收款机、银行POS机、读卡机等)。新技术的应用,一方面使零售企业从中受益:手工操作大大减少,由此带来员工工作效率的提高和人工成本的节省;信息在企业中的传递加快,信息的质量也得到了有效的保障;管理的透明度增加,管理者能及时了解企业经营管理的全貌;实现现代企业管理"扁平化"组织结构的可能性也在不断提高。另一方面,顾客所获得的利益也在增加:更容易获取企业有关产品的信息;选择的范围在不断扩大;能更轻松、方便地得到自己所喜爱的商品,特别是知识类产品。

同时,新技术的广泛应用对零售企业来说也是一种挑战:首先,新技术不断促进企业更新技术以获取竞争优势;其次,新技术日趋复杂,技术系统的任何环节出现问题,都可能使整个系统瘫痪。因而,企业所面临的风险也越来越大。

(五)零售业正快速向网络化经营迈进

零售业的网络化经营表现在横向与纵向两个方面。横向网络化体现于零售企业(集团)内部以及企业与企业之间,其典型运用是基于内联网(Intranet)系统的连锁经营。纵向网络化经营的重点在于企业与消费者之间的基于因特网(Internet)的网络化。网络技术的发展、商用电脑与家庭电脑的普及和系统开发能力的提高使网络化经营发展迅速。

第三节 连 锁 经 营

连锁经营已经成为现代流通基本特征之一,连锁经营技术的引进是对传统流通的一次重大革命。正是因为流通领域的连锁企业的迅速发展,使得流通在经济运行中的地位正悄悄地发生着巨变。可以说,流通企业凭借着连锁经营的方式,掌握着强大的零售终端,进而拥有最为直接的客户资源,影响甚至是左右了生产企业的生产决策。这也许就是连锁经营的魅力所在。

一、连锁经营的内涵与特征

(一)连锁经营的内涵

连锁经营一般是指在核心企业的领导下,采用规范化经营同类商品和服务,

实行共同的经营方针,集中采购和分散销售的有机结合,实现规模化效益的联合体组织形式。其中的核心企业称为总部、总店或本部。各个分散经营的企业叫作分部、分店、分支店或者成员店等。

世界上第一家近代连锁商店产生于1859年,是美国的"大西洋和太平洋茶叶公司",距今已有将近150年的历史,这是当时世界上最早的正规连锁商店。事实上,连锁经营的本质特征是把独立的、分散的商店联合起来,形成覆盖面广的规模销售体系,它是现代工业发展到一定阶段的产物,是社会化大生产中的分工理论在流通领域的应用。

现代流通企业通过连锁经营这种企业运行的组织方式,使单一企业成为多个企业协同运营的连锁企业,使一个企业内部的多个店铺成为统一运营的连锁型组织,从而使流通渠道达到社会化大生产所提出的大流通要求,实行重组,实现规模化经营,这是连锁经营的本质内涵。

(二) 连锁经营的特征

作为一种现代化的经营模式,连锁经营与其他经营形式存在着明显的区别,具有其明显的特征。

1. 经营上的一致性

连锁经营的种类很多,但是无论哪一种形态的连锁经营,都要实行一定程度的一致化经营。经营上的一致性具体可以体现在以下三个方面。

(1) 管理上一致性。统一管理是连锁经营最基本的特征。通过各连锁分店联合集中力量的方式,才能够形成集团竞争的优势。没有统一的管理,连锁经营企业无法实现快速的发展。

(2) 企业形象上的一致性。连锁企业总部提供一个统一的 CIS 系统,包括统一的商标、统一的建筑形式、统一的形象设计、统一的环境布置、统一的色彩装饰等。各分店在店铺内外建设和员工打扮上都保持一致。

(3) 商品和服务的一致性。各连锁分店的商品种类、商品的定价、营业时间、售后服务等方面必须保持基本一致,分店只有极少的灵活性。如麦当劳绝不允许任何加盟者下放自由经营商品的权利,对于违反规定的,总部将暂停其营业并予以整顿。

2. 经营上的规模化

连锁经营的规模化特征是指其能取得规模经济的效果,即由于规模的扩大而使经营成本降低,从而取得更好的经济效益。这也是连锁经营成为当今商业的主流经营方式的原因所在。连锁经营的规模化特征主要体现在以下三个方面。

(1) 采购的规模化。连锁总部通过对各分店采购权的集中,实行集中采购,因而采购的数量较大,可以拥有较强的议价能力,同时通过集中采购可以减少采购人员、采购次数,从而降低采购费用。

(2) 仓储、配送的规模化。在集中采购的基础上建立统一的仓库,要比单店独立储存更节省仓储面积,并且可以根据各店的销售情况不同,实现合理库存。仓储和配送的规模性一方面体现在对现有仓储和配送能力的充分运用,另一方面体现在有利于加快商品的周转速度上。

(3) 促销的规模化。由于连锁分店遍布全国或者一个区域,因此连锁店总部可以利用全国或地方性的电视台、报纸、杂志等传媒进行广告宣传,而连锁促销的广告费用可以分摊到多家分店上去,有效降低了促销的成本。

3. 优化了资源配置

连锁经营通过连锁经营商店网络系统的建立,实现了市场、信息、技术、人才、管理、信誉等资源的优化配置,使各连锁商店共享总部的资源优势,从而为社会资源以及企业资源的充分利用提供了坚实的经营基础。

二、连锁经营的分类

(一) 按所有权分类

按所有权对连锁经营的形态进行分类是目前较为常见的一种分类,根据各连锁分店所有权的不同,可以将连锁经营划分为以下三种形态。

1. 正规连锁(Regular Chain)

正规连锁又称直营连锁,这是连锁商店的基本形态。目前许多大型国际连锁组织(如美国的西尔斯公司、日本的大荣公司)都属于这种连锁形式。日本通产省给正规连锁下的定义是:"处于同一流通阶段,经营同类商品和服务,并由同一经营资本及同一总部集中管理领导,进行共同经营服务的组织化的零售企业集团。"国际连锁店协会对直营连锁的定义为:"以单一资本直接经营11个商店以上的零售业或饮食业组织。"无论对正规连锁如何界定,正规连锁都应该具备以下五个特点。

(1) 所有分店必须归一个公司、一个联合组织或单一个人所有,各分店不具备法人资格。

(2) 连锁总部对各店铺拥有全部所有权、经营权、监督权,实施人财物与商流、信息流、物流、资金流等方面的集中统一管理,分店的业务必须按总部指令行事。

(3) 整个连锁集团实行统一核算制度,工资奖金由总部确定。

(4) 分店所有员工由总部统一招募,分店经理也由总部委派。

(5) 各分店实行标准化管理,如商店规模、店容店貌、经营品种、商品档次、销售价格、服务水平等高度统一。

采取正规连锁方式经营的优点是它的高度集权管理,可以统一调度资金,统一经营战略,统一管理人才,统一开发和利用企业整体性资源,具有雄厚的实力,易于同金融机构、生产厂家打交道,可以充分规划企业的发展规模和速度,在新产品开发与推广、信息管理现代化方面也能发挥出整体优势。但是,正规连锁也有难以克服的自身缺陷,由于正规连锁是以单一资本向市场辐射,各分店由总部投资一家家兴建,因而易受资金、人力、时间等方面的影响,发展规模和速度有限。此外,各分店自主权小,利益关系不紧密,其主动性、积极性、创造性难以发挥出来。

2. 自由连锁(Voluntary Chain)

自由连锁又称为自愿连锁,始于1887年,当时美国由130家食品零售商共同投资兴办了一家联合批发公司,为出资的成员企业服务,实行联购分销,统一管理,各成员企业仍保持各自的独立性。自由连锁是指一批所有权独立的商店,自愿归属于一个采购联营组织和一个服务管理中心的领导。管理中心负责提供销售计划、账目处理、商店布局和设计以及其他服务项目,各个商店的所有权是独立的但又把自己视为连锁组织的成员,其成员大多是小型独立商店,目的是同直营连锁企业竞争。自由连锁主要是由于中小商业企业为了保卫自己的利益,联合起来,通过组织连锁,获得规模效益,以便与大资本商业企业抗衡、争夺市场而产生的。

自由连锁总的特点是既保留了单个资本所有权,同时又实现了联合经营。自由连锁各成员企业保持自己的经营自主权和独立性,不仅独立核算、自负盈亏、人事自主,而且在经营品种、经营方式、经营策略上也有很大的自主权,但要按销售额或毛利的一定比例向总部上交加盟金及指导费。连锁总部则应遵循共同利益原则,统一组织进货,协调各方面关系,制定发展战略,搜集信息并及时反馈给各成员店。

自由连锁商店主要有三种模式:第一种是以大型零售企业为骨干,利用大企业在进货渠道和储运设施方面的优势开设总店,再以自由连锁方式吸收中小企业加盟;第二种是以几家中小企业联合为龙头,开办自由连锁的总店,然后吸收其他中小企业加盟,建立统一物资配送中心,所需资金可以通过在分店中集资解决;第三种是由某个批发企业发起,与一些具有长期稳定交易关系的零售企业在自愿原则下,结成连锁集团,批发企业作为总部承担配送中心和服务指导功能。

3. 特许连锁(Franchise Chain)

根据商务部《商业特许经营管理办法》相关规定，特许经营是指特许人将自己所拥有的商标(包括服务商标)、商号、产品、专利和专有技术、经营模式等以合同的形式授予受许人使用，受许人按合同规定，在特许人统一的业务模式下从事经营活动，并向特许人支付相应的费用。

特许连锁的所有加盟店都是以独立的所有者身份加入的，在人事、财务上，各店铺保留自主性，在经营业务及方式上则高度统一，必须接受加盟总部的指导和控制，加盟店与加盟总部以特许合同为连锁关系的纽带基础，系统内各加盟店之间没有任何横向关系，只存在加盟店与加盟总部的纵向联系，加盟双方既是独立的事业者，但又必须在合同的规则下形成一个资本统一经营的外在形象，实现企业联合经营效益。

特许连锁在国外萌芽较早，已有100多年历史，但直到20世纪80年代，特许连锁经营这一方式才真正得以充分发展。当前，特许连锁已经渗透到了商业、服务业的各个领域，并被认为是欧美最看好的连锁业态。特许连锁之所以能如此飞速的发展，是因为它具有其他连锁形式无法比拟的优越性，具体表现在以下三个方面。

(1) 对于特许商来说，借助特许经营的经营形式，可以实现低成本的大规模扩张，并能够获得如下好处：

特许商能够在实行集中控制的同时保持较小的规模，既可赚取合理利润，又不涉及高资本风险，更不必兼顾加盟商的日常琐事；由于加盟店对所属地区有较深入的了解，往往更容易发掘出企业尚没有涉及的业务范围；由于特许商不会参与加盟店的员工管理工作，因而本身所必须处理的员工问题相对较少；特许商不拥有加盟商的资产，保障资产安全的责任完全落在资产所有人的身上，特许商不必承担相关责任；从事制造业或批发业的特许商可以借助特许经营建立分销网络，确保产品的市场开拓。

(2) 对于加盟商来说，加盟商借助特许经营，即借助特许商的商标、特殊技能、经营模式来反复利用，并借此扩大规模。有人形象地把加盟特许经营比喻为"扩印底版"。

加盟商由于承袭了特许商的商誉，在开业、创业阶段就拥有了良好的形象，使许多工作得以顺利开展。否则，借助于强大广告攻势来树立形象是一大笔开支，中小企业要想这样做几乎不可能；对于缺乏市场经验的投资者来说，面对激烈竞争的市场环境，往往处于劣势，经常被挤垮。投资一家业绩良好且有实力的特许商，借助其品牌形象、管理模式以及其他支持系统，其经营风险要低于单干；

分享规模效益。这些规模效益包括采购规模效益、广告规模效益、经营规模效益、技术开发规模效益等;加盟商可以从特许商处获得多方面的支持。这些支持包括培训、选择地址、资金融通、市场分析、统一广告、技术转让等。加盟商既可以拥有自己的业务,又能从特许商处不断获得帮助,可谓一举两得。

(3) 特许经营因其管理优势而受到消费者欢迎。特许经营成功发展的另一个原因是准确定位。由于能准确定位并使企业目标市场选择准确,能围绕目标市场策划营销组合,并能及时了解目标市场的变化,使企业的产品和服务走在时代前列。

(二) 按发起者的性质分类

按发起者的性质来划分,可以将连锁经营分为制造商发起的连锁经营形态、批发商发起的连锁经营形态以及零售商发起的连锁经营形态,其中零售商经营的连锁形态最为常见。

1. 制造商发起的连锁经营形态

制造商发起的连锁经营可以直接投资建造自己的店铺以便经营自己的产品,也可以以自己的品牌、商标以及经销权吸收加盟者进行连锁经营。另外,也可以倡导下游企业成立自愿连锁组织。

2. 批发商发起的连锁经营形态

批发商发起的连锁经营可以通过增开网点而形成连锁网络,也可以向其他批发商提供批发特许权而形成特许批发网络。亦可以自己为主导,联合各零售商或者其他批发商建立自愿连锁组织,发挥自己在采购、仓储、配送以及管理等方面的优势。

3. 零售商发起的连锁经营形态

零售商发起的连锁经营大多数采取直营连锁的方式,通过直接投资、建店或者收购其他零售商等方式从而建立起自己的连锁经营组织。

(三) 按连锁经营的地区分类

按连锁经营的地区分类,可以将连锁经营组织划分为区域性连锁、全国性连锁以及国际性连锁三种形态。

1. 区域性连锁

区域性连锁总部及成员店都集中于同一城市或者同一区域内,这是由产品的性质和资源的特点所决定的。如大多数的家具连锁店,多为区域性连锁店,这是因为家具过于笨重,运输极为不方便,并且在运输途中易受损伤。

2. 全国性连锁

全国性连锁店是指其各连锁分店分布于全国不同的地区。那些规模较小、标准化程度高、顾客需求差异性小的商品或服务的商店容易形成全国性连锁，如超市、百货商场、折扣店等。

3. 国际性连锁

若所有的成员店分布不限制于一国，而是在多个国家开展连锁经营，则称之为国际性连锁，如沃尔玛、家乐福等商店可称之为国际性连锁。国际性连锁通常采取的方式为直营连锁和特许经营连锁。

三、我国连锁经营现状与发展趋势

（一）我国连锁经营发展现状

中国的连锁经营进入规模性发展已经将近 10 个年头了，在这十年中，连锁经营在中国取得了长足的进步，就目前的状况来看，总体的发展势头是良好的，主要表现在以下三方面。

1. 一些大规模连锁型企业不断涌现

当前，我国已经形成了一批拥有较大规模的连锁型企业，如农工商超市、北京五福连锁公司、福建华榕连锁公司、广东美佳超市公司、深圳万佳百货有限公司，等等。2003 年 4 月 24 日，由上海一百（集团）有限公司、华联（集团）有限公司、上海友谊（集团）有限公司、上海物资（集团）总公司归并而成的上海百联（集团）有限公司正式挂牌成立，其拥有遍布全国 23 个省市近 5 000 家营业网点，几乎涵盖了国际商贸流通集团现有的各种业态，如百货（20 家）、标准超市（2 458 家）、大专场（87 家）、便利店（1 565 家）、购物中心（6 家）、专业专卖（621 家）和物流等业态[①]。这些连锁企业发展势头迅猛，市场份额不断扩大，市场地位日益凸显。

2. 连锁经营的运营机制不断得以完善

经过将近十年时间的发展，中国连锁经营企业已经形成了较为完备的运营机制，其在店铺发展、配送中心运作、采购系统完善与控制、统一销售体系的推广等方面都积累了许多适合中国特色的经验，并培养和造就了大量的连锁经营专业管理人才。

3. 连锁经营这种组织形式受到的重视程度不断增加

通过规模的扩大而使经营成本降低，从而取得更好的经济效益的连锁经营方式，越来越受到企业家、专家、学者等的重视和认同。连锁经营已经从最初的连锁超市向其他领域不断扩展，如餐饮、娱乐、服务业等。

---

① 资料来源：上海百联集团网站，http://www.qqcg.com/glqy/shbl/qyjj.asp。

回顾中国连锁经营的发展,虽然取得了巨大的成就,但是仍然存在不足之处,还有很多东西值得我们去反思,主要表现在:一方面是地域性发展不平衡,沿海地区的连锁经营发展要远远快于内陆地区,东部发展快于西部地区,发达城市要强于不发达的城市;另一方面同国际大型连锁企业相比仍然存在很大差距,表现为规模小、盈利能力差、缺乏专业的管理性人才、资金规模和资金实力不强、尚未出现国际性连锁企业等方面。

(二)我国连锁经营发展主要趋势

1. 多行业、多业态发展趋势

中国连锁经营的发展将从零售领域向批发领域、生产领域和服务领域不断发展。如服务行业的连锁经营将广泛开展,将从旅游、餐饮、洗染、照相彩扩迅速向票务、速递、运输、租赁等领域开展。零售业连锁经营将会由超级市场向便利店、大型综合超市、仓储式超市、购物中心等方向发展。

2. 向国际性连锁方向发展

目前,我国尚未有连锁企业开设国际性连锁分店,而诸如沃尔玛等国际性连锁巨头都在世界范围内设立连锁企业,这是由于我国连锁企业起步较晚,并受到资金、人才等因素的限制而造成的,但是,我们也应当清楚地看到,中国的连锁企业用 10 年不到的时间完成了国外几十年甚至上百年才走完的路,中国的连锁店铺的数量以及销售额每年都以一个令人振奋的速度在发展,因此,在未来的几年时间内,这些连锁企业必将具备进军国际市场的实力和竞争力,完成向国际进军的创举。

3. 特许连锁将成为连锁主要形态

目前,中国的连锁企业仍然以直营连锁形态为主要连锁方式,但是,因为直营连锁受到资金、人力、时间等因素的制约,发展速度和发展规模都受到了一定程度的限制,而特许连锁恰恰能够解决直营连锁在这些方面的缺陷。

本 章 小 结

对于商品流通领域来说,经营方式也就是指商品流通的基础方式或形态。一般来说,流通企业的经营方式的确定与企业经营的商品种类、企业规模和实力大小、周围市场环境以及企业投资者和经营者的目标市场等有关。流通经营主要包括批发经营、零售经营和连锁经营等方式。

批发是指从生产商或其他经营者手中采购商品或劳务,再将其提供给商业用户或其他业务用户,供其转变、加工的大宗商品交易方式。批发业的发展受到一系列因素的制约,但目前已经进入规模化发展的新阶段。商品交易市场是批发业的一种主要形式,尽管存在诸多问题,但目前仍然是与我国经济发展水平相适应的经营方式。未来批发业的发展将呈现"大批量、低费用、高服务"的特征。

零售是指把商品和劳务直接出售给最终消费者的销售活动和交易方式。零售业是商品流通的最终环节,商品经过零售就进入消费领域。基于零售业经营形式变革的规律性,学者提出了生命周期论、辩证过程论、轮回假说、商品结构综合化与专业化循环假说、真空地带说等描述业态演变的理论假设。

连锁经营一般是指:在核心企业的领导下,采用规范化经营同类商品和服务,实行共同的经营方针,一致的营销行动,实行集中采购和分散销售的有机结合,实现规模化效益的联合体组织形式。连锁经营具有经营上的一致性、经营上的规模化、优化资源配置等特征。根据各连锁分店所有权的不同,可以将连锁经营划分为正规连锁、自由连锁、特许连锁等三种形态。

思 考 题

1. 制约我国批发业发展的因素有哪些?
2. 如何看待批发业的发展前景?
3. 关于零售业的发展,有哪些理论假说?分别举例说明其合理性。
4. 世界零售业有哪些发展趋势?我国零售业能从中获得什么启发?
5. 从连锁分店所有权的角度看,连锁经营有哪些形态?
6. 我国连锁经营的发展趋势如何?

第十四章 零售商的主要类型

学习目的与要求

1. 了解我国百货商店的发展过程；
2. 了解超级市场的发展趋势；
3. 了解便利店的特征及竞争优势；
4. 了解折扣店的经营特征；
5. 了解专业店的特征及发展趋势；
6. 了解我国购物中心的界定和类型；
7. 掌握"豪布斯卡"原则的内涵；
8. 了解无店铺销售的主要形式。

零售商业类型多种多样，五花八门，新类型不断涌现。本章仅对主要的零售商类型作简单的介绍。

第一节 百货商场

一、百货商场的含义

世界各国对百货商场（店）的定义大体上是相同的，但表述各异。

在日本，它是指在一个建筑物中，集中若干个专业商品部，向顾客提供多种商品和服务的大型零售企业。按日本政府通产省的规定，从业人员超过50人，销售面积至少是1 500平方米（在城市要超过3 000平方米），才能称作百货商场。

美国政府商务部的定义则为：百货公司是指年销售额在500万美元以上，经营消费者所需要的服装、纺织品、家庭陈设品、家具以及家用电器等，其中服装和纺织品的销售额至少要占销售额的20%的零售商场。

在英国，百货商店则是指设有多个商品部，营业额的实现至少覆盖五个大类的产品,并至少雇用 25 人的零售商场。

在法国,则是指拥有较大的销售面积,自由进入,在一个建筑物内提供几乎所有的消费品,一般实行柜台开架售货,并提供各种附加服务的零售企业。其每一个商品部都可以成为一个专业店,其销售面积至少为 2 500 平方米,至少有 10 个商品部。

在我国,百货商场、百货公司、百货大楼是指经营范围广泛,商品俱全,能提供多种服务的零售商场。

(一) 百货商场的产生

百货商场的产生是零售商业的第一次革命。在 19 世纪以前,零售店经营规模小,品种有限,经营策略陈旧。随着社会生产力的发展,社会生活方式丰富多彩,冲击着人们的消费观念。一些人追逐财富和享受,社会有产阶层消费量大增。如何在一个屋檐下或在一个店内,让消费者买到吃、穿、用、住、行各类消费品,以改变传统的经营类型呢?持有这个想法的法国人阿里斯蒂德·布西科于 1852 年在巴黎创办了"好市场商场"。在巴黎随后几年出现了一些百货商场,如卢浮百货商场(1855 年)、市府百货商场(1856 年)、春天百货商场(1865 年)等,美国、英国、德国也出现了一批仿效者。

(二) 早期百货商场的特征

百货商场较之其他的传统店铺有四点革新。

(1) 商品明码标价。这一做法的目的是迅速沟通商品与顾客之间的联系,从"物有所值"角度便于顾客按各自的消费喜好与能力"对号入座"。商品明码标价也是零售业第一次规范了自己的价格行为。

(2) 商品敞开陈列。这样就便于顾客直接接触商品,增强对商品的直观认识,因而也在利益上保证了消费者对商品选择的权利。

(3) 商品价格低廉。此举意在更大的程度上吸引不同层次的消费者,改变欧洲许多专业商场服务对象贵族化的倾向。

(4) 在一个卖场内分设许多独立的商品部,便于实行统分集合的管理,也便于各商品部进行专业的组货,达到"百货"齐全,品类繁多,使消费者各得其所。

百货商场率先在欧洲出现不是偶然的,可以说是欧洲的产业革命要求流通领域进行改革,要求零售业大型化和规模化以适应工业大量生产、大量销售的要求。百货商场的出现从根本上说是零售业适应大生产的产物,是生产力发展在流通通道中的直接结果。

(三) 百货商场的分类

百货商场主体组织形式有以下三种:

(1) 独立式，即只此一家，别无分号，独立经营；

(2) 连锁式，指以一家大百货商场为龙头，并在外地开设若干分店，进行集中管理；

(3) 集团式，即由若干个独立经营的百货商场组成一个集团，并由一个最高管理机构统一管理。

(四) 百货商场的优势

百货商场出现一百多年来，发展迅速，已成为零售店的主要类型之一。其优点是：

(1) 拥有各式各样商品供顾客选购，顾客在同一店内可采购不同的商品，以节省顾客时间和精力；

(2) 客流量大，全日可保持人来客往，气氛热烈与兴旺，以刺激顾客购买；

(3) 资金雄厚，能吸引大量人才，分工合作，不断创新，提高管理水平；

(4) 重视商誉，对于出售商品的品质在采购时就慎重选择；

(5) 有优良购物环境，吸引大批顾客购买。

二、中国百货商场的发展

中国现代的商场最早出现于上海，从1926年永安公司大楼建成开业，到1937年大新公司大楼建成，这12年时间是中国百货商场的雏形期。这期间中国民族工业得到了发展，当时上海南京路上的四大公司，即永安公司（现华联商厦）、先施公司（现时装公司）、新新公司（现食品一店）和大新公司（现第一百货商店）是亚洲最具规模和最现代化的百货商场。如今这些公司所处的地段（南京路从西藏路到浙江路段）仍是中国最繁华的商业街段。从1937年至1949年，中国进入了抗日战争和解放战争时期，战争制约了百货商场在中国的发展。

新中国成立后，在计划经济的体制下，经济的运行是统配式的，即用国有批发企业的统购统销来控制工业和零售商业，这种方式在对民族工商业私有化改造中是十分成功和有效的。然而，这种本应是阶段性的方式却成为延续了几十年的经济运行方式的中心环节，零售业在其中成为一种被动的分配职能，百货商场这种业态始终没有得到长足的发展。

进入20世纪70年代，中国开始对计划经济体制进行改革，统配制首当其冲地成为改革的对象。在"多渠道、少环节"流通体制改革的方针下，工业为了摆脱统购，直接地进入市场，开始实施大规模的自行销售；零售业为了获得更多的商业利润，需要跳过批发环节进行大量的自行采购。在工业自销和零售业自采的结合中，首先得益的是零售大店，特别是大型百货商场。百货商场的销售额和利润额呈几何级数上升,这种上升的幅度在世界百货商场的发展史上也是绝无仅有的。如有号称中国第一店的上海第一百货商店,从年销售额 7 亿元上升到 27 亿元只花了 4 年时间。

1996 年以前,我国的百货业基本处于规模与效益同时增长的状况。然而,自 1996 年以来,随着市场条件和经济环境的变化,百货零售企业获取超额利润的时代已经结束,百货业进入一个全国性的萧条时期。一系列大中型百货商场的倒闭,打破了原来一度流行的百货业"只赚不赔"的神话。从北京的信特商业中心、沈阳的协和、天津的亚细亚和广东的国丰,到仟村百货、郑州亚细亚、紫金山百货大楼和杭州的华联、华侨等,几乎每座大城市都发生过百货商场因无力经营而倒闭的现象。百货商场经营陷入困境的表现有平均利润率急剧下降、销售增幅放缓甚至出现负增长、经营费用居高不下,等等。百货商场陷入困境的原因主要有以下三个方面。

1. 商场投资的盲目性和商业规划的不合理造成相对过剩

首先,我国大量的百货商场的建设是在各地政府的组织和推动下进行的。因为建立起一个百货商场,往往比较容易成为"政绩"卓越的标志性象征,当然更多的是为了形成行政辖区新的经济增长点。在政府推动下,百货商场往往会在一个城市区域内突破其市场容量(市场饱和度)极限。各级政府比数量、比规模、比气派的结果,使百货商场建设缺乏前期市场调研和项目的科学论证分析,因而,不可避免的结果是建设的盲目性。其次,很多商场的建设依靠的往往不是自有资金,而是银行贷款,基建债务过多,利息支出过重,而流动资金却严重缺乏。最后,目前零售业尚无较权威的、统一的零售业规划和主管部门,零售业的管理权属于各级政府的商贸委员会,在社会商业继续发展的前景下,这一机构根本无法真正影响城市(以及各城区)的商业布局。

2. 百货商场粗放式经营造成吸引力下降

在研究经济增长性质和模式时,常用集约型增长和粗放型增长来描述。集约型与粗放型两种增长模式的根本区别在于是否注重提高劳动力、资本、技术和自然资源在内的各种生产要素的整体使用效率(即综合要素生产率)。如果增长中综合要素生产率提高的贡献或作用较高,就是集约型增长;反之为粗放型增长。这种经济增长模式分析同样也可用于对商业增长模式的评价。通过对近几年的百货商场的增长现象的考察,我们可以知道,百货商场的增长主要依靠的是生产要素的增加,即停留在粗放型的增长模式上。这主要表现在以下三个方面。第一,在经营商品定位上的雷同化。"千店一面"是多年来百货商场的一般特征。从商圈饱和指数公式中,我们也可知,如果百货商场经营定位相同或相近,实际上削弱了各商场的个性化,从而增加了竞争的难度。第二,很多百货商场采取的招商、租赁或承包的经营方式降低了自营能力。简单的招商、租赁或货柜台(柜组)承包方式,虽然可以在一定程度上降低百货商场业主的资金投入的经营风险,但这种"物业管理式"的经营方式用于百货商场,最终的结果是加剧商场管理信息的非对称性、增加商品经营成本和品牌风险性,使百货商场缺乏市场竞争力。第三,人员素质偏低,销售额的增加依靠简单的降价竞争而非依靠现代技术的使用和提高管理效率,经验式管理在我国百货商场的经营中相当普遍。

3. 外资零售商的进入及其他零售业态的威胁

(1) 外资零售商的进入。中国于 1992 年开放 11 个城市准许外商投资开办零售业务,大型连锁零售集团陆续登陆中国,最早进入我国的外资零售企业包括荷兰的万客隆(Makro)、法国的家乐福(Carrefour)以及沃尔玛等。

根据 WTO 承诺,我国零售业全面对外开放后,外资商业企业在我国的发展呈"井喷"态势。2005 年商务部批准的外资商业投资企业就达 1 027 家,是 1992 年到 2004 年的 12 年间国家批准外资商业投资企业的 3 倍。

国外零售商的进入,带动了国内百货零售业经营观念的转变和经营管理水平的提高,无论是在经营业态、商品结构、经营定位方面,还是在现代商业技术运用、经营机制、管理体制方面,都有很多值得国内百货零售企业学习借鉴的地方。同时,国外商业资本大量而集中地涌入,加剧了本已渐趋饱和的百货业的竞争,国内大多数百货业企业势单力薄,加之观念和管理落后,因此在竞争中往往处于劣势。

(2) 其他零售业态的威胁。近几年,除了百货商场快速发展外,一些在国外需要十几年甚至几十年时间发展起来的超市、大卖场、便利店等新兴零售业态,在我国一些城市中只用了短短几年时间就得到了蓬勃发展。

另外,家电、家具、装饰、电脑、纺织、服装和小商品等各类商品专业市场的大量涌现,更使一些商品在百货商场的经营明显萎缩,销量急剧下降。

三、大中型百货商场发展的战略模型

百货商场目前既面临着严峻的外部威胁和内部经营劣势,也拥有走出困境的环境机会和自身优势。选择合理的发展战略,赢得竞争的优势对百货商场来说显得尤为重要。

20 世纪 60 年代后期,著名的战略管理专家安索夫(H. Ansoff)曾提出一个一般组织的战略发展框架模型——"产品/市场"组合矩阵,用以描述组织战略发

展可选用的方向①。这一矩阵体现了面向环境的观点:如果组织能充分利用由环境提供的增长机会调整自身的发展方向,组织将获得持久性发展和核心能力的提高。零售企业的经营与制造业存在很大区别,零售企业选择何种经营业态、进入什么市场是关系到企业资源调配和最终盈利能力的战略性因素。我们将"产品/市场"矩阵作一调整,可以获得一个零售企业战略发展方向选择的模型——"业态/市场"矩阵(见图14-1)。

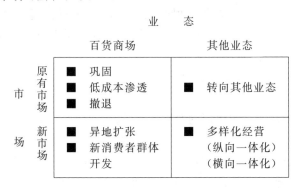

图 14-1 大中型百货商场发展战略模型

在该矩阵中,维度之一——"市场"的划分是从零售企业满足消费者需要角度进行的,包括地理、人口统计变数、消费者心理等因素,可以把零售企业的异地扩张、进入新的经营领域等都认为是新市场的进入。维度之二——"业态",简单理解就是指零售业的经营形式和存在方式。一般地,区别业态类型可以从三个角度把握:一是经营商品结构的角度,即各种商品之间的比例关系;二是经营方式的角度,包括商品摆设、顾客与商品的接触形式、结算方式以及促销手段等;三是从管理模式的角度,即企业对信息、资金、人事和经营过程的管理所采取的形式和方式。为分析方便,我们将零售企业进行多样化经营列入"新业态"范畴,因为其基本符合区别"业态"的三个角度。

大中型百货商场选择何种发展战略,应该是在对该企业具体的环境机会和威胁、企业本身的优势或劣势进行恰当分析(即通常用的SWOT分析)后作出选择,其最终目的是使企业的价值增值。因而,选择战略模式的原则就是:该战略的实施以提高竞争力为直接目标,要能改善企业生存条件,赢得发展空间;该战略的实施必须能提高企业的活力,降低企业的消耗,或者是为企业提供其他发展

---

① H. Igor. Ansoff: *Corporate Strategy*, Penguin, 1968, p.99.

的趋势。当然,对于不同百货商场来说,每一种战略的适用性又是不一样的。

根据"大中型百货商场发展战略模型",可以分为四个战略来论述。

(一) 百货商场在原有市场领域的发展战略

1. 巩固战略

"巩固"是目前经营百货业的企业在竞争面前的自卫性反应。其特征是通过对企业内部的业务再造(Business Reengineering)——从采购、物流、销售过程管理,到售后服务的全过程改造——挖掘企业内部潜力,显著地降低百货商场的经营成本并向顾客提供高品质的服务,从而获得企业发展的更大优势。采用"巩固"战略的企业应具备的条件是:本商场在长期的市场竞争中已经积累了一定的经营优势,通过再造可以强化企业在百货业市场中的竞争地位。

对百货商场来说,"巩固"的具体措施包括:

(1) 在经营定位上,从"正面竞争"转向"错位竞争"。百货商场应根据实际条件,确定高、中、低不同的市场定位,同一商圈内各大型百货商场应实行错位经营,避免商品经营雷同化引起低水平价格竞争,突出其特色,巩固其地位。

一家成功的百货商场必须具有其优势竞争要素,即成本优势、质量优势、产品优势、便利性优势、服务优势、关系优势等。这些优势要素的形成主要来源于正确的经营定位和商品定位。经营定位主要指正确地制定商场的经营思想和经营策略(营销策略、服务策略、企业形象塑造策略等),并以此为纲要来引导或指导各项经营活动。商品定位是指根据企业商圈科学规划自己的商品结构,如主力商品和辅助商品的结构,特色商品和一般商品的结构,高、中、低档商品结构等。

(2) 在经营方式上,从"购销合一"的传统方式逐步转向"购销分离"和"买断经营"的国际通行方式。当前很多大中型百货商场一般采用自20世纪80年代中期以来的"购销合一"的经营方式,其组织化程度不高,无法形成规模经营优势。一个经营数万种商品的大型商场,往往分成十几个甚至更多的商品部,部门经理集进货、销售、结算等大权于一身,成为企业经营成败的关键。由于部门利益不一、管理人员素质参差不齐,在经营中常常发生导致企业利益受损的不规范行为。另一些商场采用招商、出租柜台、承包经营等方式,实际上也是一种"购销合一"的表现形式,其最终是削弱了百货商场的自营能力。国际商界流行的做法是实行"购销分离、统购分销"和"买断经营"的经营方式。

"购销分离、统购分销"要求百货商场在调整商品结构的基础上,突出一批拳头商品,实行统一进货、经销分离,逐渐形成规模经营。"买断经营"则改变了原来零售商与制造商结算的"先售货、后付款"的代销制,采用"货到即付制"。国外大型零售商采取买断经营的方式时,生产企业一般要让利2个百分点左右,对于销售风险大的商品则让利更多。实行买断经营最重要的一个条件就是零售企业要有足够的实力,能够大批量进货。这里说的实力,不仅仅是资金的多少,还包括经营管理、市场信息处理以及企业规模、管理者素质等综合实力。买断经营的实质,是工商企业按照各自的市场分工,建立起正常合理、风险共担、利益共享的合作关系。这样做,可以促进商业零售企业在提高服务和管理水平、研究市场、反馈信息上多下工夫,通过提高进货质量,降低经营风险,增加效益,而工业企业则可以集中精力提高产品质量,开发研制新产品,宣传新产品。这对工商双方增强市场竞争力都有好处。

(3) 经营方法和管理技术向规范化和科学化转变。百货商场应努力建立起一套适合于本企业的"制度化、手册化、定量化、操作化"的管理规范和经营绩效考核体系。在一线员工的服务水平培训方面,也不能仅仅停留在"微笑服务、百拿不厌"的层次上,而是要致力于提高一线人员的整体素质,使传统的"售货员"角色转变为"顾客消费顾问"的角色,真正提高百货商场的服务水准与服务档次。在管理技术方面,要善于利用现代科技成果,加强对进货、库存、商品流转、资金回笼等的监控,在降低经营成本的同时,提高经营效率。

2. 低成本渗透战略

当企业经营定位良好、发展较为稳定但受制于规模有限时,可以考虑采用并购的方式进行低成本渗透,以获得新的发展空间,扩大商场的营业面积,达到规模经济的目的。其优势在于,若被收购对象具有良好的商圈位置,也有一定的消费群体和销售渠道,仅仅由于经营不善或资金欠缺或规模有限而陷于困境,那么,企业采用并购方式比重新兴建一家商场更为经济,尤其在经济不景气、市场较为疲软时,并购成本将更低廉。

这种在同一商圈内的为寻求单店规模效益的扩张要注意一个容易产生的"误区",即认为单店规模越大越利于成本降低,获得越多的利润。事实上并不是这样。由于顾客购物过程中对商场的规模存在生理和心理的承受能力,在商场管理上也有一个超过一定规模而造成"规模不经济"的经济规律。顾客对百货商场营业面积的生理最大承受量约为2.3万平方米,而顾客对百货商场营业面积的心理最大承受量约为1.7万平方米。从经验和理论上也能得到,商场营业面积与营业额(见图14-2)和利润额(见图14-3)的相关关系。

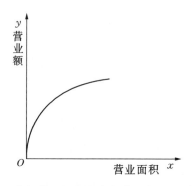

图 14-2　商场营业面积和商场营业额之间的关系图

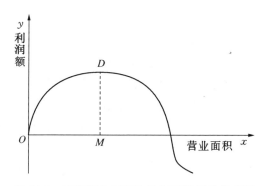

图 14-3　商场营业面积和商场利润额的关系图

由图 14-2、图 14-3 可以看出,随着面积的增加,商场销售额、利润额一开始是较快增加,到一定面积时,销售额增加趋缓甚至微量增加,而利润额则在突破驻点 D 后下降,甚至出现亏损状况。因而,百货商场在进行单店扩张时要防止规模过大的"陷阱"。

3. 撤退战略

在有些情况下,从百货业中退出来是一种最明智的行为,但此方案往往会被忽视,除非该商场被强制性破产清算。当一家百货商场在面临严峻的竞争形势,而自身无论是在经营特色、进货渠道,还是在管理技术、服务水平等方面均无明显优势,且在近期内也无法加以改变时;或者当企业遇到重大经营失误导致财务状况恶化,投资已无法收回等情况时;或者原经营多种业态(或多元化)的企业在百货商场这一领域平均利润低于其他事业,且又有能力在其他事业上大力发展时,适时地选择从百货业中"撤退"的战略,对最大限度减少损失、保存企业实力或赢得更好的发展空间等都是大有益处的。

(二) 百货商场在原有市场领域内的多业态发展战略

任何单店、单一业态的经营都会受到营业面积临界点、商店聚集度、交通便利度饱和点的制约。从国际上大型零售商业的发展史来看，单店经营和单一业态经营都只是大零售商初涉零售业的选择，随着市场竞争的加剧和企业自身的发展，单店经营和单一业态经营的方式都发生了改变。

这里所指的多业战略，是指企业在原有的目标市场（顾客群或商圈）内进行的多业态拓展，目的在于在原有市场上利用百货商场已建立的品牌度，通过经营形式的多样化以赢得更多的占有份额，它往往是百货业企业横向一体化发展的前奏。但是，这种方式适用性较低，原因是：即使在同一商圈内，要使百货商场和其他业态做到顾客群一样或类似是不大现实的，因为不同的业态经营目标市场的选择存在相异性，有的业态之间目标市场相异性还很明显。

(三) 百货商场的新市场开发战略

这里的"新市场"开发是指百货商场的异地扩张战略。

百货商场异地扩张发展的优势集中体现在两方面：第一，由于大商场在零售管理上的相对先进性和品牌知名度的广泛性，可借此来进行进一步的市场渗透，以扩大市场份额；第二，避免在大商场集聚地区的过度竞争引起的平均利润下降趋势，在市场竞争相对平和地区寻找新的增长点。值得注意的是，在大型商场的跨地区发展过程中，同样要注意商圈效应的有效性，在营业面积、投资规模、商品定位上寻找到较为恰当的均衡点。要善于借助资本运营的技巧，通过有效的购并途径达到规模扩张的目的，增强企业的实力。

从国外大型零售企业发展的成功经验来看，大型百货商场异地扩张进程中，其主要的组织形式是大力推行连锁化经营。由配送中心统一进货，提高经济采购批量，以享受更多的数量折扣；配送中心通过先进的网络信息技术来收集、加工、整理各营业单位的销售情况，以便及时送货，降低库存。另外，各连锁分支机构统一开展促销及公关活动，从总体上降低企业的促销费用。通过有效的资产重组后的连锁经营，改变了众多中小商业企业分散经营、规模不经济的状况，提高了商业组织化程度。

(四) 多样化经营战略

多样化战略包括横向一体化和纵向一体化。

所谓横向一体化，是指发展那些与公司当前业务活动相竞争或相互补充、相互支持的业务领域。百货商场的横向一体化指的是向批发领域和其他业态形式发展。由于目前流通体制中，批零的界限已趋向模糊，这种方式的典型表现是朝配送中心发展，可以简单地认为是业态的一种形式。因而，横向一体化主要的表现就是多业态经营。

进入到横向一体化阶段的大中型百货商场的多业态经营,是在对消费市场进行细分的基础上产生的。开展多业态经营,可以扩大企业的目标市场范围,从而扩大企业的销售总额。另外,虽然多种业态的经营方式有所不同,但与其他行业相比,其在经营管理上仍具有很大的相似性。零售商场发展多业态经营,可以充分利用现有人力资源,充分发挥管理者在经营零售业方面的经验优势,在不增加太多人力资本的情况下达到扩张的目的。同时,由于不同业态的目标市场选择是不一样的,可以避免目前零售商场营业面积受商业布局、交通影响等条件制约。例如,可利用品牌优势在居民密集区发展小型的、以日用品为主的折扣商店及便利店;在离市中心商业区比较远但交通相对便利的区域设立超大卖场等形式。美国的 SEARS、PENNEY 等传统百货公司今天就以多业态经营为其主要特色;法国最大、全球第九大的法国家乐福公司也是采用超大卖场折扣店、专门店等方式实现其规模扩张的目的。以百货零售为主的上海华联集团 1992 年始涉足连锁超市,超市利润是集团主要收入来源之一。

通过业态的不断拓宽,零售商场的总体市场份额将会不断扩大,从竞争结构的力量对比来看,也会逐步增强零售商对供应商砍价(支付条件)的能力和降低单位经营成本的能力,以此进一步发挥大型零售业的竞争优势。

所谓"纵向一体化"是指以现有的事业为基础,向垂直方向扩大经营领域的战略,也称"相关多元化",表现在百货业中就是向制造商方向发展的后向一体化。

从国外零售商资料考察,结合我国目前的条件和时机,相关多元化发展是百货商场组建商业集团的一种较为理想的选择,其最为典型的方式就是向生产领域延伸,创立自有品牌(Private Brand)的商品。大中型百货企业推行自有品牌的现实意义在于:有利于提高市场竞争力,改变和提升商场的形象,在激烈的竞争中把握住更多的经营自主权,更有利于把握和满足市场需求。

第二节 超级市场

一、超级市场的特征和分类

超级市场是指实行敞开式售货,顾客自我服务,即顾客自己挑选商品,挑选后一次性结算的零售商店,又称"自助商店"或"自选商店"。

应当指出,各国对超级市场的要求是不同的。如美国在20世纪50年代初明确规定,凡是年营业额超过37.5万美元的自选式食品杂货店才能算超级市场,1963年,此标准提高到50万美元。1975年又提高到100万美元。进入20世纪80年代已改为周营业额4万美元,即年营业额达到200万美元。

(一)超级市场的特征

(1)商品构成是以食品、日用杂品等日常生活用品、必需品为中心。

(2)实行自我服务和一次集中结算的售货方式,即由消费者自己在货架中自由挑选商品,在出口处一次集中结算货款。

(3)薄利多销,商品周转速度快,利润率较其他商店低。

(4)商品包装化,明码标价,并注有商品质量和重量。值得一提的是,商品无条形码是很难进入"超市"的。

(5)商场面积较大,并附有停车场等设施。

(二)超级市场产生的背景条件及革命性

导致超级市场形成和发展的背景条件主要来自两方面。

(1)来自需求的动力,即来自超级市场以外的力量。需求的动力主要有:个人可支配收入的不断增加;家庭消费行为的重大变化;现代技术的形成和发展。

(2)来自超级市场本身的力量。超级市场能够降低企业的销售成本,增加盈利;消费者从超级市场购物一方面省时、省力和价格便宜,另一方面采取顾客自选、一次结算的服务方式,增强顾客自主性,免去了柜台服务中的许多麻烦,提高了交易效率。

超级市场的出现被视为零售业的第三次革命。它给零售商业带来的革命性变革,主要体现在两个方面:一是它把现代工业流水线作业的生产方式运用到了商业经营上,实现了商业活动的标准化、专业化、集中化、简单化;二是它使商业经营转变为一种可管理的技术密集型活动,不确定因素大为减少。传统的零售业经营是以柜台为中心,以人对人(即售货员对顾客)操作为主的劳动密集型活动。其交易之成败在很大程度上取决于售货员素质的高低以及操作技巧。超级市场则是开架售货、买者自选的方式,买卖之前的需求预测、经营计划、商品陈列、价格制定等流程的合理化水平成为决定最终销售状况的主要因素,从而使商业经营转变为类似生产管理的可管理的技术密集型活动。因此,对超级市场而言,比感性的柜台操作技巧更为重要的是理性的经营、资本运作水平,以及经营管理水平的高低。

(三)超级市场的分类

超级市场类型依分类标准不同而异,主要有以下类型:

(1) 根据经营商品类别,分为综合性超级市场和专业性超级市场;
(2) 根据地理标准,分为地方超级市场和全国超级市场;
(3) 根据超级市场发达程度,分为初级超级市场和现代超级市场;
(4) 根据组织形式标准,分为独立式超级市场和连锁式超级市场;
(5) 根据规模大小(主要是营业面积),分为超级(巨型)、大型、小型超级市场。

(四)超级市场的局限性

超级市场既有自身的优点,也有其局限性,主要表现是:
(1) 由于不易进行商品保护,不宜经营高档、贵重商品;
(2) 分级、包装、标价等工作既费时,也增加成本;
(3) 容易失窃,这种因失窃造成的损失,无疑会造成售价的降低;
(4) 某些设备费用昂贵,如电脑安装,其安装费用昂贵,维护也会遇到麻烦。

二、仓储式超市

百货商场目前既面临着严峻的外部威胁和内部经营劣势,也拥有走出困境的环境机会和自身优势。选择合理的发展战略,赢得竞争的优势对百货商场来说显得尤为重要。仓储式超市与综合性百货商店有明显区别,如商品陈列摆放自成一格,从业人员相对较少等。从企业管理上来说,员工开支约占流通总成本的40%,故尽量减少企业从业人员是降低成本的一种方法。从消费者活动来说,自选、自助扩大了购物的自由度,免除了售货员的导购,顾客的购物感受全新,使仓储式超市形成独特的经营销售特色,以不同于一般的开架售货。

仓储式超市之所以形成一种新的业态,主要表现在它具有独特的经营战略和理念。

1. 仓库与市场一体化

快速物流、满足及时供应和多样化需求是促成仓库和商场一体化的主要因素。由于仓储式超市的服务对象主要是针对专业客户,因此,"多品种、小批量"或"单品种、大批量"在同一销售时间和场所中,因专业客户的购买动机而交替变化着。"快速物流"对建筑设计和日常经营提出了"仓库与商场一体化"的构思和要求。强调价值工程和投资效益,也是促成仓库和商场一体化的又一个因素。"投资刚好就是最好"的观念,表现为仓储式超市首先服务于各种商品的销售、存储的需要。如不同的食品视特性须陈列在货架、冷柜、冷藏间和冷库内,把这些设施、设备安装在一起。

2. 营业面积大而品种齐全

专业客户在采购阶段的效益问题,既反映在用较低价格采购到高质量商品,又反映在用少量人力(采购员)、物力(车辆)采购到需要的商品,还反映在用较少的时间采购到需要数量的商品。专业客户的时空观、价值观对商业的要求,派生出仓储式超市的"一站式服务"。

3. 批量销售,买断经营,增加市场占有率

制造厂商实现大量生产后,要求销售商批量销售,买断经营。双方的共同点是增加市场占有率,降低风险。因此,两者互为依存,互为促进,缺一不可。而仓储式超市的采购理念把生产商(部分是供应商)视为合作伙伴。现代生产中,生产商品和销售商品都有风险,唯有明确生产者和经营者的责任,才能提高抗风险能力。

4. 低成本运营而创造低廉销售

从经济学角度看,流通既创造价值,又产生费用。若企业努力降低销售费用,利润自然提高,这是商业企业共同追求的。而仓储式超市不仅追求自身的利润,更注意让利给专业客户。这是因为客户经营业绩优良,才会重复、多次来店采购。所以,通过有效管理让利给顾客,这又是仓储式超市的一个经营理念。

5. 普遍采用会员制

仓储式超市普遍采用会员制,一般出于两点认识:一是满意的有限性和有效性要求确定服务对象;二是社会分工是合理的经济现象,合理的分工是坚持社会效率化、有序化的条件和结果。

三、超级市场的发展趋势

(一) 规模化

超级市场在销售上的特征,突出的是其廉价的销售,这是它与其他零售业态竞争的主要武器。要取得价格优势,必然要降低成本,扩大销售,因此实行规模经营是我国超级市场发展的首要选择。

超级市场规模经营首先表现为扩大单体规模,可以向制造商、大批发商大批量进货,降低进货成本;可以充分陈列商品,便于顾客选购;可以节省营业人员,充分利用设备,减少费用;可以增加品种数量和服务功能,更好地满足顾客需要。在西方国家,超级市场已进入成熟期,在激烈的竞争中,规模越办越大,平均单体面积已达1 000平方米左右。大型综合性超市(GMS)已成为世界超级市场的主力化模式,其单体面积高达数千至数万平方米。随着商业竞争的加剧，城市空心化的加速以及消费需求的提高，我国目前现存的大多数小型超级市场将难以充分展现业态个性和功能，并将逐步失去竞争力和市场发展空间。所以，我国超级市场一方面要加速大型化进程，分别向食品超市、GMS、仓储式超市发展；另一方面要向大型化、综合化发展，使平均单体面积达到800平方米左右。

超级市场规模经营的另一方面就是实行连锁化。超市的大批量进货所依靠的就是多店铺的销售网络，而这种网络又是实现销售的有效形式。连锁经营可以大大降低营运成本，提高流通效率，实现规模经济效益。国际著名的大型超级市场不但单体营业面积大，而且连锁店的数量也数以百计。我国超市企业数量多、分散、规模小、组织化程度低，严重阻碍了超市的健康发展。因此，对现有超市企业进行结构调整、资产重组势在必行，通过兼并、租赁、新建或购买网点等途径，扩大连锁店的数量规模；连锁方式上以正规连锁为主，连锁区域上应面向大市场，以本城市为主要基地，逐步跨市、跨省发展。

（二）大众化

正因为超级市场实行低价政策，因而其服务对象一般是生活不太富裕、支付能力不强的普通市民和家庭主妇。可以说，超级市场以普通顾客为目标市场的大众化策略，是它大半个世纪以来持续发展、经久不衰的重要原因之一。所以，"为民、便民、利民"应是超市必须坚持的办店宗旨。

超级市场选址应遵循就近消费、方便购买、合理布局的原则，根据超市功能、商圈半径内的人口数量、交通及竞争状况综合加以确定，避免在城市中心商业区"扎堆"，而要"退城进郊"、"退城进居"（居民区）。

超级市场除适量经营部分高档洋货和高中档名牌外，必须把适合中间消费水平的国货作为主营商品，大力拓宽中低档品种。超市经营的具体品种应以食品和日常生活必需品为主，且多为便利品和非耐用消费品，只有较大规模的超市可以把产品线扩大到服装鞋帽、照相器材、家用电器等。

超级市场建设应与"米袋子"、"菜篮子"工程结合起来，逐步增加经营生鲜食品的比重。目前，生鲜食品的经营虽然受到生产加工技术、超市规模、经营管理经验、消费水平和消费习惯等因素的制约，但随着农业产业化的推进，加工保鲜技术的改进、生活水平的提高和生活节奏的加快，超市必然会替代农贸市场成为居民的"菜篮子"和"米袋子"。这只是个时间问题，可以肯定，超市经营生鲜食品有良好的市场前景。

（三）规范化

超级市场是大工业协作机理在零售业中的集中体现，它彻底改变了传统零售业的工艺过程,把零售业推向了标准化作业和规模化发展的现代流通业大道。超市的规范化就如同工业生产领域的标准化一样,是企业运营的基础。

1. 商品包装规格化和条码化

商品要按一定的质量标准分类定级、分等定价,按一定的数量或重量标准计量分装,商品可采用小型透明或半透明包装,并有完备的商品说明,以方便顾客自选和使用。另外,超市的商品应广泛采用国际商品条形码和店内码,这是实现商业自动化和商品管理自动化的基础。

2. 操作标准化

企业必须有具体量化的服务规范,并要求员工严格执行;必须制定各项操作规程,运送货物、整理货架、打扫卫生等均要严格执行操作规程;加工间或配送中心的工厂化流水作业方式更要严格规范,操作间的架子上必须贴有用品摆放标签,任何用品不能随意摆放,任何人或物品都不能阻塞通道;员工应养成良好的卫生习惯,确保加工食品的干净卫生。

3. 经营管理规范化

连锁超市除了统一商号、统一门面、统一着装、统一广告宣传外,最重要的是统一进货、统一配送、统一核算、统一管理。我国许多连锁超市因多种原因都在统一采购、配送上受阻,背离了专业化分工协作的原则,难以实现规模效益。超市公司有条件的可以建立相应的物流枢纽——配送中心,提供社会化配送服务,实行统一的规范化管理,供多个连锁店按统一章法经营,以保证统一的服务质量;针对连锁店网络广和散的特点,要使管理制度手册化,并使之成为规范全体员工行为的权威性文件。

(四) 自动化

自选售货方式、连锁店组织模式和规范化运作,为实现超级市场的自动化作了准备。超市要想在物流、资金流、信息流的协调管理上运作顺利,非依赖于商业自动化技术的支持不可。

超级市场的购、销、存、运各个流转环节应全面实现自动化,具体包括商品销售管理自动化、会计账务处理自动化、商品配送自动化、商品仓储管理自动化、商品流通加工自动化。为了实现上述各项业务管理自动化,应将现代科技,尤其是电子信息技术全面引入超市这一领域,以电子收款机、计算机、网络技术构成超市的技术骨架,重视并积极推广 POS 系统、电子订货系统(EOS)、电子数据交换系统(EDI)。

第三节 便 利 店

一、便利店的产生和发展

自20世纪50年代便利店在美国诞生后,其发展速度之迅猛,市场覆盖面之广,为世人所注目。与传统的小店杂货铺不同,便利店是指运用现代化的经营管理技术和设施,以"方便性"作为吸引顾客的主要手段的商业零售店。而作为现代意义上的便利店是指在商业活动中,以住宅区居民为经营对象,以最贴近居民日常生活的商品和服务为经营范围,以连锁总部为核心,共享统一规范的经营管理技术,实行专业化、标准化的统购分销,并通过强化居民社区服务功能同时取得规模效益的一种现代商业经营管理的组织体系。

连锁商店在经济发达国家已有一百多年的历史,但区别于百货商店而独辟蹊径深入到居民住宅区中心,并以方便为服务宗旨的便利店的出现则历史还比较短暂。

1939年在美国的俄亥俄州的罗森(J.J.Lowson)牛奶制品工厂,开设了一家以出售乳制品为中心的小店。以后,应当地居民的要求兼营面包、食品、杂货,这就是罗森便利店的萌芽阶段。此后,成立罗森牛奶公司,逐步开设了一批以销售乳制品和食品为主兼营日用品的连锁小店,并在美国东北部一带扩展开来。罗森牛奶公司以后又加入美国食品业中最大的跨国集团公司——巩固食品公司,成为其属下一员,并确立了罗森便利店的运营机制。由此,便利店的形态初见端倪。现代便利店脱胎于连锁商店深厚的经营管理基础和递延发展的功能,于20世纪50年代后半期至60年代初,以惊人的速度成长起来。以美国为例,据资料统计,1957年只有近2 000家便利店,到了1977年增加到2.75万家。销售额高达74亿美元。20世纪70年代以后,便利连锁店作为一种新型的零售业态很快传播到加拿大、墨西哥、日本、澳大利亚、欧洲各国和亚洲各国。2004年4月,7-eleven便利店已突破1.2万家,成为全球第一家万店以上的公司。日本大荣集团1974年与美国巩固集团合作,引进罗森牛奶公司的便利店运作机制,成立了大荣便民连锁公司。以后随着人们生活方式的变化、消费水平提高以及妇女职业化的社会变革,罗森便利店高速发展,成为雄踞一方的行业发展巨头。大荣集团又投资中国,与上海华联集团合作,以图抓住机遇,实施现代便利店的跨国战略。可见,便利店已被公认为是适应于向全世界各国普遍推广的商业零售店形态。

二、便利店的特征

便利店作为一种新型的商业零售经营业态,适应了城市社区化进程的发展,其基本特征大致可概括为以下四个方面。

1. 选址和店铺面积的特定性

便利店主要是以住宅区居民为服务对象,因此,位置一般选择在居民比较集中的区域中间或附近地区。其服务半径一般为 500 米左右,可方便居民在 10 分钟之内即可步行到店购物。便利店的店铺面积较小,一般在 80 至 150 平方米之间。

2. 营业时间和商品供应的专属性

便利店为方便居民,其营业时间普遍长于超级市场和一般零售商店。便利店的营业时间,最长每天达 24 小时,实行全年无休息日服务。由于贴近、方便居民生活的特性和受场地限制较小,便利店一般以供应居民日常生活必需品为主体,其中包括冷热饮料、加工食品、速食、生鲜食品,及常用的小百货、杂货、烟酒等小商品,各类食品占商用品种的 80% 左右。

3. 服务功能的多样性

现代便利店设在城市化的居民社区,它的服务对象既有广泛性又有专指性。它为居民日常生活必需品提供了及时购买的场所,"全天候"提供电讯、复印、代收各类公共事业费,直至邮电、储蓄,代售机票、车票等社区服务,使家庭主妇、单身汉、孩童、青年和需要特殊服务的对象,感到处处方便的"家庭温暖"。

4. 商店连锁的统一性

现代便利店以其便利顾客的新颖的经营理念等 CIS 企业形象识别系统、商品组合服务、全方位的经营管理等三个一致性,形成了连锁经营的基础。

便利店上述的基本特征(见表 14-1),使其能与其他商业零售业态相区别,也是其能在激烈的市场竞争中得以迅速发展、壮大的一个非常重要的因素。

表 14-1 便利店与其他主要商业形态基本特征的比较

名　　称	便 利 店	百货商店	超　　市	专卖店
店铺选址	居民住宅集中区	主要在商业街区	居民住宅集中区	商业中心区
面　　积	较小,一般在 80 到 150 平方米	大小不等	大小不等	大小不等
营业时间	16 到 24 小时,以 24 小时居多	一般 8 到 12 小时	一般为 12 小时	一般为 6 到 8 小时

续 表

名　称	便利店	百货商店	超　市	专卖店
商　品	最贴近居民日常生活的必需品	门类齐全,品种繁多	日常生活必需品及一般生活必需品	专门性强,品类较少
服务功能的多样性	社区服务,项目多,特种服务	仅有与商品经营相关的服务项目	社区服务项目相对较少	一般仅提供专业服务
商品连锁的统一性	一般要连锁,有配送中心	可以连锁,不一定有配送中心	必须连锁,有配送中心	可以连锁,不一定有配送中心

三、现代便利店的竞争优势

（一）日本便利店的发展

根据世界发达国家,尤其是日本便利店发展的经验,来预测便利店在我国的发展方向及发展趋势是十分有意义的。根据日本商界权威人士介绍,日本便利店迅速发展的理由主要有以下几点：

(1) 迅速增长的就职妇女(60%的家庭主妇就职)；

(2) 迅速增加的单身家庭(五分之一的家庭只有一个成员)；

(3) 做饭减少的趋势(家庭妇女越来越多地在餐桌上使用预煮食物)；

(4) 双份收入的家庭在增加；

(5) 娱乐活动的增加。

综观中国的情况,与日本情况十分相似。况且,中国还是一个人口老龄化迅速加剧的国家,发展便利店意义也十分巨大。因此,随着中国经济的持续增长,人民收入水准的进一步提高必然带来生活方式的变化,便利店在其中将起着巨大的满足由这种变化所产生的便利与快捷的需求。

（二）现代便利店优势

现代便利店的竞争优势主要表现在以下五个方面。

(1) 从零售业各种业态与消费者的紧密程度来看,消费者大约每月去一次百货商店,每星期去一次大型卖场,每天去一次超级市场,但随时去便利店。

(2) 从商品的便利性和购物的快捷上看,到超级市场买回商品(如食品)需要进行加工,而到便利店买回的食品是成品,可立即食用,或经过简单与方便的加工就可以食用。到便利店购物的时间一般只占到超级市场购物时间的五分之一。因为便利店规模较小,商品品种少,陈列位置明确,消费者所花选购时间少,能迅速完成交易过程。便利店与超级市场相比,对消费者来说更方便,并能立即解决生活的急需。

（3）从价格竞争上看，便利店与其他商店（除超级市场外）相比，具有一定的价格优势，如便利店的盒饭价格就比快餐店便宜得多。

（4）从经营上看，便利店较之其他的业态店更好地解决了毛利增加、库存减少和滞销商品的处理问题。因为便利店的规模一般在80到150平方米，品种在3 000到4 000种，最适合规模的标准化和产品的规格化管理。

（5）从组织构成来看，现代便利店的优势还在于用连锁的方式，迅速扩大了经营规模，确立的网点数多、组织化程度高、规模大，以及资源、信息共享的竞争优势。

第四节 折 扣 店

自2004年10月1日起实施的GB/T18106—2004《零售业态分类》标准，考虑到中国零售业发展的进程和国外的零售业发展轨迹，新增了若干种业态，折扣店属其中之一。该标准对折扣店的定义是："店铺装修简单，提供有限服务，商品价格低廉的一种小型超市业态；拥有不到2 000个品种，经营一定数量的自有品牌商品。"从《零售业态分类》标准对折扣店的定义可以看出：折扣店是一种贴近居民日常生活的规范的零售业态，以居民生活所在的社区作为依托，与社区的拓展相依相伴。折扣店以低价、便利的双重优势，服务于居民的日常生活，是一种民生业态。

一、折扣店的特征

从国外的经验来看，折扣店一般采用小规模、自助服务的方式进行运作，经营面积一般在200—500平方米，店面设在中低收入的居民区。商品种类主要是家庭日常生活用品，店面很少装潢，货架较低，销售采用现购自运的方式，用最低的价格提供质量优良的产品。折扣店具有以下四方面经营特征。

1. 经营范围

店面开设在社区周围，目标客户以工薪阶层、中等收入的社区居民为核心。由于我国经济发展水平的限制和生活习惯的原因，在较高档的社区也有一定的市场。经营的商品包括中档日用基本消费品、便利品和生鲜食品。

2. 竞争优势

基本战略定位是低价和便利。低廉的产品价格是竞争的立足点，要求折扣店能够从各个方面降低管理成本，包括商品的采购、存储、流通、店内陈列和销售等各个环节。另外，靠近居民区的选址，远离商业中心，既意味着可以压缩店面租金成本，又意味着巨大的地缘优势。

3. 品牌特征

折扣店经营的商品单品仅需2—3个品牌，由自有品牌和知名品牌构成。自有品牌由著名制造商生产，以保证产品质量。由于供应商仅需承担生产成本，折扣店能以最低的价格购进产品，然后充分利用自己的品牌、渠道和货架优势。这样，只要产品没有明显的品质问题，再购买率必然很高。经营知名品牌则可以吸引和满足有品牌偏好的顾客。

4. 规范经营

我国传统的路边摊同样是以低价和便利来吸引顾客的，且所售商品品种繁多。折扣店与之相比，优势在于规范经营，有固定店铺，所售商品处于质量监管机关和企业检验部门的管理之下。折扣店一般采用连锁经营的方式，品牌价值和对品牌形象的珍视是约束其规范经营的关键因素。

二、经营的特殊要求

总结折扣店的特征，是用规范的经营方式提供低价、便利、优质的零售商品。这给折扣店的经营树立起一道门槛：企业要有足够的实力和能力才能经营好真正意义上的折扣店。经营正规的折扣店，难度高于一般的连锁企业，对企业提出了至少两个方面的特殊要求。

1. 有可以依赖的自有品牌

自有品牌是折扣店的制胜之本。一般来说，企业要以低价经营知名品牌，要么压缩自己的利润空间，要么设法谋求较低进价。而谋求较低进价一般通过两种途径：接受严格的付款条件和大量采购，这些显然都会对零售企业的资金流转造成压力。自有品牌的作用在于充分利用零售连锁企业自身的品牌优势，从而节省制造商的商品和品牌推广成本，达到双赢。

2. 先进的零售技术

采用先进的零售技术是折扣店区别于传统零售方式的重要特征。先进的零售技术包括信息技术、供应链管理技术、现场布局和商品陈列技术、品类管理和防损技术等。其中一些零售技术如供应链管理需要商业伙伴的配合，这限制了企业的合作伙伴的选择。美国著名的家庭折扣店（Family Dollar Store）就要求它的供应商能够支持所有订单和发票的电子处理，而在我国，能够支持电子交易且能以低价供货的制造商并不多。

三、折扣店在我国的发展前景

尽管折扣店的经营对企业提出了诸多约束条件,但市场是推进业态创新的直接动力。我国目前的零售业竞争格局和技术状况决定了折扣店经营能力的成熟为期不远。

1. 连锁经营管理经验

连锁经营的规模经济和范围经济效应是低价和规范的保证,未来的折扣店必然是以连锁经营的形式存在的。连锁经营的管理经验和运作能力的复制,能够推动折扣店的快速发展。

根据 2004 年我国限额以上连锁经营企业数据,我国的连锁经营企业在固定设施、配送管理、资金积累等方面已经取得了一定的成绩。再考察历年的环比增长率,可以看出,我国连锁企业呈现出稳中求进的态势,保持了较高的绝对额增长。这些硬指标上所取得的成绩,表明连锁企业已经积累了相当的资源和经验,能够支撑折扣店的发展。

2. 经营技术的不断进步

国外大零售企业进入中国,对我国零售业造成的影响是一个争论不休的话题,撇开各种不同的观点,有一点好处是肯定的,那就是带来了中国零售业经营技术的革命。折扣店不论是由拥有先进技术的国外企业经营,还是由暂时落后的本土企业来经营,都需要模仿和参考先进零售企业的做法。一些先进的零售技术如物流技术、信息技术、供应链管理技术对各种零售业态是基本一致的,这样,沃尔玛、家乐福等零售巨头的成功,为我国流通企业提供了现成的参照模式。

第五节 专业店和专卖店

一、专业店

专业店是以专门经营某一大类商品为主的零售业态,例如办公用品专业店、玩具专业店、家电专业店、药品专业店、服饰店等,其经营具有较强的专业性,一般是按某一特定的顾客群(如男士、女士、儿童)或按某一产品大类(如纺织品、文化用品、家电用品)设店,不少专业商店常常以经营的主要产品类别或主要的顾客群来命名。随着市场细分以及产品专业化的发展,专业店发展前景广阔。

(一)专业店的特征

专业店的特征主要体现在以下四个方面。

1. 选址

专业店根据经营的商品品类的不同,选址多样化,多数店设在繁华商业区、商业街等市、区级商业中心,也可以设在百货店、购物中心等商业集聚区内。

2. 商圈与目标顾客

一般而言,专业店的商圈范围分界并不明显,因为它是以有目的选购某类商品的流动顾客作为主要的目标顾客,满足消费者对某类商品的选择性需求,而选择性需求常常意味着人们愿意为买到合适的商品付出较大的时间和精力代价。另一方面,不同的主营商品要求不同的经营面积和细化程度,使得商圈进一步模糊。

3. 商品结构

专业店在商品结构上的特点表现为专业性、深度性、品种丰富、可供选择的余地大,以某类商品为主,经营的商品具有自己的特色,一般为高利润。专业商店的商品能赢得顾客的心,是因为其在某一类商品上做到了款式多样、花色齐全。专业商店的这种商品结构特征,与同样出售与之相同种类商品的其他商店相比,更能满足消费者选择性购买的需要。

4. 服务功能

专业店从业人员大多经过专门培训,接受专业氛围的熏陶,因而具备丰富的专业知识,可以帮助顾客挑选合适的商品并提供更大的退换货自由。一部分以低价和选择性强取胜的专业店采用自助式服务的形式,服务人员仅在顾客需要时给予指导和帮助,既降低了服务的成本,又使顾客能够更加自然地挑选。

(二) 专业店的分类

1. 按产品类别划分

菲利普·科特勒认为,专业商店经营的产品线较为狭窄,但产品的花色品种较为齐全。根据产品线宽窄程度,可把专业商店分为三个类别:单一产品线商店(Single-line Store),经营单一产品线商品的零售店,如服装店;有限产品线商店(Limited-line Store),经营单一产品线中有限商品的零售店,如男装店;超级专业商店(Super Specialty Store),经营更为狭窄的产品线商店,如男士定制衬衫店。

2. 按经营内容划分

(1) 生活用品专业店,如粮店、调味品店、肉店、茶叶店等。这类商品之所以以专业店的形式出现,主要是由于其采购、再加工以及储存方面的特殊要求。这类专业店分布密集,商圈小。可以预见,随着折扣店、便利店等业态进入社区,商品包装小型化、便利化,保鲜技术越来越先进,这种专业店将逐渐减少。

(2) 商品的选择性较强的专业店。该类专业商店经营的商品以花色繁多,挑选性较强的商品为主,如花卉店、丝绸店、鞋袜店、领带店、纽扣店、内衣店等。目前以品种丰富著称的大卖场逐渐成为主流业态之一,其在中低档产品线上的深化,将对这类专业店造成巨大冲击。

(3) 商品技术性较强的专业店。这类专业商店多以经营技术性较强的商品为主,如家用电器商店、中西乐器商店、电脑店等。技术性强意味着消费者认知和选择的难度大,并要求有专业的售后服务保障,因此适合于以专业店的形式存在。

(4) 商品消费对象较为特殊的专业店。该类专业商店多以经营某一特定的消费群体所需要的特殊商品为主,如文教用品商店、妇女用品商店、儿童用品商店、结婚礼品商店、旅游用品商店等。由于品类繁多,相关性强,这些业务难以被其他业态所消化,有作为一种独立的业态存在的必要。

(5) 奢侈消费品专业店。主要指经营高档服装、高档化妆品和装饰品、汽车等奢侈品的专业店,以中高收入阶层为服务对象。这种专业店服务周到,购物环境好,注重营造高雅有品位的氛围,通常与高档购物中心或商业街相依相傍。作为一种传递附加价值的经营方式,这种专业店不易被取代。

(6) 特种商品专业店。这类商店通常以古玩店、字画店、珠宝店、金店、首饰店、工艺品店等为代表,经营的商品多以价格较高、具有收藏价值或馈赠意义的名品、稀有物品为主,这类专业商店的一般特点是:成交的次数少,但每次的成交额相对较大。由于主营商品对专业水平有特殊要求,这种专业店很难被其他形式所取代。

(三) 专业店的未来

1. 主营商品的选择

专业店发展之初是以提供日常生活用品为主。工业化的发展,改变了人们的生活方式,休闲阶层的产生,使专业商店发生了分化,一部分成为满足人们日常生活需要的专业店,如肉店、面包店、鞋店、帽店和食品杂货店;另一部分成为满足人们新潮消费需求的精品店,如时装店、珠宝店、首饰店、香水店、化妆品店等。从目前的情况来看,在低端市场上,专业店受到了超级市场、便利店、折扣店、大卖场的挤压,客源越来越不稳定;在高端市场上,百货商店的转型、购物中心的兴起,也与专业店形成对抗。在优胜劣汰的竞争中,专业店一方面要选择专业性强、技术含量高的产品来经营,另一方面要与其他业态优势互补,寻找融合之道。

2. 品类杀手店(Category Killer)的发展

品类杀手店是面积较大的商店,但经营较少的商品品类,因为它们在较小的商品品类范围内有较多的单品,因此能"杀死"那些经营同种商品的小商店,故被称为"品类杀手"型商店。在许多情况下,这些商店的员工要熟知这些商品。这些商店通常要求较大的人流,因此它们大多位于大中城市。不过,有些连锁企业也尝试在中小城市开小一点的商店。

"品类杀手"的发展历程是品类专卖围剿品牌专卖,专业综合品牌围剿专业单一品类,品类连锁经营围剿品类单体经营。国内常见的"品类杀手"是家居建材店,如欧倍德、百安居、好美家、红星等;还有就是上升势头强劲的3C电子卖场,如苏宁、赛博、百脑汇、家家乐等,其趋势是传统家电与数码产品(电脑、手机等)日益融合,像香港的百老汇3C连锁。国外还有办公用品、运动用品、儿童用品的"品类杀手"。

品类杀手店以其规模和专业知识取胜,产品相关性强,能为消费者提供全面周到的一站式服务,是一种颇具竞争力的业态。

二、专卖店

专卖店是以专门经营或被授权经营某一主要品牌商品为主的零售业态,可以由生产厂商自己开设,也可以特许经营的方式由独立经销商开设。专卖店是专业商店中的一种特殊类型,一般通过提供特定的消费者所需要的特定的商品,采用系列化的品种策略和高质量的服务措施作为其经营活动的重点,在提供信息、指导消费、集中服务、售后保障等方面比其他零售业态更胜一筹。

(一)专卖店的特点

专卖店最基本的特征是仅销售一种或少数几种品牌的产品为主,由此,商店形象以品牌个性为依托,对特定的群体具有吸引力。专卖店的目标顾客是中高档消费者和追求时尚的年轻人,商品结构以某一品牌系列为主,销售量少、质优、高毛利。采取柜台销售或开架面售方式,商店陈列、照明、包装、广告讲究,选址在繁华商业区、商业街或百货店、购物中心内,营业面积根据经营商品的特点而定。在服务方面,专卖店注重品牌声誉、从业人员具备丰富的专业知识,并提供专业性知识服务。

(二)专卖店与专业店的比较

1. 相同之处

两者的相同之处表现在三个方面:一是品种专而全,它们经营某一类商品,并把这类商品的所有品种、规格、花色(式样)搜集齐全,形成系列;二是款式新而特,由于专业店或专卖店仅限于某一类或某一品牌商品的经营,因此有条件对专业化市场进行追踪与研究,掌握最新的市场流行趋势,进而组织销售新颖和独特的商品;三是经营连锁化,不少专业店或专卖店通过连锁的形式使店铺数量增加,从而达到规模效益,甚至垄断某一地区、某一类商品市场。连锁化还有利于运用统一标识来扩大品牌的知名度,树立统一的企业形象。

2. 不同之处

(1) 归属性质不同。专业店常是归属于独立的商业经营单位,它们经营的唯一目的是获取利润。而专卖店经营者通常是厂商或是与厂商有密切联系和契约约束的公司,经营的目的不仅是获取利润,而且还在于推广商品。

(2) 经营范围不同。专业店常常以商品品类作为取舍对象,即只要是本店所经营的品类,就采购进来,转而进行销售,集不同品牌的同类商品于一体。而专卖店常常以商品品牌作为取舍对象,即只要是本店所经营的品牌,就纳入本店商品经营目录,因而品牌的单一性和排他性是专卖店的主要特点。

(3) 品种齐全程度不同。专业店因不排斥品牌,所以可以更为广泛地征集产品,使某一类产品的规格、花色与型号十分齐全,满足众多顾客的需求。专卖店因为将竞争力放在品牌魅力上,所以产品花色、品种、规格都是有限的,集客能力也弱于专业商店。

(三) 专卖店在我国的发展

1984年,第一家皮尔·卡丹专卖店在北京正式营业,拉开了专卖店发展的序幕。到90年代初,专卖店发展出现高潮,仅仅一两年时间,北京王府井大街、上海南京路、广州北京路等迅速改变了面貌,被各种品牌专卖店所充斥,其中,除了中外合资品牌专卖店外,国内品牌专卖店也开始成长,如李宁服装店、三枪内衣店、杉杉服装店等。近几年,专卖店发展十分迅猛,几乎涵盖了各个商品种类,除了传统的服装、化妆品、鞋帽等外,其他如电器行业的海尔、科龙、TCL专卖店;汽车行业的本田、富康、桑塔纳等专卖店;计算机行业的专卖店也引人注目,以联想、方正、连邦为代表的计算机软硬件连锁体系日趋完善。

专卖店在中国获得迅速发展的原因有三个:一是国内工业生产的高速发展,已经出现了一批知名度和美誉度较高的名牌商品,加上国际著名品牌的进入,各自形成了一定的忠实消费群;二是随着收入的增长,消费者品牌意识逐渐提高,对假冒伪劣商品的担忧使之更相信专卖店商品;三是制造商利用开设专卖店来开辟新渠道,控制营销主动权,实施整体营销策略,树立品牌形象。

专卖店既依托于品牌形象,又能够影响产品形象。随着市场竞争的升级,在未来的发展中,专卖店必须根据产品分销的要求,努力提高经营管理水平,在经营模式和服务水平上与产品的市场定位保持一致,以期提升其品牌价值,维持顾客忠诚。

第六节 购物中心

一、购物中心的定义与分类

（一）定义

美国《零售辞典》认为,"购物中心是一个由零售商店及其相应设施组成的商店群,作为一个整体进行开发和管理。一般情况下,它有一个或几个大的核心商店,并有众多小商店环绕。购物中心还有宽敞的停车场,同时其位置靠近马路,顾客购物来去便利。"

我国《零售业态分类》标准认为,购物中心是"企业有计划地开发、拥有、管理运营的各类零售业态、服务设施的集合体"。

（二）分类

根据购物中心在我国的发展环境和发展现状,我国将购物中心分为三类。

1. 社区购物中心

在市、区级商业中心建立,商圈半径为5—10公里,建筑面积在5万平方米以内,包括大型综合超市、专业店、专卖店、饮食服务及其他店。

2. 市区购物中心

在市级商业中心建立,商圈半径在10—20公里,建筑面积在10万平方米以内,包括百货店、大型综合超市、各种专业店、专卖店、饮食店、杂品店以及娱乐服务设施等。

3. 城郊购物中心

在城乡接合部的交通要道建立,商圈半径为30—50公里,建筑面积在10万平方米以上,包括百货店、大型综合超市、各种专业店、专卖店、饮食店、杂品店及娱乐服务设施等。

二、购物中心的建设要求

购物中心不是一种零售形式,而是聚集若干零售商店的场所。人们到购物中心,不仅可以买到一切生活用品,而且还可以得到吃喝玩乐的综合享受。因此,它不仅是购物场所,而且是生活化的场所。对于购物中心的建设和布局,主要有以下六个方面的要求。

1. 观念和技术的先进性

现代购物中心是一种先进的经营方式,需要先进的观念配合科技和技巧方能成功。现代购物中心的设计、运作和管理突破了传统零售业的种种局限,要取得成功,必须依赖理念、策略与科技,换句话说,购物中心已经成为零售业中的最具高科技特征之一的经营方式。因此,开发购物中心,除了资金之外,对科技的重视和各种专业人士的参与以及核心资源的整合是必不可少的。

2. 开发过程的整体性

统一和协调的整体建筑设计计划,包含主题商店和卖场的选择,各方面均需依照计划及考虑内部的风格一致,从而使整个设施和场地方面体现整体的主题与概念,同时,购物中心的设计也要考虑在后续的扩充和管理方面具有较大的弹性,以适应未来发展和调整的需要。

3. 地点的便利性

购物中心必须选择交通便利的地理位置,使顾客易于寻觅,且私家车出入方便,具备充足的停车空间和设备,方便消费者进出;同时也要考虑专用车道及店后空间,以便于货车运送商品进出货时使用。此外,周边的道路系统也要一并加以考虑,如公共汽车站、地铁站是否在附近的位置,以便吸引最大的人流。

4. 景观的一致性

购物中心建筑物及其场地布置,诸如草木花卉、灯光、招牌、绿地、庭园造景、公共设施等建筑设计,均能和谐一致,使购物环境显得优美、安全,同时需与周边景观与人文文化紧密融合。

5. 商品组合和功能的多样性

商品组合力求多样化,包括广泛的业种、业态,在商品线和服务内容上,给消费者一个深而广的消费选择。各类商品的主题商店聚集一处,通过统一的商店和卖场的经营管理模式,提供购物者最大的方便。今天的购物中心不单是一个"购物"中心,如要吸引顾客,必须将购物中心塑造成一个多功能的生活与服务中心,应更加强调文化、娱乐、教育、服务、展示等各种功能所占的比例,才能使购物中心富有强大的生命力与成长性。

6. 营销策略的灵活性

营销策略被认为是购物中心发展成功的关键因素之一。因此,必须灵活掌握市场的营销趋势,来规划营销策略、拟定营销计划,同时充分配合运用广告及事件营销手法,以提升整体购物中心的活力和形象。若能融入部分商家的营销活动,将更有助于整体购物中心营销的成功。例如,购物中心的经营管理部门可针对购物中心内的某一类商户,展开顾客满意度调查,并将结果及可能的策略性意见提供给商户,双方成为共存共荣的关系。因此,购物中心在规划设计及卖场出租、经营的过程中,应将营销人员纳入开发小组成员,以确保以营销为导向的购物中心的逐步成型。

三、购物中心在我国发展的问题和对策

在美国,第一个具有现代意义的购物中心"Country Club Plaza"诞生于1922年,第一个恒温封闭的区域型购物中心"South Dale Center"则出现于1956年。经过80多年的发展,购物中心在欧美逐渐形成了一套成熟的理念和运作模式。而在我国,购物中心的发展仅10年左右的时间,近两年发展势头迅猛,出现虚热,暴露出来的问题和风险,已经引起了国家有关部门和理论界的重视。

作为一种占地面积大、资金投入多、涉及利益主体复杂的经营方式,购物中心的建设必须经过充分的论证和考察,一旦失败,造成的影响巨大。在我国,发展购物中心应注意以下四个方面的问题。

1. 购买力

有人认为,我国发展购物中心的条件尚未成熟,其理由在于人均收入和家庭汽车普及率均比较低。在亚洲地区的其他国家,当购物中心开始发展时,人均GDP要达到3 000—4 000美元,家庭汽车拥有率在15%—20%,而我国目前尚未达到这个水平。人均收入水平确实是制约我国购物中心发展的一个因素,但由于地区间差距的存在,购物中心在我国并不是没有机会,回避这一问题的关键是选择合适的经营地址。购物中心的建设应该与当地的经济发展水平保持一致,在落后地区不能急于求成。

2. 建设资金

对于投资巨大的购物中心项目来说,资金实力在项目的投资开发中起决定性作用。开发商不仅要解决项目的建设费用,而且要解决项目前期运营的资金,资金链一旦断裂,将面临巨大的投资风险。目前我国的许多购物中心开发商还是小规模、单个项目的运作,但从长期发展趋势来看,必须紧密依托资本市场,充分利用房地产金融,走规模化、连锁化之路。可以考虑改革股权结构,有效利用国外资本,与银行、基金机构或财团建立战略合作关系。

3. 经营管理

我国的购物中心是在百货店的雏形上发展起来的,大量商业地产的开发商对商业了解不够,普遍缺乏有效的经验,对项目的招商、管理重视不够。由于管理不善,很多购物中心分割出售内部商铺,违背了购物中心的自有原则。商家失控使得单个购物中心往往主题不明,定位模糊,无法持续发展。这就要求购物中心在建设之前要从房地产和商业经营两个角度来进行科学、严密的分析和论证,

避免盲目投资。

4. 人才

购物中心规模庞大,管理难度、复杂度明显高于传统业态,要求管理人员有房地产、商业、管理等多个领域的知识。而目前购物中心的从业人员多从传统业态中转型而来,人才的匮乏导致购物中心难以进行战略性的规划,制度不能被准确理解和执行。针对这个问题,投资方可以考虑和高校合作定向培养专业人才,也可与国外专业管理咨询公司合作,或委托代理,或咨询顾问,通过行业间的交流活动,学习借鉴,培训员工。

第七节 商 业 街

商业街又称商店街,是指同类或异类的多家独立的零售商店、餐饮、娱乐、旅店等各种商业、服务设施集中在城市繁华中心、交通要道或枢纽,形成商店集中地区。

一、商业街的特征和要素

(一)商业街的特征

综观一些发达国家中心城市的步行商业街,其内容不仅仅是买卖货物,而是赋予许多意义:在建筑造型上,对老商厦保持传统建筑体的艺术魅力,但在外表面和内部装潢上呈现现代化,对新建的商厦,体现国际新潮流;在道路设计上,留足靠近商业街出入口的停车点和公共车站,拓宽人行道,铺设彩色地砖,明显通道标志,美化路面,并备有休闲座椅、电话亭、废物箱;在环境气息上,扩大绿化面积,设置喷泉,穿插雕塑,树木花草,交相辉映,配上艺术化的街灯,显得五彩缤纷、优美雅致;在经营业态上,一般以专业经营的专卖店为主,也有以大百货商场为主,辅以专卖店的形式,而且几乎都有餐饮服务业和文化娱乐业,实现多功能化。总之,商业街大都具有安全、方便、空旷、清新、美观、舒适、多功能的特点,无怪乎消费者都乐意逛商业街了。对商业服务业的经营者来说,也无疑成为销售业务"新的吸引点"和利润效益"新的增长点"。

商业街有其独特的功能,即具备满足人们休闲、购物、娱乐的综合功能。它的特点显著,具体如下。

(1) 多集中在交通便利的市中心区域,辐射力强,且疏散较快,因而"商圈"大。

(2) 一般以某个或几个大百货商店为龙头,在附近或所在的街道两旁形成许多商店,吸引大量消费者和上下班的人流以及众多的流动人口。

(3) 多由各自独立的零售商构成,专业店占多数,且各具特色,有的还是著名的"老字号"商店。

(4) 所经营的商品品种齐全,档次拉开,消费者选择余地大。

(5) 不少商业街又是城市人文景观之地,它既是集中购物区,又是游客必到之地。现代商业活动日益成为一种文化活动,弘扬传统特色,使商业街充满历史文化情趣,甚至某种神秘色彩,这是商业街综合功能独具特色的重要一环。其中一个字号、一个景点、一个门面、一个建筑物、一个路牌都不轻易弃旧图新,而是精心组织,并融入新的商业环境中。许多商店具有独特情调,有的为现代色彩,有的则是古色古香,充满历史文化情趣。

(6) 商业街商店林立,竞争激烈,各个商店不是单纯依靠天时地利,而是各有所长,各显神通,占有一席之地,促成各店之繁荣。

(7) 商业街寸土寸金,物业租金昂贵。

(二) 商业街发展的要素

商业街的兴衰表现在商业街对消费者吸引力的增加或下降。因此,繁荣与振兴商业街很重要的一点是增强商业街的吸引力。增强商业街的吸引力必须具备六要素。

1. 选择性

选择面的大小直接构成了商业街对消费者的吸引力。消费者为什么会舍近求远,为什么会偏爱于某条商业街,都与该商业街具有的选择面大小有关系。商业街的选择性可以从两个方面归纳:首先,商业街作为一个重要的商业零售场所,它应当具备综合性、专业性,有大、小各类商店供消费者选择;在商品的品牌、质量、价格上可以给消费者货比三家的机会;在服务方面可以享受多层次的服务。其次,商业街在功能上也应当给予消费者更多的选择机会,在购物的同时,能够进行餐饮、休闲、娱乐、观光等活动。

2. 创新性

综合性的商业街在向人们提供丰富的物质生活的同时,也在进行着对社会生活潮流、商品、消费动态等各种信息的展示和传播。在商品的生命周期不断缩短、消费需求多样化和个性化的信息时代,人们一方面通过各种媒体去了解和掌握信息,另一方面,信息也在不断地引导着人们的消费趋向。商业街的吸引力正在于它能提供一个及时的、生动的、集中的而且覆盖面广的信息展示交流的舞台,从而引起人们的兴趣和引导消费走向,这也正是商业街的创新性所在。具体地说,商业街创新是商品的创新和超前,别人没有的我有,别人有的我更新;它也是经营方式、风格和手段,在生活的潮流中始终处于领先的位置,起到示范的作用。

3. 开放性

商业街的开放性是指商业街应当成为人们进行购物、休闲、娱乐、观光的共享空间。这样的一个共享空间,为人与人之间的接触和交流提供了方便,它与封闭式的家庭和办公场所形成鲜明的对比。人们在这样的一个空间内所进行的信息以及感情的交流会有更多的自由和轻松感,从而使商业街成为人们生活不可缺少的一部分。

4. 娱乐性

这是商业街增加其吸引力的又一主要因素,也是商业街改善经营环境的重要手段。传统的商业街是以购物为主,但是随着人们生活水平的提高,投入在休闲、娱乐方面的消费会逐渐上升。娱乐设施是集中客流的最佳场所,它也给人们在购物过程中增添更多生活情趣。

5. 健康性

商业街所倡导的流行时尚、生活方式应是积极的、健康向上的;在所经营的商品、经营方式、经营理念方面应符合社会公众所认同的社会准则和公共道德。

6. 安全性

在国外,由于城市空心化而造成了市区的犯罪率的上升使人们产生到市中心的恐惧感。商业街应当为消费者的逛街、购物及其他活动创造出更多的安全感,使消费者能够放心地来去。

二、商业街的"豪布斯卡"原则

"豪布斯卡"(HOPSCA)是六个英语单词的第一个字母组合的译音,即Hotel、Office、Parking、Shopping、Convention、Apartment。"豪布斯卡"原则是在商业街日益衰退的情况下被提出来的一个良方,西方国家把这一原则作为振兴商业街的成功因素。

(一)变商业街的"购物街"为"生活街"

长期以来,商业街一直是作为购物街来经营,这种陈旧的经营观念固定了商业街的思维定式,束缚了商业街的拓展空间。既然都市环境、市场环境变化了,商业街的经营观念也要有相应的变化。"豪布斯卡"原则的提出正是商业街的经营观念创新的结果。新的经营观念对商业街的要求是:变传统的"购物街"为"生活街"。商业街不仅仅是一个购物的场所,而且也是一个集购物、娱乐、餐饮、休闲、居住为一体的生活空间,"生活街"这一观念上的创新,为商业街的重新繁荣与振兴指明了一条努力的途径。

(二)"豪布斯卡"原则的内涵

"豪布斯卡"是建立在"生活街"这一经营观念基础上的,同时,它也为商业街的繁荣与振兴提供了具体的努力方向。

(1) Hotel 为酒店。在商业街周围建立酒店的目的有两个:一是增加商业街的客流;二是增加商业街的顾客的滞留时间。随着工作时间的缩短,收入水平的提高,非有形商品消费的休闲消费将日益成为主流。作为满足人们休闲消费需求的酒店业是必不可少的,而把酒店引入商业街区可谓一举两得,既适应了消费潮流的变化,又可带动连续购买。

(2) Office 为办公楼。在商业街适当引进办公楼,主要是为了增加白天的人口。进入办公楼的人员一般具有较高的购买力,他们是中高档商品的目标顾客。另一方面,办公人员进出商业街,使客流呈现多元化。按估计,每天进出办公楼的总人数至少要超过办公楼内固有职员的一倍以上。

(3) Parking 即停车场。要吸引顾客(购物者、旅游观光者等)就必须有充足的泊车空间,这对商业街的繁荣是至关重要的。这是大多数国家的商业街在经历了惨痛的经验教训后所得出的结论。Parking 实际上是交通的问题,即商业街周围应该具备完整的交通网络,这样能够吸纳远距离的客源。从现实的统计来看,去商业街的交通越便利、越快捷,商业街繁荣的可能性就越大,这在任何一个国家都是没有异议的。美国的丹巴市十六大街商业街为了方便,甚至开出了免费的顾客班车,取得了极大的成功,为商业街带来了大批客流。十六大街有1.6公里长的一段步行街,是不能通行汽车的,商业街为了吸引顾客,每隔90秒开出一辆免费的大客车,把顾客送到各家商店。班车的起点和终点与连接郊外的公共汽车相衔接,形成一个完整的交通运输网络。现在,免费班车从早晨6点一直运行到晚上12点,客流量高峰时,每隔70秒开通一辆,被当地市民称为"水平行走的电梯"。

(4) Shopping 即购物。这是商业街最基本的功能。但是,要充分发挥商业街的购物功能,必须改变传统的"单兵作战"的营销形式,应以商业的整体效应来增加促销的强度及声势,使之产生连锁效应。这就要求商业街有一个总体管理委员会来统一指挥。另外,与商业街的购物功能相适应,增加餐饮网点是非常必要的,这可以延长顾客的滞留时间。餐饮应从大众化的快餐到高档筵席有不同层次的分布,随着人们闲暇时间的增加,在外就餐的增加已是一个必然趋势。

(5) Convention 的原义是集会,这里泛指集聚客流的会场及娱乐设施。商业街增加这方面的设备是为了适应消费潮流的变化。人们生活水平的提高,投放在消费支出中的休闲消费、娱乐消费的比重会增加。娱乐设施是集中客流的最佳场所,像电影院、剧场、歌舞厅、游乐园等都可以为商业街带来大量的人流。加拿大的艾德蒙顿市的商业街(W·E·M),建起了世界上最大的室内游乐园(5.2万平方米)、能够泛舟的人工湖(4万平方米)、世界级的室内波浪游泳池(2.9万平方米),以及可以用于国际比赛的冰上运动场(1.7万平方米)等。

(6) Apartment 意为公寓,这里指住宅。商业街要保证客流,必须在其周围保留一定的居民数量,这一点已逐渐成为各国的共识。当然,这里的公寓还有另外一种含义,即要商业街和住宅区融为一体,成为一条真正的"生活街"。因此,在商业街的建设中,要尽量保持一种生活街区的氛围,改变传统的街道两旁商家一家接一家的单调气氛。街中开辟具有一定空间的广场,建立花坛、喷水池、艺术雕塑、草坪等,使顾客有回归大自然的感觉。商业街中还可以设立坐椅,供人休憩。凡此种种都能增加商业街吸引消费者进入的魅力。

综上所述,商业街繁荣与振兴的关键是"豪布斯卡"原则的有效贯彻,而"豪布斯卡"原则的根本目的是增加商业街的客流量。

三、商业街的实际要素原则

成功地建设一条商业街,除了要贯彻"豪布斯卡"原则外,在实际操作中,还要贯彻实际要素原则,就是要方方面面地考虑到建设一条商业街的各个细节问题。一条商业街的要素如表14-2所示。

表 14-2 商业街硬件和软件要素

硬 件 要 素	软 件 要 素
(1) 道路建筑物的集合	(1) 步行商业街的爱称
(2) 道路的主体颜色、景观	(2) 步行商业街的字体、标志
(3) 业态构成、行业组合	(3) 步行商业街历史文化氛围
(4) 购物店铺地形、布局	(4) 广告宣传、建立与公众的关系
(5) 道路的绿化、树木花草	(5) 重大节日活动安排
(6) 街的中心设计	(6) 营业员的素质和服务精神
(7) 拱廊、商店格调设计	(7) 顾客层次招引措施
(8) 路灯、坐凳、厕所、电话亭、布置	(8) 信息技术情报
(9) 文化设施、图书、美术、剧场	(9) 邮戳、卡片、商品券的设计使用
(10) 团体设施、会议室、教室	(10) 街内商店组合、维护共同利益

如慕尼黑市的步行商业街。慕尼黑市位于德国东南部,是欧洲著名的历史文化名城,拥有 200 万人口。1972 年市政府投入大量资金,将中心商业区东西向的纽豪森大街、考芬格尔大街,南北向的凡思大街改建为十字交叉广场式的步行商业街,东西长 800 米,南北长 580 米,步行道路宽度在 15—30 米之间不等。整个改造工程将传统商业街道和古建筑遗产融合在一起,并使之升华:大街、广场的空间精心设计了绿化、雕塑、街灯、喷泉、座椅、路牌设施,路面用彩色石条和马赛克铺装,两旁配上红、黄、灰三种颜色的街灯,构成了优美和谐的环境空间。入夜,如旗杆般排列的街灯和商厦的霓虹广告,把步行商业街照得如同白昼。街的两侧和广场四周艺术化建筑的商厦(店)高低错落,数以万计的花花绿绿商品,以及绿草如茵的路面林立着 19 个"烹调岛",气象万千,宛如一幅绚丽多彩的画卷。据统计,这条步行商业街日均客流量达 15 万人次。由于其华丽优美,被誉为欧洲最美的商业街。作为慕尼黑步行商业街模式,为许多国家、地区中心城市所仿效、引入,并改建步行商业街。

第八节 无店铺销售方式

一、无店铺销售的含义和特征

(一)无店铺销售的含义

无店铺销售是店铺销售的一个对应概念,它是指销售者通过媒体和消费者进行双向性信息沟通,在店铺外达成交易的一种销售方式。

无店铺销售有狭义和广义之分。狭义无店铺销售的对象是实体产品,实体产品是有形的或者附带服务的,比如化妆品、健美器材、电脑、书籍等;广义无店铺销售的对象既包括实体产品,也包括服务产品。服务产品的特点是无形性、不可分性、易变性和时间性。例如,代客购物、保姆服务、市场研究、服装剪裁、午餐专送等。本节所论述的是狭义无店铺销售,即实体产品无店铺销售。

(二)无店铺销售的特征

与店铺销售相比较,无店铺销售主要有以下四个特征。

1. 交易行为在店铺外进行

店铺销售的首要特征是坐店等客,交易行为在店铺内完成。无店铺销售的首要特征是送货上门,交易行为在店铺外进行。

2. 交易行为通过媒体促成

店铺销售是将消费者引进商店购物,无店铺销售是主动将商品推荐给消费者。要把商品推荐给消费者，必须借助走门串巷、上门推销等人力媒体和报刊、邮寄、电话、电视、电脑等现代多媒体才能实现。

3. 双向性信息沟通是成交的前提

店铺销售通过广告、宣传、公共关系等促销手段，单向传递信息，吸引消费者进店，然后再通过营业员与消费者面对面洽谈成交，进店前消费者不必事先反馈信息。无店铺销售在交易发生前，销售者和消费者必须进行信息的双向沟通，即销售者先将销售信息输出，消费者如果有意购买就必须把购买具体商品的信息反馈给销售者。随着现代媒体的发展，这种成交前的信息双向性沟通更加平民化、大众化。使无店铺销售更具主动性、冲击力。

4. 交易空间得以延伸

消费者可以通过信息媒体与销售方频繁沟通，利用电话、传真、电脑联网和信函等方式进行订货，完成购物特约。无论消费者在哪里，销售方都能通过各种通信、运输手段将产品送到他们手中，可以实现跨城乡、跨地区、跨国界购物。

无店铺销售由于上述四个与店铺销售显著不同的特征，在经营效益和经营成本等财务指标方面与店铺销售显示出很大差别。由于我国无店铺销售处于起步阶段，尚未走向成熟，欠缺很多统计资料，现有数据也不能如实、完整地反映无店铺销售方式的成本和效益，所以这里选取了无店铺销售发展较为成熟的日本的数据，把无店铺销售方式和店铺销售方式典型业态的效益和成本进行对照，以供参考（见表14-3）。

表14-3 日本无店铺销售与店铺销售典型业态的成本—效益对照表 （单位：%）

类别		成本结构						经营效率				
		营业费率					商品进价成本	毛利率	营业盈利率	经营盈利率	总资本利率	总资本经常盈利率
		人员雇用费率	设施设备费率	发送运输费率	广告宣传费率	其他	合计						
无店铺销售		7.8	2.5	6.1	15.3	—	42.4	55.1	44.5	2.5	2.8	1.4	3.9
典型店铺业态	百货公司	9.8	3.8	—	2.6	—	24.4	74.9	25.0	0.7	0.8	1.6	1.3
	超级市场	9.8	4.6	1.3	1.0	—	21.9	75.4	23.7	2.7	2.4	2.0	4.8
	专业店	10.6	5.6	1.2	2.4	—	26.6	65.8	34.2	7.6	10.0	0.9	8.7

二、无店铺销售发展的背景

(一) 科学技术的进步和生产力的发展。

人类社会发展的历史就是科学技术、生产力发展的历史。无店铺销售的发展与科学技术、生产力的发展是相适应的。17世纪以前的农业阶段,生产力代表是手工生产,规模小,剩余产品有限,独立个人或家庭成员走街串巷,送货到户,销售活动所需要的情报比较简单,采用口头表达或打手势进行信息传递,信息和商品的运动速度、起止点几乎是一致的。自产自销或行商的流动销售作为一种最古老的无店铺销售方式,其主要特色是个人行为。17世纪至20世纪中期的工业阶段,生产力代表是机器生产,规模大,批量生产,批量流通,许多企业和公司从事无店铺经营,送货上门已不是个人的行为,而是组织的行为。此阶段,世界上爆发了一场以电报、电话、收音机、电视机等信息传递工具发明和应用为特征的通信革命,这些传递工具都在传播着工厂批量生产的基本原则,使邮寄销售发展起来,电话、电视销售呈现出萌芽状态。20世纪中期开始,人类社会进入信息生产力时代,爆发了以电子计算机为代表的信息革命,商品信息的传递由人力载体到机器载体进入电脑载体阶段,一切信息工具几乎全都进入家庭,促进目录销售、电话购物的产生和电视销售、电脑购物等高层次购物的发展。无店铺销售类型由古老的直接销售到现代工具直接销售,继续向直复营销方向发展,销售行为由个人行为到组织行为,继续向国际性行为发展。

(二) 买方市场的形成和企业竞争的加剧。

由于科技的进步和生产力的发展,市场上的商品千姿百态,可供消费者任意挑选,买方市场已经形成。企业的产品销售竞争日趋激烈,销售竞争由原有的价格竞争向质量、包装、品牌、服务、分销等非价格竞争方向发展。随着时间的推移,产品广告、有奖销售、还本销售、公共关系等普通促销手段也逐渐失效,进一步挖掘潜在购买力成为企业销售的主要任务。为了寻找和选择新的市场机会和增长机会,开拓新业务,具有方便、快捷特征的无店铺销售便应运而生。

(三) 生活方式的改变和购物方式的变化。

随着科学技术的进步和工业化、信息化的不断推进,特别是第二次世界大战以后,各国的就业、人口结构一直处于激烈变动之中。变动的突出特征是主妇职业化和人口老龄化,从而创造了新型的生活、消费与购物方式。忙于工作、事业又具有相当购买力和享乐意识的职业妇女们,把日常购物视为浪费时间和劳累之事,喜欢足不出户就能购物。老人们由于身体的原因,逛街和购物不便利,无店铺销售正是适合了这一消费阶层的购物新需求。

三、无店铺销售的类型

(一)直复营销

直复营销是企业通过非人员的媒体,即依靠邮件、互联网、电话等完成产品转移的分销方式。具体有以下六种形式。

(1) 直接邮购(Direct-mail Marketing),指的是营销者将包括信件、传单与折叠广告等内容的邮件直接寄给目标顾客,以此来推销产品并完成交易。这是目前应用最为广泛的直复营销形式。

(2) 目录营销(Catalog Marketing),采用这种形式,营销者按照选好的顾客名单邮寄商品目录,或者有目录随时供顾客索取。

(3) 电话营销(Telemarketing),是指营销者直接用电话向顾客销售商品,目前已成为一种主要的直复营销形式。

(4) 电视营销(Television Marketing),是指使用电视向顾客推销产品,其营销方式又可分为两种:一种是直接反应广告(Direct-response Advertising);另一种是家庭购物频道(Home Shopping Channels)。

(5) 电子商务(Electronic Shopping),是将来最有发展潜力的直复营销形式,即利用互联网等将商品信息传递给消费者,再由消费者完成订购程序。

(6) 其他媒体营销(Other Media),包括采用杂志、报纸等印刷媒体或电台这种电波媒体向顾客推销商品。

(二)直接销售

直接销售是从几个世纪前的行商发展演变而来的,其典型方式有两种:挨户访问推销、家庭销售会。

(1) 挨户访问推销(Door-to-door Retailing),类似古老的流动商贩,派出许多推销员,挨家挨户地推销化妆品、服装、家用电器、图书、杂志和食品等商品。

(2) 家庭销售会(Home-sales Parties),推销人员物色一位热情好客的家庭主妇,由她出面邀请一些邻居和亲友来家中参加茶会,推销员在会上把商品陈列出来,当场作宣传介绍和示范表演,然后请客人随意选购商品。散会后,根据成交额酌情送给女主人一些礼物或一些佣金。

(三)自动销售

这种方式在国外许多国家被广泛使用。它是使用投币式自动化机器销售,只要顾客投入与商品标价相符的硬币(自动销售机有找零钱的装置),就可以将商品取出。出售商品主要是香烟、软饮料和熟食、糖果、报纸、胶卷、化妆品等。在日本主要是香烟、罐装饮料。自动销售机设在车站、机场大厅、码头、影院、运动场、医院、学校、机关、邮局、百货商店、杂货店内，以及人流必经交通要道。它的优点是全天候营业，灵活方便。缺点是经营费用不低，商品售价较贵，商品适用范围有限，即多是一些名牌的大路货，单位价格要低，体积小，重量轻。

(四) 电子商务

随着电脑和网络迅速进入办公室、进入寻常百姓家，一个互联的全球电子商务时代正在迅速崛起。虽然电子商务出现时间还很短，却已在全球经济发展中展现出了辉煌的前景，可以毫不夸张地说，电子商务作为无店铺销售的一种类型将是无店铺销售最具发展潜力的领域。

早在1993年初，克林顿政府已推出了十年内投资4 000亿美元的包括电子商务在内的"信息高速公路计划"，美国的电子商务稳居世界领先地位。据统计，仅2005年11月28日"电脑星期一"这天，美国人在网上的非旅游消费支出总额就达4.8亿美元，比2004年同期增长26％。当天共有2 770万美国人上网购物。2005年，美国包括旅行在内的网上销售达到2 000亿美元。欧盟也于1997年4月提出了《欧盟电子商务行动方案》，对其自身及所属国家实施电子商务提出了技术规范、运作方式的完整方案。1997年底，欧盟又同美国共同发表了有关电子商务合作宣言。经济并不发达的亚洲，其电子商务也以每年35％的速度迅速增长。联合国国际贸易委员会早在1991年就开始着手《电子商务示范法》的研究、起草工作，5年后的1996年6月，终于在第26届年会上推出了这部法律性规范文件，从电子商务总的原则及其在商务贸易领域的运用两个方面，为各国立法机构调整和制定本国相应法律作出了示范。

从现阶段看，电子商务活动主要包括：电子目标，包括电子图文视频方式等不同形式；电子广告，主要是利用网络邮电子媒体进行的广告；电子交易系统，包括互联网交易系统及专用交易系统；电子邮件；电子合同；电子商品编码；电子网络预订及确定各类机票、旅店等；海关的电子报关；网上谈判；网上保险索赔；电子数据交换信用卡、智能卡；电子结算等。它们都有两个特点：一是利用现代信息技术；二是与商品买卖和服务有关。

从中国信息产业迅速发展的历史看，中国电子商务市场在经过了近几年力量的积蓄后，不仅即将展示出令人兴奋的前景，还将在适合中国国情的基础上，使中国电子商务有一个跳跃式的发展。由国家经委、中软融业公司、中软赛博公司合作的集信息收集、发布、合同处理、财务结算和系统维护于一体的"中国商品交易中心"电子商务系统已于1997年10月正式开通。未来，随着技术标准的不断成熟以及中国经济实力的不断增强，电子商务在中国的发展必有广阔的市场前景。

本 章 小 结

零售业态经过一系列演变,已从最初的单一杂货店发展到目前多种业态共存的格局。在众多的零售业态中,百货商场、超级市场、便利店、折扣店、专业店、购物中心、商业街、无店铺售货等方式都对当前商品流通起到重要作用。

百货商场是指经营范围广泛,商品俱全,能提供多种服务的零售商场。百货商场目前既面临着严峻的外部威胁和内部经营劣势,也拥有走出困境的环境机会和自身优势,根据"业态/市场"矩阵,选择合理的发展战略,赢得竞争的优势对百货商场来说显得尤为重要。

超级市场是指实行敞开式售货,顾客自我服务的零售商店。仓储式超市是一种新型超市业态,指开架售货、自选自助、商品价格较低、服务项目较少的零售商店(场)。超级市场的发展呈现规模化、大众化、规范化、自动化的趋势。

便利店作为一种新型的商业零售经营业态,适应了城市社区化进程的发展,其基本特征大致可概括为四个方面:选址和店铺面积的特定性、营业时间和商品供应的专属性、服务功能的多样性和商店连锁的统一性。

折扣店是一种贴近居民日常生活的规范的零售业态,以居民生活所在的社区为依托,与社区的拓展相依相伴。折扣店以低价、便利的双重优势,服务于居民的日常生活,是一种民生业态。

专业店是以专门经营某一大类商品为主的零售业态,专业店的特征主要体现在选址、商品结构、商圈与目标顾客、服务功能等四个方面。品类杀手店将成为专业店发展的主力形态之一。

购物中心不是一种零售形式,而是聚集若干零售商店的场所。人们到购物中心还可以得到吃喝玩乐的综合享受。目前制约我国购物中心发展的有购买力、建设资金、经营管理、人才等因素。

商业街是指同类或异类的多家独立的零售商店、餐饮、娱乐、旅店等各种商业、服务设施集中在一起,形成商店集中地区。西方国家把"豪布斯卡"原则作为振兴商业街的一个主要成功因素。

无店铺销售是店铺销售的一个对应概念,它是指销售者通过媒体和消费者进行双向性信息沟通,在店铺外达成交易的一种销售方式。无店铺销售主要有直复营销、直接销售、自动销售、电子商务等形式。

思 考 题

1. 请根据实际情况选择你所熟悉的一家百货店,对其发展提出一些建议和意见。
2. 超级市场的发展呈现出哪些趋势?
3. 便利店有哪些经营上的优势?
4. 专业店具有哪些特征?结合我国实际谈谈它在未来会如何发展。
5. 简要说明"豪布斯卡"原则的内容。
6. 观察周围的购物中心,它们具有哪些共性?

第六编　流通组织

商品流通经营组织是商品流通活动的主体，商品要实现从生产领域向消费领域的转移，商品流通经营组织是不可或缺的重要载体。商品流通是一个动态的复杂系统，为了使系统运行更协调，需要政府和行业组织发挥作用。这些组织的正常运作和相互关系，构成了商品流通管理体制的实质内容。

第十五章　商品流通组织和管理体制

学习目的与要求

1. 了解商品流通经营组织的地位；
2. 掌握商品流通企业的构成要素；
3. 了解良好企业形象功能；
4. 掌握核心能力含义和作用；
5. 掌握现代流通管理体制的框架。

第一节　商品流通经营组织

商品流通经营组织是指经济上自负盈亏，经营上独立自主，专门从事商品流通经营活动的具有法人资格的经济实体。商品流通经营组织是商品流通中交换关系的主体，是研究商品流通运行的主要内容。

一、商品流通经营组织地位和作用

商品流通经营组织即流通企业，是国民经济的基本单位，在社会再生产过程和国民经济中处于重要地位，发挥着重要作用。

（一）流通企业是国民经济的经济细胞。

国民经济是一个国家的生产、流通、分配和消费的总体，是一个复杂的有机整体，流通企业是这个有机整体的基层单位之一。国民经济管理运行中所形成的纵横交错的经济关系，都要受企业经营状况的制约。国民经济的主要经济过程是在企业里创造的，科学技术的思想是在企业中实现的，企业又是国家、集体、个人利益的交织点。国民经济是停滞衰退，还是充满生机，取决于企业在整个社会经济生活中是否具有旺盛的生命力。

（二）流通企业是商品流通的具体组织者。

在存在商品生产的条件下，就必然有与之相适应的商品流通组织形式。在社会化大生产条件下，商品从生产领域向消费领域转移中的一系列组织工作，是由不同类型的流通企业完成的。通过流通企业的工作，使生产企业生产的产品价值得以实现，产品才能进入消费领域，实现其使用价值。

（三）企业是流通体制改革的启动点和归宿。

改革开放以来，改革的起点演变经历了一系列的过程。

我国改革最早是从农村开始的，并且已取得相当显著的成绩。但是，农业在整个国民经济中占的比例不是很大，许多深层次改革还要从城市开始。城市改革的逻辑起点经历了"流通"—"价格"—"企业"这样一个演变过程。

（1）流通。当时人们认为，我国国民经济运行不畅，关键在于流通环节的堵塞。为此，流通体制改革为当务之急，并且只有流通体制理顺了，才能为整个经济腾飞创造条件。当时，以"多种经营方式、多条流通渠道、多种经济成分，少环节"为核心内容的"三多一少"改革在全国展开。

（2）价格。在这一阶段，随着改革的深入，市场机制逐渐引进，碰到了一个"拦路虎"，而且是无法避开的问题——价格。要使价格作为市场商品供需关系的信号，同时也作为调节市场关系的杠杆，只有使价格随市场供求变动而变动。没有价格的作用，也就无所谓市场的作用。根据上述认识，因而当时提出"攻关"、"闯关"，并大大减少了国家指令性价格。但是，价格改革不可避免地涉及经济生活的方方面面，如国家管理经济职能如何体现？关系国计民生的重要产品如何管理？物价波动怎么办？由于众多疑惑，使这一轮改革方案有所搁置。

（3）企业。改革深入到这一阶段，人们真正认识到，经济运行不能忽视运行主体，否则一切改革都是空的。"改革必须从企业开始"已成为人们的共识。所谓"改革从企业开始"，是指设计经济体制改革方案自下而上进行。首先，明确企业的经济地位，扩大企业的权利，明确产权的责任；其次，再研究如何为企业创造最好的经济环境，根据这一出发点来制定财税体制改革、政府管理经济职能改革方案等。并且，把企业体制改革成功与否作为评价整个经济体制改革成功与否的重要标志。

二、流通企业构成要素

流通企业运行是一个复杂的过程，表现为各种构成要素独立运行的子过程及各子过程之间相互促进、相互制约的关系，并综合成为流通主体运行的总过程。

我国在理论研究上，长期以来偏重从宏观上研究流通过程中生产力规模水平与生产过程中生产力规模水平的比例关系，以保证整个国民经济有计划、按比例发展,而对流通企业内部各项构成要素的研究则相对薄弱。在我国,目前生产力水平还较低,大部分流通企业财力有限,不可能单纯依靠高技术设备来提高生产力水平。所以,通过研究构成要素的合理配置,形成有中国特色的发展模式,是十分重要的。

(一)流通企业构成要素组合

经济学家曾认为生产要素只有三种,即劳力、资金和土地。但事实证明,一些劳力很多、资金很多和土地很大的国家并不是很富庶,而劳力不多、资金不丰和土地不大的国家也不都很贫穷。所以现代管理学家认为,企业系统的要素应是"6M＋1T＋1I",即人力(Manpower)、金钱(Money)、物料(Materials)、机器设备(Machine)、营销方法(Methods)、管理(Management)、时间(Time)和信息(Information)。

根据商品流通企业的特点和商品流通实践的发展,我们把流通企业构成要素分为三类,即基础要素、组织要素和能力要素(见图15-1)。

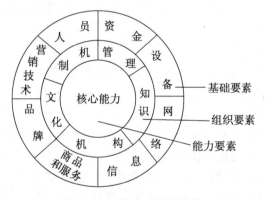

图 15-1 流通企业构成要素

流通企业构成要素组合有以下三个特征。

1. 不同层次要素从不同角度对流通企业主体产生影响

流通企业中的基础要素构成了流通企业主体,决定着流通生产力的初始水平。组织要素是对基础要素进行组织、配置和协调,在同等的基础要素条件下,组织要素的合理程度不同,可以表现出不同的流通生产力水平。能力要素是决定流通企业运行的基本状况、调动和运用基础要素和组织要素的关键因素。

2. 流通企业构成要素在不断地演变

现代社会被称为知识经济时代,与农业经济、工业经济相比较而言,知识经济作为社会经济发展的方向具有完全不同的时代特征。这一特征可以归纳为：高速信息网络是知识经济的生命线，知识成为社会的主导资源，人才是知识经济活力的源泉，创新是知识经济腾飞的翅膀。这些特征可用表15-1来概括。

表15-1 知识经济与农业经济、工业经济比较

	网　　络	主导资源	作用范围
农业经济	水　利	土地、劳动力	区　域
工业经济	电网、交通网	能源、原材料	国　家
知识经济	信息网	知识、信息	全　球

在知识经济时代，传统的流通企业要素在发生变化，其内涵也在发生程度不同的演变，新的要素在不断涌现，其地位也在不断提高。

3. 企业核心能力影响和制约流通企业构成要素的演变和配置

不同流通企业具有不同的能力结构，导致了不同企业构成要素的选择和组合。

(二) 基础要素

基础要素构成流通企业的基本单元，它们不仅能够独立地发挥作用，而且还在与其他要素的结合中相互联系、相互制约，发挥出更大作用。

1. 网络

现代商品流通企业的网络，不仅仅指企业要充分利用高速信息网络，而且指流通企业要构筑发达的现代化的分销网络体系。企业家已越来越认识到网络的重要性，并把发达畅通的网络系统视为企业的一笔重要资产。

高速信息网络是知识经济的生命线。信息是知识经济的基础，随着以数字化信息技术为代表的现代科技的飞速发展，整个世界的格局发生了根本性的变化。

分销网络是商品流通的途径和通道系统，对于生产企业来讲，分销策略是其市场营销"6P"策略的一个重要方面。没有分销网络，企业产品就找不到"下水道"，产品积压在仓库里就会造成生产商的巨大损失，为此，生产企业除了加强与各类中间商的联系外，还有不少企业甩开传统的分销渠道而直接构筑商业通道。

对于商品流通企业来说，其自身分销能力是否强，分销网络是否畅通，更是其生命力所在。由于流通企业处在社会再生产的中介环节，其经营的产品大部分不是自己生产的，流通企业要吸引优质产品、名牌产品、适销对路产品，关键在

于自身的分销能力,而且分销能力越强,其砍价能力也越强。反之,流通企业分销网络不发达,分销能力不强,企业只能陷入困境而难以自拔。

2. 品牌

品牌,在一定程度上包含了企业形象。流通企业形象是流通企业的知名度、美誉度及产品、服务、人员、外观、管理等诸要素留给公众的综合印象和评价。

一个流通企业若在公众心目中树立了良好的企业形象和品牌形象,这通常会给企业带来诸多益处。

(1) 良好的企业形象本身就是一笔巨大的无形资产,就是企业的一大利润源。根据北京名牌资产评估有限公司发布的中国最有价值品牌研究的年度报告,2004 年海尔以 616 亿元的品牌价值连续三年位居中国最有价值品牌榜首。其后是红塔山 469 亿元、联想 307 亿元。

(2) 传统的市场竞争力主要依赖于商品力和推销力,而现代竞争十分注重形象竞争,良好的企业形象已成为市场竞争的左膀右臂。这是因为,当一个企业被公众熟知和认可后,人们就会对这一企业产生一种信任感,即使是产品性能、寿命、可靠性大同小异的商品,人们也会到形象好的企业去购买。

(3) 良好形象的企业可以把企业所需要的人、财、物吸引过来,为企业所用。优秀企业的人才一般不易外流,而且还能吸引社会有用之才,更重要的是,这些企业中的优良文化会造就一种有利于企业发展的氛围,这种氛围会对全体员工起着约束作用、导向作用和凝聚作用。优秀企业吸引社会各方面资金的功能也很明确,可口可乐公司的总裁曾经说道:"如果有一天可口可乐公司在全世界的工厂全部被烧光,那么第二天一早,世界上所有银行都会主动提出来给予可口可乐公司贷款。因为他们相信可口可乐公司很快地会借助其品牌而东山再起。"这话一点也不过分。另外,良好的品牌形象对于吸引合作伙伴、吸引品牌和畅销商品等的作用也十分明显。

(4) 任何一个流通企业在产生和发展过程中,不可避免地要和政府、新闻传媒、供应商、销售商、社区和顾客等公众发生这样或那样的联系。离开这些公众的理解和支持,企业将寸步难行。当一个企业在公众面前树立起良好形象时,就会产生一种"绿灯效应",处处受到优惠和照顾;当企业不慎出现失误时,也会得到公众的谅解,减轻社会给予的压力。

另外,良好的企业形象对于品牌延伸、商业定牌、管理输出等也有一定的推动作用。

3. 人员

人员是知识经济活力的源泉。在新时期,市场需求的个性化和多样化,使得产品更新换代更快,各种流通业态的生命周期也在不断缩短,各种新的经营方式层出不穷。改革开放以来,外商进入我国流通领域,先后引进了超级市场、快餐店、便利店、大卖场等经营方式,他们经营的商品和内资企业并无区别,但外商利用自选制、买断制、配送制等大获其利。这些情况表明,经济增长单靠投资和劳动力来推动的时代已经过去,人才在商品流通发展中的作用日益重要,人所具有的创造能力是任何机器和电脑所无法替代的,也是企业生命力和竞争力永不枯竭的源泉。

另外,流通劳动与产品制造劳动相比,多了一个服务对象的要素,即各类商店的售货员都须直接向顾客提供介绍商品、包扎商品、货款结算等服务。流通企业的直接成效与提供服务多少密切相关。这就要求流通企业员工要有良好的文化素质、道德素质、商品知识和献身精神。

4. 资金

资金也是构成流通企业主体的重要因素。我国商品流通资金有以下三个特征。

(1) 在商品流通过程中,资金循着"货币资金—商品资金—货币资金"的程式运动,即"G—W—G′"。

在第一阶段,即货币资金转化为商品资金,这是流通企业的"买"。从这一阶段可以充分看出流通企业的身份是货币资金持有者,通过这样的过程,使产业资本中的部分商品资本转化为货币资本,并在转化中实现了价值。但是,此时商品仍存于市场上而待出售,只是商品资本的所有权发生了更替而已,商品资本没有转化为货币资本。

在第二阶段,商品由流通领域转移到消费领域,预付的货币资本加上利润又回到流通企业手中,商品资本完成了第二次形态变化。

(2) 流通企业的资金结构一般表现为流动资金占有较大比重,固定资金占的比重较小。近年来,随着现代化大商场、冷库、配送中心等的建设,固定资金比例有所扩大,但总的资金结构态势不会改变。

(3) 流通企业资金来源出现多元化态势。党的十一届三中全会以来,我国流通企业所有制结构发生了重大变化。同时,流通企业资金来源中自有资金占的比重较小,绝大部分资金是信贷资金。这一特点表明,流通企业受利率影响很大,利率作为宏观调控手段之一,运用得好坏、恰当与否,会对流通主体的运行产生重要影响。

5. 信息

传统意义上的信息一般指商品供求消息,对于流通企业来说,自从有了商人就开始关注商品供求信息。因而,信息是流通主体一项古老的要素。随着商品经济的发展,市场范围的迅速扩大,流通企业的沟通作用和集散作用日益扩大。信息科学的新发展,使信息成了流通企业运行中一项至关重要的因素。

信息对流通企业运行的作用主要体现在以下三个方面。

(1) 信息流是商流、物流、资金流的先导,不同主体之间的购销活动都是以信息交流为前提条件的。同时,随着现代商品经济的进程,市场范围不断扩大、市场竞争不断加剧,企业要在激烈的市场竞争中站稳脚跟,必须把握复杂的市场变化,及时制定正确的经营决策。而决策正确与否,又取决于企业对市场信息的接受、加工和整理的过程。

(2) 管理现代化是社会生产力发展的客观要求。管理现代化的核心就是管理工作的信息化和最优化,管理组织现代化、管理方法现代化和管理手段现代化都离不开信息管理现代化。

(3) 流通企业为了与消费者沟通,也必须广泛利用各种传媒传递商品和服务的信息,激发消费者购买欲望,甚至创造市场需要。

6. 设备

设备包括流通企业运作和为消费者服务过程中必要的一切物质条件。它是流通企业的骨骼系统和肌肉系统,是保证企业经营活动顺利进行的不可缺少的物质技术基础。

人们一直以为,流通业是进入障碍较低的产业,原因之一是以为流通业不需要高价复杂的设备。为此,改革开放以来,农民进城、下岗工人重新择业,首要的选择就是流通业。但是,现代流通业的发展告诉人们,撇开现代化经营理念和经营手段,仅仅就物质技术基础条件来说,绝不是用"进入障碍低"就可以概括的。例如,大型百货商厦的中央空调系统、电梯系统、电脑计价系统、电子管理信息系统等,连锁超市的中央配送系统、空调系统、冷冻设备系统、POS系统等,都是高价复杂的设备。一般来讲,物质技术设备的水平与企业规模大小成正比。企业规模越大,物质技术水平相对来说也就越先进。

7. 营销技术

具有同样人、财、物条件的流通企业,由于营销方法或技术的差异,流通企业运行的效果千差万别。

随着市场经济的发展,市场营销的原理和实践都有了很大的发展。把握这些发展趋势,对于流通企业来说是十分重要的。

(1) 地心说—日心说。在社会商品供求态势严重供不应求的格局下,整个社会经济和技术发展相对落后,生产效率还不高,市场需求变化还比较慢,社会产品供应不充分,市场需求还不能得到充分满足。此时,企业是市场的中心,企业生产什么就销售什么,生产多少就销售多少,消费者完全是围着企业转,这就是典型的"地心说"。由于经济的发展,科学技术发展日新月异,消费进入了个性化时代,消费者对千变万化的商品提出越来越高的要求,加上市场竞争日益激烈,整个市场由卖方市场转变为买方市场,企业的经营观念发生了根本性转变,由"地心说"转变成"日心说",即消费需求成了市场的中心。"日心说"指的是:消费者需要什么,企业就生产和销售什么,需要多少就生产销售多少,消费需求完全成了企业活动的轴心。由"地心说"转变到"日心说",这是企业经营思想的一次革命,其意义可与西方工业革命相提并论。

(2) 满足需要—创造需要。常规营销侧重于研究市场需要,分析消费者购买行为特征,并在此基础上对市场进行细分和市场定位。现代营销却信奉这样的名言:"优秀的企业满足需要,伟大的企业创造需要",当原市场的份额已被若干企业瓜分完毕,这些企业不拘泥于原市场的高成本争夺,而是开辟新市场,创造出新的市场需要,并且获取新的更好的经济效益。众所周知,美国麦当劳、肯德基开辟出一个快餐市场,联邦快递公司创造出一个快递市场。有时,只需根据市场需要对产品进行部分改进就有可能创造出一个新市场,如海尔公司根据农民希望借助洗衣机洗地瓜的要求,开发出洗衣和洗地瓜共用的"地瓜王洗衣机",受到农民的欢迎。

(3) 4P—6P。常规营销的手段为产品策略(Product Strategy)、分销策略(Placing Strategy)、促销策略(Promoting Strategy)和定价策略(Pricing Strategy),简称4P策略。但是到了近代,企业市场营销环境已发生了很大变化,仅靠4P策略是不够的,成功的营销正日益成为一种政治活动。可口可乐公司和百事可乐公司在印度的竞争完全说明了这一点。印度有7.3亿人口,是两大公司竞争的一个焦点,结果是百事可乐公司通过政治上的营销获得成功。百事可乐公司的做法是:第一,与印度一家公司合资成立一个合资企业,使其能避免印度国内软饮料公司的反对;第二,帮助印度出口农产品,使其出口额大于进口软饮料浓缩液的成本;第三,向印度传授食品包装、加工等新技术;第四,百事可乐公司保证不仅在城市销售,还在农村销售。为此,百事可乐公司得到印度政府的支持。这个例子表明,当代营销仅靠"4P"是不够的,还必须加上权力(Power)和公共关系(Public Relations)。市场营销学权威菲利普·科特勒把在"4P"策略基础上发展起来的"6P"策略称为大市场营销(Mega Marketing)。表15-2列示了市场营销与大市场营销的不同之处。

表 15-2 市场营销与大市场营销比较

	市 场 营 销	大 市 场 营 销
市场营销目标	满足消费者需求	满足消费者需求,或开发新的需求,改变消费习惯而争取进入市场
涉及的有关方面	消费者、经销人、商人、供应者、市场营销公司、银行	除一般介入者以外,还包括立法者、政府机构、工会组织、改革团体、一般公众
营销手段	营销研究、产品开发、定价、分销计划、促销	除一般手段外,还要运用权力和公共关系
诱导方式	积极的诱导和官方的诱导	积极的诱导(包括官方和非官方)和消极诱导(威胁)
时间	短	长得多
投资成本	低	高得多
参加的人员	营销人员	营销人员加上公司高级职员、律师、公共关系和公共事务的职员

8. 商品和服务

任何类型的流通企业都是以经营商品和服务为主要内容的。从商品整体概念理解,服务是商品的重要组成部分,本身就是一种商品。

商品和服务对流通企业的作用是多方面的,具体表现在如下两方面。

(1) 从"顾客受让价值"理论分析,商品和服务是构成总顾客价值的重要因素,图 15-2 为顾客受让价值的构成。

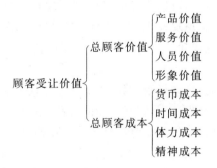

图 15-2 顾客受让价值构成

从图 15-2 中可以看出:企业的竞争优势在于向顾客提供更多的受让价值,而受让价值的增加取决于加大总顾客价值,减少总顾客成本。其中,产品价值和服务价值是扩大总顾客价值的重点内容。

(2)优质产品和服务是流通企业维系老顾客的有力手段。能否维系老顾客和培养一支忠诚于企业的客户队伍,是一个企业成熟与否的重要标志。这是因为,维系老顾客比吸引新顾客成本低;老顾客往往会帮助企业介绍新顾客,随着广告的可信度下降,顾客间介绍的作用往往优于广告;老顾客对一企业产生信任后,对企业产品的价格不再敏感,企业可以销售相关产品和服务。流通企业要能维系老顾客,有一系列工作要做,其核心是产品和服务的质量。

(三)组织要素

如果说基础要素是构成企业实体的外显因子,组织要素则是内显因子,组织要素优劣对基础要素的挖掘与发挥有着极其重要的作用。

1. 知识

知识经济是以知识为基础的经济,知识经济使得整个社会主导资源发生了彻底变化:能源、电力、原材料等作为工业时代的主导资源成为基础资源,而知识逐渐成为主导性资源。"知识就是力量"在这个时代被体现得淋漓尽致。杜拉克指出:"新的经济体系中,知识并不是和人力、资本和土地等并列成为制造资源之一,而是唯一有意义的一项资源。"随着流通发展中知识含量提高,知识资本的作用必将得到前所未有的重视和充分发挥。

2. 管理

管理是流通企业生产力的重要组成部分,企业利用计划、组织、指挥、协调、控制、激励、创新等管理职能,来有效地运用人力、金钱、商品、服务、设备等基础要素,以取得最大的效益。

随着市场经济的发展,流通产业的经验型管理和行政领导型管理已越来越不适应需要,而以管理思想现代化、管理组织现代化、管理方法现代化、管理手段现代化为主要内容的现代化管理将被越来越多的流通企业所采用。

3. 机制

主要包括动力机制、决策机制、调节机制等。流通企业动力机制是指推动企业进行经营活动的各种要素以及相互之间的关系。在我国推动流通企业发展的动力主要来自三个方面:一是企业对自身经济效益的追求;二是对社会效益的认识;三是对消费者利益的理解。每一个企业都必须面对这份考卷完成答题,尤其在市场经济条件下。正确处理这三者之间关系尤为重要。企业对自身经济效益追求的动力应不断强化,舍此,市场机制各要素运作便失去了根基。企业的社会责任感主要体现在:按社会需要提供优质产品和服务,为企业自身行为引起的后果负责(包括按时足量缴纳税款、提供售后服务等);积极参加社会公益活动。同时，企业如果生产假冒伪劣产品、暴利斩客，这样的企业可能得逞一时，却不可能长久称雄。

企业决策机制是指主体决策过程的程序和方式，由决策权力分配、授予方式等构成。流通企业的决策机制具有决策时效性强、短期决策比重较大、决策受环境因素影响较大等特征。这要求流通企业抓住转瞬即逝的市场机遇，尽量减少决策过程的时间。

企业调节机制是保障企业内部正常运行的各种要素及相互之间的协调关系。换句话说，就是控制和调节企业内部各要素的配置以达到企业的既定目标。很显然，调节机制的作用对象包括企业一切经营活动和企业内部各方面的利益关系。

4. 机构

流通企业为了实现其所承担的任务，有效地组合和配置基础要素，必须设置若干机构，这些机构组成的有机整体，即是企业的组织机构。它包括两方面内容：一是企业内部平行机构的设置问题，主要解决各平行机构之间的关系及其职权的划分；二是企业内部垂直机构的设置问题，主要解决上下级环节的职权划分及相互关系。

组织机构是企业经营管理中一个至关重要的问题，没有科学的组织机构也就没有科学的管理，组织机构是企业运行的组织保证。

5. 文化

任何一个企业在生存和发展过程中的一举一动都会受到价值观、企业精神等企业文化所制约。企业文化要素是一个看不见、摸不着的因素，但在企业主体各构成要素运行时，时时处处都有企业文化的内容。企业文化不是企业的组织机构，而是造成这种机构的观念；它不是企业机制本身，而是机制显示出来的管理思想；它不是商品和服务，而是凝结在商品和服务中的质量意识；它不是市场营销和网络，而是运作的哲学；它不是利润，而是对待利润的心理。总之，企业文化渗透在企业一切要素之中，高于一切要素，它是企业的灵魂。

（四）能力要素

能力要素，即指核心能力，又称核心专长或核心竞争力。20世纪90年代初在美国掀起研究"核心能力理论热"，近年来，这一理论受到我国方方面面的超乎寻常的关注。越来越多的优秀企业高度重视核心能力的培育，许多企业家正在积极思考：自身的核心能力是什么？未来应侧重积累什么样的能力？等等。

1. 核心能力含义

所谓核心能力的表述,至今尚未形成统一的、准确的界定,引用较多的是国际著名企业战略家普拉哈德和哈尔梅的提法,即"组织中的积累性学识,特别是关于如何协调不同生产技能有机结合和各种技术流的学识"。

理解核心能力的含义,应把握以下要点和特征。

(1) 核心能力的载体是企业整体。核心能力一般体现在三个方面:一是特有的技术体系,如专用技术、实用技术、先进设备等;二是特有的管理模式体系,如特有的管理方法、激励机制、用户管理制度、高效的分销网络等;三是特有的企业文化,即企业内部共有的内在的价值观、行为方式、企业精神等。不同企业或地区的核心能力往往是三个方面的组合,由于不同企业的特定情况,对某个方面的要求会更突出。但是,能够支撑某些方面特长得以充分发挥的,正是企业整体。为此,核心能力具有整体性特征。

(2) 从形成过程看,核心能力具有积累性。核心能力的形成是不断学习、创造、磨炼、积累的结果,不是通过市场交易便可获得的。法国国家统计与经济研究所多兹教授认为核心竞争力的形成经历了"开发过程、扩散过程、集中过程、发挥过程和更新过程"。特定的能力与特定的企业相伴而生,它无法像其他生产要素那样可以通过交易进行买卖。这就是核心能力的积累性特征。

(3) 核心能力的存在形态是隐性的。日本学者伊丹博行在其《调动无形资产》一书中曾反复强调无形资产的重要性。他把无形资产定义为"公司有潜力产生利润但不在资产负债表上显示的各种财产",如商誉、品牌、消费者忠诚等,它们是与诸如厂房、不动产等有形资产相对而言的。伊丹博行认为,尽管无形资产经常被忽视,但是它们是公司竞争优势最耐用持久的资源。核心能力具有无形性特征。

(4) 从市场地位分析,核心能力具有异质性特征。一个企业拥有的核心能力应该是独一无二的。由于核心能力是企业独特发展的结果,其他企业很难模仿,即使通过努力也难以迅速建立类似的能力,正是这种异质性,决定了企业间的效率差异。

(5) 从市场价值分析,核心能力具有有效性。核心能力应有利于企业效率的提高,能够使企业在创造价值方面比竞争对手更具优越性。从这一意义看,核心能力必须具有有效性特征。

(6) 从核心能力的发展过程分析,核心能力具有动态性。由于市场竞争日益激烈,企业面临越来越多的挑战,企业现有竞争力价值也会出现减少的可能。为此,企业要不断学习,不断积累核心能力,增加隐性的不可模仿性知识。这就是核心能力的动态性特征。

(7) 从核心能力目的分析,核心能力具有导向性。企业实施核心能力管理的目的是为向顾客提供比竞争对手更大的利益,通过拉开与对手的差距来获得竞争优势,正是这一目的引导了企业培育核心能力的方向。为此,核心能力具有明显的导向性特征。

综上所述,我们可以把核心能力通俗地表述为:企业为了取得竞争优势而对各类要素进行科学协调的、独特的学识和能力。

2. 培育核心能力意义

核心能力理论问题之所以能引起强烈关注,这是由于一系列的原因促成的。

(1) 企业需要有一种集合体来组合各类要素。有形的物质资源和无形资源都是表面的和载体性质的构成要素,是什么把所有这些要素组合起来并运用好?这只能是能力。在流通实践中,我们经常可以发现这样的现象,两个企业所拥有的资源相似,可是经营状况却大相径庭。麦德龙、家乐福等外资企业进入,其经营的产品和内资商店并无不同,可它们引进新的模式,就使其取得良好的效益。从这个意义上说,蕴藏在诸要素之后的能力才是企业活力的本质,核心能力也成了企业最主要的资源和资产。

(2) 核心能力是获得长期竞争优势的源泉。在流通业态生命周期日渐缩短和企业经营日益国际化的今天,竞争成功不再被看作是转瞬即逝的市场开发或市场战略的结果,而是看不见、摸不着的"知识和能力"发挥着关键性作用。有了这样的能力,企业便能不断地开发新领域和开拓新市场。反之,企业如不具备核心能力,则难逃失败命运。从《财富》500强的经验可以看出,这些强势企业无一不是依靠其雄厚的核心能力而占据市场主要份额的。如可口可乐的品牌形象、市场网络特长;宝洁公司在产品创新上的能力等。从我国的企业来看,海尔具有新产品开发能力和服务能力;宝钢有低成本和规模优势等。反过来,一些企业未培养自己核心能力,一味依赖巨额广告费促销而使自己陷入困境。

(3) 依赖核心能力能顺利地拓展业务。核心能力具有很好的延展性,依靠核心能力可以进入与其相关的领域,衍生出一系列的商业定牌产品和服务。如上海华联超市公司,依靠其品牌优势和分销能力,已开发出1 000多个"华联超市"品牌,不仅获得销售利润,连生产利润也揽于自身。

(4) 核心能力管理成为我国企业的当务之急。改革开放以来,我国国有流通企业经历了扩大企业自主权、推行经营承包责任制、转换经营机制、建立现代企业制度等改革措施,这些改革都是十分必要的。上述改革为国有流通企业资源配置效率的提高提供了一个很大的空间。但是,所有这些措施并不是目的,最终目的是把国有企业建设成有市场竞争力的、能够生存与发展的独立市场主体。为此,国有企业在注重一系列产权改革的同时,必须把改革的注意力放在提高企业核心竞争力上。否则,改革就会偏离方向,这已被我国流通界无数正反例子所证实。

3. 培育核心能力途径

面对越来越复杂多变的市场环境,我国流通界如何抓住核心能力问题来创造竞争优势呢?

(1) 寻找、确定流通企业已有的核心能力。寻找、确定企业已有的核心能力是核心能力管理的基础,一般的做法是根据技术体系、管理模式体系和企业文化的内容,排除政府优惠政策、地理优势等因素确定本企业的强项,然后把自己的强项与诸多竞争对手相比,找出隐性、独特性、有意义的核心能力。

(2) 利用SWOT方格分析法确定核心能力管理的战略。SWOT方格分析法是在对企业内部优劣势分析、外界环境带来的机遇和挑战等综合研究基础上确定的发展战略(见表15-3)。

表15-3 SWOT方格分析法

内部 环境	优 势(S)	弱 点(W)
机 遇(O)	SO 战略	WO 战略
威 胁(T)	ST 战略	WT 战略

所谓 SO 战略,是指利用企业优势抓住市场机遇。当某一新的领域、某一新的市场机遇对商业企业有利,而且进入这一领域有利于企业核心能力发挥,企业就该抓住这一机遇果断进入。

所谓 ST 战略,是指利用企业优势来缓解市场的威胁。当市场环境发生剧变,尤其是出现不利于企业发展的市场因素时,企业依靠其核心能力来调整资源和战略,把威胁降到最少,并驾驭局势,把握方向。

所谓 WO 战略,是指利用市场机遇冲击企业的弱点,督促企业加快对核心能力的培育。我国有相当数量的流通企业或者并没有意识到培育核心能力的重要,或者不具备核心能力,或者由于种种原因使原有的核心能力逐渐丧失,由于这类情况使流通企业竞争力下降,优势消失,弱势增加,而面对市场机遇只有采取 WO 战略才能获得新的动力。

所谓 WT 战略,是指克服企业弱点去缓解市场威胁。这是借助市场威胁的反面作用来鞭策企业强化核心能力管理,以图逐渐走出困境。

（3）巩固成熟能力、培育新能力。就流通企业而言，成熟能力指成本管理能力、质量管理能力、价格管理能力、企业系列化（集团化）能力、品牌管理能力等。这些能力是大部分企业都已经具备的，虽然它们仍然是必需的，但企业间成熟能力间的差距不易拉开，真正的异质性核心能力不能建立和巩固。新能力主要指把握潜在需求能力、顾客管理能力、开发新资源能力、学习能力、创新能力等。对于这些能力的开发，大多数流通企业仍处在较低水平，同时，顾客也特别需要新能力带给他们的各种利益，所以现代流通企业往往依靠建立新能力来拉开与对手的差距，建立起竞争优势。应该指出，成熟能力是培育新能力的基础，不具备扎实的成熟能力，新能力只能成为空中楼阁。另外，不同类型、不同地区的流通企业对能力的要求也是不同的，应具体问题具体分析。

把握潜在需求能力之所以重要，是因为在今日市场，只要有市场需要的商品，就有生产企业生产、有流通企业经营，供不应求的商品几乎不存在。现有需求已为众多企业所了解，其市场份额也几乎瓜分完毕。优秀企业则能通过市场细分、提升层次、新旧置换等方法，先知先觉，能人所不能，创造出市场需求，开辟出新的领域，重塑一个"新蛋糕"。正广和公司避开有店铺零售业态的激烈竞争，构筑了一个有效的无店铺市场，利用低成本配送系统送货上门，受到顾客极大欢迎。

顾客管理是指流通企业通过各种努力来加强与顾客的联系，提高顾客对企业的忠诚度。传统的管理理论和实践往往集中在如何吸引新顾客，而不是在保持现有顾客方面；强调创造交易而不是保持关系，经营活动的焦点往往集中在售前活动和销售活动本身，而不是售后活动。按照西方营销专家赖克海德和萨瑟的理论，一个公司如果能将其顾客流失率降低 5%，其利益就能增加 25% 至 85%。为此，具有顾客管理能力的企业往往通过累计奖励、俱乐部制、提供额外服务、社交沟通等办法保持与老顾客的联系，增强竞争力。

开发新资源能力也很重要。传统流通企业只把目光盯在商品销售上，认为商品进销差价才是企业的唯一利益源。其实，流通企业可供开发的资源还有许多。例如，通过商业定牌赚取生产利润；通过建立配送中心赚取物流利润；通过时间差使用暂时沉淀在流通企业的应付款；采取资本经营或合作办法开发企业外资源，等等。

当然，面对越来越复杂的市场环境，企业必须善于学习，克服局部思考、专注个别事件、经验主义等，并在观念、组织机构、管理体制、经营模式等方面不断创新。

（4）力争在技术体系上保持领先地位。流通企业的技术体系主要包括特有技术、网络技术、先进设备、专有知识等。按照核心能力的本质特征，应力争保持其异质性、有效性和领先地位。有悠久历史的百年老店，往往具有深厚文化底蕴的特殊技能和专有知识，这些企业应通过专利、商品和服务品牌来予以保护。现代企业往往在流通技术、设备、经营模式等方面具有特色，对此应注意保持其领先地位，不使其落后。

（5）建设符合流通现代化方向的企业文化。对于任何流通企业来说，在其经营历史进程中都已形成自己独有的文化，或优秀文化或劣性文化。作为具有竞争优势的企业来说，优秀企业文化是其核心能力的重要组成部分，这包括企业的价值观、企业精神、行为规范等内容。现代企业发展必须有与之符合的现代化方向的文化相配合，否则，流通企业发展就会缺乏后劲。

第二节 现代流通管理体制

流通管理体制是包括行政管理、产权管理、行为管理和社会事务管理在内的相互关系、管理原则和途径的总和。在传统的计划经济体制下，流通管理体制的根本特征是将各主体分别纳入一定的行政系统之内，并对人财物、产供销全方位实施纵向管理。在新的经济和社会条件下，旧模式显然已经不适应社会再生产对流通发展的要求了。现代流通管理体制的框架可以归纳为"宏观调控间接化、行为管理法律化、行业管理社会化、产权管理系统化、社会事务管理社区化"（见图15-3）。

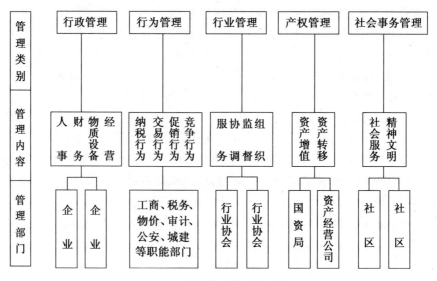

图15-3 现代流通管理体制框架

一、宏观调控间接化

在市场经济条件下,政府对流通的管理应该把工作放在强化综合管理功能上,改变事无巨细、统管统包的旧传统。政府只有把主要精力放在大政方针上,掌握流通改革开放和发展的节奏,才能使广大流通企业在市场经济的大潮中,充分发挥自己的优势和发展潜力。从体制上割断政府与企业间的行政"脐带",是经济体制改革的重要内容。

宏观调控由直接向间接转化是必需的,但这并不意味着政府管理部门可以放弃管理职责,各流通主体可以摆脱政府管理部门的约束。市场经济条件下的政府管理部门管理包括以下含义:

第一,任何从事流通活动的企业和所有以盈利为目的的商品交易活动都是调控的对象,都不再因受到行政系统的管束而游离于管理范围之外。

第二,鉴于政出多门、多元化管理造成了不公平竞争和统一市场的分割,多头管理实质上是无人管理。因而,管理主体必须单一化,即打破行业界限、所有制界限、部门界限,一律实行统一的管理。

第三,流通管理部门的基本职能是:对全社会流通活动进行总体规划,制定适合所有流通企业和商业行为的统一政策,掌握对全社会流通活动实施调控所必要的审批手段,对全社会流通活动实施行政监督、组织商业交流、培训等。

只有这样,才能一方面加强对全社会流通活动的统一管理和调控,保证商品流通活动的有序性;另一方面又保证了管理部门从大量琐碎的行政事务中解脱出来。

二、行为管理法律化

对流通活动的管理有两种不同类型,即"主体管理模式"和"行为管理模式"。前者是上级主管部门对其下属流通企业的所有行为都要进行控制与管理,在计划经济体制下,由于社会经济活动的刚性分工和垄断性经营,整个商品流通领域形成了以行政性指示为手段、以系统管理为特色的管理体制。

"行为管理模式"是指通过一定的政府职能部门(如工商行政、审计、物价、质检、税务、物价等部门)对社会上所有企业的同类行为(如开业登记行为、交易行为、盈利行为、促销行为等),通过统一的法规体系来实施横向控制和管理。在这种模式中,企业的系统属性不是很重要,但企业的行为性质却相当重要。

在现代流通管理框架中,由于打破了系统垄断经营的格局,企业的系统属性同其行为性质会出现很多差别,单纯依靠对主体的系统管理已不可能奏效。因而,"行为管理模式"已成为主要的形式,政府也主要通过批准开业、税率调整、土地批租等来体现一定的流通政策。

三、行业管理社会化

随着政府职能的转变和企业改制的进程,企业与政府主管部门之间的行政隶属关系不复存在,企业将成为"无主管部门"的经营主体。同时,企业的合法权益在市场经营中仍然需要得到保护和扶持,需要和政府沟通,更需要有人来协调企业间的关系。此时,新型的行业协会管理将填补政府管理职能转变而留下的管理空白。

四、产权管理系统化

在开放的环境中,某一个区域范围内从事流通活动的企业有不同的隶属关系:区属企业、区外企业、外资合资企业、连锁系统企业等。这些企业的隶属关系并不是靠什么力量就可以割断的,其产权及人事、财务等管理理所当然地应由产权所有者按一定方式进行控制。

五、社会事务管理社区化

随着改革开放不断向纵深发展,原先的商品供应政策、价格政策、市场管理政策等均有了程度不同的松动,原先条条管理的职能也大都下放给社区和行业协会,政企合一的上下级管理也被各种承包、租赁和股份制等形式所取代,因而条条管理已明显地削弱。而在市场规划、网点设置、广告、卫生、市容、灯光、治安等方面,社区管理的地位日趋重要。

本 章 小 结

商品流通企业是国民经济的细胞,是商品流通的具体组织者,同时也是流通体制改革的启动点和归宿。流通企业能否正常运转是整个商品流通能否正常运转的关键。

流通企业运行是一系列构成要素运行的总和,这些要素可以分为基础要素、组织要素和能力要素。其中,基础要素(人员、资金、设备、网络、信息、商品、品牌、营销技术等)构成了流通企业主体,决定了流通生产力的初始水平。组织要素(管理、知识、机构、文化、机制等)对基础要素进行整合和配置。能力要素是决定流通企业运行的基本状况,是调动和运用基础要素和组织要素的关键因素。

如何对整个社会的商品流通实施管理,这是商品流通运行的一个重要内容。现代管理体制的框架可以用"宏观调控间接化、行为管理法律化、行业管理社会化、产权管理系统化、社会事务管理社区化"来概括。现代流通管理体制的总体指导思想应是:逐步弱化以主体管理为重心的系统管理,强化以行为管理为重心的社会管理,形成以行政管理、法规管理、经济管理和行业自律管理相配套的社会管理系统。

思 考 题

1. 简述我国经济体制改革中关于"逻辑启动点"的演变。
2. 为什么说企业是流通体制改革的启动点和归宿?
3. 流通企业构成要素有哪些?其组合有什么特征?
4. 试述网络、形象、信息对流通企业的作用。
5. 简述农业经济、工业经济和知识经济的区别。
6. 什么是核心能力?核心能力有什么特征?培育核心能力有什么意义?
7. 现代流通管理新体制的框架如何构筑?

第七编　流　通　战　略

商品流通战略是流通业带有全局性的、长远性的发展方案。从宏观角度看,为适应经济全球化趋势,我国流通业必须构筑适度的流通规模和优化流通结构。这些发展战略的实施,将为我国商品流通现代化打下基础。

第十六章 商品流通规模战略

学习目的与要求

1. 掌握商品流通规模含义和标志；
2. 掌握商品流通规模与结构的关系；
3. 了解商品流通规模的分类；
4. 了解商品流通规模的制约因素。

随着经济的发展和技术的进步，商品流通的规模有迅速扩大的趋势，因此，对商品流通规模的长期和带有全局性的整体规划——实施商品流通规模战略势在必行。通过对商品流通规模的含义及商品流通规模的决定因素分析，确定衡量商品流通规模的评价体系，优化商品流通结构，充分发挥商品流通规模效益，促进国民经济持续、稳定、健康地发展，从而促进生产力发展和人民生活水平的提高。

第一节 商品流通规模的含义

"规模"的一般解释是泛指事物在一定空间范围内量的聚集程度，即通俗意义上所说的事物的大小或多少。随着经济学理论研究的广度的拓宽和深度的加深，其作为一个经济术语和经济学的研究内容，被赋予了新的内涵。

一、规模报酬、规模经济、规模效益及规模战略

对流通系统而言，"规模"一词包括了两种含义：一是流通系统在相对静止的一段时期内以截点的方式考察在市场经济条件下的实际流通数量；一是以动态的和长期的观点来考察流通系统在将来所能达到的可能流通能力。按照经济学的理论观点，流通系统中各个构成要素之间存在着一定的客观比例关系，其组合比例的大小和变化将影响流通规模的大小和变化，发生规模报酬的变化，并最终导致规模经济和规模不经济，从而关系到规模战略能否顺利实现。

1. 规模报酬

规模报酬(Returns of Scale)是指在其他条件不变的情况下,系统内部各种要素按相同比例变化时所带来的产出变化。规模报酬变化可以分为规模报酬递增、规模报酬不变和规模报酬递减三种情况。规模报酬递增是指产出的比例大于各种投入要素增加的比例;规模报酬不变是指产出增加的比例等于各种投入要素增加的比例;规模报酬递减是指产出增加的比例小于各种投入要素增加的比例。

2. 规模经济

规模经济(Economics of Scale)是指扩大流通规模而使经济效益得到提高。而扩张到一定规模之后,如继续扩大流通规模,就会使经济效益下降,这称为规模不经济。如果规模经济和规模不经济都是由系统内部变动自身流通规模所引起的,则也称为规模内在经济和规模内在不经济。规模报酬作用是引起规模内在经济和规模内在不经济的主要原因。外在经济则是由流通系统所依赖的外部环境得到改善而产生的;相反,如果流通系统所依赖的外部环境恶化了,则是外在不经济。

经济规模,是指国民经济系统中体现出生产力运行的各种生产要素(劳动力、劳动对象、劳动手段)在一定范围内量的聚集程度。这里所说的空间范围,包括宏观、中观、微观三个方面。就宏观而言,是指一个国家的整个范围;就中观而言,则包括部门、行业、地区(区域)、大中城市等;微观则指各类企事业单位等。经济规模与规模经济是两个既相互联系又相互区别的概念。经济规模中经济是指社会商品流通系统所能达到的程度,而规模经济中的经济是指商品流通系统所取得的经济效益。没有一定的经济规模就不可能取得规模经济;而没有规模经济,经济规模也就失去存在的基础。因此,规模经济是研究经济规模的一个首要前提,经济规模主要是探索经济系统(在这里主要是指商品流通系统)各种构成要素在空间范围的聚集程度以及合理配置,以取得规模效益。

3. 规模效益

规模效益是指随着商品流通系统的流通能力的扩大,单位成本呈现的下降趋势,也就是商品流通规模的变动引起的长期平均成本下降,从而使整个流通系统的净收益增加的趋势。须指出的是,规模效益并非就是商品流通规模越大越好。事实上,商品流通规模与效益之间并非简单的正向比例关系,最佳的规模效益既不是规模非常大,也不是规模非常小,而是常常介于两者之间的某个适度规模。从经济学理论来分析,往往就是在某一临界点之前,规模效益随规模扩张而递增;而在超过该点之后,规模效益便随着规模的继续扩张而出现递减的趋势。

这一临界点就是商品流通系统的最佳经济规模,也称最小经济规模(Minimum Efficient Scale,简称 MES)。同时需要指出的是,最佳经济规模取决于市场的性质与均衡状况,所以,从实际而言,当商品流通规模变动而导致经济效益最大时的规模即是商品流通的最佳规模(将在第三节详述)。

4. 规模战略

规模和战略都具有长期的本质含义,因此,在市场经济条件下,运用商品流通的客观规律,从全局的、整体的、长期的观点来对商品流通系统的规模进行考察,了解商品流通规模的决定因素,把握商品流通规模和结构之间的关系,充分利用现有资源和可得的资源,为实现预定的商品流通规模目标,而对所实施的途径、手段、方法和政策进行总体谋划,即是规模战略(Strategy of Scale)——商品流通规模战略。

二、商品流通规模的定义和标志

(一)商品流通规模的定义

何谓商品流通规模?比较传统和广泛流传的概念表述有以下两种:

(1)商品流通规模是指在一定时期内商品流通领域所占用的社会劳动(包括活劳动和物化劳动)的数量。

(2)商品流通规模是指在一定时期内商品流通系统内部所投入的构成商品流通系统的各个要素的聚集程度。

以上两种对商品流通规模的定义,是以生产力理论作为衡量标准,因而生产力的基本构成要素——劳动者、劳动工具(或劳动手段)和劳动对象三个要素的投入多少便是具体衡量商品流通规模大小的主要指标。因此,根据以上定义,在表述商品流通规模时,通常使用商品流通资金或资产、商品流通人员数、商品流通设施及商品流通网点等来衡量判断。从理论上而言,以上所述并无根本错误,但并不精确和完整,或只是对商品流通能力的定义,而不完全是对商品流通规模的最为准确的定义,这两种定义所表述的只是一定时期内向商品流通系统内投入多少人力、物力和财力来从事商品流通工作,而不是直接反映商品流通规模的大小。

所谓商品流通规模,是指在一定时期内商品流通系统内部所投入的构成商品流通系统的各个要素的聚集程度,以及所表现出来的流通能力的大小。就商品价值流通而言,商品流通规模应该表现为在一定时期内商品交换总量或商品买卖总量;就商品使用价值而言,商品流通规模则表现为在一定时期内的商品(实体)周转量。这样定义商品流通规模才更为完整和全面,更符合实际操作。

一般而言,商品交换总量或商品买卖总量的衡量也应该以产出原则即商品销售总量来核算商品流通规模,须注意的是,任何意义上的商品储存都不应计入商品流通规模之中,以避免重复计算。商品周转量即商品实体运动的数量,也就是商品的物流量。商品实体流通的本质在于商品的空间移动即商品的运输,而其他的物流活动都从属于或服务于运输,因此可以用运输量来计算商品实体流通的规模,这样,商品周转量可以解释为商品运输量。

(二)商品流通规模的标志

如上所述,我们在定义了商品流通规模的同时,也已经指出了商品流通规模的标志。从商流的角度来看,衡量商品流通规模大小的标志是商品销售总值;从物流角度来看,衡量商品流通规模大小的标志是商品运输量。现在,我们讨论商品销售总值与商品运输量的具体形式。

从理论上来讲,商品销售总值的唯一形式应该是商品零售总额。因为只有"零售"才是商品的最终销售,商品只有完成最终销售,其流通过程才算完成。因此,用"商品零售总额"来度量商品流通规模是最完整的,也是最科学的。但是,在实际操作中,商品零售总额并不能完整地度量商品流通的实际规模,还应该采用包括中间商品的销售总值来作为评判标准,共同构成商品流通规模的衡量体系。在这一层面上,从产业的角度来看,具体的评判标准和标志有商品批发总值以及不含商品批发总值在内的生产资料总值或物资销售总值。除此以外,该衡量商品流通规模的体系还应包括农副产品销售额、集贸市场交易额等,这些标志虽然不能完整地反映商品流通总规模,但可以从一个具体方面来表述某一部分的商品流通规模,因而具有一定的现实意义。

商品运输量的具体形式有两种:一是货运量,是指在一定时期内实际运送的货物数量,一般用"吨"来计算;二是货物周转量,是指一定时期内各种运输工具所运送的货物数量与其相应运输距离的乘积之和,一般用"吨公里"来计算。因为商品运输或商品实体运动的内涵是使商品发生空间的移动,而这种空间的移动不仅包括移动了多少商品,而且还包括移动了多少距离。因此,只有用货物周转量才能更加完整地衡量商品流通规模的大小。它是衡量商品流通规模的更好标志。

三、商品流通规模与结构的关系

商品流通规模和商品流通结构是一个系统两个不可分割的方面,商品流通结构的合理程度直接关系到商品流通规模的大小。在商品流通发展的过程中,商品流通系统的良好状态的取得要求妥善处理好商品流通规模和商品流通结构之间的关系。

1. 结构是规模的基础,规模是结构的表现

(1)结构是各个要素相互比例和数量关系的构成,是规模的内在基础;规模是一定投入要素在空间的聚集程度,反映了经营服务能力的大小,是结构的外在表现。

(2)规模效益是结构的合理化与高度化的具体体现。结构体现了部分的概念,而规模则体现了整体的概念,作为整体的部分构成的结构的合理程度,相应地也就最终体现在规模效益上了,合理的规模及良好的效益来源于结构的合理程度和优化程度。

2. 结构和规模共同构成系统

(1)规模和结构是两个相互依存的概念:一方面,没有规模的概念,商品流通系统的结构就很难衡量,也难以说明一个系统在其所归属的更大系统中的地位及其系统内部各要素之间的比例关系,更无法说明系统各要素在系统运行中的重要程度;另一方面,一定的规模是否合理,总是要通过与系统结构中的其他因素的比较才能得出结论,只看规模是不科学的。

(2)商品流通规模的优化和商品流通结构的合理化互为条件。商品流通规模的合理化要求其内部结构合理、与外部的结构关系协调。否则,规模本身不可能是优化的。结构的优化也以规模的合理为前提,规模是否优化,直接关系到结构的合理性和稳定性。一般而言,对于一个规模较小的商品流通系统来说,采用较为简单的商品流通结构是合适的;而对规模较大的商品流通系统来说,可能需要较为复杂的系统结构才能维持系统的正常运转。

(3)规模和结构的变动是互动的。商品流通规模的变动通常会引起商品流通结构的调整,在商品流通系统的规模发生变化时,系统内部的各组成要素之间的比例关系必然随着系统内部资源的重组及系统自身与外部关系的变化而相应地发生变化。商品流通结构的变化也经常会引起商品流通规模的变化,改变投入要素的数量或改变各投入要素的数量比例关系,直接引起产出规模的变化。

四、商品流通规模的分类

商品流通规模体现着商品流通系统得以运行的数量规定,是商品流通系统内在构成要素的数量比例的外在具体体现。因此,要准确地把握商品流通系统中规模所表现出来的数量关系和比例关系,就必须对商品流通规模加以科学的分类,只有这样,才能从不同的角度,来反映和揭示不同国家在同一时期、同一国家在不同历史发展时期以及商品经济不同发展阶段上商品流通规模发展变化的

规律性。

分类是深刻认识和具体反映商品流通规模的重要手段,根据划分的方法不同,商品流通规模可以分为许多种类。

(一)按照商品流通规模的空间范围大小来划分

可以把商品流通规模分为商品流通宏观规模、商品流通中观规模和商品流通微观规模。

(1)商品流通宏观规模是指一个国家范围内商品流通系统内部各种商品流通要素的聚集程度。它反映了在一定时期内商品流通数量的大小,直接关系到一个国家范围内商品使用价值的转移和价值的实现,其规模的大小和合理程度将直接影响社会再生产能否顺利进行和社会经济能否顺利发展。

(2)商品流通中观规模是指某一地区范围内的商品流通规模,即在一定区域内商品流通系统投入要素的多少及其合理结合所体现的流通能力大小。它反映了在一定范围内的商品流通数量的多少。不同的区域受其历史、自然、经济、社会、文化、政治等条件的影响,形成了带有自身特色的生产和消费结构及规模,从而使不同区域的商品流通规模互不相同,其规模的大小和合理程度应与该区域内的经济发展水平和其他产业的规模水平相适应。

(3)商品流通微观规模是指商品流通基本经营单位内部商品流通要素投入的多少及其合理结合所表现出来的经营服务能力,也就是单位企业或企业集团流通要素的聚集程度及其相适应的流通任务。其合理配置是商品流通宏观规模和商品流通中观规模合理配置的前提和基础。

(二)按照商品流通规模的层次水平不同来划分

可以把商品流通规模划分为商品流通企业规模、商品流通组织联合体规模和商品流通产业规模。

(1)商品流通企业规模。商品流通企业是商品流通活动的具体组织者,作为商品流通的基本构成单位,其投入要素的多少及有机结合所表现出来的经营服务能力大小和反映的实际商品流通能力,便是商品流通企业规模。

(2)商品流通组织联合体规模,包括企业集团及各种形式的联合体。这一层次又表现为两个方面:

第一,商品流通企业组织在同一地区范围内的联合和集中,比如商业中心区和商业街。随着交通、通信和信息产业的发展,城市的辐射力和凝聚力进一步增强,日益成为某一区域内经济活动的中心。城市受其自然或历史条件的约束,在其内部必然形成等级、规模不同的商业中心区或商业街。这些商业中心区规模的大小和变化,将影响整个城市商品流通规模水平的高低。

第二,随着社会化大生产的发展,商品流通的社会化程度越来越高,许多商品流通企业在资金、人员、营销、技术等方面的协作组合而表现出来的联合规模,促进了商品流通系统内部的社会分工、专业化和协作的发展,增强了企业之间的依赖性和相互制约。不同地区范围内许多个别的、分散的、规模较小的企业,必然按照商品流通发展的客观要求,在资金、人员以及营销等方面加强合作,从而表现为商品流通组织的联合规模。

(3) 商品流通产业规模水平,是指一个国家或社会内的商品流通规模。商品流通产业内所有投入要素的多少及其有机结合表现出来的经营服务能力,应与国民经济整体水平保持适当比例,并与其他产业发展相协调。

(三) 按照研究的内容不同来划分

可以把商品流通规模划分为商品流通总量规模和商品流通结构规模。

(1) 商品流通总量规模。主要研究商品流通系统内投入要素的多少以及商品流通数量的多少,可以从其绝对数值的变动趋势以及其在国民经济中所占的比重变动幅度来反映,商品流通总量规模可以分为两个方面:其一,商品流通投入总量规模,其中包括商品流通资本规模、商品流通劳动力规模以及商品流通设施规模;其二,商品流通产出总量规模,即最终成果表现为社会商品零售总额。

(2) 商品流通结构规模。主要研究商品流通系统内各结构的大小及其相互之间的比例关系。从不同的角度看,商品流通结构可以分为商品流通所有制结构和商品流通组织结构。因此,商品流通结构规模主要包括商品流通所有制结构规模和商品流通组织结构规模。

第一,商品流通所有制结构规模。不同的所有制形式在数量上的分布及在总量上的构成比例,形成一定的商品流通规模,其在商品流通规模中的地位和作用取决于各自在整体中的大小及合理化程度,并随着经济的发展而不断改变。

第二,商品流通组织结构规模。主要是指商品流通产业中大、中、小不同规模的商品流通组织的比重。不同规模的商品流通组织在空间范围内分布合理与否以及在商品流通产业中所占比重如何,将直接关系到商品流通组织合理化程度的高低,并最终制约着商品流通产业的整体经营服务能力的大小。

(四) 按照商品流通规模的表现形式来划分

可以把商品流通规模划分为商品流通实际规模和商品流通潜在规模。

商品流通实际规模是指现有商品流通系统在一定时期内所投入的资源要素的多少以及实际表现的流通能力的大小和流通数量的多少。商品流通潜在规模是指在将来某个时期,通过商品流通规模战略的实施和运用,根据国民经济发展的客观要求,拟改、扩、新建商品流通系统所能吸引的资源和投入要素的多少以及由此所表现出来的经营服务能力和商品流通数量的多少。

(五)按照商品流通规模起作用的形式不同来划分

可以把商品流通规模分为商品流通静态规模和商品流通动态规模。即以运动和相对静止的方法来对商品流通规模进行考察和分析。

第二节 影响商品流通规模的因素分析

就一般而言,在空间上的商品流通各要素的聚集程度更能反映商品流通规模的大小和内在性,而商品流通规模在空间上分为商品流通宏观规模、商品流通中观规模和商品流通微观规模三个部分,所以从这三个方面分析影响商品流通规模的决定因素是十分必要的。下面就分别讨论影响这三个部分的因素。

一、商品流通宏观规模的决定因素

从一个国家的经济发展过程和商品流通的历史发展来看,商品宏观流通规模有其一定的内在规定性,并呈现不断扩大的趋势。但就一个时期而言,不同国家的商品流通宏观规模各不相同,其发展规模应与其经济和社会发展的整体水平相适应。因而,决定商品流通宏观规模的因素是多方面的,主要有以下八个方面。

1. 生产力以及相应的商品经济的发展水平

生产力水平的高低以及由其决定的商品经济发展的规模和速度,是影响商品流通宏观规模的最基本因素。生产力水平及其相应的商品经济发展水平从根本上决定消费水平,从而决定了参与商品交换的主体数量和客观规模,进而影响和制约商品流通宏观规模的大小。

2. 生产发展的规模和速度

按照社会再生产理论,生产决定交换,一定时期内一国的生产规模决定了该时期内可供该国商品流通和交换的商品总量,从而决定了商品流通宏观规模的大小。

3. 消费水平、消费层次和消费结构

消费水平、消费层次和消费结构是影响商品流通规模大小的内在因素。消费作为社会再生产过程的终点,是一切社会生产目的之所在。在商品经济条件下,消费对生产具有反作用,消费水平和结构制约着生产水平和结构。一个国家消费水平的提高,必然要求投入更多的商品流通资源,而消费结构的改变,则要求投入要素的方向和比例发生变化。

4. 商品流通系统的组织状况

商品流通系统的自身组织状况是决定商品流通宏观规模的内在因素。商品流通规模就其静态来说，表现为一定时点上商品流通的投入要素量的多少。这些投入要素转化为现实的商品流通能力并表现为商品流通规模的最终结果，则是在管理水平的黏合下实现的。商品流通自身组织状况的高低，决定着商品流通管理水平的高低，从而最终决定着商品流通规模的大小。

5. 商品流通利润率的高低

商品流通利润率的高低，是市场经济条件下决定商品流通宏观规模的主要基准。在市场经济条件下，资本的投入是为了获得利润。资本在国民经济内部的转移，是在等量资本获得等量利润的前提之下，通过部门之间和部门内部不同经济活动主体的竞争来实现的。在社会平均生产条件一定的情况下，商品流通资本的社会必要量是由社会平均利润率所决定的。如果商品流通利润率低于社会一般利润率，必然会有一部分商品流通资本从商品流通系统内部转移到其他产业中去。如果商品流通资本利润率高于一般利润率，其他产业中就会有一部分资本转移到商品流通中去。同样，商品流通系统内部各行业资本量的多少，也是由商品流通资本利润率高低所决定的。

6. 社会经济体制及国家的方针政策

社会经济体制及国家的方针政策是制约商品流通规模的直接因素。社会经济体制和产业政策决定着社会资源的配置方式和效率，进而制约商品流通规模。在市场经济条件下，市场机制是资源配置的主导机制，政府主要通过经济政策和必要的法律手段进行宏观调控，而非指令性计划和行政干预。由于内在的利益驱动和外在的竞争压力，促使商品流通宏观规模必须采取适度的规模并合理配置，在市场力量的调节下，取得商品流通宏观规模和商品流通微观规模的和谐统一。

7. 交通运输、通信能力

交通运输、通信能力是影响商品流通规模大小的外部技术因素，对商品流通宏观规模的制约主要表现在：

（1）制约着商品流通活动的空间范围。商品生产地和消费地之间的距离，是制约商品交换的自然障碍。商品的流向及其大小，受现有交通运输、通信能力的制约。交通运输和通信技术的提高可以增强商品的空间渗透力，可以缩短商品流通的绝对时间。

（2）制约着商品储存量的多少，进而影响商品资本占用量大小。交通运输条件落后，一方面使商品的正常的储备量增加，另一方面又割裂了市场。社会总资本在较长的时间内处在商品资本阶段,处在流通时间内的那部分资本也会绝对和相对地增加。

8. 商品流通系统中的基础设施状况

在商品流通的发展过程中,商品流通活动不仅要与生产、分配和消费等其他社会再生产各环节保持合理的比例关系,而且也要保持商品流通活动自身的许多比例关系的合理性,任何商品流通活动均需要如设备、仓储和必要的固定资产等基础设施,并受到该设施条件的制约。随着上述基础设施条件的不断改善,商品流通的地域范围不断扩大,商品流通的商品种类也不断增加,进而商品流通的规模也得到不断扩大。

二、商品流通中观规模的决定因素

商品流通的中观规模是不断发生变化的,其变化幅度的大小和改变时间的长短则是由外部环境中的各种影响因素变化大小所决定的。这些决定的因素主要有以下四类。

1. 商品供给来源的总量规模和结构

供应给商品流通中心的商品总量和结构的变化影响着商品流通中观规模的大小和结构的安排。在一定时期内,经过流通中心的商品总量越大,商品流通中心的规模也就越大。一个大的商品流通中心可以把全国范围内生产的商品聚集在一起,其在整个商品流通体系中的地位则较高;而反过来,供应给该商品流通中心的商品总量和商品结构的变化也同时影响着其商品流通规模的改变。

2. 消费的水平和结构

消费是商品流通的最终目的和对象。即使在一定的时期、对一定的区域、投入一定数量的商品流通资源之后,如果没有相当的消费规模水平和合理的消费结构,则该商品流通要素的投入也就无法形成现实的商品流通能力。一个商品流通中心能够吸引的消费规模越大,消费结构越合理,那么该商品流通中心规模的扩大就越是能够得到支持。尤其须注意的是,决定一定时期内某一商品流通中心的消费的因素并非商品流通中心周围一定区域内总的消费规模,而是该商品流通中心所能吸引的消费需求规模,在其他条件一定的情况下,商品流通中心所能吸引的消费需求规模越大,其所能吸引的消费需求的地域范围越广,则其商品流通的规模就越大,在整个商品流通体系中的地位就越重要。而商品流通中心的潜在消费规模,是决定商品流通活动投入效益的重要因素。

3. 组织商品流通的技术条件

组织商品流通的技术条件包括商品储存和运输的条件、商品通信条件、资金的筹措和流通的条件、组织商品流通的人才和管理技术条件等。这些条件是某一区域能够成为商品流通中心的前提条件,更是现有的商品流通中心扩大其商品流通规模的基础条件。这些条件互为条件、互为基础、互相促进,其改善和发展能有力地进一步促进商品流通规模的扩大,从而形成商品流通发展的良性循环。

4. 政府部门的政策导向

政府的政策也是影响商品流通规模的主要因素。不同的区域有着不同的资源优势和不同的经济发展思路,因而政府部门对商品流通的基本态度及其所采取的政策措施,对一定时期内商品流通发展的规模,有着至关重要的作用。政府通过对一定区域内的商品流通采取优惠政策,如税收优惠、贷款优惠、投资优惠等,能有效地推动该区域商品流通规模的扩大;反之,如政府对商品流通的发展采取限制性的政策,则商品流通规模的扩大和商品流通整体形象改善的速度必然大大地减缓。

三、商品流通微观规模的决定因素或约束条件

1. 技术水平条件

依托技术进步是商品流通微观规模发展的客观基础。在一定的技术水平条件下,商品流通规模的大小和流通资源的要素配置以及技术水平的高低存在着一定的关系。所以,一方面,要根据技术发展水平的不同来确定各个具体商品流通的微观规模;另一方面在具体组织商品流通时,要有利于技术的充分发挥和应用。一般来说,技术水平高的适宜于大规模的商品流通,而科学水平低的则适宜于小规模的商品流通。

2. 市场供求条件

商品流通微观规模的市场供求态势和变化,供给和需求的总量、规模、结构以及两者的均衡状况是影响商品流通微观规模的主要因素。

3. 经营商品的构成

在某一具体的商品流通系统中,流通的商品的品种和数量有所不同,这是由于受到商品的价值和使用价值等具体条件的限制,因而其投入的商品流通资源的配置比例也有所侧重和不同,最终所形成的商品流通规模的大小也不一样。

4. 所处的区位和周围可利用面积的条件

这不仅会从工程造价上影响商品流通微观规模的经济性,而且会影响其规模的发展。由于商品流通微观规模的可利用面积是有限的,因此其不会无止境地扩张规模,否则不是无法实现,就是很难获得较好的经济效益。

5. 资金筹措条件

在所有的决定因素或约束条件中，可能筹措到的资金是最关键的因素。作为商品流通规模的基础和市场经济条件下市场活动的主体，商品流通企业的商品流通规模扩大是由其自身完成的，主要的方法和手段就是通过资金的筹措来实现的。

第三节 衡量商品流通规模的指标体系

一、衡量商品流通宏观规模的指标

商品流通宏观规模合理与否，直接关系到国民经济结构是否和谐，从而影响国民经济的正常运行。商品流通宏观规模过小，必然制约社会再生产的顺利实现，更难以满足消费者的需求，危害国民经济的健康发展。而商品流通宏观规模过大，也会对社会再生产造成不利影响，因为多余的商品流通环节使商品滞留在流通领域，拉长了生产与消费的时间距离，并相应地抬高了商品的最终价格；同时过大的商品流通规模必然占用其他资源，造成资源浪费。

商品流通宏观规模的适度标准，从定性方面分析，是指在一定时期内，为社会再生产的顺利进行和国民经济按比例正常发展所需要的商品流通运行各要素的聚集程度和经营服务能力。适度的商品流通宏观规模，从内部表现为商品流通内部结构比例和谐，即商品流通的所有制结构合理，批发零售结构合理，商品流通网点在空间分布合理，商品的经营、储存、运输和加工比例合理，商品流通的层次协调有序，各种商业组织规模的大小和相应比例合适。从外部表现为与国民经济整体发展水平、各个产业的规模以及消费的规模和态势等外部环境因素相适应，即商品流通设施和网点以及商品流通系统的从业人员应当与社会人口总量及其构成的变化保持适当的比例，商品流通量的增加保持大体相当，社会商品零售总额应该与各个产业发展的增长速度大致相同。

由于影响商品流通宏观规模的因素非常复杂，因此对适度商品流通宏观规模的定量分析相对比较困难，一般采用产业组织理论来定量分析研究商品流通宏观规模。产业组织理论表明，随着人均国民收入水平的不断提高，劳动力在三个产业中的分布呈某些规律性：第一产业的劳动力占全部劳动力的比重从不发达阶段的80%会下降到发达阶段的7%—8%；第二产业的劳动力比重与人均国民收入呈同步增长趋势，但一般在接近40%左右会稳定下来；第三产业的国民收入弹性最高，其劳动力份额随人均国民收入的增长而不断递增。商品流通及其相关行业作为第三产业的重要组成部分,其劳动力占第三产业总体劳动力的比重在国民经济的不同发展时期大致稳定在40%;随着国民收入水平的不断提高,商品流通系统的劳动力占全社会劳动力的份额也不断提高,由不发达时期的4.5%逐步上升到发达时期的16%左右。

适度的商品流通宏观规模的形成并不是一蹴而就的,而是经过不断的调整在动态中逐步形成。总的来说,商品流通的资金利润率与社会平均利润水平应大体保持一致,在考虑商品流通宏观规模的经济效益的同时,也应考虑商品流通宏观规模所应带来的社会效益。由于市场竞争的目标或标准是把资源投入到预期能获得更高的经济效益的项目上,而预期和最终的实际情况的差异不可避免地造成资源误置或闲置,形成资源的浪费。而且,其自身的调整过程可能比较缓慢,同时也相应地会在不同程度上忽视社会效益。因而,国家可以从总体和长远考虑,综合各个方面的因素,规划商品流通宏观规模的战略,指导并促进商品流通的健康有序发展,使商品流通宏观规模的变动符合经济发展要求和国家的整体发展规划,尽量减少资源盲目配置的成本。所以,适度的商品流通宏观规模的形成,应该是市场竞争和国家规划的两方面力量的互动过程。

二、衡量商品流通中观规模的指标

(一)衡量指标

商品流通中观规模是介于整个国家的商品流通宏观规模和单个的商品流通微观规模之间的概念,其外延比较广泛,既可指产业或行业的概念,也可指在一定空间范围内的特定区域的商品流通系统。一般而言,商品流通中观规模是指在特定的经济区域内,所有的商品流通基本经营单位所投入的各种资源的聚集程度、相应表现出来的经营服务能力以及所体现的商品流通数量的大小。可以用下列指标来衡量不同经济区域的商品流通规模的大小:

(1)平均每个商品流通企业服务的人口数量;

(2)平均每个商品流通企业的零售额或流转额;

(3)平均每个商品流通企业的服务范围或服务半径。

商品流通规模较大的经济区域一般称为商业中心区。它是指根据一定地区的地理位置条件、人口分布密度、市场供求状况与交通运输能力等具体情况,配置系列商品流通网点形成一定的商品流通群,从而使该地区的商品流通网点密度高于其他区域,成为商品交换和商品流通的中心,包括商业中心城市和城市商业中心。商业中心区的具体形成过程可以是各种影响因素自发作用的结果,也可以是国家和地方政府根据客观实际情况的发展需要因势利导、进行规划建设而自觉建立的。

根据商品流通规模的大小,可以把商业中心城市分为国际性的商业中心、全国性的商业中心以及地方性的商业中心三大类。在同一城市内部,城市商业中心可以分为市级商业中心,其商业经营服务能力和商品流通覆盖整个城市的范围,并且能够吸收大部分的流动购买力;区级商业中心,其商业服务能力和商品流通一般只辐射到中心所处的次级区域范围;居民区商业中心,其商业服务范围和商品流通仅仅局限于所在的居民区范围。

(二) 分析方法

衡量商品流通中观规模还可以用定量分析方法来具体测算,主要有以下三种方法。

1. 雷利法则(零售引力法则)法

雷利法则又称零售引力法则,是由美国人威廉·雷利于1931年提出的,主要用于测算某个商业中心区的潜在商品流通规模。其公式为

$$Dy = \frac{D}{1+\sqrt{\frac{Px}{Py}}}$$

其中,Dy是指X、Y两城市之间的交易分界点D区距离Y城市的距离;D是指X、Y两城市之间的距离;Px和Py分别是X地区和Y地区的人口数量。公式表明:在D区内的居民到任一城市购物的成本收益相当;而居住在Dy距离之内的消费者去Y城市购物更合算;同理,居住在Dy距离之外的消费者去X城市购物更合算。

雷利公式表明,如果相邻两个商业中心区之间的交通条件和零售经营水平大致相同,则每个商业中心区的潜在商品流通规模分别与各自的人口数量的平方根成正比,同时也与两城市之间的距离成正比。

2. 购买力指数法

购买力指数(Buying Power Index,简称BPI)较好地估计了经济区域内的可支出收入的大小。其计算公式为

购买力指数 = 0.2 × 本地区人口占全国人口的比重
+ 0.3 × 本区零售额占全国零售总额的比重
+ 0.5 × 本区购买力占全国购买力的比重

如果用购买力指数除以本区人口占全国人口的比重,就得出了市场质量指标 QI(Quality Index)。某区域的市场质量指标为1或100%时,表明该区域

的商品流通规模处于全国平均水平；市场质量指标大于 1 或 100％时，就表明该区域的商品流通规模高于全国水平，商品流通比较发达；市场质量指标小于 1 或 100％时，就表明该区域的商品流通规模低于全国水平，商品流通比较落后。

3. 零售商品流通市场饱和指数分析法

零售商品流通市场饱和指数分析法（Retail Saturation Index,简称 RSI）可以衡量特定商业中心区现有的商品流通实际规模的大小，其公式为

$$RSI = \frac{C \times RE}{RF}$$

其中，C（Customers）是指某市场区域内消费一类特定商品的消费者总数；RE（Retail Expenditures）是指市场区域内消费一类特定商品的货币总支出；RF（Retail Facilities）是指某市场区域内分配在一定特定商品上的营业面积。

零售商品流通市场饱和指数计算的是每一平方米营业面积的某类商品所能实现的销售额。如果零售饱和指数较高，表明该类商品的零售市场仍未饱和，也即区域内现有的商品流通规模没有达到其最大潜力，还应继续发展。

三、衡量商品流通微观规模的指标

规模效益最大化为衡量商品流通微观经济规模优化的准则。

选择商品流通微观最佳经济规模的准则与规模经济密切相关，但不能以规模经济、不经济的分界点作为确定商品流通微观经济规模的优化准则，更不能将既定条件下的产量决策视为商品流通微观经济规模的优化决策。经济规模是个投资优化决策，是长期分析；产量规模决策是生产优化决策，是短期分析。当规模变动导致新增经济效益最大时的规模即应为最佳规模。因此，图 16-1 中边际收入 MR 与长期边际成本 LMC 相交点所对应的 Q_0^* 即为最佳规模。Q_0^* 以及商品流通微观经济规模的决定过程如下：

根据经济学原理，当 $MR = MC$ 时，商品流通微观经济规模获得最大利润或亏损最小。如果价格 P 为常数，则有 $MR = AR = P$。因此，图 16-1 中 P 与 LMC 相交的 x 点所对应的最佳规模 Q_0^* 即为能够获得最大规模效益的规模。由于 LAC 是无数条 SAC 的包络线，因此，其中必有一条 SAC^* 与 LAC 相切于与 Q_0^* 所对应的 E^* 点。此时，与 SAC^* 为同一生产规模的 SMC^* 必经过 x 点。与 SAC^* 相适应的 FC 的固定资产投资即为确定商品流通微观经济最佳规模的投资最佳规模。这时最大规模效益即为图 16-1 所示阴影部分。

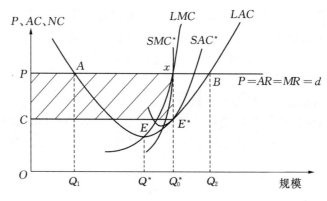

图 16-1 规模效益与最佳规模 Q_0^*

最佳规模 Q_0^* 取决于市场性质与均衡状况。如果市场价格是刚性的,或市场是充分竞争的但尚未实现市场均衡,则最佳规模 Q_0^* 将大于规模不经济的分界点,即大于 LAC 曲线最低点所对应的潜在生产能力 Q^*。显然,一旦充分竞争市场实现了均衡,最佳规模 Q_0^* 将如图 16-2 所示,与 Q^* 重合。

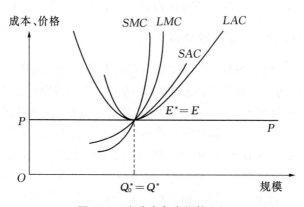

图 16-2 充分竞争市场的 Q_0^*

或许某些产品市场接近于充分竞争市场,但实际社会经济中的市场多为非充分竞争市场,故把最佳规模的研讨再进一步,考察长期均衡和短期均衡两种状态下的垄断竞争市场的 Q_0^*。

当垄断竞争市场处于市场非均衡状态时或称短期均衡状态时,能获得最大规模效益的规模 Q_0^* 低于 Q^*,如图 16-3 所示。Q_0^* 是边际收入曲线(MR)与长期边际成本曲线(LMC)的交点 A 所对应的规模。对应于这一规模必有一条短期平均成本曲线 SMC^* 过 A 点,这是商品流通微观经济规模在 Q_0^* 规模获得最大规模效益的唯一资源配置方案。

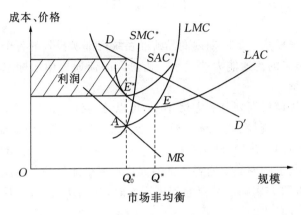

图 16-3　垄断竞争市场的最佳规模 Q_0^*

如果垄断竞争市场处于长期均衡状态，则 Q_0^* 与市场短期均衡相比，差别在于这时的需求曲线 DD' 与长期平均成本曲线 LAC 相切，而切点所对应的规模恰好为 Q_0^*，如图 16-4 所示。因为只有在这种条件下，才能在保证规模效益最大化的同时，又使商品流通微观经济规模无超额经济利润，从而使市场处于长期均衡状态。显然，规模效益最大化的规模也即最佳规模 Q_0^* 既受市场竞争性质的制约，又取决于市场的均衡态势。

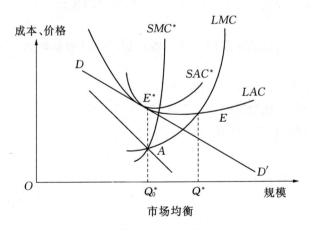

图 16-4　垄断竞争市场的最佳规模 Q_0^*

本章小结

商品流通规模指一定时期内商品流通系统内部所投入的各个要素的聚集程度,以及表现出来的流通能力的大小。衡量商品流通规模的标志是商品销售总值和商品运输量。

商品流通规模根据划分的方法不同,可以分为许多种类:宏观规模、中观规模、微观规模;企业规模、联合体规模、产业规模、流通总量规模、结构规模;实际规模、潜在规模;静态规模、动态规模。

由于在空间上的商品流通各要素的聚集程度更能反映商品流通规模的大小和内在性,所以研究影响商品流通规模因素时,分别从宏观、中观和微观三个层次来研究是十分必要的。

通过对影响商品流通规模的各因素分析,进一步确定了商品流通规模(宏观、中观和微观)的衡量指标和分析方法,最终为实施商品流通规模战略提供了理论依据。

思 考 题

1. 试述商品流通宏观规模的衡量指标间的相互关系及其理论意义。
2. 规模效益的定义及其对商品流通规模战略的规划、组织和实施有何实践意义?
3. 试述实施商品流通规模战略对宏观国民经济的影响和作用。在实践中有何指导意义?
4. 试述商品流通规模和结构的相互关系。
5. 试述商品流通规模的分类在现实中的指导作用。
6. 试述结构、规模和效益三者之间的关系。

第十七章　商品流通结构战略

学习目的与要求

1. 掌握商品流通结构的含义；
2. 掌握制约商品流通结构的因素；
3. 了解商品流通空间结构的含义、特征；
4. 掌握商品流通结构协调化和优化的内容。

商品流通结构作为社会经济结构的重要组成部分，构成了生产、交换、分配和消费等社会再生产过程四个环节的衔接方式和社会产品本身又存在着推动自身运行的体系结构与发展规律。商品流通结构总是处于不断的运动变化之中，在发展中优化流通结构，使得商品流通结构更好地满足社会需求结构的要求。从宏观上分析、调控和优化商品流通的整体结构及其内部各子结构，对整个商品流通业的快速、健康发展有着重要而深远的意义。

第一节　商品流通结构的含义

一、商品流通结构的内涵

所谓商品流通结构，是指商品流通诸要素的内部构成及其比例关系。构成商品流通结构的要素具有明显的多元化特征：既有商品流通主体要素，又有商品流通客体要素；既有空间要素，又有时间要素；既有技术要素，又有规模要素；等等。因此，由这些要素相互作用而产生的商品流通是复杂多样的。

第一，从商品流通的主体要素来看，它是由商品生产者、流通者、消费者组成的，而生产者、流通者、消费者又是以若干不同的群体、组织形态出现并从事经营活动，其规模、形式、业态以及运营方式也各不相同。从流通主体的所有制形态、组织形态以及经营方式来看，有不同所有制之分、法人组织和非法人组织之分、批发和零售之分，从而使商品流通的主体结构又进一步细分为商品流通的所有制结构、商品流通的企业结构和商品流通的行业结构等。

第二，从商品流通的客体要素来看，商品流通的商品结构是由流通过程中各种有形与无形商品的种类、数量构成。一般来讲，商品流通业中的商品结构对社会的消费需求结构契合性越高，那么，流通的商品结构就越合理化。现代社会消费需求日益趋向多样化、个性化、服务化、知识化，商品流通的商品结构调整也必须大力发展相关的配送、售后、信息咨询服务，注意满足消费者在自我价值实现方式方面的需求。

第三，从空间要素来看，商品流通是在不同的空间场所同时进行的，因此，就会有商品流通的地区结构或区域结构。商品流通的空间结构是整个国民经济结构中的一个重要方面，它决定着商品流通生产力的地区分布和流通网络的构造。一般而言，商品流通空间结构受商品生产结构的制约较大。

第四，从技术要素来看，商品流通特别是商品的实体流通往往要以一定的技术条件为前提，从而也就有不同技术条件下的商品流通。相应的，也就有商品流通的技术结构。例如，当前及将来商品流通业发展的方向之一就是通过Internet和现代化的物流中心实现商品流通的规模化、快速化和集约化、现代化。

此外，值得一提的还有商品流通组织结构。所谓商品流通组织结构，是指各类流通企业构成及其数量、比例关系。它反映商品流通业组织发展趋势。在商品流通业的总体运行中，一方面不同的商品流通部门拥有不同的产品、技术设备、经营特点，隶属于不同的产业部门，体现着不同的生产力布局；另一方面，通过对不同所有制、不同商品流通部门进行不同形式和制度方面的重新整合，也可能形成全新的规模经济优势，并以此为基础而促成产品—技术组合及其专业化基础上的规模发展。

由上述分析可看出，商品流通结构并不是一成不变的，总是处于发展完善之中。从不同的角度分析，商品流通结构的形式也是不一样的。从静态上看，一定时期的商品流通总是以一定的商品流通结构为载体。离开了合理的流通结构，商品流通过程难以顺利进行。我们在评价商品流通绩效时，必须从商品流通的总量、结构及其相互关系上去分析。一个国家或一个地区商品流通不仅有总量上的特征，而且也有结构上的特征，若一国商品流通总量很大，但其流通技术手段落后，此时我们不能称该国商品流通业高度发达。从动态上看，商品流通总是处于不断变化发展之中，进而呈现出一定的规律性。研究商品流通结构，目的是通过分析当前的商品流通现状，揭示和运用商品流通规律，对今后的商品流通发展起到指导作用。

商品流通结构是国民经济结构的重要组成部分，是保证国民经济持续、稳定、健康发展不可缺少的条件之一。研究商品流通结构即商品流通诸要素的内部构成及比例关系，不仅关系到商品流通业本身的存在和发展，还关系到整个国民经济的综合平衡和第一、第二产业各部门生产的协调发展。这是因为：交换是"生产以及由生产决定的分配一方和消费一方之间的媒介要素"[①]，交换这种中介地位，决定了它与生产、分配、消费各个环节不仅构成了质的内在联系，而且存在量的比例关系。

二、商品流通结构的决定因素

决定商品流通结构的因素包括生产结构、消费结构和市场结构等三个方面内容。

（一）生产结构

商品生产部门的内部结构及商品结构是商品流通结构的形成基础。有什么样的生产结构，就要有什么样的商品流通结构与之相适应，两者的结合方式及其衔接形式构成社会再生产过程中生产与交换环节的组合形态，是社会产品实现过程中的一个重要阶段和过程。商品在单件小批量生产方式下，很难形成大规模、集约化的商品流通形式。现实的生产结构对流通结构的内部比例具有一定的规定性。同时，商品流通结构反过来也对商品生产结构产生越来越大的反作用。

随着社会主义市场经济的不断深化，中国加入 WTO 后的经济开放程度越来越大，生产规模不断扩大，商品总量不断增多，品种也日益丰富，买方市场已经形成。产品的实现问题成为生产经营的核心问题，商品流通部门在国民经济中的导向作用越来越明显。

（二）消费结构

在商品经济高度发达阶段，商品流通结构是消费结构对流通业选择的结果。两者的有机结合形态体现为社会产品由生产领域向消费领域的转移。消费结构与生产结构都对商品流通结构产生决定作用，消费结构总是处于不断变化之中，它不断地对商品流通结构提出变动需求，来满足人民日益增长的物质需求，进而通过流通过程传导于生产环节，促使生产结构以及整个社会经济结构发生合理的调整和改组。而流通结构不仅影响现有生产力水平下消费能否得到最大限度的满足，而且还可以通过引导消费和创造新的消费需求来影响消费结构的变化，以此为生产提供新的市场。故商品的生产结构、流通结构、消费结构在相互作用

[①] 《马克思恩格斯全集》第 2 卷，人民出版社 1980 年版，第 749 页。

中求得发展。

(三) 市场结构

商品流通结构是商品市场结构的最主要的存在方式,但市场结构的外延要比流通结构要广,它体现为生产结构、消费结构和流通结构的综合结合形态。国家通过宏观政策、产业政策等规范市场并促进其发展,市场结构更能体现国家宏观政策取向,对于生产结构、流通结构、消费结构的组合、调整及相互间的联结形态产生质的规定和引导作用。从某种意义上讲,市场结构决定流通结构的组合效果和运作效率,如决定流通社会经济职能的发挥程度、经济信息的传输速度、中介机制的作用效能。

第二节 商品流通结构现状

改革开放以来,我国商品流通结构得到了很大的调整,大大促进了商品流通的发展。

一、商品流通空间结构

(一) 含义

商品流通空间结构就是商品流通以及形成商品流通的各种物质实体的结构关系在地理空间上的具体表现形式。它是以商品生产者或经营者为核心,由商品销售供应网络所能服务到的所有消费者和购买者之间构成的空间范围体系,可以从横、纵两角度分析商品流通空间的基本含义。

(1) 从纵向看,点、线、面是商品流通空间模式构成的基本要素。点是商品流通经济活动的内聚力极化而成的中心或节点,如具有流通中心功能的城市、贸易中心、集贸中心等。线是商品从生产领域到消费领域的流通渠道,它是由商品所有者组成的,直接推动商品在其形态交换($W—G, G—W'$的价值形态转换)中由生产领域进入消费领域的组织序列。面是商品流通所能影响和辐射的范围或集合。点、线、面要素的层次组合,形成空间等级规模结构,而点、线、面要素的有效结合,形成一个高效的网络系统。

(2) 从横向看,商流、物流、信息流是商品流通空间相互作用的基本形式。空间结构的点、线、面和三流有机组合构成商品流通运行整体。

综上所述,商品流通空间结构是指实现商品流通的经济实体在空间中的相互作用和相互关系,以及反映这种关系的实体和现象的空间集聚规模和集聚状态。更直接地说,它是商品网点、网络、域面、要素流和等级规模体系的要素集合。从空间组织形式看,它们共同制约着一定地域商品流通空间的疏密散聚、相互位置及分布形态。

(二) 商品流通空间结构特征

从点、线、面看,商品流通空间结构具有如下三个特征。

1. 点、线、面空间三要素高度统一,不可分割

商品流通空间系统及其结构必然包括点、线、面三个要素及其组合。商品流通活动都必须以一定的空间物质实体要素为载体。商品流通空间的拓展和空间结构的优化,只能是改善点、线、面区位要素的联络方式,提高它们之间的协调统一程度和关联度,而绝不会改变它们的存在。

2. 不同层次和规模的点、线、面要素有机组合,形成等级规模结构

在一定区域范围内,流通中心、线路、域面三大要素的结合,形成一个区域市场。从空间角度看,商品流通经历了地方市场、地区市场、区域市场、全国统一市场、世界区域市场甚至世界统一市场这样一个发展历程。这就形成了全国、区域、地方等商品流通空间的等级系统。

3. 点、线、面要素的空间分布及其组合方式,形成错综复杂的网络系统

如果说,点、线、面的层次结合形成等级规模结构是空间序的话,那么按一定的关联形式而产生的点、线、面相互作用规则,就是功能序。空间序和功能序的统一,就形成商品流通空间的网络系统。

(三) 商品流通空间结构优化

现实中偏离标准商品流通空间结构的变动主要有两种情况:一是商品流通空间结构内部各要素之间的关联和组合不合理,运行中各要素关联度不高,出现流通的断层,各种要素的空间组合和聚集表现出形态上的混乱和功能上的低效率;二是商品流通空间结构的变动滞后于社会生产、消费发展水平,各种要素的成长发育与现实的社会需求不相适应。商品流通结构优化应从点、线、面及时空组合方面入手。

1. 点:规模经济和柔性化经营的有机统一

规模经济与市场竞争活力相兼容的有效部分应作为中国市场结构理论模式的基本特征。流通产业是规模经济效益明显的竞争性行业,没有一定的规模,必然造成过度竞争,效率低下。通过联合、参股、合并等形式组建综合商社、企业集团和连锁企业,发展一批大型流通企业,是实现流通领域中资源优化配置的客观要求。在大力提高商业网点组织规模、讲求规模经营的基础上不应忽视柔性化发展。所谓柔性化,主要指规模化企业的协调发展和在组织规模较大的网点时,要注意布局的疏密状态。

2. 线：不同等级市场和不同层次市场的共同发展

点与点之间的联系就形成线，从空间角度看，线的问题就主要表现在缺乏等级性和层次性。由于企业之间规模比例失衡，城、镇、乡线路由于城市化滞后而发展缓慢，区域封锁导致从地方到区域再到全国统一市场的等级难以形成，结果线路不畅，竞争混乱。在计划经济体制下，批发结构按行政区层层设立，形成固定的"一、二、三、零"大流转体系，造成了资源严重浪费。该体系打破以后，固有的层次性不再存在，但经济性的层次依然存在。商品流通空间结构是一种多层次、相互交叉的立体结构。例如，一般大中城市都分为中心商业群、地区商业中心和居民区购物网点，从而形成多层次、多结构的城市零售商业体系。

3. 面：网络化和系统化结合

从空间模式看，线与线形成网络，点、线在面上的有效组合形成系统。网络是由无数流通主体和客体交叉结合而形成的存在形式，是纵横交错极为复杂的产业网点的组合体。从一定地域空间来说，既有专业化流通企业，又有生产企业自销机构；既有以买断方式经销的，又有以代理制方式销售的，大、中、小规模企业并存。企业在定价、服务、促销等方面有很大的不同，它们之间通过竞争和协作，形成网络化、专业化、多元化的域面结构。系统化是指空间和构成要素之间均保持一种相互作用的状态，当对某一结构要素实行某种程度的干扰时，会出现整个系统的变化。系统化集中表现为这种网络的效率，是商流、物流、信息流的各个系统优化，是子系统在整个经济环境中的整体优化表现。

4. 时空组合

从空间维度考察，商品流通空间结构的优化是通过商品在空间流通的顺畅和及时来实现的。由于商品流通在时间上的节约，有利于克服空间距离，实现"用时间消灭空间"。为此，按照经济区域中的城市体系对商品流通空间结构进行优化，主要基于以下考虑：按经济区域优化而非行政区域；选择区域中的城市，因为城市一般是流通中心；以城市为中心优化商品流通空间结构是我国流通体系改革提出的要求。从时间维度考察空间经济结构的优化是一个动态概念，商品流通空间结构是一定地域经济空间发展和演化的结果，地域经济空间的发展则是空间经济结构变化的基础。当地域条件成熟时，应及时转换空间结构；同时，优化模式的选择应考虑地域经济空间的特征。

二、商品流通行业结构

(一) 含义

商品流通行业结构，是指流通部门所占社会劳动总量在不同行业的分布比重以及各个行业之间的比例关系。商品流通是一个行业比较多的部门,从大行业划分,有批发业和零售业;有以提供劳务为主要手段的饮食业;有以提供社会劳动和技术设施为手段的仓储业、运输业和加工业;有为商品交易服务的经纪业等。

(二)我国商品流通行业结构特征

1. 批发、零售业占有最大的社会流通要素

据有关资料统计,2019年批发业和零售业的活动单位和从业人数分别占到77.8%和72.3%,这一状况基本上反映了我国生产力发展水平和市场消费状况。

2. 连锁业已成为推动流通业的重要因素

国内外的经验表明,连锁是流通领域的一场革命,也是流通创新的方向。改革开放以来,我国流通业连锁经营得到了迅速发展。

3. 通过现代技术应用,经营要素得以重新组合

由于信息、网络、物流、营销等现代技术的应用,使流通经营要素得到重新组合,流通功能得到不断放大,特别是一些行业实行改革、改组、改造后,功能正在朝综合化方向发展。物流业通过采购、储存、包装、运输等一体化,形成新的流通行业。电子商务也在商品流通中发挥着越来越重要的作用。

4. 一体化趋势越来越明显

由于经济活动越来越复杂,在流通领域产供销、贸工农、科工贸等多部门、多领域的一体化发展越来越快,这种态势大大扩大了流通的产业化规模。

三、商品流通技术结构

(一)含义

商品流通技术结构指各种技术要素在流通领域的分布比重和表现形态。

长期以来,商品流通业作为一个劳动密集型行业,技术资金投入较少,劳动者文化素质较低,整个行业的技术含量处在较低的状态,制约了流通业的发展。改革开放以来,随着外商企业的进入,使流通行业的技术结构发生了很大变化。

(二)我国商品流通领域技术结构特征

1. 新型技术发展迅速

近年来,现代信息技术、网络技术、仓储运输技术等在大中型流通企业中运用比较广泛。尤其是连锁业、物流业、电子商务等先进组织,不仅采用了大量的高新技术,而且促进了新型技术的发展。

2. 技术改造快

商品流通是一个传统行业,多年来一直使用传统的技术和运作方式。随着

经济的发展,传统的技术已越来越不能适应新形势的需要。所以,绝大部分传统技术得到积极的改造,使流通能力不断扩大。

第三节 商品流通结构的协调和优化

商品流通结构的协调化和优化是商品流通结构战略的基本内容,是商品流通产业更能满足市场经济需要、提高我国经济实力的基本途径。

一、商品流通结构的协调化

按照现代产业结构的一般理论,商品流通结构协调化定义为:在现有商品流通资源和技术条件下,商品流通诸要素得到合理配置,各种商品流通不断趋向均衡的过程。因此,商品流通结构协调化的目标,是实现各种商品流通间的协调发展和达到均衡状态。这种均衡是以不出现"瓶颈"现象为前提的。"瓶颈"部门的出现意味着整个流通业健康快速发展受到阻碍,不能适应市场需求的变化,必然造成资源的浪费。此时,商品流通结构调整目标是彻底消除"瓶颈"部门,促使商品流通部门协调发展。例如,就商流和物流来看,由于经济全球化和金融国际化的发展,商流的发展速度大于物流发展速度,使物流发展相对滞后,如果物流发展不能适应商流的规模、速度和质量,那么就会影响整个商品流通规模速度和质量,从而影响整个国民经济运行速度和质量。显然在这种情况下,商流和物流的结构不尽合理。

(一) 商品流通结构协调化内容

1. 能充分有效地利用我国既定的流通资源,使得生产资料与生活资料在商品流通业内部协调配置

这主要包括市场化程度的均衡、网点布局的均衡、规制幅度与深度的均衡、流通运营方式的均衡等。从市场化程度来看,随着需求收入弹性较大的生活资料市场的市场化程度提高,生产资料流通市场的市场化程度也必须相应提高,以发挥市场机制对资源的优化配置作用。

2. 商流、物流、信息流和资金流的共同协调发展

这主要包括组织规模的均衡、运营能力的均衡、发展速度的均衡、总量的均衡等。从规模的均衡来看,商流和物流虽然不完全一致,即只有商流(如期货市场的买空卖空交易)而没有物流,或者只有物流(如企业内部的商品流动)而没有商流的场合总是存在的。但在一般情况下,商流和物流是一致的,即商流和物流是互为前提条件的。因此,总体上讲,商流规模与物流规模是成正比的,两者的

均衡是商品流通发展的重要条件。就目前我国的商品流通业发展现状来看,制约整个流通部门发展的一直是商流与物流的低度专业化、配套化、集约化。

3. 商品流通产业之间及内部各子产业的协调

这主要包括批发业和零售业的均衡、国内流通和国际流通(如对外贸易业)的均衡等。一定时期的国内流通与对外贸易存在合理的规模,以满足国内国际市场的市场需求。这两个产业合理的规模是保证开放条件下的商品流通健康发展,进而保证在开放条件下的国民经济平稳运行的重要条件。批发行业在调整生产性产业部门与流通产业之间的结构契合问题时可以起到重要作用,而零售业只在调整流通业商品结构和消费结构之间的关系时才有意义。

4. 商品流通主体的协调

这主要包括商品流通主体规模形态的均衡、商品流通主体所有制形态的均衡等。

5. 商品流通地区的协调

这主要包括农村商品流通和城市商品流通的均衡以及国内各地区商品流通的均衡等。

(二) 商品流通结构协调化的意义

实现商品流通协调化的现实意义究竟是什么?我们从以下几方面考虑商品流通结构协调化的重要性和必要性。

1. 有利于国民经济有计划按比例地发展

任何一种经济的发展不仅要取决于规模,取决于社会投入的劳动总量(包括活劳动和物化劳动),还取决于各生产要素之间的合理比例(包括内在比例和外在比例),取决于合理的经济结构。商品流通处于生产和消费的中介地位,与国民经济各个部门都有密切的联系,若其内部没有合理的结构,就不可能满足生产与消费多方面的需求,保持整个国民经济的持续稳定发展。

2. 有利于合理的社会分工和专业化生产的发展

随着市场经济的发展,产业结构调整和升级,生产过程逐步实现专业化、商品化和社会化。这不仅需要商品流通在总量上满足经济生活各方面不断增长的需求,而且在流通规模、批零结构等方面也要合理化、专业化,只有这样,才能适应生产、消费以及中国加入WTO后国际市场竞争对商品流通提出的要求。

3. 有利于提高人民生活质量,满足多层次、多样化的需求

随着社会生产力的发展,居民收入水平的提高,消费结构不断发生变化。当前市场上出现的相对过剩经济,是产品供给结构和需求结构不相适应造成的。商品流通部门应组织不同层次、档次商品满足不同需求特点的消费群;同时,商

品流通部门应发挥市场的"晴雨表"功能,引导生产企业调整产品结构,开发生产适销对路的商品。

4. 有利于商品流通部门经济效益的提高

科学的流通结构是经济效益的基础和前提条件。合理的商品流通结构才能发挥商业的社会效应和整体功能,以最小的投入取得最佳的产出效果,从而实现最好的商品流通效益,为自身的生存和发展创造前提条件。

二、商品流通结构的优化

(一) 商品流通结构优化含义

产业结构优化是指一国的产业结构根据经济发展的历史和逻辑顺序,由较低级形式向较高级形式的转换过程,也可将其称为产业结构的升级。产业结构由低向高的演化包括以下三方面内容:(1) 在整个产业结构中,由第一产业占优势逐渐向第二、第三产业占优势演进;(2) 在产业结构中,由劳动密集型产业占优势向资本密集型、技术密集型产业占优势演进;(3) 在产业结构中,由制造初级产品的产业占优势逐渐向制造中间产品、最终产品的产业占优势演进。产业结构优化的实质是随着现代科学技术的发展和分工的深化,产业结构不断地向高附加价值化、高技术化、高集约化和高加工化演进,从而更充分地利用资源,更好地适应经济发展需要的一种趋势。产业结构优化本身是一种相对概念,它是相对于一定的社会经济发展水平和发展阶段而言的,优化是个动态的发展过程。

商品流通产业从属于第三产业,仍存在结构优化问题。这是因为:随着产业的发展,特别是第一、第二产业的发展,使商品流通的内容、方式、结构发生了很大的变化。例如,随着知识、技术在商品流通部门起着越来越大的作用,各流通主体竞相采用最先进的技术装备,提高流通效率,导致流通组织的大型化、流通手段的现代化。商品流通结构的优化,就是指商品流通结构按照产业结构优化的顺序,逐渐向组织大型化、手段现代化、劳动力高素质化、服务系统化、流通对象的高附加值化趋势转化的过程。

(二) 商品流通结构优化内容

1. 商品流通主体的优化

这主要是指商品流通组织形态的优化及商品流通组织规模的优化。从商品流通组织形态的优化来看,随着流通业的发展,公司制的商品流通企业和投资主体多元化的企业会不断增加,而且在整个流通业中的地位和作用会逐渐加强。从商品流通组织规模的优化来看,其他产业对于流通业结构演进将会提出规模经济的要求,以适应大规模生产与大规模服务的要求,因而流通组织由单体小型分散的流通个体发展为大型化、集团化、连锁化以及综合的现代化流通群体,从而形成流通组织规模结构的优化。

2. 商品流通客体的优化

这主要是指商品流通对象的高附加值化(技术含量高的商品在商品流通中所占的比例不断增加)和流通对象的中间产品化、市场化(中间产品流通的比重不断上升)。随着产业整体从第一产业占主要地位向第二、第三产业占主要地位的发展,商品流通中的流通客体、方式、结构也必然向优化方向发展,进入流通的商品将以初级产品交换为主过渡到以中间产品和最终产品交换为主。

3. 商品流通手段的优化

这主要包括商流手段的优化和物流手段的优化。从物流手段的优化来看,利用机械化、自动化手段实现物流业务将不断增加。从商流手段的优化来看,通过电子计算机为主的现代化商流手段实现交易逐渐增加。

4. 商品流通空间(区域)的优化

这主要是指商品流通空间的绝对优化和相对优化。所谓绝对优化,是指商品流通的区域越来越大,由国内流通向国际流通发展,商品流通网络越来越周密。所谓相对优化,是指商品流通空间的相对集中及商品流通逐渐向商品流通网络上某些特定的点线集中。城市,特别是大城市,商品流通比重将不断增加。

5. 商品流通产业的优化

它包括商品流通产业内部结构优化和外部结构优化。内部结构优化包括生产资料、生活资料流通产业的优化。外部结构优化是指商品流通产业组织结构优化,这里是指流通产业向横向一体化和纵向一体化发展,从而使交易成本下降,社会福利提高。

本 章 小 结

商品流通结构是指商品流通诸要素的内部构成及其比例关系。构成商品流通的要素有主体要素、客体要素、空间要素、技术要素等。商品流通结构的形成和发展,是受一系列因素综合作用的。这些因素有生产结构、消费结构、市场结构等。

商品流通空间结构可从纵向和横向两方面分析。优化商品流通空间结构,也必须从点、线、面、时空组合等方面着手。

商品流通行业结构是指流通部门所占社会劳动总量在不同行业的分布比重以及各个行业之间的比例关系。商品流通技术结构是各种技术要素在商品流通领域的分布比重及表现形态。

从发展战略高度把握,协调化和优化是总目标。前者是指充分有效地利用流通资源;商流、物流、信息流和资金流共同发展,商品流通产业之间及内部子产业间的协调;流通主体和地区间协调。后者则是指流通主体优化、流通客体优化、流通手段优化、流通空间优化、流通产业优化等。

思 考 题

1. 什么是商品流通结构?影响商品流通结构的因素有哪些?

2. 什么是商品流通空间结构?如何实施商品流通空间结构的协调化和优化?

3. 商品流通结构发展演变的一般规律是什么?在知识经济条件下如何实现商品流通结构的优化?

参 考 文 献

1. Michael Levy, Barton A. Weitz: *Retailing Management*, 机械工业出版社1999年影印版。
2. Philip Kotler: *Marketing Management* (10th Edition), 清华大学出版社2001年影印版。
3. 晁钢令等:"中国商品流通渠道的重组与控制研究", 财政部"九五"科研规划重点课题, 1998年通过评审。
4. 晁钢令等:《中国市场营销发展报告》, 上海财经大学出版社2005年版。
5. 陈文玲等:《现代流通与内外贸一体化》, 中国经济出版社2005年版。
6. 程敏等:"流通产业迎接全面开放时期到来——2004年商贸理论观点综述",《北京工商大学学报(社会科学版)》2005年第3期。
7. 高涤陈等:《商业运行概论》, 中国物资出版社1991年版。
8. 高铁生、郭冬乐:《中国流通产业发展报告(2000—2003)》, 中国社会科学出版社2004年版。
9. 顾国建:《零售业:发展热点思辨》, 中国商业出版社1997年版。
10. 郭国荣:《流通先导》, 经济科学出版社2004年版。
11. [美]詹姆斯·赫斯克特等:《服务利润链》, 牛海鹏等译, 华夏出版社2001年版。
12. 洪涛:《流通基础产业论——理论与案例》, 经济管理出版社2004年版。
13. 黄国雄:"论流通产业是基础产业",《财贸经济》2005年第4期。
14. 纪宝成等:《商品流通论——体制与运行》, 中国人民大学出版社1993年版。
15. 李飞:《零售革命》, 经济管理出版社2003年版。
16. 利丰研究中心:《供应链管理:香港利丰集团的实践》, 中国人民大学出版社2003年版。
17. [日]林周二:《流通革命》(第53版), 史国安、杨元敏译, 华夏出版社1996年版。
18. [美]迈克尔·波特:《竞争优势》, 陈小悦译, 华夏出版社1997年版。
19. 宋则:《中国流通创新前沿报告》, 中国人民大学出版社2004年版。
20. 孙冶方:《孙冶方选集》, 山西人民出版社1984年版。
21. 檀梅婷等:"论商品流通模式创新的趋势与内涵",《商业时代》2004年第27期。
22. 夏春玉、郑文全:"流通经济学的贫困与构建设想",《当代经济科学》2000年第1期。
23. 向欣、孟扬:《特许经营:商业发展的国际化潮流》, 中国商业出版社1997年版。
24. 余兴发等:"大商业管理体制", 上海哲学社会科学重点课题, 1995年通过评审。
25. 张春魁等:《流通经济学》, 山西经济出版社1993年版。

图书在版编目(CIP)数据

现代流通经济学教程/吴宪和主编. —3 版. —上海：复旦大学出版社,2021.9(2023.1 重印)
(复旦卓越.经济学)
ISBN 978-7-309-15863-2

Ⅰ.①现… Ⅱ.①吴… Ⅲ.①流通经济学-高等学校-教材 Ⅳ.①F014.3

中国版本图书馆 CIP 数据核字(2021)第 162064 号

现代流通经济学教程(第三版)
XIANDAI LIUTONG JINGJIXUE JIAOCHENG (DI SAN BAN)
吴宪和　主编
责任编辑/戚雅斯

复旦大学出版社有限公司出版发行
上海市国权路 579 号　邮编：200433
网址：fupnet@fudanpress.com　http://www.fudanpress.com
门市零售：86-21-65102580　团体订购：86-21-65104505
出版部电话：86-21-65642845
浙江临安曙光印务有限公司

开本 787×960　1/16　印张 22.5　字数 403 千
2021 年 9 月第 3 版
2023 年 1 月第 3 版第 2 次印刷

ISBN 978-7-309-15863-2/F·2821
定价：46.00 元

如有印装质量问题，请向复旦大学出版社有限公司出版部调换。
版权所有　侵权必究